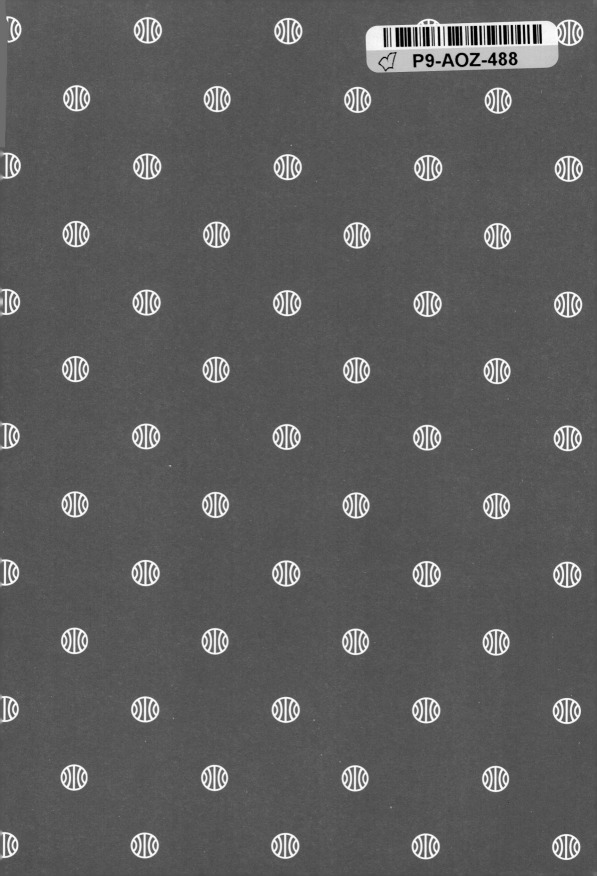

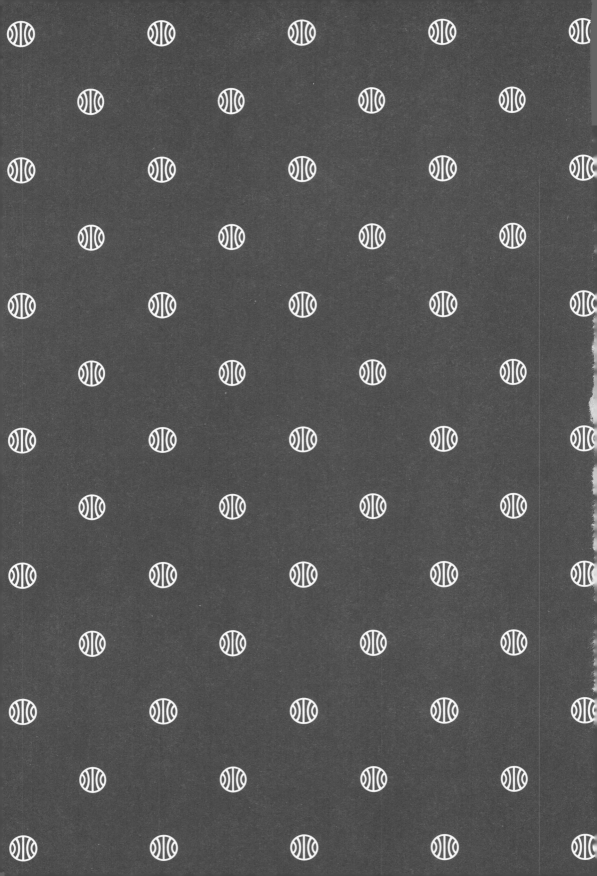

INDIOS, NEGROS Y MESTIZOS EN LA INDEPENDENCIA

INDIOS, NEGROS Y MESTIZOS EN LA INDEPENDENCIA

HERACLIO BONILLA
EDITOR

Con el auspicio de:

 Planeta

UNIVERSIDAD
NACIONAL
DE COLOMBIA
SEDE BOGOTÁ
FACULTAD DE CIENCIAS HUMANAS

IFEA

Imagen de la cubierta: J. G. Stedman, *Narrative of a Five Years Expedition, against the revolted negroes of Surinam, in Guiana, on the Wild Coast of South America*, vol. 2, Printed for J. Johnson, London, 1806 . Biblioteca Nacional de Venezuela, Colección Libros Raros y Manuscritos.

© Editorial Planeta Colombiana S. A., 2010
   Calle 73 N.º 7-60, Bogotá
© Facultad de Ciencias Humanas, Universidad Nacional de Colombia, 2010

Primera edición: diciembre de 2010

ISBN-13: 978-958-42-2485-9
ISBN-10: 958-42-2485-9

Impresión y encuadernación: Panamericana Formas e Impresos S. A.
Impreso en Colombia - Printed in Colombia

Índice

Autores

Esther Aillón Soria

Es historiadora por la Universidad Mayor de San Andrés (La Paz, Bolivia) y por El Colegio de México. Ha sido becaria de Sephis y ejerce la docencia universitaria. Entre sus publicaciones se destacan "En torno a la desestructuración del espacio colonial andino: Bolivia, 1825-1850", en *Del Altiplano al desierto. Construcción de espacios y gestación de un conflicto,* Universidad Católica de Valparaíso, 2007; "De Charcas/Alto Perú a República de Bolívar/Bolivia. Trayectorias de la identidad boliviana", en *Crear la Nación. Los nombres de los países de América Latina: identidades políticas y nacionalismo,* Sudamericana, 2007; "La política cultural de Francia en la génesis y difusión del concepto de *L'Amérique Latine,* 1860-1930", en *La construcción de la identidad en América Latina,* México, El Colegio de México, 2003.

Óscar Almario

Doctor en Antropología Social y Cultural por la Universidad de Sevilla (España), magíster en Historia Andina e historiador. Es profesor asociado adscrito al Departamento de Historia de la Facultad de Ciencias Humanas y Económicas de la Universidad Nacional de Colombia, sede Medellín, de la cual es en la actualidad su vicerrector. Lidera el grupo *Etnohistoria y Estudios sobre Américas Negras,* clasificado en la categoría A de Colciencias. Es autor de varios libros y ensayos sobre cuestiones de la identidad, la etnicidad y la modernidad y, especialmente, en relación con los grupos negros o afrocolombianos.

Heraclio Bonilla

Doctor en la especialidad de Historia Económica de la Universidad de París, doctor en Antropología por la Universidad Nacional Mayor de San Marcos y antropólogo de esta misma universidad. Es profesor titular de la Universidad Nacional de Colombia, sede Bogotá y director de su Departamento en Historia. Entre sus publicaciones se destacan, *Metáfora y realidad de la independencia en el Perú*, Lima, Fondo Editorial del Pedagógico San Marcos, 2007, 4.ª ed.; *La trayectoria del desencanto. El Perú en la segunda mitad del siglo xx*, Lima, Arteidea Editores, 2006; *El futuro del pasado. Las coordenadas de la configuración de los Andes*, Lima, Fondo Editorial del Pedagógico de San Marcos/Instituto de Ciencias Humanas, 2005, 2 tomos.

María Eugenia Chaves

Es doctora en Historia y Filosofía de la Universidad de Goetmburgo y licenciada en Ciencias Históricas de la Pontificia Universidad Católica del Ecuador. Actualmente es profesora asociada del Departamento de Historia de la Universidad Nacional de Colombia, sede Medellín. Entre sus publicaciones se destacan *La estrategia de libertad de una esclava guayaquileña del siglo xviii. Las identidades de amo y esclavo en un puerto colonial*, Quito, Abya-Yala, 1999; "Color, inferioridad y esclavización. La invención de la diferencia en los discursos de la colonialidad temprana", en *Afrorreparaciones: Memorias de la esclavitud y justicia social contemporánea,* Bogotá, Universidad Nacional de Colombia, CES, 2005, pp. 71-92; "Los sectores subalternos y la retórica libertaria. Esclavitud e inferioridad racial en la gesta independentista", en *La Independencia en los países andinos: nuevas perspectivas,* Quito, Universidad Andina Simón Bolívar, OEI, 2003, pp. 209-218.

Ítala de Maman

Es magíster en Historia Andina en la Facultad Latinoamericana de Ciencias Sociales (Flacso) y licenciada en Historia de la Universidad San Marcos de Lima. Ha sido jefa de Patrimonio Cultural de la Alcaldía de Cochabamba. Actualmente se desempeña como docente en la Universidad Mayor de San Simón en Cochabamba.

Jairo Gutiérrez

Es doctor en Historia de la Universidad Nacional de Colombia y sociólogo de la Universidad Autónoma del Caribe. Actualmente se desempeña como profesor asociado en la Universidad Industrial de Santander. Entre sus publicaciones se destacan *Los indios de Pasto contra la República (1809-1824),* Bogotá, ICANH, 2007; *Sinforoso Mutis y la Expedición Botánica del Nuevo Reino de Granada*, Santa Fe de Bogotá : Fondo para la Protección del Medio Ambiente José Celestino Mutis, 1995; "Infame tumulto y criminal bochinche": las rebeliones campesinas de Pasto contra la República (1822-1824)", en Armando Martínez (ed.), *Independencia y transición a los Estados nacionales en los países andinos: nuevas perspectivas: memorias del Segundo Módulo Itinerante de la Cátedra de Historia de Iberoamérica,* Bucaramanga, OEI, Universidad Industrial de Santander, 2005.

Tatiana Hidrovo

Es candidata a doctora en Historia por la Universidad Andina Simón Bolívar, Quito, magíster en Estudios Latinoamericanos, Mención Historia Andina de la misma universidad. Ejerce la cátedra de Identidad Nacional en la Universidad Eloy Alfaro de Manabí. Entre sus publicaciones se destacan *Evangelización y religiosidad indígena en Puerto Viejo en la Colonia,* Quito, Universidad Andina, 2003; *Historia de la Iglesia católica de Manabí,* Arquidiócesis de Portoviejo, 2002; *Historia de Manta en la región Manabí,* Eskeletra, 2004; *Manabí histórico,* Universidad Eloy Alfaro de Manabí, 2003 y varios artículos en la revista *Procesos* (Universidad Andina).

Christine Hünefeldt

Ph. D. en Etnología, Americanística e Historia de la Universidad de Bonn, Alemania, en 1982. Es profesora asociada del Departamento de Historia de la Universidad de California en San Diego. Entre sus publicaciones se destacan *A Brief History of Peru,* Nueva York, Checkmark Books y Lexington Associates, 2004; *Promises of Empowerment: Women in Asia and Latin America,* co-editado con Peter H. Smith y Jennifer Troutner. Oxford UK, Rowman & Littlefield Publishers, Inc., 2004; *Liberalism in the Bedroom: Quarreling Spouses in Nineteenth-Century Lima,* Penn State University Press, 2000; *Paying the Price of Freedom: Family and Labor Among Lima's Slaves, 1800-1854,* University of California Press, 1994; *Apuntes sobre el proceso histórico de la moneda en el Perú: 1820-1920,* Lima, BCR, AID, 1993.

Miquel Izard

Es doctor en Filosofía y Letras de la Universidad de Barcelona, tiene estudios de postgrado en l'École Pratique des Hautes Etudes de la Sorbonne, Section des Sciences Économiques et Sociales. Actualmente es profesor titular de la Universidad de Barcelona. Entre sus publicaciones se destacan *El miedo a la revolución. La lucha por la libertad en Venezuela (1777-1830),* Madrid, Tecnos, 1979; "Élites criollas y movilidad popular" en, François-Xavier Guerra, *Las Revoluciones hispánicas: independencias americanas y liberalismo español,* Madrid, Editorial Complutense, 1995, pp. 89-106; "Los indios son allí todavía indios y vagan en la barbarie esperando la Hispanidad" en *Boletín Americanista,* n.º 45, 1995, pp. 189-199; "Luchar contra el olvido. Sobre sociedades cimarronas americanas", en J. Andreo García, L. Provencio Garrigos y J. J. Sánchez Baena (eds.), *Familia, tradición y grupos sociales en América Latina,* Murcia, Universidad de Murcia, 1994, pp. 179-189.

Georges Lomné

Es doctor en Historia de la Universidad de París-Este, Marne-la-Vallée, magíster en Historia contemporánea de la Universidad de París I (Panthéon Sorbonne). Actualmente se desempeña como director del Instituto Francés de Estudios Andinos con sede en Lima (IFEA, UMIFRE 17, CNRS-MAEE). Entre sus publicaciones recientes se destacan: "Del miedo a la 'imaginaria independencia' al festejo de la 'independencia absoluta'. El recorrido de un concepto clave (Nueva Granada-Colombia, 1761-1873", *Bulletin de l'Institut Français d'Etudes Andines*, tomo 39, n.º 1, 2010; "De la 'República' y otras repúblicas: la regeneración de un concepto", en Javier Fernández Sebastián (dir.), *Diccionario político y social del mundo iberoamericano*, Fundación Carolina, Sociedad Estatal de Conmemoraciones Culturales y Centro de Estudios Políticos y Constitucionales, Madrid, 2009; "Bolívar, l'homme qui ne voulait pas être roi. L'échec de la mission Bresson (1829)", en Fabienne Bock, Geneviève Bührer-Thierry et Stéphanie Alexandre, *L'échec en politique, objet d'histoire*, L'Harmattan, París, 2008; con Germán Carrera Damas, Carole Leal Curiel y Frédéric Martinez, *Mitos políticos en las sociedades andinas: orígenes, invenciones y ficciones*, Caracas, Editorial Equinoccio, Universidad de París-Este, Marne-la-Vallée, e IFEA, 2006.

Elina Lovera

Es doctora en Historia de la Universidad Católica Andrés Bello y magíster en Historia de las Américas. Actualmente se desempeña como profesora titular de la Universidad Pedagógica Experimental Libertador-Instituto Pedagógico de Caracas, y profesora de historia y ciencias sociales del IPC-UPEL. Entre sus publicaciones se destacan, *De leales monárquicos a ciudadanos republicanos. Coro 1810-1858*, Academia Nacional de la Historia, 2006; "La construcción interrogativa en la enseñanza de la Historia", *Geodidáctica*, vol. 1, n.º 2, 2007; "Misticismo en los conventos de monjas de la Provincia de Venezuela", en *Tiempo y Espacio*, n.º 33, IPC, 2000; "Las mujeres y la Iglesia en los tiempos coloniales", en *La mujer en la Historia de Venezuela*, Congreso de la República de Venezuela, 1996; "Coro y su región histórica" en *Boletín del Centro de Historia del Estado Falcón*, n.º 40, 1994; "Autonomía y realismo en la actitud de la ciudad de Coro durante la independencia", en *Anuario Bolivarium*, n.º 1, de la Universidad "Simón Bolívar" 1990; "Método, técnicas y procedimientos en un estudio de Coro en el siglo XVIII", en *La Región Histórica*, Tropykos, 1986.

Alfonso Múnera

Es doctor en Historia Latinoamericana de la Universidad de Connecticut, magíster en Historia de la misma universidad y abogado de la Universidad de Cartagena. Actualmente se desempeña como profesor titular de la Universidad de Cartagena. Entre sus publicaciones se destacan, *Fronteras imaginadas. La construcción de las razas y de la geografía en el siglo XIX colombiano*, Bogotá, Planeta, 2005; *El fracaso de la nación. Región, clase y raza en el Caribe colombiano (1717-1821)*, Bogotá, El Áncora Editores, 1998; "El Caribe colombiano en la República Andina: identidad y cultura política en el siglo XIX", en *Boletín Cultural y Bibliográfico*, n.º 41, 1998, pp. 7-16; "Cartagena y el problema de la autonomía regional en los inicios de la República", en *Historia y Cultura*, Cartagena, vol. 1, 1993, pp.4-32.

José Marcial Ramos

Posee licenciatura, maestría y doctorado en Historia. Ejerce la docencia a nivel de postgrado en la UPEL-Instituto Pedagógico de Caracas y está jubilado como Investigador IV de la Universidad Simón Bolívar. Ha publicado más de 30 libros y folletos, entre los que se destacan: *El negro en la novela venezolana* (1980), *Historia del Estado Miranda* (1981), *El negro en Venezuela: aporte bibliográfico* (1985), *Apuntes sobre la economía de Barlovento y los Valles del Tuy 1873-1910* (1992), *Contribución a la historia de las culturas negras en Venezuela colonial* (1.ª ed. 2001 y 2.ª ed. 2008), etcétera. Además, ha participado como ponente en varios congresos y seminarios nacionales e internacionales.

Catalina Reyes Cárdenas

Es historiadora y magíster en Historia de la Universidad Nacional de Colombia, sede Medellín; actualmente es rectora de la misma universidad, sede Medellín. Es doctora en Historia por la Universidad Pablo de Olavide. Es profesora asociada de la Facultad de Ciencias Económicas y Humanas de la Universidad Nacional de Colombia, sede Medellín. Entre sus publicaciones se destacan "La explosión de soberanías, nuevo orden republicano o viejos conflictos coloniales", en *Anuario Historia Regional y de las Fronteras*, Bucaramanga, vol. 12, 2007, pp. 111-143; "La fragmentación étnica y política y su incidencia en la independencia de la Nueva Granada. 1750-1815", en *Independencia y transición a los estados nacionales en los países andinos: nuevas perspectivas,* Bucaramanga, Universidad Industrial de Santander, 2005; "Una nación o muchas patrias. Independencia y conflictos étnicos y territoriales en la Nueva Granada. 1795-1816", en *Memorias del simposio internacional La independencia y la formación de los Estados nacionales en Iberoamérica*, Bucaramanga, UIS, 2004.

Rocío Rueda

Es candidata a doctora en Historia de la Universidad Andina Simón Bolívar, magíster en Historia, Facultad Latinoamericana de Ciencias Sociales, sede Ecuador, y licenciada en Historia y Geografía de la Pontificia Universidad Católica del Ecuador. Actualmente es docente asociada de la Universidad Andina Simón Bolívar. Entre sus publicaciones se destacan *Zambaje y autonomía,* Quito, Ediciones Abya-Yala, colección Marejada, 2001; *El obraje de San Joseph de Peguchi,* Quito, 1988; "La ruta a la Mar del Sur: un proyecto de las élites serranas en Esmeraldas (s. XVIII)", en *Procesos, revista ecuatoriana de historia,* n.º 3, segundo semestre, 1992.

Introducción

Con ocasión de la próxima conmemoración del bicentenario de la independencia de Colombia, el Departamento de Historia de la Universidad Nacional de Colombia, sede Bogotá, decidió organizar un seminario internacional con el propósito fundamental de examinar la naturaleza de la participación política de la población nativa y afrodescendiente en esas gestas, en el contexto de la región andina, desde Venezuela hasta Bolivia, evento que se realizó en la sede Bogotá de la Universidad Nacional de Colombia, entre el 27 y el 29 de agosto de 2008. El libro que el lector tiene ahora en sus manos con el título *Etnia, color y clase en los procesos de independencia de los países andinos* recoge los trabajos presentados en el seminario, así como sus conclusiones generales elaboradas por los relatores.

El porqué parecería obvio, pero no lo es tanto. La historia de la historiografía de la independencia pasó por varios momentos. En una primera etapa, signada por el predominio de la historia oficial de las Academias de Historia, el énfasis estuvo puesto en los próceres y en mostrar que cada uno de estos países, luego del desgarramiento interior de sus élites, buscó separarse de la madre patria. La función de su relato era legitimar el nuevo orden. Y a ese esfuerzo se dedicaron con abnegación e insistencia, al extremo que Pierre Chaunu, el historiador francés, recordaba el peso abrumador de la historiografía sobre este período. Por cierto que, en esas historias, los indios, los negros y las mujeres no aparecían ni en los pies de páginas.

En un segundo momento, en consonancia con los profundos cambios políticos del entorno y de la profesionalización de la disciplina, estoy hablando de la década de los sesenta y de los setenta del siglo xx, la curiosidad por las clases populares empezó a emerger, pero este reemplazo de los actores, el de los grandes hombres por la gente común, no alteró de manera significativa las coordenadas tradicionales del análisis. En efecto, el énfasis estuvo sobre todo puesto en averiguar si esos grupos también querían la separación.

Solo en los años recientes, como consecuencia del avance de la disciplina, las preguntas que guían la investigación son cada vez más precisas, porque ahora se trata de examinar la naturaleza específica de esta participación, de estas movilizaciones en el contexto de la crisis colonial.

Por otra parte, la geografía política de la separación, por lo menos en el ámbito de las élites coloniales, es igualmente muy peculiar, en un arco que oscila entre tempranas disidencias frente a la metrópoli, por una parte, y cerradas resistencias al cambio, por otra. Caracas y Buenos Aires, de una parte, México y Lima, en el otro extremo. Todavía se aguarda una explicación convincente de esa heterogeneidad, la cual no podrá alcanzarse en tanto no se cuente con una análisis del conjunto del sistema colonial y de las múltiples tensiones que este sistema albergó. En ese contexto, por cierto que indios y negros no fueron actores pasivos, sino que su intervención fue activa, pero el grado y el alcance de esa participación tampoco fue homogénea sino que moduló coyunturas cambiantes, como fueron igualmente cambiantes la naturaleza de su articulación con los grupos dominantes de la sociedad colonial.

Toda sociedad colonial es el producto de la guerra y la conquista, y, por consiguiente, opone a quienes dominan y a quienes son dominados. Pero en el caso de la región andina, como también en Mesoamérica, la naturaleza de esa dominación es más compleja porque los dominados construyeron además su identidad apelando a coordenadas que combinaban criterios de clase o, para ser más precisos, de diferenciación material, con los de color, de raza y de género. La naturaleza exacta de esa combinación es un problema sobre el cual existen diversas propuestas, sin que su conocimiento haya alcanzado un consenso.

La agenda de los libertadores debió en principio despertar la adhesión de los grupos marginados y excluidos del orden colonial, y por lo mismo debieron respaldar con decisión esas propuestas, con sus actos, como efectivamente lo hicieron en algunos casos. Incluso la participación de indios y negros terminó radicalizando las iniciativas de sus dirigentes. Los casos de Haití, y de Cartagena aquí, son en ese sentido paradigmáticos. Pero, por otra parte, otras experiencias señalan comportamientos diametralmente opuestos. Pasto, el Patía, Iquicha, Santa Marta, el respaldo decisivo de los indios del Cusco al ejército de La Serna, ilustran estas ambivalencias. La explicación de esta heterogeneidad no puede realizarse dentro del marco estrecho de una experiencia nacional o regional, sino que requiere apelar por fuerza a una dimensión más amplia, dentro de una perspectiva comparada. Tampoco, como señalé antes, puede limitarse a la coyuntura corta de la independencia. Como tampoco, para concluir esta presentación, se agota en una curiosidad académica. Esta población india, mestiza y negra constituyó la más importante en términos demográficos, y su fuerza de trabajo fue el sustento del orden colonial, y lo que hizo o dejó de hacer, en esa visagra de transición entre el orden colonial declinante y el emergente sistema republicano signó, para bien o para mal, el derrotero futuro de estas sociedades. No se trata, por cierto, de invocar el pasado para comprender el presente, como por ahí se dice, sino de encontrar en el presente los dilemas de ese pasado. Y es este el reto que nos convoca.

Esa reunión, cuyos trabajos presentados este libro recoge, fue posible por el concurso y el respaldo de muchas instituciones que hoy me es grato agradecer de manera pública. Pero no son instituciones abstractas sino que están encarnadas en personas amigas que depositaron su plena confianza en la idea y en la realización de este proyecto. Francisco Huerta, ex secretario ejecutivo del Convenio Andrés Bello; Guillermo Sosa, del Instituto Colombiano de Antropología e Historia; Álvaro Arias, ex director del Archivo General de la Nación; Georges Lomné, director del Instituto Francés de Estudios Andinos; Luis Horacio López, del Comité Bicentenario José Manuel Restrepo; Juan Rivero, anteriormente del Centro Cultural Los Reyes Católicos. Y en casa, Luz Teresa Gómez de Mantilla y François Correa, antigua decana y vicedecano académico de la Facultad de Ciencias Humanas; Fabián Sanabria, su anterior decano; Ximena Pachón, ex directora del Departamento de Antropología; Vera Weiler y Darío Campos, ex directora y ex director del Departamento de Historia; Myriam Jimeno, coordinadora del Comité del Bicentenario de la Universidad Nacional de Colombia; Óscar Almario, vicerrector de la Universidad Nacional de Colombia, sede Medellín; Ángel Martín Peccis, director para Colombia de la Organización de Estados Iberoamericanos. Sin su colaboración decidida, reitero, ese evento no hubiera sido posible. Pero la traducción de ese seminario en un libro, que se espera perdurable, fue posible por el entusiasmo de Francisco Solé Franco, director general internacional del Grupo Planeta, entrañable amigo y amigo de los libros, quien decidió incluir este texto en su colección.

Por cierto, un seminario y un libro requieren protagonistas. Desde hace mucho tiempo he tenido la fortuna de contar con colegas y amigos que respondieron con entusiasmo a mi pedido de involucrarse en una cruzada por el conocimiento. Desde muy lejos, pusieron de lado obligaciones y compromisos para redactar las ponencias que vamos a leer. Ese gesto me conmueve y compromete mi gratitud. Muchas gracias por eso, como también mi agradecimiento a Paola Ruiz y a Henry Cruz, del Departamento de Historia, que con abnegación y eficiencia enfrentaron la organización de este seminario, y coordinaron con solvencia la colaboración de muchos estudiantes. Paola asumió también con mucho empeño la complicada tarea de preparar la primera edición de esos textos para su impresión final. Mi profundo agradecimiento, finalmente, a Verónica Londoño por el esmero y el cuidado en la edición del libro.

HERACLIO BONILLA
Universidad Nacional de Colombia

Parte I
Colombia

Capítulo 1
Los negros en la independencia de la Nueva Granada

Óscar Almario

> *[...] no hay nada como la investigación histórica para deshacer tópicos, construcciones históricas interesadas y falsas interpretaciones.*
> Manuel Chust, *La eclusión juntera en el mundo hispano*

> *Como fenómeno social, la guerra de independencia puede verse como la competencia entre los criollos republicanos y los criollos realistas por conseguir ganarse la lealtad de los pardos y reclutar a los esclavos. En el modelo bolivariano, la revolución se convirtió en una especie de coalición contra España, una coalición de criollos, pardos y esclavos.*
> John Lynch, *Simón Bolívar*

> *Divisiones y batallones homogéneos y anónimos crean una impresión ficticia de unidad entre las antiguas castas sociales. El momento heroico no solo llenaba el pasado sino que podía extenderse también a la historia presente y futura. Cualquier inspiración política podía proyectarse en ese momento seminal en donde la simplicidad del mensaje, la nitidez de las virtudes o la claridad de las ideas representaban un paradigma único.*
> Germán Colmenares, Informe del Área de Historia para la Misión de Ciencias y Tecnología de Colciencias

Introducción

La búsqueda de una perspectiva histórica adecuada acerca de la participación de los negros en el período de la Independencia en el Nuevo Reino de Granada se inscribe en un momento relativamente reciente y singular de la historiografía colombiana que se propone objetivos mucho más amplios, en el sentido de superar la "historia de bronce", incluir a los sectores subalternos en general y redimensionar los hechos en su conjunto. De lo que se trata en últimas es de comprender la complejidad de los procesos, la diversidad de los actores y la densidad de sus interacciones, así como de situar en un contexto dinámico y comprehensivo las circunstancias y los acontecimientos, sin olvidar por supuesto sus consecuencias. En esa dirección, resulta relevante establecer de qué manera la experiencia social de la Independencia se relaciona con las distintas trayectorias escogidas posteriormente por las diferentes naciones y Estados, en cuanto a la formación de sus identidades colectivas e instituciones.

No obstante lo promisorio de este momento historiográfico, no sobra recordar que este es solo uno de los tantos campos en los que se libran viejos y renovados combates por la historia, razón por la cual se puede entender por qué sobre dichos acontecimientos todavía predominan los enfoques convencionales. Tampoco está de más decir, que la historiografía oficial tiende a reforzarse con las efemérides patrias intencionadas y la apropiación política del pasado desde el presente, como sin duda va a ocurrir o ya está ocurriendo a propósito de las conmemoraciones o celebraciones de los doscientos años de las independencias hispanoamericanas.

Para alcanzar sus objetivos, este ensayo utiliza la perspectiva de la historia social pero sin descuidar otros enfoques pertinentes, como por ejemplo la microhistoria, al tiempo que aprovecha algunos argumentos e interpelaciones introducidos por los estudios subalternos, postcoloniales y afroamericanos. Con todos estos elementos de juicio, estaremos en mejores condiciones para abordar la cuestión de las identidades y etnicidades durante el período que nos ocupa[1].

---

[1] Las cuestiones metodológicas más relevantes al respecto tienen que ver con superar el esencialismo y el constructivismo como modelos para explicar las dinámicas de la identidad y la etnicidad y con la necesidad de adoptar uno más histórico y libre de determinismos (Stuart Hall y Paul du Gay [comps.]. *Cuestiones de identidad cultural*. Buenos Aires, Amorrortu, 2003; Stuart Hall, 2005. "La importancia de Gramsci para el estudio de la raza y la identidad", *Revista Colombiana de Antropología*, volumen 41, enero-diciembre, 2005, pp. 219-257; Eduardo Restrepo, *Teorías contemporáneas de la etnicidad. Stuart Hall y Michel Foucault*, Popayán, Universidad del Cauca, 2004); con problematizar la perspectiva de la comprensión de las naciones como "comunidades imaginadas", agregando la de las "comunidades reales", y asumir que la experiencia histórica colonial debe ser entendida como un espacio complejo en el cual se dieron procesos muy contrastados entre sus diferentes grupos sociales y étnicos y especialmente en los sectores subalternos respecto de sus identidades y que la dominación contribuyó a que se presentaran tanto fenómenos de racialización y etnificación como de resistencia y etnogénesis (Guillaume Boccara, "Colonización, resistencia y etnogénesis en las fronteras americanas", en Guillaume Boccara (ed.). Colonización, resistencia y mestizaje en las Américas (siglos XVI-XX), Quito, IFEA, Ediciones Abya-Yala, 2002, pp. 47-82; *Ranajit Guha, Elementary Aspects of Peasant Insurgency in Colonial India*, prefacio de James Scott, Durham y Londres, Duke University Press, 1999; Silvia Rivera Cusicanqui y Rossana Barragán Romano (comps.). *Debates postcoloniales: una introducción a los estudios de la subalternidad*, La Paz, Historias, SEPHIS, Aruwiyuri, 1997); con construir otros sujetos colectivos, diferentes a los reconocidos y exaltados por la historiografía nacionalista, como los héroes, la nación y el Estado. Immanuel Wallerstein (coord.), *Abrir las ciencias sociales. Informe de la Comisión Gulbenkian para la reestructuración de las ciencias sociales*, México, Siglo XXI Editores - Centro de Investigaciones Interdisciplinarias en Ciencias y Humanidades, UNAM, 1999), e incluso, diferentes del que fuera entronizado por la etnohistoria mesoamericana y andina como "el otro" por excelencia, es decir, el otro indio (Óscar Almario G., "Ay mi bello puerto del mar, mi

De acuerdo con nuestra perspectiva, interesa destacar especialmente que hasta ahora la presencia y participación de los negros ha sido predominantemente ocultada y escamoteada por la historiografía oficial, y hasta por la académica, y que por lo general esta dinámica social se explica como un epifenómeno de los procesos protagonizados exclusivamente por otros sujetos sociales. Precisamente por eso, deben ser valorados aquellos estudios que plantean una perspectiva crítica frente a los meta-relatos del período y específicamente por su contribución a develar el papel contracultural que desempeñaron tanto la historiografía nacionalista como el conjunto de ideas y dispositivos del republicanismo decimonónico, en la medida que dieron origen a una práctica (que sería continuada por otros momentos historiográficos) dedicada a ocultar, deformar y reducir la presencia y los aportes de los actores subalternos y de los grupos étnicos durante la construcción temprana de la nación (Colmenares, 1987). En la actualidad, desde distintos enfoques y con diferentes énfasis en cuanto a los sujetos colectivos, las cuestiones sobre las cuales discurre la historia latinoamericana parecen apuntar a un problema común aunque con las obvias especificidades nacionales, el desencuentro entre las etnias, la nación y el Estado (Florescano, 1991, 2001, 2003; Mallon, 2003). En consecuencia, asistimos hoy tanto a la gravitación del pasado sobre el presente como a la lucha por su apropiación con fines ideológicos, políticos e identitarios, como lo confirman los estudios más sistemáticos sobre los distintos períodos históricos de las naciones latinoamericanas (Krauze, 2005). En este contexto, los imaginarios y representaciones sobre la invención de las naciones, la construcción de la ilusión de la homogeneidad y las estrategias adoptadas para producir los sujetos modernos de la nación y el ciudadano, encuentran en la cuestión de lo étnico y de las relaciones interétnicas un punto de interpelación crucial.

Parte sustantiva de este esfuerzo para replantear los problemas pasa por asumir una perspectiva que, sin desconocer la pertinencia de la periodización histórica con fines de investigación, impida que los sujetos colectivos sean encasillados en períodos forzosamente definidos y condicionados por prejuicios, ideologías y falsas interpretaciones. En otras palabras, la dimensión histórica de los negros neogranadinos no empieza ni

---

Buenaventura". *Posiciones. Revista de la Universidad del Valle*, n.º 1, Cali, julio de 2007, pp. 8-19); con restituirle a los esclavos africanos y sus descendientes toda su dimensión histórica y su humanidad, lo que supone reconocer que más allá de la trata, la esclavitud y la abolición, lo que se esconde es un tremendo reto para la historiografía contemporánea, en el sentido de desentrañar las acciones y los motivos que tuvieron estos colectivos para buscar en forma incesante y versátil su libertad, su dignidad y sus identidades (Eugene Genovese, *Roll Jordan, Roll: The World the Slave Made*, Nueva York, Random House, 1976; Eugene Genovese, *From Rebellion to Revolution. Afro-American Slave Revolts in the Making of the New World*, Nueva York, Vintage Books, 1981; Sydney Mintz y Richard Price, *An Anthropological Approach to the Afro-American Past*, Filadelfia, ISHI, 1980; Norman E. Whitten y J. F Szwed (eds.), *Afro-American Anthropology*, Nueva York, The Free Press, 1970.

termina con el período de la Independencia y, tanto antes como después de él, la gente negra esclavizada y libre, desde sus propios acervos culturales, se encontraba en la ruta de la libertad y la construcción de sus sociedades locales. Pero no cabe duda de que el proceso de la independencia constituyó una experiencia colectiva extraordinaria, en la medida que sometió a prueba a todas las fuerzas sociales de la época y que las obligó a redefinir sus respectivos imaginarios acerca de sí mismas, de los otros y de la forma de gobierno que más les convenía.

En el presente ensayo, se defenderá una línea argumental que sustancialmente plantea que la participación de los negros en el proceso de la independencia neogranadina se vio condicionada por varios factores interrelacionados y de los cuales destacaremos cinco con fines de síntesis. En primer lugar, la simultaneidad de dos dinámicas sociales que, pese a ser de signo contrario, fueron sin embargo complementarias: la persistencia del sistema esclavista de un lado y la permanente búsqueda de la libertad por parte de la población esclava del otro. En segundo lugar, la naturaleza de la guerra de independencia contra España que fue liderada por los criollos republicanos, quienes debieron enfrentar varios retos importantes, como construir un ejército libertador, neutralizar o reducir la amenaza facciosa de los caudillos regionales y prevenir los riesgos de que la participación de los pardos y los esclavos en su bando se tradujera en una guerra de castas y en una *pardocracia* que trastocara el orden social. En tercer lugar, estas condiciones generales cristalizaron de forma singular en la antigua Gobernación de Popayán, principal centro esclavista neogranadino, lo que dio lugar a un complejo ideológico y político que se caracterizó por la interferencia y superposición de la identidad y los intereses de las élites regionales sobre el nacionalismo republicano; a partir de dicho complejo estas élites agenciaron un republicanismo aristocratizante que reivindicaba sus privilegios de Antiguo Régimen y en cuyo nombre se resistieron a la abolición de la esclavitud de los negros y la supresión de la servidumbre indígena. En cuarto lugar, en la medida que se ha ido develando el trasfondo de esta situación, se ha logrado identificar también que, además del proyecto nacionalista y del proyecto regionalista de las élites republicanas, existieron varios proyectos inorgánicos de los grupos étnicos subordinados, como en el caso de los negros esclavos y sus asentamientos y el de las parcialidades indígenas y sus territorios.

I

La investigación de la participación de los negros en los procesos de la independencia en el Nuevo Reino de Granada requiere de una perspectiva que trascienda la simple constatación de su evidente presencia física y que en consecuencia reconozca su dimensión étnica y social con todas sus implicaciones. Porque lo cierto es que no existen mayores dudas acerca de que "ellos estuvieron allí", pero en cambio, lo que no está claro es de qué forma participaron, si lo hicieron únicamente como montoneras militares al servicio de uno u otro bando, o si por ignorancia de lo que estaba en juego simplemente fueron marginales a los acontecimientos y remisos al reclutamiento, o si por el contrario se puede establecer con cierta precisión cuáles fueron sus aportes concretos al proceso y a su evolución posterior. Buscamos avanzar desde la indiscutible presencia demográfica hacia la visibilidad social y étnica de los negros en los procesos de la Independencia neogranadina.

1. En un principio vamos a partir de la situación demográfica de la época y a retomar la composición socio-racial de la población, para establecer con base en ello algunas líneas de trabajo acerca de la presencia o visibilidad étnica de los negros durante el período en cuestión.

Por razones obvias, la historia de la gente negra en América se remonta al África, pero no hay duda de que los problemas de su identidad se redefinieron en América. El total de los deportados del África se estima entre 10 y 15 millones de seres humanos. La Gran Deportación, el período de mayor actividad de la trata, se sitúa entre 1640 y finales del siglo XVIII (Ferro, 2005: 28). Como es sabido, en un principio los portugueses y luego los españoles, los holandeses, los ingleses y los franceses transportaron incesantemente esclavos africanos a América. "Entre 1551 y 1870 llegaron, pues, a las Américas 1.600.000 esclavos a los países controlados por España, 4.000.000 a Brasil, 3.700.000 al Caribe inglés, francés, holandés y danés. Y más de 500.000 a América del Norte" (Ferro, 2005: 131).

Sin embargo, en América, el principal y casi exclusivo destino de este comercio, tanto la trata como el sistema esclavista al que aquella surtió de mano de obra, no solo se mantuvieron durante todo el período colonial sino que incluso sobrevivieron a la debacle del imperio español. En efecto, a pesar del proceso de la Independencia, el surgimiento de los Estados independientes, las tendencias abolicionistas y el declive de la esclavitud a escala mundial, ambos fenómenos —trata y esclavitud— se proyectaron hasta mediados del siglo XIX y en unos casos hasta finales de esa centuria. Y de manera especial, en aquellos casos en los cuales el imperio decadente logró conservar algunas de las joyas de la Corona, como en Cuba y Puerto Rico.

La cifra exacta de los africanos que fueron transportados al Nuevo Reino de Granada es todavía materia de discusiones, en virtud de las dificultades en los cálculos, la disponibilidad de fuentes relevantes y la variable indeterminada que representa el contrabando como práctica constante. Sin embargo, las cifras más aceptadas se sitúan en unos 250.000 seres humanos (Tovar Pinzón *et al.*, 1994: 30), un número relativamente bajo en comparación con los datos disponibles sobre la introducción de africanos en las colonias del Caribe, por ejemplo. En efecto, aunque los africanos esclavizados que tuvieron como destino el Nuevo Reino de Granada constituyeron tan solo una cuota minoritaria dentro del total de la trata negrera que drenó la demografía africana a lo largo de varios siglos, con el tiempo ellos y sus descendientes tuvieron un peso muy significativo en su estructura social y racial, al compás del fenómeno de las mezclas raciales, que dio lugar al mestizaje, mulataje y zambaje[2].

2. Más de tres siglos de dominación colonial y de esclavitud específicamente produjeron rasgos similares y al tiempo contrastes importantes a lo largo y ancho de Hispanoamérica, de acuerdo con geografías, paisajes, regiones, población, composición étnica, los recursos disponibles y su explotación, las instituciones, los imaginarios culturales y los términos en las relaciones entre el centro metropolitano y la periferia colonial, entre otras. Dicho de manera muy general, la composición socio-racial del virreinato era en efecto muy contrastada y heterogénea, en la medida que en el contexto de una sociedad dividida en castas y racializada, cada parte constitutiva presentaba su especificidad: en Venezuela predominaban los pardos, en la Nueva Granada eran los mestizos quienes constituían la mayoría, mientras que en Quito la población indígena dominaba en el conjunto.

En el Virreinato de la Nueva Granada la esclavitud tuvo una importancia muy diferente en cada una de las distintas jurisdicciones que lo conformaban. En efecto, en la Audiencia de Quito, en la que predominaba la población indígena y la economía de obrajes y haciendas en los Andes, la esclavitud fue más bien marginal como institución y sus principales iniciativas económicas y efectivos demográficos se redujeron a algunos lugares y recintos, como las haciendas de los jesuitas en el valle del Chota al norte, las minas en la provincia de Esmeraldas en la costa pacífica, los astilleros de Guayaquil y las haciendas costeñas en las que se cultivaba y producía el cacao, pero no hay duda de que la mayoría de los esclavos se concentraba en los oficios domésticos en Quito y otras ciudades del interior andino. Para 1783 la población general de la Audiencia de Quito era la siguiente: 334.668 habitantes, que se distribuían según la composición socio-racial en 89.928 blancos (26,8%), 14.494 pardos y negros libres (4,3%), 2.604 esclavos (0,8%) y 227.660 indios (68%), la amplia mayoría de la población (Valencia, 2003: 147). Por su parte, en el Nuevo Reino de Granada, la esclavitud fue muy importante en la medida que sustentaba la minería del oro, que fue la principal actividad económica de todo el virrei-

---

[2] Así lo indican los datos demográficos contemporáneos: Norman. E. Whitten (*Pioneros Negros. La cultura afro-latinoamericana del Ecuador y Colombia*, Quito, Centro Cultural Afro-Ecuatoriano, 1992, p. 61) recuerda que según Philip D. Curtin (*The Atlantic Slave Trade. A Census*, Madison, Wis, The University of Wisconsin Press, 1969) la introducción de "piezas" africanas para el área de Panamá, Colombia y Ecuador fue del 2% del total en América, pero que en 1950 surgió con el 7% del total de la población afroamericana de la época. Cabe agregar que la situación actual de Colombia respecto de la adscripción étnica, según el Censo Nacional de 2005, confirma esta tendencia al crecimiento y fortalecimiento demográfico de los afrocolombianos o afrodescendientes en el país.

nato, pero que se encontraba concentrada apenas en tres de sus provincias, Cartagena, Antioquia y Popayán, donde se producía el 70% del oro beneficiado. Dichas actividades mineras, básicamente de aluvión, se desarrollaban con técnicas muy rudimentarias para las cuales la mano de obra esclava era fundamental. Adicionalmente, la esclavitud estaba presente en las haciendas agropecuarias o llamadas de "trapiche" que surtían las minas y el mercado interno con sus productos, como en el caso de la Gobernación de Popayán. Con un número total de habitantes que se calculó al final del siglo XVIII en 798.956, de los cuales 62.547 eran esclavos (7,83%), la mayoría de la población aparecería clasificada como "libres de todos los colores", pues sumaban 375.477 (47%) frente a los indígenas que sumaban 158.330 (19,62%) y a los blancos que alcanzaron el número de 202.602 (25,36%) (Valencia, 2003: 146).

En la Capitanía General de Venezuela, cuya situación detallaremos más adelante por varias razones, la esclavitud fue la actividad económica más importante y se desarrolló ampliamente sobre todo durante el siglo XVIII en el área andina cercana a la costa caribe con base en plantaciones esclavistas orientadas hacia la exportación, que se complementaban con los hatos ganaderos de las planicies y llanos del occidente y el sur, en los que la mano de obra la aportaban pardos y negros libres.

En síntesis, el sistema esclavista, adaptado a unas circunstancias geográficas y ambientales diversas, según las modalidades económicas desplegadas, de acuerdo con las distintas formas de poblamiento dadas, a tono con la concentración o dispersión de los esclavos en lugares de trabajo y habitación, no solo produjo la experiencia de la explotación, el dominio y la discriminación, sino que también sentó las bases materiales y sociales para la progresiva asimilación de dicha experiencia por los esclavizados, sus familias y sociedades, por lo cual conviene detallar algunas particularidades sustantivas al respecto. En otras palabras, lo que sugerimos es que así como la libertad no solo produce hombres libres, sin más, la esclavitud tampoco produjo solo esclavos, sin más. Lo que en realidad debemos procurar es la identificación de las relaciones sociales y sus configuraciones específicas. Es decir, precisar cuáles fueron los entramados humanos que hicieron posible la acción social en sus distintos niveles, la experiencia de la dominación pero también la de la resistencia. En esa perspectiva, el caso de Venezuela resulta decisivo para los efectos de esta comunicación.

3. Venezuela, que había sido un territorio más bien secundario durante la primera conquista de América, se transformó en uno de los más importantes para el Imperio durante la llamada segunda conquista, es decir, en el siglo XVIII, cuando España reorganizó su vida política y económica y se dotó de nuevas instituciones (Lynch, 2006: 6). Este cambio afectó todos los niveles del orden colonial. En efecto, Venezuela, que había sido dependiente en lo administrativo de la Audiencia de Santa Fe, sede del virreinato, y que en consecuencia tenía una relación más bien distante con la metrópoli, se con-

virtió en un importante mercado colonial y por lo tanto en un punto clave para España. La principal razón de esta transformación radicó en el desarrollo de una próspera economía de plantaciones esclavistas y hatos laborados por pardos y libres, que contaba con capacidad de exportar sus productos agrícolas (añil, azúcar, café y sobre todo cacao) y ganaderos (cueros). Se produjo así un obvio enriquecimiento de los criollos venezolanos, que también aumentaron tanto su capacidad de importación como su conciencia de grupo, factores que incidieron en su posterior protagonismo durante los hechos de la Independencia. Las actividades de exportación e importación fueron monopolizadas por la Compañía de Caracas, empresa vasca a la que se hizo depositaria de los privilegios comerciales trasatlánticos. Todas estas condiciones socioeconómicas se vieron complementadas con la aparición de nuevas instituciones, como el establecimiento de un consulado para regular el comercio. Al hilo de su bonanza económica Venezuela adquirió cierta autonomía administrativa y de hecho se separó de la Nueva Granada cuando se le concedió una intendencia propia en 1776 y una capitanía general en 1777, con lo cual se incrementó su sentido y sentimiento de autonomía pero ahora por partida doble, es decir, respecto de España y respecto de Santa Fe. A su vez, los cambios económicos, sociales y administrativos introdujeron una gran movilidad en la estructura de la sociedad, con lo cual la composición de la población se hizo más compleja, aunque seguía férreamente definida por la jerarquización impuesta por el sistema de castas prevaleciente. Lynch (2006:13), quien sintetiza varias fuentes, estima que a finales del período colonial la composición étnica de la población de Venezuela era la siguiente: Españoles peninsulares, 1.500 (0,18%); criollos pertenecientes a la élite, 2.500 (0,31%); canarios nativos (inmigrantes), 10.000 (1,25%); canarios criollos (blancos de orilla), 190.000 (23,75%); pardos, 400.000 (50%); negros (esclavos, fugitivos y negros libres), 70.000 (8,75%); indios, 120.000 (15%); total: 800.000 personas, aproximadamente. Obsérvese cómo los pardos o mulatos constituían el 50% de la población, lo que da una idea de la enorme movilidad social que se había producido. Así mismo, el notable peso demográfico de los pardos se reafirma mucho más todavía, si se tiene en cuenta que sumados a los negros conformaban casi el 60% del total de la población. Pero lo más importante a tener en cuenta es que el fenómeno demográfico de la movilidad social se acompañaba de otras señales que apuntan a evidenciar que en la conciencia colectiva de estos grupos o castas también se estaban operando cambios significativos. En efecto, no obstante que los pardos eran un sector heterogéneo, fue creciente su participación en la vida social y su conciencia acerca del ascenso social. Desde 1760 se les permitió unirse a las milicias, convertirse en oficiales y gozar de fuero militar. "Una ley de 10 de febrero de 1795 les garantizó el derecho a comprar legalmente certificados de blancura ('cédulas de gracia al sacar') que los protegían de la discriminación y les permitían acceder a la educación, casarse con personas blancas, ejercer cargos público y hacerse sacerdotes" (Lynch, 2006: 14-15).

4. La reacción de los criollos contra el ascenso de los pardos no se hizo esperar y para el efecto utilizaron todo su poder con el fin de limitar esas prerrogativas y aspiraciones, que en parte habían sido auspiciadas por el gobierno imperial como una forma de limitar a su vez el poder de los criollos. Esta fue una primera e importante fisura en el orden colonial, que tendría sus consecuencias en los acontecimientos futuros. Las limitaciones de la Corona a la importación de esclavos en 1780, justamente cuando los criollos esclavistas y plantadores estaban en las mejores condiciones económicas para pagar por ellos, indispuso las relaciones entre los unos y la otra, y agregó nuevos ingredientes a la tensa situación social. Esta tensión se acrecentó a raíz de la expedición del Código negro de Aranjuez en 1789, en el que se establecían limitaciones al poder de los esclavistas y se consagraban algunos derechos de los esclavos. La resistencia a este código por iniciativa de los esclavistas venezolanos, e hispanoamericanos en general, fue tan abierta y radical, que sus disposiciones no se pudieron llevar a la práctica y por lo mismo debió ser suspendido en toda la América española en 1794. Al año siguiente se presentó un levantamiento de esclavos en Coro, el epicentro de la producción azucarera venezolana, que terminó con la derrota de los sublevados y el ajusticiamiento ejemplarizante de los líderes insurgentes, pero que dejó un nítido mensaje sobre las abismales diferencias raciales y sus posibles consecuencias.

A finales del período colonial la situación de Venezuela se caracterizaba por un temor extendido y un estado de alerta general entre peninsulares y criollos acerca de una posible *guerra de castas*. A los grupos dominantes los obsesionaba el temor de que se hiciera realidad la amenaza de un levantamiento general de negros y pardos, tal como ya había ocurrido en las islas del Caribe, Santo Domingo y Haití.

5. Se puede afirmar que para el momento de la independencia, Venezuela constituía el más próspero y dinámico de los territorios de la Nueva Granada, razón por la cual no resulta sorprendente entender por qué se convirtió en el epicentro de la independencia, produjo su más caracterizado líder (Bolívar) y la base social del ejército libertador, consistente en una coalición de criollos, pardos y negros esclavos[3]. La cuestión de los pardos y la posibilidad de que la guerra de independencia contra España se pudiera transformar en una guerra de castas contra los blancos criollos que la lideraban, se convertiría en una preocupación constante para el primer pensamiento republicano.

Esta preocupación se relacionaba a su vez con el no menos espinoso asunto de la inevitable inclusión de los pardos y los negros en el proyecto republicano, tal como se puede seguir en las posiciones de Bolívar. En efecto, a lo largo de su vida y acciones,

---

[3] Aunque en la Nueva Granada se encontraban posiblemente los intelectuales más preparados, al tiempo que se extendía el plan de estudios de Moreno y Escandón, se llevaba a cabo la Expedición Botánica y se agitaban las ideas afrancesadas.

Bolívar mantendría dos grandes reflexiones sobre la cuestión social y su incidencia en el nuevo ordenamiento institucional. Por una parte, Bolívar no solo entendía como una necesidad sino incluso como una condición decisiva para el triunfo patriota, la cuestión de la inclusión político-militar de pardos y esclavos en el bando republicano; así mismo concordaba con su consiguiente promoción y movilidad social dentro del ejército. Pero todo esto no lo condujo a olvidar el peligro de una guerra de castas, ni a abandonar su posición acerca de que el orden social no debía ser modificado en forma inmediata, so pena de caer en la anarquía. Al respecto sus propuestas y alternativas fueron sinceras y consecuentes: la *igualdad social* y la *abolición de la esclavitud* pero como parte de una estrategia reformista y no revolucionaria frente a la amenaza de la pardocracia para el orden social. Por otra, es evidente que hasta el fin de sus días mantuvo una dubitación constante acerca de cómo se podía garantizar un sano equilibrio entre las instituciones liberales y la educación política de un pueblo dividido en castas sociales y al cual había que convertir progresivamente en nación. De allí su insistencia en considerar tanto la realidad social y cultural de la cual se partía como lo pretendido en cuanto destino final, en una combinación audaz entre pragmatismo y visión de futuro. Bolívar asumía sin ambages que el liderazgo criollo en las guerras de independencia, y que él mismo representaba en grado sumo, debía proyectarse hasta la formación de las nuevas instituciones. Por lo mismo, le asignaba un papel crucial a la aristocracia blanca como principal garante de la institucionalidad republicana, sustento de sus mejores ideales y freno ante la amenaza de la anarquía social, al tiempo que criticaba en forma implacable a los demagogos liberales, que ponían en peligro las instituciones republicanas al promover indiscriminadamente la participación política de los sectores populares y las castas.

6. Diversos y complejos acontecimientos van a modificar las iniciales percepciones de los criollos sobre conceptos clave como los de nación, soberanía, representación[4], contribuyendo de paso a la irrupción de otros, como raza, Estado y orden. En otro lugar expongo con amplitud[5], que experiencias históricas como la restauración del absolutismo en España, la reconquista española de América, las guerras de independencia y la formación temprana de los Estados nacionales obligaron a los sectores vencedores a construir nuevas representaciones de la realidad social y que en ese ejercicio tanto los acervos culturales conocidos, como la tradición hispánica y el ascendente pensamiento

---

[4] Véase Manuel Chust, "Rey, soberanía y nación. Las cortes doceañistas hispanas, 1810-1814" en Manuel Chust e Ivana Frasquet (coords.), *La trascendencia del liberalismo doceañista en España y en América,* Valencia, Generalitat Valenciana, 2004, pp. 51-76.

[5] Óscar Almario García, *La invención del Suroccidente colombiano,* 2 tomos, Medellín, Universidad Pontifica Bolivariana - Concejo de Medellín - Corporación Instituto Colombiano de Estudios Estratégicos, 2005 (tomo 1: *Historiografía de la Gobernación de Popayán y el Gran Cauca, siglos XVIII y XIX.* Tomo 2: *Independencia, etnicidad y Estado nacional entre 1780 y 1930).*

liberal fueron reemplazados por corpus discursivos diferentes, aunque formados en esas matrices culturales. Así entiendo, por ejemplo, el desplazamiento de conceptos como libertad y humanidad desde un ámbito general y filosófico hacia uno más pragmático y específico, desde el cual se intentó dar respuestas al reto de construir instituciones modernas en las condiciones americanas. Un ejemplo notable de estos desplazamientos en las representaciones lo encontramos en el propio Bolívar, tanto por su insistente búsqueda de una definición de la identidad americana a partir de las diferencias socioraciales, como por su sincera promoción de la igualdad social y las nuevas instituciones. "Nosotros somos un pequeño género humano", señaló en la Carta de Jamaica de 1815; "Tengamos presente que nuestro Pueblo no es el Europeo, ni el Americano del Norte, que más bien es un compuesto de África y de América, que una emanación de la Europa", sostuvo en el Congreso de Angostura de 1819; así mismo, hay suficiente evidencia de que su posición frente a la esclavitud se debate entre la radical y sincera posición en favor de su abolición y la inclusión de los negros en la ciudadanía, de un lado, y la conciliación con los intereses esclavistas en función de conveniencias político-militares, del otro. Además, no hay que olvidar su obsesión por una posible guerra de castas, que lo condujo a enfrentar decididamente el poder de los caudillos regionales (como a Piar en Venezuela y después a Padilla en Colombia) o a debilitar las bases demográficas negras a través del reclutamiento indiscriminado en la Nueva Granada.

En este juego de tensiones entre *lo real* y *lo imaginario* empiezan a prefigurarse las geografías nacionales, a describirse los pueblos que las habitan, a establecerse los inventarios sobre las ventajas y desventajas que ofrecen los recursos naturales y a realizarse los ejercicios acerca de cuáles debían ser las instituciones a adoptar de acuerdo con esas circunstancias, entidades y temperamentos. Esto supuso, en mi opinión, un quiebre de las prácticas de *racialización* coloniales, por medio de las cuales se definía a los "otros" (léase *castas*) como moral y genéticamente inferiores para dominarlos y oprimirlos, incluidas todas las obsesivas taxonomías clasificatorias que se desplegaron en el siglo XVIII[6]. En el contexto republicano las *castas* debían ser redescubiertas o reinventadas[7]. Por una parte, su supuesto deplorable estado de postración confirmaba la ilegitimidad del dominio imperial y la de su versión despótica; en ese sentido, las *castas*

---

[6] Sobre el concepto de *racialización* y su aplicación al caso de la Nueva Granada, provincia de Popayán, véase mi trabajo *La invención del suroccidente colombiano*, especialmente el tomo 2, pp.105-153.

[7] Otra aproximación a este tema y una revaloración del período llamado de la Patria Boba (1810-1816) se encuentra en Catalina Reyes, "La fragmentación étnica y política y su incidencia en la independencia de la Nueva Granada, 1750-1815", en Armando Martínez Garnica (ed.), *Independencia y transición a los estados nacionales en los países andinos: nuevas perspectivas*. Memorias del Segundo Módulo Itinerante de la Cátedra de Historia de Iberoamérica, Cartagena de Indias, agosto 10 al 13 de 2004, Bucaramanga, Universidad Industrial de Santander, Organización de Estados Iberoamericanos-OEI, 2005, pp. 281-315.

fueron incorporadas al primer repertorio de motivos con que se legitima la insurgencia y después se diseñan y validan las instituciones republicanas. Sin embargo, en razón de las condiciones que les atribuyeron los independentistas, a las *castas* se les impide que sean protagonistas de su propia liberación (los indios no fueron incorporados al ejército libertador y los negros lo fueron con ciertas reservas y sobre todo como carne de cañón) y por supuesto se las excluye de la participación en el diseño de las instituciones, lo que significa que los criollos republicanos se apropiaron moral, política y simbólicamente del proyecto independentista, lo que aseguró su liderazgo. Pero para realizar con relativo éxito el descomunal despliegue de ingeniería social que todo esto requería, se necesitaba de un sujeto nuevo, de algo que fuera más allá incluso de lo criollo y que lo trascendiera, es decir, de una entidad radicalmente distinta y superior a los sujetos sociales e institucionales conocidos, lo que pone las cosas frente al inevitable demiurgo moderno, el Estado.

En esa perspectiva es que vale la pena considerar un conjunto temprano de documentos que discurren sobre esta materia: la Declaración de Pore (18 de noviembre de 1818), la Constitución de Venezuela (15 de agosto de 1819), la Ley Fundamental de la República de Colombia (17 de diciembre de 1819), la Ley Fundamental de la Unión de los Pueblos de Colombia (18 de de julio de 1821) y la Constitución Política de la República de Colombia (1821)[8], así como otras disposiciones sobre indígenas, tráfico de esclavos y libertad de los mismos[9].

No obstante, la inclusión de las castas en el ordenamiento jurídico-político, el ideal de "la igualdad para refundir en un todo la especie de los hombres", según la conocida expresión de Bolívar, sería esquiva y el proceso resultaría mucho más lento y contradictorio de lo deseado. En unos casos, las políticas estatales tuvieron ribetes proteccionistas, en otros fueron claramente integracionistas y en algunos otros buscaron disolver estas comunidades y sus vínculos tradicionales, como en el caso de las parcialidades indígenas en varias provincias. La misma dinámica de la guerra de independencia puso la cuestión de las castas en el centro del debate, no solo como cuestión de doctrina económica y social sino también como asunto político-militar.

En cuanto a los negros esclavos, en corto tiempo se pasó del inicial entusiasmo sobre la abolición de la esclavitud y la conveniencia de otorgarles la ciudadanía a una posición más modera y reservada al respecto. Bolívar sintetiza bastante bien la evolución

---

[8] Véanse estos documentos en Carlos Restrepo Piedrahita, *Primeras constituciones de Colombia y Venezuela. 1811-1830*, Bogotá, Universidad Externado de Colombia, 1993, pp.71-118.

[9] Véase al respecto mi trabajo *Del nacionalismo americano en las Cortes de Cádiz al independentismo y nacionalismo de Estado en la Nueva Granada, 1808-1821*; ponencia presentada en el Coloquio Internacional Permanente 2005: La trascendencia de las Cortes de Cádiz en el mundo hispánico, 1808-1837, organizado por Manuel Chust de la Universitat Jaume I, Castellón, España.

en torno a estas dos expectativas. Desde 1818 sostuvo que "la naturaleza, la justicia y la política, exigen la emancipación de los esclavos. En lo futuro no habrá en Venezuela más que una clase de hombre: todos serán ciudadanos"[10]. Posteriormente, tanto en el Congreso de Angostura como en el de Cúcuta, imploró sinceramente a los legisladores para que aprobaran la abolición de la esclavitud. Con la característica lucidez de esos días, Bolívar veía en la abolición de la esclavitud no solo una oportunidad para corregir una inequidad histórica, sino un motivo para dar pasos decisivos hacia la igualdad social como condición fundamental en la formación de la nación. En esa perspectiva, se refirió a la diversidad de origen de estos pueblos, compuestos de indios, europeos y africanos, a su *desemejanza* y a las diferencias en el color de la piel, y llamó la atención sobre su trascendencia para el nuevo ordenamiento y la necesidad de encontrar una alternativa, reflexión que lo llevó a concluir que únicamente las leyes podrían superar tal situación. "La naturaleza hace a los hombres desiguales, en genio, temperamento, fuerzas y caracteres. Las leyes corrigen esta diferencia porque colocan el individuo en la sociedad para que la educación, la industria, las artes, los servicios, las virtudes, le den una igualdad ficticia, propiamente llamada política y social", sostuvo en el Discurso de Angostura (Bolívar, 1983: 59). La compleja cuestión socio-racial se reducía a una paradoja, cómo producir algo nuevo y homogéneo a partir de la heterogeneidad heredada y lograrlo sin desestabilizar un proceso de por sí precario, asunto muy claro para Bolívar: "La diversidad de origen requiere un pulso infinitamente firme, un tacto infinitamente delicado para manejar esta sociedad heterogénea cuyo complicado artificio se disloca, se divide, se disuelve con la más ligera alteración" (Bolívar, 1983: 60). Las decisiones constitucionales futuras y el curso de la guerra de independencia condicionarían el cambio hacia una posición más pragmática y política y en consecuencia menos doctrinaria sobre la cuestión de los negros y las otras castas.

Las circunstancias que siguieron a las primeras disposiciones constitucionales —la Campaña del Sur, la resistencia de buena parte de indios y negros al avance de los independentistas, el ingreso del carismático caudillo realista José María Obando al ejército libertador y el pacto de Bolívar con las casas aristocratizantes de la provincia de Popayán— evidencian que el asunto de las castas —criollos, negros e indios y sus cruces— estaba lejos de quedar resuelto.

7. Margarita Garrido (1997) sostiene, para el caso neogranadino, que los vínculos y solidaridades criollas que expresaban las distintas fuerzas étnicas y sociales que existían dentro del orden colonial dieron paso a dos propuestas de identidad política que sancionaron y excluyeron las presencias tradicionales de la concepción y desarrollo del

---

[10] "Sobre la libertad de los esclavos", Cuartel General de Angostura, 16 de julio de 1818, en Simón Bolívar, *Escritos políticos*, Bogotá, El Áncora Editores, 1983, pp. 160-161.

proyecto de la república temprana: primero *la comunidad imaginada de los criollos neo-granadinos* que ganaron la guerra de independencia (que fue cuestionada por la reforma liberal a mediados del siglo XIX) y después *los ciudadanos de la república cristiana* (durante la Regeneración desde 1880). Por su parte, Enrique Florescano, a partir de la experiencia mexicana, plantea una hipótesis que bien podría ser compartida por todos los países latinoamericanos actuales: el desencuentro histórico entre las etnias, la nación y el Estado. Por consiguiente, cada una de estas entidades podría ser considerada como un sujeto en sí mismo para el análisis histórico, al tiempo que las interrelaciones entre ellos podrían ser evaluadas como tensiones permanentes que en su devenir presentaron continuidades y cambios (Florescano, 2003).

En la perspectiva de profundizar en estos problemas he adoptado el análisis de las variables étnica y regional, a propósito de la Gobernación de Popayán y Gran Cauca en la Nueva Granada (véase Almario, 2005).

II

La cuestión de la participación del negro en los procesos de la independencia no se debe reducir, entonces, a la identificación de factores cuantitativos que se puedan remitir al universo de lo negro o que se asocien con esa condición de casta. Como lo pone de presente el caso de Venezuela, lo negro y lo pardo tienen vínculos y relaciones etnosociales mucho más fuertes que las de los simples nexos biológicos o de mestizaje racial. Esta complejidad también se hace evidente cuando nos preguntamos por otro asunto crucial, que requiere de estudios sistemáticos al respecto: la reproducción social de los esclavos africanos y sus descendientes en condiciones esclavistas[11]. Es decir, que la comprensión de la historia de los africanos y sus descendientes en América constituye todavía un auténtico vacío historiográfico que no alcanzan a llenar los precarios datos demográficos ni sus interpretaciones, que por lo general están cargadas de lugares comunes sobre lo biológico, cuando no, de esencialismos culturales. En efecto, tanto la cuestión de la reproducción social en condiciones esclavistas, como el elusivo problema de establecer cómo se dio el proceso de la *criollización* y la posterior *nacionalización*

---

[11] O su "reproducción vegetativa", como la llama el historiador Germán Colmenares: "Muchos aspectos relativos a la esclavitud permanecen intocados por la historiografía colombiana. Un aspecto crucial, el de su reproducción vegetativa en condiciones de vida inhumanas, ha llamado la atención de los historiadores de otras regiones. Frente a dos modelos posibles, el de un enorme desperdicio humano en las antillas y en el Brasil, o el de un crecimiento autosostenido desde muy temprano en las colonias norteamericanas, aquí se propone una situación intermedia, en la que los africanos parecerían haberse adaptado —en la segunda mitad del siglo XVIII— a condiciones que debían ser menos duras en las minas y haciendas neogranadinas que en las plantaciones antillanas y brasileñas". Germán Colmenares, *Historia económica y social de Colombia*, tomo 2: *Popayán: una sociedad esclavista. 1680-1800*, Bogotá, La Carreta, 1979, p. 269.

de esta población de esclavos y libres obligan a considerar las dinámicas históricas de largo plazo. Posiblemente, ellas aporten las claves para descifrar cómo se dieron las relaciones entre las condiciones esclavistas y la permanente búsqueda de la libertad y la dignidad por parte de estos colectivos. Nos inclinamos por creer que *esclavitud* y *libertad* constituyen una suerte de entramado sociohistórico, es decir, que ambas dinámicas sociales fueron no solo simultáneas y contradictorias, sino también coexistentes y complementarias. No obstante, la presencia de este binomio no la entendemos como expresión de un equilibrio o estabilidad del sistema esclavista o de la dominación colonial en la Nueva Granada, sino todo lo contrario, es decir, más bien como manifestación de sus rasgos contradictorios, decadentes, y de su incapacidad para mantenerse y reproducirse en condiciones regulares[12].

Esta hipótesis es doblemente importante para nuestra perspectiva, por un lado porque permite comprender las experiencias colectivas de estos grupos subordinados, entender cuáles pudieron ser los acervos culturales con los cuales forjaron sus sociedades e identidades y sus consecuencias en los procesos de etnicidad; por el otro en tanto nos inscribe en una perspectiva interétnica, en la medida que se correlacionan las dinámicas que ocurrían en el campo de los esclavizados con las que pasaban del lado de los esclavistas, de los dirigentes del proyecto modernizador y de la sociedad mayor en cuanto tal. Estos son fenómenos históricos que retan la imaginación de la demografía histórica, la historia social y la antropología histórica.

1. En los quince años siguientes a 1810, es decir, hasta 1825, conocidos por las convenciones académicas como el período de la Independencia, la historia de Hispanoamérica y de sus sociedades quedó condicionada por la tremenda lucha que se entabló entre dos proyectos políticos y militares antagónicos: la restauración del Imperio español en sus colonias americanas de un lado y el independentismo republicano del otro. Sin embargo, el reconocimiento del carácter condicionante de estos dos proyectos principales o mayores en la dinámica histórica no puede conducir a negar o minimizar la indiscutible presencia de otros proyectos simultáneos, pero que tuvieron una escala más restringida en cuanto a sus alcances, o que fueron menos integrales para la época o

---

[12] Prefiero entender este asunto como un entramado social dinámico y ambiguo, pero no necesariamente como unas relaciones funcionales de la esclavitud respecto del sistema colonial, tal como lo propone un reconocido historiador: "Desde este punto de vista y a pesar de algunos procesos de rebeldía y de búsqueda de la libertad, la esclavitud aparece como funcional al sistema colonial y no como un problema. Es solo con la independencia y las transformaciones sociales que ella trae, que los esclavos aparecerán como un problema de urgente solución por parte de los nuevos Estados republicanos". Alonso Valencia Llano, "Integración de la población negra en las sociedades andinas, 1830-1880", en Juan Maiguashca (ed.), *Historia de América Andina*, volumen 5: *Creación de las Repúblicas y formación de la Nación*, Quito, Universidad Andina Simón Bolívar, Sede Ecuador, 2003, p. 144.

que tuvieron menores posibilidades para alcanzar sus objetivos. Dichos proyectos los he denominado "menores" cuando involucraban intereses de las élites regionales y locales, pero, adicionalmente, cabe considerar que también se presentaron otros proyectos, de tipo inorgánico, que expresaban a los sectores subalternos, indígenas, negros y otros grupos populares.

2. Entendemos por proyectos "menores" varias iniciativas de origen local y provincial, que fueron agenciadas por diversos actores sociales y que durante la Independencia se expresaron en el contexto de la Gobernación de Popayán: el autonomista de Cali y las Ciudades Confederadas del Valle del Cauca, el de la élite aristocrática de Popayán en trance de republicana, el realista y lealista de la provincia y ciudad de Pasto que contó con apoyo indígena y popular. En forma simultanea, se presentó el que hemos denominado proyecto libertario de los esclavizados y los libres de las provincias del Pacífico, entre otros.

Dos cuestiones centrales se deben tener en cuenta en la perspectiva de entender el período de la Independencia como un campo de fuerzas en el que convergieron varios proyectos, muchos actores y distintas guerras (Almario G., 2005, tomo 2: 43-104): la primera, que el proceso de la independencia se desarrolló en dos grandes fases y que esto comprometió seriamente las dinámicas y experiencias de los mencionados proyectos. La segunda, que no obstante los progresos de la guerra de independencia y del republicanismo, en la Gobernación de Popayán se presentaría una situación especial por el peso de las élites regionales, que le imprimieron un sello aristocrático y esclavista a la situación.

Como es sabido, la primera fase de la guerra de independencia se produjo entre 1810 y la reconquista española, y tuvo el efecto fundamental de generar una severa fractura ideológica interna en la extensa Gobernación de Popayán, así como en sus distintas poblaciones y sectores dirigentes. En sus comienzos, la dinámica de la guerra se desplazó desde Santafé a Cali y el Valle del Cauca y desde allí se dirigió hasta Popayán y las provincias del sur, asumiendo la forma de una "guerra civil", según la expresión de uno de sus más notables historiógrafos (García Vásquez, 1925a, 1925b).

La segunda fase de la Independencia comprende desde la inicial guerra de resistencia a la restauración y al régimen del terror impuesto por los españoles, hasta el triunfo definitivo en Ayacucho en 1824. Sin embargo, debe tenerse presente que el curso de la guerra de independencia había tenido un giro crucial hacia 1818 bajo el liderazgo de Bolívar, quien, al verse aislado de la región andina y de la costa de Venezuela que controlaban los realistas, se refugió en Angostura, que se convirtió en el centro de operaciones de los independentistas. Desde allí se dio a la tarea de levantar y construir un ejército propio, unificar a los distintos caudillos regionales y dirigirlos con base en un plan unificado y un solo mando militar, lo que se complementó con la alianza con los llaneros de Apure dirigidos por Páez y con los focos de resistencia de los independentistas neogranadinos en Casanare dirigidos por Santander, con lo cual se dieron las condiciones para trasladar el teatro de la guerra a los Andes de la Nueva Granada. A partir de entonces la guerra de independencia se torna en ofensiva, lo que se confirma con el primero de los grandes triunfos patriotas en la batalla de Boyacá en agosto de 1819, se consolida de inmediato con la victoria en Carabobo y prosigue con el diseño y realización de la Campaña del Sur, que, desde 1821 y hasta 1825, va a consolidar la causa independentista en los Andes, a dar origen a los países independientes y a las primeras instituciones republicanas.

Durante este período no había claridad acerca de *quién era* y en dónde estaba el *pueblo* que legitimara la nueva institucionalidad. Bolívar, exasperado por las presiones de la Campaña del Sur y una normatividad creciente, llegó a exclamar en polémica con los *lanudos* de Bogotá, Tunja y Pamplona que "esos señores piensan que la voluntad del pueblo es la opinión de ellos, sin saber que en Colombia el pueblo está en el ejército", lo que da una idea de la situación[13]. La evidencia indica que el pueblo en disputa no estaba ni en las normas ni en el ejército, porque lo que seguía existiendo eran las castas o, en términos precisos, los distintos grupos étnicos, como veremos.

Es un hecho que el libertador-presidente fracasó en su iniciativa de abolir absoluta y definitivamente la esclavitud en el Congreso de Cúcuta de 1821. Con el apoyo de los representantes de la provincia de Antioquia, se limitó a expedir una ley sobre libertad de vientres, prohibió la importación y exportación de esclavos y gravó las rentas para crear un fondo que permitiera su manumisión. Por esa época prevalecía la idea de que en la medida que la esclavitud había degradado moralmente a los negros, era preciso *hacer hombres, antes que hacer ciudadanos*. Con este tipo de argumentos se justificó el aplazamiento de la abolición de la esclavitud (hasta 1851) y se entronizó el principio patriarcalista y proteccionista de los nuevos sectores dirigentes, lo que también da una idea de las divisiones en el campo republicano y de las marcadas diferencias regionales y de intereses de las provincias esclavistas de Popayán y Cartagena.

Al mismo tiempo, se promovió la incorporación masiva de los negros al ejército bajo el supuesto de que mientras persistiera la institución esclavista podían alcanzar la libertad a través de las acciones de guerra. Así lo revelan las cifras al respecto: 1.000 negros enrolados en Antioquia, 2.000 en el Chocó y 2.000 en el Valle del Cauca[14]. El argumento básico sostenía que los negros debían luchar por su libertad y, como todas las castas, aportar su cuota de sacrificio y sangre a la causa patriota, aunque es evidente

---

[13] Carta al vicepresidente F. de P. Santander, 13 de junio de 1821, citada por Leopoldo Uprimny, *El pensamiento filosófico y político en el Congreso de Cúcuta*, Bogotá, Instituto Caro y Cuervo, 1971, pp. 25-26.

[14] Sintetizando los datos de Gabriel Poveda Ramos, "Propuesta de un plan indicativo de la industria forestal", en *Revista ANDI*, n.º 68, 1984, pp. 43-44; Demetrio García Vázquez, *Revaluaciones históricas. Para la ciudad de Cali*, tomo 2, Cali, Editorial América, T. J. Martínez y Cía. S.A, 1925, pp. 26, 101; Leopoldo Uprimny, *El pensamiento...*, pp. 119.

la desproporción de la recluta de los negros. Parece como si Bolívar hubiese aspirado a dos objetivos simultáneos: por un lado, a que con su incorporación a filas los negros ganaran la libertad negada por el orden constitucional; por otro, debilitarlos demográfica y territorialmente, previendo el riesgo de una eventual *guerra de castas,* una de sus grandes y constantes preocupaciones.

Con respecto a los indígenas, en principio quedaron excluidos del reclutamiento, pero la ley de 1821 sobre "la extinción de tributos de indígenas, distribución de los resguardos y exenciones que se les conceden" (citada en Zuluaga, 2001:167) no deja lugar a dudas sobre la decisión de los nuevos sectores dirigentes de disolver los antiguos vínculos e identidades, al tiempo que testimonia su ambigüedad en cuanto a reconocerle a los indios sus plenos derechos políticos.

Como es sabido, la batalla de Ayacucho, ocurrida el 9 de diciembre de 1824 en Perú, que selló la suerte de la guerra contra España, ha suscitado una intensa polémica historiográfica porque más allá del número de combatientes implicados en los bandos y las acciones heroicas comprobadas, supuestamente habría sido más una especie de ritual de la derrota oficiado por los ejércitos realistas bajo el mando del virrey La Serna, que una victoria a manos de las fuerza patriotas lideradas por el general Sucre. Años después, refiriéndose a esta cuestión, en su *Memoria sobre la vida del General Simón Bolívar*, Tomás Cipriano de Mosquera citaba al propio Sucre sobre el particular, pero lo notable para nuestros propósitos es que al defenderse de los escritores españoles que demeritaban el triunfo patriota, el líder republicano describe unos ejércitos formados por castas y cuyas características conocía muy bien: "Acostumbrados los indígenas del Perú a caminar dos leguas por hora, los generales españoles querían envolvernos con sus maniobras; forzar la marcha de una tropa no acostumbrada a trotar en las cimas de los Andes del Perú sería extenuarlas y no tendrían el arrojo e impulso en una carga a la bayoneta; el soldado indígena americano, tanto en el Perú como en Colombia, es valiente y muere en su puesto, pero el blanco, el mulato, el mestizo y el negro, tienen otra inteligencia y arrojo" (en Montezuma Hurtado, 1974: 249-250). El análisis profundo de los acontecimientos militares que hace Sucre rompe momentáneamente con la imagen de unos ejércitos "homogéneos y anónimos", típica del relato nacionalista, lo que contrasta con las convenciones historiográficas del siglo XIX. En efecto, según el historiador Gonzalo Bulnes, la composición del ejército republicano que combatió en Ayacucho, en cuanto a su "nacionalidad", era la siguiente: colombiana, peruana o chilena, argentina. Los colombianos debían ser próximamente 4.000 hombres; los peruanos, menos de 1.000, porque, aunque en los cuadros figuraban 1.400 y tantos, hay razones para creer que el resto fueran chilenos; los argentinos, algo como 100 (en Montezuma Hurtado, 1974: 149). Nótense los contrastes: en un sentido, se trata del triunfo de los republicanos contra los realistas. En otro, Sucre explica las claves de la batalla de Ayacucho en términos de las castas que conformaban los ejércitos. Para la historiografía del siglo XIX, el ejército republicano se conformaba por el aporte de varias "nacionalidades", que esfuman lo étnico.

No resulta fácil establecer con precisión qué tan eficaces fueron los planes de recluta-miento de los ejércitos libertador y realista; sabemos que fueron resistidos con la remisión o el enmontamiento de los que podían ser enrolados y, especialmente, por la gente negra del Valle del Cauca. Tampoco existen suficientes testimonios de los reclutados para la Campaña del Sur. Sin embargo, un documento excepcional, la relación de un soldado, Luís Murillo, natural de Buga, en el Valle del Cauca, escrito en Lima el 28 de julio de 1881, cuando contaba con 76 años, confirma lo que pudo ser el destino de centenares o miles de seres. Reclutado como pífano a los 12 años, combatiría en toda la Campaña del Sur y sus principales batallas. Por su condición de "pobre" (según él mismo) y sus apellidos, no se descarta que tuviera una condición étnica negra: "puedo decir lo que el escudero del caballero de la Mancha: 'pobre nací, pobre me hallo, no pierdo ni gano'" (citado en Montezuma Hurtado, 1974: 251-256).

3. Retomaremos ahora nuestro argumento de la variable étnica en un contexto regional, el de la Gobernación de Popayán, con el objeto de visibilizar la presencia de los negros en el proceso. Para el efecto, mostraremos la dinámica —esclavitud y liber-tad— en la frontera minera del Pacífico sur. Durante la segunda fase, una vez asegurada la independencia de Venezuela y de la mayor parte del territorio de la Nueva Granada y ratificado Simón Bolívar en el Congreso de Cúcuta como libertador-presidente de la república en 1821, la guerra se orientó de nuevo hacia el sur y hacia la costa pacífica con el objetivo de acceder a la Audiencia de Quito y al Virreinato del Perú, hacia donde se habían replegado las fuerzas realistas. Esto desencadenó varios y delicados aconteci-mientos. Inicialmente, Cali y las principales poblaciones del Valle del Cauca volvieron a ser el centro de las operaciones independentistas, lo que anunciaba modificaciones en el ordenamiento político tradicional que había girado hasta entonces en torno a Popayán. Por la misma razón, desde el imaginario republicano que surgía al calor de las acciones militares, se acuñó la expresión "provincia del Cauca" como una manera de promover y distinguir a sus poblaciones por su patriotismo frente a la antigua y colonialista ex-presión "provincia de Popayán"[15]. Sin embargo Bolívar, consciente de la importancia de las élites de Popayán, tuvo la iniciativa de atraerlas al proyecto republicano. Para el efecto adelantó personalmente los tratos con las aristocráticas casas Mosquera, Arboleda y Valencia, entre otras, así como con el oficial realista José María Obando, quien ade-

---

[15] El decreto de Bolívar que abolió provisionalmente la provincia de Popayán y promovió la nueva del Cauca se expidió el 11 de marzo de 1820; citado de Demetrio García Vásquez, "La génesis del Cauca heroico. Conclusión", en *Santafé y Bogotá*, vol. 3, n.º 26 (feb. 1925), Bogotá, pp. 91-92.

más contaba con el favor de indígenas, sectores populares y negros[16]. El éxito de estas gestiones, aparte de cambiar el mapa político del suroccidente, condujo a la promoción de los principales representantes de Popayán a las labores políticas, militares, jurídicas y diplomáticas de la nación en construcción, así como a un protagonismo político que no tuvo parangón en la vida pública nacional y que se mantendría vigente durante casi todo el siglo XIX. No obstante estos significativos cambios, una delicada tarea quedaba todavía pendiente: someter las provincias del sur que, aparte de leales al rey, eran respaldadas con entusiasmo por fuerzas populares, como las parcialidades indígenas y los negros del Patía, y constituían un serio obstáculo para los objetivos de la Campaña del Sur.

Durante la construcción temprana del Estado nacional en Colombia es perceptible, en la antigua Gobernación de Popayán, un continuo ideológico de tipo etnocéntrico y amplio calado histórico. En efecto, entre el *imaginario colonialista* propio del dominio hispánico y el *nacionalismo de Estado* como ideología del proyecto republicano, la *mentalidad señorial* de sus sectores dirigentes, estructurada según criterios socioraciales, representaba a la vez una continuidad y una reconstrucción del orden social proyectado por la modernidad. Las consecuencias más evidentes de esta concepción fueron el aplazamiento de la invención de la moderna nación cívica y la consiguiente persistencia de las castas raciales[17]. Este fenómeno ideológico se manifestó en varios frentes durante la república temprana en el Gran Cauca. En el orden de lo político e institucional se produjo una situación paradójica, porque no obstante la independencia y la promoción de las nuevas ideas republicanas, la resistencia de los sectores dominantes a abolir la esclavitud de los negros y a poner fin a la servidumbre de los indígenas llevó a que persistiera *el sistema social de castas* impuesto durante el dominio colonial[18]. Con ello se dificultaron al extremo las dinámicas de integración, asimilación y homogeneización de los grupos étnicos subalternos dentro del ordenamiento republicano y se aplazó

---

[16] Sobre este período véase Lofstrom, William, *La vida íntima de Tomás Cipriano de Mosquera* (1798-1830), Bogotá, Banco de la República, El Ancora Editores, 1996; Alonso Valencia, *Importancia de Sucre en la Historia de Colombia*, en Enrique Ayala Mora (ed.), *Sucre, Soldado y estadista*. Biografía, Santa Fe de Bogotá, Planeta Colombiana, Universidad Andina Simón Bolívar-Subsede Ecuador, 1996, pp. 73-103.

[17] Dominique Schnapper, *La comunidad de los ciudadanos. Acerca de la idea moderna de nación*, Madrid, Alianza Editorial, 2001, p. 49: "La especificidad de la nación moderna consiste en integrar a toda la población en una comunidad de ciudadanos y en legitimar, mediante esta comunidad, la acción del Estado, que constituye su instrumento".

[18] Por sus características, el caso caucano es comparable con el norteamericano, en donde la Independencia (1776-1789) y la modernidad política arrastraron la pesada herencia esclavista y la mentalidad de castas hasta la Guerra de Secesión (1861-1865) y después de ella, incluso hasta la contemporaneidad, como lo analizan, entre otros, Arnold Rose, *El negro en América*, Barcelona, Ediciones Ariel, 1965, y más recientemente Louis Menand, *El club de los metafísicos. Historia de las ideas en América*, Barcelona, Ediciones Destino, 2002, pp.17-81.

históricamente la resolución del problema. La cuestión se torna más compleja si se tiene en cuenta que, en el polo opuesto a los republicanos aristocratizantes, los liberales modernizadores procedieron a movilizar con frecuencia a los sectores populares y a las etnias, pero siempre con una prevención que les llevó a excluirlos sistemáticamente de sus proyectos políticos, lo que hizo doblemente frustrante la participación de estos grupos subordinados en la política y en los conflictos que tipificaron el siglo xix colombiano[19]. Es notorio también que durante el período estudiado no surgiera un pensamiento ni una acción decidida por parte de los intelectuales que tuviera como objetivo reivindicar la integración efectiva de estos sujetos en el orden pretendido. Desde una perspectiva histórica, la relación entre las etnias, el Estado y la nación en Colombia, y en el Gran Cauca en particular, se caracterizó por el monopolio representativo de lo nacional en manos de las fuerzas etnocentristas y excluyentes que se consideran herederas legítimas de la gesta independentista, la encarnación y la voz de la nacionalidad, los únicos agentes de la modernidad política, social y cultural del país.

La paradoja en el caso caucano consiste en que para que prevaleciera el sistema social de casta se tenía que preservar lo indio y lo negro como realidades sociales, lo que amenazaba la existencia misma de los sectores dirigentes[20]. Por esta razón, las distintas metáforas empleadas para tratar de describir la formación de las identidades etno-culturales son aplicables aquí, pero con matices: el *espejo* homogeneizador y nacionalista tiene validez solo en relación con el objetivo de producir un orden moral único, básicamente católico; la heterogeneidad del *mosaico* opera como el sistema social de castas descrito, pero bajo el monopolio de la casta aristocratizante y nunca como democracia racial; el *crisol* como ideal de fusión cultural se concibió únicamente en el largo plazo, a partir de la extinción de lo indio y lo negro como consecuencia de

---

[19] Se entiende por "construcción de la homogeneidad" u "homogeneización": "la tendencia histórica y procesual a eliminar o ignorar las diferencias culturales, étnicas, fenotípicas, etc., de un grupo humano, de forma tal que el mismo sea percibido y se autoperciba como partícipe de una unidad etno-cultural y referencial. Este proceso se vincula a la asimilación ideal de las fronteras de dicho grupo humano con los límites del Estado al que está ligado institucionalmente y cuya soberanía detenta". Por esta razón, el resultado de la homogeneización "no debe entenderse en términos de 'realidades', como de construcción ideológica a partir de la apropiación colectiva de percepciones que se resuelven en el nivel del imaginario", Mónica Quijada, Carmen Bernand, Arnd Schneider, *Homogeneidad y Nación. Con un estudio de caso: Argentina, siglos xix y xx*, Madrid, Consejo Superior de investigaciones Científicas, 2000, p. 8.

[20] La composición Etnica de la provincia de Popayán, según el Padrón General de 1797 y la relación que lo acompaña, la Provincia y Gobierno de Popayán lo componían 16 lugares y su población total era de 136.183 "almas". Los blancos eran el 23% (los eclesiásticos el 1%), los indios el 24%, los libres el 35% y los esclavos el 17%. Hermes Tovar *et al.*, *Convocatoria al poder de número: censos y estadísticas de la Nueva Granada, 1750-1830,* Bogotá, 1994, pp.319-335.

la acción disolvente de las castas superiores[21]. Aunque negros, indios, blancos pobres y sus distintas mezclas constituyesen una realidad social suficientemente fuerte en el suroccidente colombiano durante el siglo XIX, se puede afirmar que la única alteridad reconocida, no obstante su manipulación ideológica, ha sido la indígena. Hasta hace relativamente poco tiempo lo negro simplemente se ha silenciado en el imaginario colectivo y en el conocimiento social[22].

Sin embargo, en el caso del Pacífico neogranadino y sus minas[23] el reclutamiento para uno y otro bando fue contestado por los esclavizados con la resistencia, la huida, el enmontamiento y el control de las minas (Minaudier, 1987, 1988). La documentación histórica compulsada permite afirmar que realistas y republicanos desarrollaron sus respectivos proyectos pero cuidando de no alterar el orden esclavista y, por lo mismo, en general evitando comprometer con sus respectivas causas a los esclavos de las minas de la costa pacífica del sur. Estas mismas evidencias, no obstante sus obvias limitaciones para reflejar con objetividad las acciones y los motivos de los negros esclavos, permiten sostener que estos aprovecharon la crisis de poder que desataron las guerras de independencia para concretar sus anhelos de libertad, a través de una gama muy amplia de variables. Entre estas se encuentran la desobediencia a sus amos, fueran estos realistas o republicanos; el abandono de sus labores en las minas, la huida y la resistencia al reclutamiento; el control y laboreo de las minas por las antiguas cuadrillas y el reparto entre ellos de sus beneficios; el uso libertario de formas de comunicación y desplazamientos por ríos y montes de distintas zonas y lugares; la alineación circunstancial o puntual con uno u otro bando. No hay duda de que entre los esclavizados y al hilo de las guerras, se forjó un ambiente libertario que contrastaba con el régimen esclavista, ambiente que, no obstante su condición molecular e inorgánica, entendemos como expresión de su "proyecto" como grupo social.

4. Los datos disponibles indican que desde finales del siglo XVIII y hasta comienzos del XIX, mediante una combinación de estrategias, entre las que son perceptibles una

---

[21] Estas tres metáforas se remiten a las empleadas en, Francisco Colom González, (ed.), *El espejo, el mosaico y el crisol. Modelos políticos para el multiculturalismo*, Barcelona, Anthropos, UAM, 2001; sobre el uso político de la metáfora véase también José González García. *Metáforas del Poder*, Madrid, Alianza Editorial, 1998.

[22] Sobre la construcción epistemológica del indio y del negro en Colombia como paradigmas de la alteridad, véase Eduardo Restrepo, "Invenciones antropológicas del negro", en *Revista Colombiana de Antropología*, n.º 33, (1996-1997): 238-269.

[23] La composición étnica del Pacífico Sur lo conformaban las provincias de Raposo, Micay, Iscuandé, Barbacoas y Tumaco. Para finales del siglo XVIII, de una población total cercana a los 19.000 habitantes, el 49% lo representaban los esclavos y el 33% los "libres de todos los colores" (que en su mayoría son negros automanumitidos), lo que quiere decir que el peso demográfico de los negros era aplastante, frente al 6% de los blancos y el 12% de los indios. Con base en Hermes Tovar *et al.*, *Convocatoria al…*, pp. 319-335.

colonización espontánea de los negros libres y la introducción masiva de cuadrillas de esclavizados, el clan de los Mosquera y los Arboleda se apropió entre otros espacios de la cuenca del río Timbiquí y sus afluentes para explotar sus riquezas auríferas[24]. Después de un primer período de vacilaciones respecto del proyecto republicano, finalmente los clanes esclavistas adhirieron a la causa independentista y esto dio origen a un intrincado complejo ideológico en toda la Gobernación de Popayán, a la idea acerca de una mentalidad señorial en la colonia, que derivó hacia un republicanismo aristocratizante después de la Independencia. Sin embargo, sus características y trascendencia se pueden observar también en la frontera minera y la micro-escala de los ríos.

La tradición esclavista y racista con base en la cual fue explotada y controlada la región y la continuidad del liderazgo de los clanes esclavistas impidieron no solo que la naciente república modificara esta situación, sino que incluso esta se acentuara bajo el nuevo ordenamiento. Así, por ejemplo, los decretos que expidió el libertador-presidente imponiendo las contribuciones forzosas a las distintas provincias para sostener la Campaña del Sur permiten observar que en la de Barbacoas, como gran centro esclavista del Pacífico sur neogranadino, los nuevos "ciudadanos" coinciden plenamente con los antiguos esclavistas[25]. Por su parte, la situación de las parroquias de Guapi, Timbiquí y Micay muestra la persistencia de la sociedad de castas[26]. En los años inmediatamente siguientes, los documentos republicanos confirman esta rígida segmentación étnico-racial de la sociedad regional[27].

Mientras tanto, por presión del nuevo Estado y de los mineros esclavistas, se siguió beneficiando el oro en polvo, lo que implicó la persistencia de la esclavitud, por lo cual durante las primeras décadas de la naciente república se continuó con la compra-venta de esclavos. Arboledas y Mosqueras, acosados más que por la tibia medida de la libertad de vientres de 1821, por el creciente sentido libertario de los esclavizados y los libres, buscaron por todos los medios posibles "realizar" sus mercancías humanas en los mer-

---

[24] ANE. Fondo: Popayán. Caja n.° 272, exp. 13, folios: 1-7, Timbiquí, 6-IX-1802. Documento en que don José de Arboleda, *dueño de minas, bosques, tierras de labor del río Timbiquí con sus quebradas y aguas*, da poder para sus causas.

[25] ANE. Fondo: Popayán. Caja n.° 305, exp.4, folios: 1-4, Barbacoas, 24-VIII-1823; ANE. Fondo: Popayán. Caja N° 305, exp.7, folios: 1-5, Barbacoas, 26-VIII-1823.

[26] ACC. Signatura: 1520 Indepcia. CI-15 cp. Folios:1-3. Guapi, 7-XI-1822; 21-XI-1823.

[27] ACC. Signatura:2727 Indepcia. CII- 1cp. Folios:1-6. Barbacoas, sin fecha 1827?; ACC. Signatura: 2709 Indepcia. CII- 1cp. Folios: 1-24. Iscuandé, 14-V-1827; ACC. Signatura: 2710 Indepcia. CII- 1cp. Folios:1-2. Buenaventura, 18-VI-1827; ACC. Signatura: 2718 Indepcia. CII- 1cp. Folios: 1-8. Anchicayá, 2-IV-1827; ACC. Signatura: 2780 Indepcia. CII- 1cp. Folios: 1-2. Buenaventura cantón del Raposo, 15-III-1827; ACC. Signatura:2806 Indepcia. CII- 1cp. Folios:1-3. Timbiquí, 27-III-1827; ACC. Signatura: 2805 Indepcia. CII-1cp. Folios:1-2. San José, Telembí, 30-VI-1827; ACC. Signatura: 2899 Indepcia. CII- 1cp. Folios:1-8. Micay, 14-V-1827.

cados de Perú y Panamá[28]. En otros casos, aprovecharon el complejo agro-minero para relocalizar a los esclavizados en las haciendas del interior andino.

De otra parte, más allá de las disposiciones oficiales para ordenar el territorio republicano a través de los municipios y de establecer las formas institucionales modernas, como la elección de alcaldes municipales y diputados provinciales, lo que indican las evidencias sobre la situación de la provincia de Micay y la parroquia del río Timbiquí, es el precario avance del Estado-nación y el conflicto profundo entre esclavistas y negros esclavizados y libres. Bajo la tutela del clan Arboleda-Mosquera, las antiguas relaciones esclavistas coloniales derivaron hacia unas formas de control social en las que se desarrollaron modalidades de clientelismo político, dependencia económica y paternalismo católico. De esta manera la antigua lógica de posesión de minas, basada en el control de espacios amplios como toda la cuenca de un río, se superpuso con la de la formación de municipios. Así las cosas, los administradores de minas se doblaron en alcaldes y funcionarios oficiales, lo que produjo una virtual connivencia entre los intereses privados y los públicos[29]. La propiedad privada en el río Timbiquí literalmente aspiró al control de todos los recursos y de la gente, lo que condujo a un conflicto entre los miembros del clan Arboleda-Mosquera y los comuneros que habitaban las riberas y que constituían la promesa de mano de obra para explotar el oro. Esto hizo más crítico todavía el precario estado del sistema esclavista sobreviviente[30]. Frente a una racionalidad económica en descomposición, los republicanos esclavistas trataron de construir otra que evocaba su origen aristocratizante, racista y de privilegios: el sistema de terrazgo que había funcionado para sus haciendas del interior andino como control de la mano de obra de indígenas, campesinos o negros sin tierras. Por todo esto, es elocuente el

[28] ACC. Sala: Arboleda. Signatura: 229. Folios:1-2. Panamá, abril 28 de 1829; ACC. Sala: Arboleda. Signatura: 390. Folios: 1-4. Panamá-Quilichao, 28 de abril de 1829. Se refieren a un contrato suscrito entre José Rafael Arboleda y Juan Bautista Terán, para introducir en Panamá, procedentes de Buenaventura y Guapi, entre 150 y 200 esclavos, de 8 a 40 años, con el fin de producir en el istmo miel, azúcar y aguardiente. ACC. Sala: Mosquera. Año: 1830. Carpeta n.° 30. D.6199. Folios:1-8. Mina de San Vicente-Guapi-Guayaquil, 20-V/13-VII/22-VIII-1830; documento donde consta que Tomas Cipriano de Mosquera vendió 51 esclavos en el Perú.

[29] ACC. Sala: Mosquera. Año: 1827. Carpeta n.° 15-L. D.3607. Folios: 1-4. Mina de Santa María-Mina de San Vicente, 27-VII/20-VIII/26-X-1827; ACC. Sala: Mosquera. Año: 1827. Carpeta n.° 15-L. D.3608. Folios:1. Mina de San Vicente de Timbiquí, 27-VII/20-VIII/26-X-1827; ACC. Sala: Mosquera. Año: 1829. Carpeta n.° 17-L. D.5507. Folios:1. Santa María de Timbiquí, 6-II-1829; ACC. Sala: Mosquera. Año: 1829. Carpeta n.° 17-L. D.5509. Folios:1. Guapi, 21-III-1829; ACC. Sala: Mosquera. Año: 1829. Carpeta n.° 17-L. D.5512. Folios:1-3. Timbiquí, 22-V-1829.

[30] ACC. Sala: Mosquera. Año:1829. Carpeta n.° 17-L. D.5513. Folios: 1-3. Santa María de Timbiquí, 6-VI-1829; ACC. Sala: Mosquera. Año:1831. Carpeta n.° 8-L. D.6260. Folios:1-2. 1-VI-1831.

contraste entre la comunidad imaginada por los criollos dirigentes del nuevo Estado y las comunidades negras en búsqueda de la libertad.

5. La historiografía colombiana ha sostenido durante mucho tiempo una hipótesis general: que la independencia significó ante todo un cambio político pero no un cambio social ni económico, subrayando con esto que la ruptura de los lazos que ataban a las colonias del Nuevo Mundo con el Imperio español y el surgimiento de una institucionalidad de formas modernas no tuvieron su correlato en las transformaciones de la sociedad y la economía. En otras palabras, que la experiencia de la independencia representa una revolución política pero de ninguna manera una revolución social y mucho menos una revolución económica.

Pero en el caso del Pacífico neogranadino que nos ocupa, esto no parece ser tan obvio a la luz de los estudios actuales. En efecto, cómo seguir sosteniendo tal hipótesis cuando la disolución de la esclavitud, que en las postrimerías de la colonia ya presentaba síntomas irreversibles por varias causas, se precipitó en una crisis definitiva con las guerras de independencia a pesar de los intentos de los esclavistas republicanos por mantenerla y reproducirla; cuando es evidente que los esclavizados pasaron de una experiencia social constreñida a los espacios de la economía minera —los *reales de minas* y sus anexos— a la ocupación extensiva y en libertad del territorio como producto de una gesta colectiva y anónima; cuando estas dinámicas contribuyeron a desarticular en la práctica el complejo agro-minero, uno de los más importantes dispositivos que permitieron el funcionamiento de la sociedad esclavista de la Gobernación de Popayán y el predominio de sus poderosos clanes familiares. Con este dispositivo, como lo estudió Colmenares, los sectores dominantes aseguraron el monopolio de las diversas actividades productivas agrarias y mineras y el comercio, al articular diversos espacios, recursos y agentes productivos, es decir *haciendas de trapiche* de los valles interandinos con *minas* localizadas en el Pacífico.

Mi hipótesis, en el contexto de las guerras de independencia y respecto de las sociedades negras del Pacífico neogranadino, es la siguiente: estas, al acceder a la libertad de hecho aunque la esclavitud persistiera jurídicamente, y al afirmarse socialmente sobre un territorio del que se apropiaron progresivamente no obstante ser excluidas de la ciudadanía, en lo fundamental impidieron la continuidad de la producción minera esclavista, al tiempo que modificaron las condiciones sociales para su reproducción, con lo cual incidieron decisivamente en una de las transformaciones políticas, sociales y económicas más significativas de la república en formación.

Como consecuencias de lo anterior, se definieron dos dinámicas sociales principales: *hacia afuera* tendieron a dislocarse los antiguos nexos del Pacífico con las haciendas y los centros patrimoniales del interior andino y *hacia adentro* tendió a masificarse la construcción de las sociedades negras en libertad. Pero estos cambios, que no dudo en caracterizar de revolucionarios, constituyen una *revolución* atípica y en gran parte desconocida que escapa a los modelos convencionales de análisis, en la medida que fue realizada por protagonistas colectivos y anónimos que ocupaban el último lugar en la escala social del antiguo régimen y por cuanto se produjo al margen de la céntrica historia andina del país de la cual todavía somos herederos. Conviene citar un ejemplo ilustrativo.

En un esfuerzo por racionalizar la experiencia de la dislocación del mencionado dispositivo esclavista agro-minero y su impacto sobre los intereses de su clan familiar, don Sergio Arboleda, un conspicuo representante de esa época y sus intereses, resumió la profundidad de los cambios ocurridos, a propósito de una carta fechada en su hacienda de Japio el 4 de marzo de 1845 y que dirigiera al Sr. Luis Velasco, antiguo administrador de esa hacienda localizada en el Valle del Cauca y de la mina de San Vicente ubicada en el río Timbiquí:

> Sírvase U. pues decirme lo que sepa o le conste del estado en que se hallaban esta hacienda de Japio i la mina de San Vicente antes de la revolución de la independencia, i delá (sic) que quedaron reducidas después de aquella guerra por los años de 1820 i 1821, i tambien cuales fueron las perdidas que tuvieron en esclavos, herramientas, ganados, labranzas, cercos, asequias, pilas i demas útiles de mina i hacienda; ¿Si sabe U. que á consecuencia de las perdidas sufridas tuvo mi padre que abandonar la mina de San Vicente i pasar á esta hacienda los 90 esclavos que en aquella quedaban?- ¿Si esta hacienda quedó reducida únicamente a los tres edificios de la Iglesia, Casa i Trapiche i unos pocos esclavos en el llano abierto i vacio?

En su no menos diciente respuesta a Arboleda, fechada en la hacienda de Mandivá el 7 de marzo de 1845, el Sr. Velasco le manifestaba que desafortunadamente sobre esos asuntos no podía ayudarle mucho, le recordaba que en esa época él no era el administrador, que lo fue desde el 1 de noviembre de 1822 y que en efecto en esa fecha solo recibió los tres edificios mencionados y "unas pocas herramientas en mui mal estado, igualmente recibi muy pocos negros inválidos, por cuya razon existian, porque los mosos y alentados, unos se los havia llebado el general Bolivar, y otros se hallaban profugos en el monte"[31].

¿Qué debe hacer un historiador frente a documentos de esta naturaleza? ¿Seguir atado a los análisis convencionales o simplemente debe dejar "hablar al subalterno"?[32].

---

[31] ACC. Sala Arboleda. Sig. 453. Folios: 1-2. Hacienda de Japio, 4-III-1845.

[32] Gayatri Spivak, "¿Puede el subalterno hablar?" [1985], *Revista Colombiana de Antropología,* vol. 39, año 2003. Con lucidez, la autora cuestiona a los intelectuales occidentales posestructuralistas —M. Foucault, G. Deleze, F. Guattari y J. Derrida— por su ambigüedad. En efecto, Spivak establece que en el caso de estos pensadores, por una parte se cuenta con su brillante crítica del poder político y discursivo de Occidente, lo que permite el reconocimiento de la alteridad; pero por otra, que también es evidente su incapacidad para llevar esa reflexión crítica hasta el final y plantearse un definitivo descentramiento de la representación histórica occidental, a consecuencia de lo cual se termina diluyendo el registro preciso de la presencia del Otro. Por eso, la autora se pregunta pertinentemente: "¿Por qué deberían ser aprobadas tales

El efectivo control del oro en polvo y su amonedación en estas provincias, estrategias que hicieron parte de las políticas para fortalecer las finanzas y administración del Imperio español, se empezaron a desarrollar más o menos en firme en la segunda mitad del siglo XVIII, cuando ya declinaba el sistema esclavista en la Gobernación de Popayán y se anunciaba la crisis de dominio, por lo cual este fue un proyecto inconcluso. En suma, el nuevo orden republicano, que heredó tanto un sistema esclavista en disolución como un precario aparato fiscal y administrativo, también va a fracasar en su intento de apropiarse del oro del Pacífico a través de los esclavizados, pues como ya se anotó, las cifras reveladas por J. M. Restrepo indican que los grupos negros, dentro del sistema republicano, no estuvieron dispuestos a seguir siendo esclavizados. En su defecto, iniciaron una construcción social inédita, que el proyecto republicano va a desconocer sistemáticamente.

6. En las provincias del Pacífico sur, periferia y frontera minera de la Gobernación de Popayán, las limitaciones y las fisuras del sistema de dominación colonial y explotación económica permitieron la irrupción de las primeras manifestaciones de la etnogénesis negra, en tanto que los esclavos tuvieron espacio para la desesclavización y la concomitante territorialización. Además de esto, el ambiente político pactista de la época llegó a estos territorios, en tanto que los grupos negros de los esclavizados y los libres fueron asumidos como interlocutores válidos para el sostenimiento del orden colonial y la vigilancia de los intereses de la monarquía, ya que las debilidades de la administración, incluido el inmenso poder de las autoridades locales y su tendencia a combinar sus intereses privados con los públicos, desembocaban en fraudes y contrabando, principalmente. Al mismo tiempo, los esclavos encontraron distintos caminos hacia la libertad, como la automanumisión, y en tiempos de las guerras de la Independencia y en los primeros años de la República, no obstante que la esclavitud se mantuvo vigente hasta mediados del siglo XIX, las dinámicas de la etnicidad negra continuaron en asenso. Frente a los proyectos realista e independentista, los negros lograron configurar un molecular pero efectivo proyecto "menor" de orden libertario, que tenía como parte de sus elementos fundamentales el aprovechamiento de la crisis institucional y el debilitamiento de los mecanismos de control sobre ellos, para huir de los reales de minas, o apropiarse de ellos y controlarlos y escapar de los reclutamientos militares. De esta forma, y a pesar de los esfuerzos de los dueños de las minas, estas jamás volvieron a su estabilidad anterior. Así, se sentaron las bases para que paralelo al surgimiento del nacionalismo de Estado, con todos sus consiguientes debates identitarios, se fuera configurando una nueva etapa del proceso etnogenético negro en la cual se llegó a la condición general

---

oclusiones precisamente en aquellos intelectuales que son nuestros mejores profetas de la heterogeneidad y del Otro?" (2003: 303).

de la libertad, decretada la manumisión jurídica en 1851-1852, y a la consolidación de dinámicas de apropiación del territorio.

Tal vez todo esto permita comprender que uno de los primeros registros etnográficos contemporáneos sobre la gente negra del Pacífico sur colombiano se haya encontrado con que la tradición oral retenía, como parte de la memoria colectiva, un currulao dedicado a la independencia (Almario, 2005, tomo 2: 105):

¡Ahé, ahó, Bolívar Libertador,
Ahé, ahó, Bolívar Libertador![33]

---

[33] Currulao de la tradición oral del Pacífico sur colombiano. ALEC. 1.452. Iscuandé (Nariño), L.A. y L.B., 5-VIII-1973. Informante: Rafael Caicedo Aguirre. Grabador: Jesús García Sánchez. Archivo fonográfico del Instituto Caro y Cuervo-ICC, al que agradezco el acceso a esta información.

CAPÍTULO 2
La participación popular en la primera república en el Nuevo Reino de Granada, 1810-1816

Catalina Reyes Cárdenas

Estado del arte

Los estudios sobre el proceso de emancipación y de conformación de una nueva nación presentan un panorama desolador en Colombia. La explicación a este vacío se remonta a la reacción y resistencia de la llamada "nueva historia colombiana"[1] a abordar un tema desgastado por las viejas tradiciones decimonónicas de la historiografía colombiana. Los historiadores decimonónicos y las academias de historia colombianas concentraron todos sus esfuerzos en la reconstrucción y narrativa de las historias patrias, que validaran la independencia y contribuyeran a crear los héroes y mitos fundacionales de la nueva nación. Habría que añadir que, para que el caso colombiano, los estudios tradicionales cayeron desde el principio en interpretaciones sesgadas por las luchas partidistas entre liberales y conservadores, restándole seriedad y confiabilidad a una numerosa bibliografía que, en el afán de reivindicar las figuras de Simón Bolívar o Francisco de Paula Santander, como héroes fundacionales de los partidos tradicionales, empobrecieron y deformaron la historiografía sobre la independencia.

La nueva historia de Colombia, que logró consolidarse a partir de los años setenta del siglo XX, estaba fuertemente influenciada por el movimiento francés de los *Annales* y le dio prelación a los estudios históricos que privilegiaban la larga y mediana duración, al igual que las estructuras, fueran estas espaciales, sociales o económicas, dejando de lado lo que se llamó lo "acontecimental". En el país, durante la década de los setenta y los ochenta, lo político considerado como lo episódico y el escenario de los gobernantes, autoridades eclesiásticas, las élites y las confrontaciones militares, fue relegado a un plano muy secundario. La independencia y la ruptura con la subordinación colonial, así

---

[1] Se considera a Jaime Jaramillo Uribe padre de este movimiento. Del mismo hacen parte Germán Colmenares, Jorge Orlando Melo, Álvaro Tirado.

como la emergencia del nuevo Estado republicano, temas trascendentales para la historia colombiana, no fueron objeto de estudio. Igualmente, la influencia del marxismo en los historiadores de la "nueva historia" llevó a reforzar la visión de que la Independencia era un período en el que triunfaron los intereses de las élites criollas, que forjaron un orden social que favorecía los intereses de ricos comerciantes, hacendados y mineros neogranadinos. Se caracterizó como un período en el que primaron las continuidades del antiguo régimen colonial y en el que los sectores populares solo fueron, tal como lo consideraba la historiografía clásica del siglo XIX, marionetas cuyos hilos eran movidos por dichas élites. En pocas palabras, un período que no introdujo cambios significativos en el ordenamiento social, económico y político; los cambios trascendentales ocurrieron en la segunda mitad del siglo XIX, período que sería objeto de varios estudios.

Los historiadores de la nueva historia colombiana evadieron el reto de elaborar una interpretación nueva sobre el tópico más tradicional de la historiografía política: la Independencia. Entre los años 70 y 80 muy pocos historiadores profesionales se ocuparon de este complejo período.

Importante, pero con poca resonancia en la época de su publicación, es el texto del historiador Javier Ocampo López, *El proceso ideológico de la emancipación: independencia, futuro e integración en los orígenes de Colombia* (1974). Desde la historia de las ideas y las mentalidades Ocampo López, en este puntilloso trabajo, reconstruye los imaginarios fernandinos en la primera fase de independencia y el impacto de las distintas vertientes filosóficas e ideológicas de la independencia.

En los años 90, el historiador más representativo de la renovación de la historia en Colombia, Germán Colmenares, abordó, en *La independencia. Ensayos de historia social* (1986), el tema de la independencia. En un texto colectivo, producto del trabajo con sus colegas de las universidades del Valle y el Cauca, trata de ofrecer distintos enfoques y líneas de trabajo sobre un período olvidado por la historia profesional en Colombia. Uno de los ensayos del libro producido por el mismo Colmenares, bajo el título "La historia de la Revolución, por José Manuel Restrepo: una prisión historiográfica" (Colmenares, 1986), pone al desnudo cómo las interpretaciones sobre el período han estado influidas y dominadas por la extensa y bien documentada obra del testigo y protagonista de los hechos del período, José Manuel Restrepo, a la que define como una prisión historiográfica. Germán Colmenares explica que la obra de Restrepo obedece claramente a la intencionalidad de legitimar la nueva nación en el concierto de las naciones civilizadas. Si bien Colmenares hace explícitos los grandes méritos y el rigor de José Manuel Restrepo, advierte a los historiadores sobre el propósito moral de las narrativas de José Manuel Restrepo y de su visión elitista. En su obra, los grupos subalternos son presentados como marionetas que se mueven al vaivén de los intereses de los caudillos criollos. Los sucesos que no encajan en una visión heroica son el resultado de pasiones y envidias entre sujetos. Así mismo, José Manuel Restrepo deja sentado el mito de que la independencia neogranadina se produjo como una reacción contra trescientos años de opresión española y que ella se inspira claramente en los postulados de la revolución francesa, sin considerar las influencias del liberalismo español, ni de corrientes ideológicas tradicionales, de las cuales bebieron recurrentemente los protagonistas de la independencia. La obra de Restrepo está atravesada por una visión etnocéntrica de la historia. A pesar de las advertencias de Germán Colmenares contra esta prisión historiográfica, es frecuente encontrar en los estudios recientes remisiones continuas, como forma de corroborar las tesis, no solo a la información, sino a las interpretaciones de Restrepo.

El otro ensayo de Colmenares en el mismo texto, "Castas, patrones de poblamiento y conflictos sociales en las provincias del Cauca 1810-1830", retoma su preocupación sobre los patrones de poblamiento, haciendo un llamado a incluir, en los estudios regionales, las variables demográficas y étnicas.

Los otros artículos ofrecen diversas perspectivas. El ensayo de Francisco Zuluaga "Clientelismo y guerrillas en el Valle del Patía. 1536-1811", influido por los conceptos de bandidísimo social de Eric Hobsbawm, analiza la constitución de una comunidad de negros-libertos que se estructura con base en el principio de libertad y reciprocidad, y plantea, claramente, la intención de mirar las guerras de independencia desde los de abajo y en resistencia al proyecto independentista de los criollos. Así mismo, muestra los patrones de las relaciones de parentesco y clientelistas de una comunidad negra con un sector de las élites payanesas, con el que los negros, a través de relaciones de compadrazgo, sellan fidelidades y relaciones de mutua conveniencia.

A partir de 1980 las nuevas corrientes historiográficas van a influir los estudios sobre independencia en el contexto latinoamericano. Los estudios anglosajones de E. P. Thompson, *Costumbres en común* (1992), que incluye la "Economía moral de la multitud", y Eric Hobsbawm, *Rebeldes primitivos* (1959), pondrán el énfasis en recuperar, para la historia social, a los de abajo.

La inclusión de sectores distintos a las élites fue enriquecida por los estudios subalternos, que retomaron la noción gramsciana de subalternidad y reclamaron la necesidad de que la historia se ocupara de grupos diferentes a aquellos que han estado cercanos al Estado y que cuentan con una historia unificada. Por el contrario, se llamaba la atención sobre los grupos subalternos que carecen de una historia unificada. Su historia es disgregada y discontinua, pero aun así es un compromiso de los historiadores recuperar esta historia y sus construcciones culturales, para entender las dimensiones de las transformaciones sociales (Gutiérrez Ramos, s.f.).

Los estudios que se han ocupado de los sectores populares o de los de abajo, en el período de la Independencia en Colombia, se han realizado desde la perspectiva de las historias locales y regionales. Aquí vale la pena rescatar aquellos que podríamos denominar de la escuela de Warwick, con Anthony McFarlane a la cabeza y con los valiosos trabajos de sus alumnos Rebecca Earle y, el más reciente, de Steiner A. Saether. Estos historiadores sitúan los conflictos del período de la Independencia en una mirada de más largo alcance, relacionándolos con las transformaciones del período colonial tardío; en particular, con las reformas borbónicas.

Rebecca Earle (1989, 1993, 1999) focaliza su interés en las numerosas revueltas locales que sucedieron en el sur del virreinato; concretamente en la provincia de Pasto, entre 1750 y 1850, relacionadas la mayoría de ellas con las reformas fiscales y el estanco del aguardiente. Conecta estos motines y desórdenes con el proceso de independencia e intenta entender la compleja relación de los indígenas con las élites locales.

Steiner Saether (2005) se ha ocupado de las provincias de Riohacha y Santa Marta durante la Independencia. En la primera parte del libro, Saether hace una cuidadosa revisión de los patrones nupciales, con el fin de observar las relaciones interétnicas y la estructura social de la región. Estudia, igualmente, la movilidad social de las provincias antes y después de la independencia, y concluye que en el período post-independencia los índices de matrimonios interétnicos aumentaron, haciendo evidente el relajamiento del control social y una mayor laxitud de las élites tradicionales, al permitir el matrimonio de sus hijas con militares ingleses, franceses, venezolanos o de otras provincias, muchos de ellos advenedizos. En la segunda parte de libro Saether explica por qué los indígenas y los sectores de color de esta provincia adoptaron un acendrado monarquismo, que los diferenció radicalmente de los pardos y mulatos de la cercana ciudad de Cartagena, quienes fueron fieles a la causa patriótica. La explicación al apoyo a los realistas la encuentra Saether en situaciones locales. El autor insistirá en que las fidelidades a uno u otro bando se dirimían en relación con intereses puramente locales y que poco tenían que ver con posiciones ideológicas. En su opinión, la independencia actúo como un catalizador de los conflictos locales, fueran estos interétnicos o de clases. La posición de las élites samarias, de resentimiento y desconfianza frente a las actitudes impositivas de Cartagena, fue determinante en la posición que adoptaron otros sectores de la provincia. Los indígenas de esta defendieron al rey, pues esperaban que la Corona les restituyera privilegios y tierras que habían perdido o que veían amenazados por el proyecto patriota. Saether, en contradicción con las creencias y mitos generalizados, evidencia para este caso regional la autonomía con la que actuaron los sectores subordinados.

En cuanto a la resistencia de los indígenas del sur de Pasto al proyecto republicano de los criollos, es necesario destacar el valioso trabajo del historiador Jairo Gutiérrez Ramos (2007a, 2007b). Gutiérrez reconstruye la vida de las comunidades indígenas durante el siglo XVIII, haciendo visibles los lazos de solidaridad étnica y las estrategias de acción política que implementaron aquellas contra las medidas fiscales y los desmanes de los funcionarios borbónicos. Estas experiencias van a nutrir la resistencia indígena en el período de 1809 a 1825. En estos años los indios de Pasto fueron un obstáculo militar contra las pretensiones y acciones del bando patriota. Para Gutiérrez, la movilización campesina indígena, si bien en una etapa (1809-1822) estuvo influida por las élites locales, en el período 1822-1825 se deslinda de estas, que abandonan la causa realista, y expresa gran autonomía al asumir un papel protagónico.

Uno de los estudios más reconocidos es el texto de Alfonso Múnera *El fracaso de la nación* (1998). Este estudio se ocupa de la participación de los pardos y mulatos en los hechos que condujeron a la instalación de la primera república en Cartagena. Múnera inscribe su trabajo en la perspectiva de los estudios subalternos, y se interesa en recuperar la presencia y el papel protagónico de los artesanos pardos y mulatos de Cartagena. Así mismo, revisa la compleja relación del sector de color con las distintas facciones de la élite patriota que controlaron la política en la ciudad.

También se ocupan del Caribe colombiano los recientes trabajos de Marixa Lasso (2006, 2007, 2008), quien explora, desde la perspectiva de la historia social y de las ideas, el problema de lo racial. Para la autora, lo racial es una clave definitiva que permite entender la historia política del período republicano. El miedo a la democracia y a la movilización que expresaron las élites criollas y sus dirigentes, entre ellos Bolívar, tiene su origen, según Lasso, en la forma como abordaron la dimensión de lo racial.

La historiadora Aline Helg, en su libro *Liberty and Equality in Caribeean Colombia* (2004), busca la respuestas a la ausencia de una resistencia y una rebelión de los esclavos en Cartagena durante el período de la Independencia. De igual manera se pregunta por la falta de solidaridad de los pardos y mulatos patriotas de Cartagena con los esclavos. La autora explora las características de la esclavitud en esta ciudad, con el fin de explicar por qué no hubo una conciencia de raza en Cartagena.

Finalmente, aunque el balance no es exhaustivo, quiero mencionar el trabajo del historiador Óscar Almario García (2001, 2005), quien se ha ocupado del estudio de la gente negra del Pacífico colombiano, indagando si las taxonomías socio-raciales del mundo colonial fueron o no modificadas por la experiencia republicana y explorando las continuidades y conexiones entre el racismo colonial, el republicano y el contemporáneo.

Como vemos, en balance los trabajos se han ocupado principalmente de la región caribe colombiana, y fundamentalmente de las gentes de color negro. Solo en el caso de Saether se ha incluido la preocupación por la participación y respuesta de las poblaciones indígenas. Los otros dos trabajos de esta primera parte se refieren a la región sur del país, uno dedicado a los indios y otro a los negros. El reto actual para los historiadores frente al Bicentenario es no solo reescribir la historia del proceso de independencia, sino también rescatar las historias de una enorme población de libres mestizos, mulatos, pardos, zambos y de las comunidades indígenas, en las distintas localidades del país. Invito a reconstruir la historia de este período desde las localidades y las comunidades, a desplazar el eje de preocupación de lo urbano hacia lo rural, de manera que podamos superar la mirada tradicional sobre la participación popular, reducida a considerarlos apéndices de las élites, o solo una masa reclutada por los ejércitos que se enfrentaron en este período.

Algunas consideraciones para abordar el período

Para poder entender el período de independencia es sano retomar la recomendación hecha por el hispanista sueco Magnus Mörner (1992) sobre la necesidad de ampliar el horizonte y observar los cambios del período en un marco amplio, que nos remita a la sociedad del tardío colonial y que nos proporcione los antecedentes y contextos necesarios para superar el peso de los acontecimientos políticos y militares que se suceden a partir de 1808.

Muchos de los conflictos que salen a flote o se intensifican durante la Independencia tienen su origen en los cambios y transformaciones de la segunda mitad del siglo XVIII y fundamentalmente en los últimos 30 años de este.

En el Nuevo Reino de Granada, durante la segunda mitad del siglo XVIII, se dio un dinámico proceso de crecimiento demográfico que implicó cambios territoriales y sociales importantes. El crecimiento de la población, resultado de un amplio mestizaje, fue rompiendo el orden colonial concebido idealmente como repúblicas de indios y blancos. Los libres de todos los colores, que representaban hacia 1778 aproximadamente un 48%[2] de la población del virreinato, presionaron sobre el espacio colonial, obligando a una reorganización territorial: se dieron amplios procesos de colonizaciones, unas espontáneas y otras dirigidas; se erigieron nuevos sitios y parroquias y se hicieron esfuerzos, desde la administración colonial, por reorganizar una amplia población que vivía al margen de la Corona y el control de la Iglesia, en sitios y rochelas (Herrera Ángel, 1996; Conde Calderón, 1995; Reyes Cárdenas, 2007).

La presión sobre la tierra de este amplio grupo de libres, en su gran mayoría pobladores rurales, generó numerosos conflictos con los pueblos indígenas. Los libres presionaban sobre las tierras de los resguardos, algunas veces invadiéndolas y otras alquilando tierras a los indios; todos estos procedimientos que estaban prohibidos por la Corona generaron numerosos conflictos[3].

Así mismo, curas y corregidores, no pocas veces, alentaron a los libres a invadir los pueblos indígenas y a exigirles a las autoridades coloniales el traslado de los indios

---

[2] Francisco Silvestre, "Apuntes reservados particulares y generales del estado actual del Virreinato de Santafé de Bogotá" [1789], en *Relaciones e informes de los gobernantes de la Nueva Granada*, introducción y trascripción Germán Colmenares, Bogotá, Biblioteca Banco Popular, 1989.

[3] Estos conflictos se hacen evidentes al revisar el Fondo Caciques e Indios del Archivo General de la Nación (AGN).

a otros pueblos; de manera que el antiguo pueblo se transformaba en una nueva parroquia (Herrera Ángel, 2002). Estas medidas se justificaban debido a la disminución de la población indígena y ante la apremiante necesidad de tierras, por parte de los libres.

De la misma manera, los libres, sin un lugar social definido y sin reconocimiento en la sociedad colonial, eran percibidos por las autoridades y las élites coloniales como "un monstruo indomable"[4], que ponía en peligro el orden colonial. Este grupo logró incorporarse en la sociedad colonial a través de la categoría de *vecino* de un nuevo sitio, parroquia o villa.

El sentido inicial de la categoría de vecino había variado notablemente durante el siglo XVIII, al perder su sentido restrictivo y cobijar ahora a los habitantes de un lugar (González, 1970: 170). Es así como para muchos libres su reconocimiento social, su identidad cultural y su sentido de pertenencia estaban por encima de consideraciones de color o etnia, unidos a su calidad de vecino de una comunidad local (Gutiérrez de Pineda y Pineda, 1999; Reyes Cárdenas, 2005). La fortaleza de estas comunidades locales ayuda a explicar una sociedad marcada por fuertes localismos, donde las fidelidades y posiciones ideológicas y políticas de los granadinos, durante las confrontaciones de la Independencia, estuvieron muchas veces relacionadas con las defensas de los proyectos e intereses locales, más que con identidades de clase, raza o etnia. Para los habitantes de un lugar, ese terruño se convirtió en su pequeña patria.

El mapa del virreinato varió notablemente en la segunda mitad del siglo XVIII, pues proliferaron la fundación de parroquias y la erección de nuevas villas; además, se generaron, al mismo tiempo, largos procesos de rivalidades locales y regionales, en torno a las jerarquías territoriales y las competencias de cabildos y gobernaciones. Estos enfrentamientos y rivalidades ayudaron a fortalecer el sentido de pertenencia e identidad de sus habitantes (Reyes Cárdenas, 2007).

Durante el último cuarto del siglo XVIII el reformismo borbónico, con su ideal ilustrado, introdujo cambios importantes en la economía, la política y cultura de la sociedad colonial. El fortalecimiento de la política de dominio colonial, las medidas económicas tendientes a mejorar la productividad de las colonias, las medidas fiscales, la abolición de pueblos indígenas, el fortalecimiento del poder político colonial y el intento por hispanizar la burocracia estatal generaron movimientos de resistencia tan importantes como la revolución comunera de 1781. Al tiempo que penetraban las ideas de la Ilustración, los nuevos conocimientos creaban expectativas en las élites criollas acerca de los ideales de felicidad y progreso para los pueblos, y generaban un nuevo autorreconocimiento como

---

[4] "Relación del Estado del Nuevo Reino de Granada, presentado por el excelentísimo señor Virrey, Don Pedro Mendinueta a su sucesor el excelentísimo señor Don Antonio Amar y Borbón. Año de 1803", en *Relaciones e informes...,* tomo 3, p. 53.

americanos. Esta nueva conciencia de los españoles americanos se alimentaba también del rencor producido por las reformas borbónicas, que se alejaban de la idea de las Indias como un pilar de la monarquía española, para enfatizar su condición de colonia. Estas mismas medidas habían disminuido el prestigio y poder local de la monarquía al restringir el acceso a cargos públicos y al intentar ponerle cortapisas a las redes familiares que controlaban la administración local, a través de los cargos del cabildo. Así mismo, las élites criollas vivían con zozobra y temor frente a la plebe, conformada por esclavos, negros, pardos, mulatos, zambos y mestizos, que las superaban numéricamente y que podían amenazar su poder.

De acuerdo con la documentación, las condiciones de vida en el último cuarto del siglo XVIII eran difíciles; los libres eran sometidos en las parroquias y en los sitios a la voracidad de los capitanes a guerra, quienes abusaban de los habitantes, aprovechándose de la ausencia de control de los cabildos. Estos funcionarios estaban ávidos de dinero, pues muchos no recibían ningún salario por parte de la Corona; frecuentemente sometían a la población a trabajos forzosos, impuestos y pagos arbitrarios; abusaban de las mujeres, prodigaban azotes y encarcelaban a quienes se atrevieran a desafiarlos. En las ciudades se incrementaban los mendigos, los vagos y los niños expósitos; y en las afueras de las ciudades proliferaban las "cancheras", refugios de ladrones y vagos que atentaban contra la paz urbana. Los indígenas se quejaban de los abusos de los curas y de los corregidores, además de solicitar continuamente excepción al pago de los tributos, alegando condiciones de pobreza y malas cosechas. Los mazamorreros argüían pobreza y exigían que se les suprimiera quintos y otros impuestos que los afectaban[5].

Todos estos hechos hacen evidentes las dificultades cotidianas de los sectores mayoritarios de la población y la existencia de tensiones e inconformidades que sin duda afloraron de múltiples formas, a raíz de la crisis imperial, con la consiguiente pérdida de gobierno y autoridad.

Las difíciles condiciones del tardío colonial se tradujeron en inconformidad y descontento de los sectores populares y las élites, los cuales quedaron plasmados en las numerosas quejas y representaciones de los vecinos a lo largo y ancho de la geografía

---

[5] Véase informes y relaciones de Francisco Moreno y Escandón, Joaquín Arosteguí y Escoto, José de Mier y Guerra, Antonio de La Torre y Miranda, Francisco Silvestre, Juan Antonio Mon y Velarde y los virreyes Pedro de Mendinueta, Manuel Guirior, Manuel Antonio Flórez y Antonio Caballero y Góngora, en *Relaciones e informes…*; "Sucinta relación", en: Emilio Robledo, *Bosquejo biográfico del señor oidor Juan Antonio Mon y Velarde, visitador de Antioquia, 1785-1788*, Bogotá, Publicaciones del Banco de la República, Archivo de la Economía Nacional, 1954.

del virreinato; como también en los constantes motines, revueltas y desórdenes que se presentaron en el territorio (Garrido, 1993; Earle 1989, 1993; McFarlane, 1999)[6].

El mal gobierno enardece a la plebe

Las acciones de las élites, a través de los cabildos en 1810, las convierten en los protagonistas del primer paso en el proceso de independencia. Las memorias, los diarios, la correspondencia y los documentos oficiales han resaltado su papel protagónico y heroico en estos acontecimientos. Lo que se puede evidenciar en esta documentación es que las élites se vieron a sí mismas como los actores indispensables y los constructores de un nuevo orden en el Virreinato del Nuevo Reino de Granada.

José Manuel Restrepo, en su obra clásica, reafirmó el protagonismo de las élites criollas en los hechos de 1810, minimizando la participación de otros grupos sociales (Restrepo, 1827).

Las élites, en 1810, se apoyaron en la movilización de sectores populares urbanos para conseguir sus objetivos. En motines, asonadas y desórdenes contra las autoridades coloniales "el pueblo" fue determinante, y en esa medida enaltecido por los relatos historiográficos decimonónicos. También debemos recordar que fueron los sectores populares quienes engrosaron, a partir de 1810, las milicias patrióticas que se establecieron en casi todas las ciudades del Nuevo Reino para defender la autonomía de las juntas de gobierno. Para muchos libres, artesanos, venteros, desocupados y vagos, la incorporación a estas milicias, más que un asunto de convicciones implicó, en no pocos casos, una oportunidad de ascenso, movilidad y reconocimiento social del que carecían. Además de contar con un uniforme, armas y alimentación, algo que muchos de ellos no habían tenido[7].

Sin embargo, al menor asomo de acciones de los sectores populares que pudieran poner en peligro el orden jerárquico y el control de las élites, en estas se despertaba el miedo y el temor "a la plebe", que dejaba de ser "pueblo" para convertirse en una masa amenazante. Reaccionaban las élites reprimiendo, y validando sus acciones mediante argumentos racistas que apelaban a la inferioridad, ignorancia e incapacidad de las clases populares para entender su proyecto.

---

[6] Estos numerosos desórdenes merecen un estudio más completo y comparativo entre regiones, pues hasta ahora se han situado en el sur del país.

[7] Una buena ilustración de lo que pensaba, de las aspiraciones y de las expectativas de mejoramiento económico de un soldado de estas milicias se puede ver claramente en los expedientes de la causa contra María Celestina Montes, esposa de un soldado de las milicias de Cundinamarca formadas en 1810 y que acompañaron al general Antonio Baraya en la campaña contra Popayán. Cf. AGN, *Caicedo*, serie *Patria Boba*, ff. 5-43.

En la documentación de archivo, prensa y las memorias las élites, desde una idea aristocrática de la sociedad y solventada en una retórica retomada de Grecia y Roma, se percibían a sí mismas como los "nobles" y los "patricios" del reino, palabras que son utilizadas recurrentemente (Lomné, 1993).

Ser patriota o realista, alinderarse con una fracción de los patriotas en pugna, o incluso ser indiferente a estos sucesos, para los libres, los indígenas y los esclavos obedeció fundamentalmente a intereses particulares de sus comunidades, intereses locales o regionales. Estos grupos se aliaban con el bando en que sentían que podrían obtener mayores ventajas, sentirse más protegidos o conservar algunos beneficios de los que disfrutaban. Para los esclavos, eran primordiales las promesas de libertad que uno u otro bando hiciera en su momento. Para los indígenas, el miedo a perder sus tierras comunales, el régimen especial y algunas protecciones de las que disponían con la Corona hizo que muchas veces se resistieran al proyecto criollo.

La instalación en 1810 de las juntas de gobierno, en diferentes ciudades del reino, estuvo marcada en la mayoría de los casos por una amplia participación de los sectores populares urbanos. Fueron estos quienes garantizaron el éxito de estas jornadas, en la que se depuso a las autoridades coloniales peninsulares y se colocó el gobierno en manos de las élites criollas locales a través de las juntas de gobierno, las cuales se reclamaron como auténticas depositarias de la soberanía real y como órganos legítimos del poder en el reino.

Las juntas, tan pronto se constituyeron, tuvieron que enfrentar no solo el reto de imaginarse una nueva nación, sino resolver numerosos problemas y tomar decisiones de orden interno y externo. En lo interno, el primer asunto que las ocupó fue cómo controlar y desactivar a la plebe urbana que ellos mismos habían alentado a participar en las acciones que se llevaron a cabo para deponer a las autoridades coloniales. Inmediatamente, también debieron ocuparse de las relaciones con el resto de provincias del reino y con ciudades, villas y hasta parroquias de sus propias provincias que, reclamando la reasunción de la soberanía, se declaraban autónomas o se adscribían a otros centros políticos que favorecieran sus proyectos locales (Reyes, 2007; Martínez, 2004). En lo externo, tuvieron que decidir sobre el reconocimiento o no del Consejo de Regencia y sobre el envío de representantes a las Cortes de Cádiz, o, por el contrario, tomar la decisión de una ruptura total con la metrópoli (Reyes, 2007; Martínez, 2004).

Independiente de la coyuntura que se vivía en España y en el virreinato, es importante anotar que en las ciudades del reino[8], en las cuales se formaron las primeras juntas de

---

[8] Hasta donde la documentación me ha permitido establecer, en la ciudad de Cali no hubo participación popular en los hechos que establecieron una Junta de Salud, que surge como repuesta a lo que se consideraba ilegitimidad del nuevo Consejo de Regencia.

gobierno, se vivían fuertes tensiones y confrontaciones entre los miembros del cabildo y las autoridades coloniales, tales como gobernadores y corregidores, y en Santa Fe con el virrey y la audiencia. Esto no era extraño, pues en la Nueva Granada los cabildos eran controlados, en su mayoría, por los criollos, quienes los utilizaban como fortín en contra de las pretensiones de gobernadores, corregidores e incluso la audiencia y el virrey (Uribe Urán, 2000). Estas élites criollas de los cabildos, desde la crisis monárquica de 1808, estaban a la expectativa de recuperar antiguos puestos en la administración colonial y jugar un papel protagónico, a través de la creación de juntas de gobierno similares a las que se habían instalado en la península.

El hecho de que sectores populares de las ciudades y villas se involucraran en los acontecimientos de 1810 se explica, en los casos que vamos a ver, por el rechazo que suscitaban muchos de los funcionarios que fueron depuestos. Así mismo, fue clave en la participación popular urbana la influencia y participación del clero, que animaba al pueblo a tomar partido por las nuevas juntas[9].

Como podremos observar, la participación de sectores populares en el proceso de 1810 se inscribe en la tradición política del antiguo régimen de sublevarse contra los malos gobiernos y rechazar sus medidas a través de motines y desórdenes. Así mismo las élites criollas, más que apelar a cambios y promesas republicanas, despertaron en los sectores populares el temor a una invasión napoleónica que parecía inminente cuando la península estaba ocupada casi en su totalidad por las fuerzas francesas. Igualmente creaban alarma en el pueblo divulgando horribles historias de los excesos de la revolución francesa que atentaba contra la Iglesia católica. Identificaban a las autoridades coloniales en el reino como amigos del terrible Godoy, de estar a favor de Napoleón y de ser incapaces de contener una invasión francesa a América. En días cercanos a la "revolución de los cabildos" los rumores y pasquines aseguraban que los chapetones estaban armándose para atacar a la población. Las juntas se presentan a sí mismas ante todo como defensoras de los derechos de Fernando VII y garantes de la integridad de América frente a la amenaza francesa.

Uno de los sitios en los que hubo una fuerte participación popular en los hechos de 1810 fue la villa del Socorro, epicentro de la revolución comunera de 1781. El 9 de julio de 1810, en el Socorro, fueron masacrados, por la guardia, tres campesinos que pasaban en la noche por la calle del cuartel y recibieron orden de hacer alto. Al oír el alboroto, otros acudieron y una descarga de fusilería dejó a ocho muertos sobre la calle. Todas,

---

[9] No me referiré a los hechos de Cartagena, pues estos han sido ampliamente reconstruidos por el historiador Alfonso Múnera, y recientemente por los trabajos de Marixa Lasso; ambos han hecho evidente la decidida participación de los artesanos pardos y mulatos en los hechos del 20 de julio de 1810 y los días sucesivos.

al parecer, eran gentes indefensas y pacíficas. En ese momento explotaron tensiones largamente alimentadas contra el corregidor, el peninsular José Francisco Valdés. Este había sido nombrado y sostenido por el virrey Amar y Borbón, contra la oposición del cabildo y las élites. Su nombramiento tenía como fin principal controlar cualquier intento de conspiración en la inquieta villa.

El 10 de julio los vecinos se tomaron la plaza y allí permanecieron lanzando arengas al mal gobierno y al corregidor que los oprimía. Dos nuevas víctimas de los fusiles acrecentaron la ira y el descontento[10]. El corregidor, el teniente Antonio Fominaya, 70 veteranos de la guarnición y algunos reclutas debieron refugiarse en el convento de los capuchinos y, asediados por una multitud de 8.000 hombres, dirigidos por los curas párrocos, se debieron entregar a los caudillos de esta revuelta. Con grillos fue puesto prisionero el corregidor. Los cabecillas de la revuelta fueron los doctores Miguel Tadeo Gómez Plata, administrador del estanco de aguardientes, y Pedro Ignacio Fernández, quienes arengaron e incitaron a la multitud que lanzaba gritos contra el corregidor.

El "acta de independencia del Socorro" inicia denunciando que la población ha sufrido por espacio de un año al corregidor don José Francisco Valdés Posada, "que con una actividad de celo sin igual ha querido sostener entre nosotros las máximas del terror y espanto, dignas del infame favorito Godoy". Así mismo aprovecharon para denunciar los abusos y persecuciones de los que eran víctimas los vecinos.

En el acta que se firmó, el 11 de julio, la nueva Junta de Gobierno dejó claro su triunfo e "independencia" sobre "la tiranía de Don José Francisco Valdés sostenida con tanto ardor por el "jefe Reyno". Si bien hay un claro rechazo al corregidor y al virrey, no hay mención alguna de rechazo a la Corona. Fue la coyuntura política local, el ánimo de derrocar al corregidor la razón de la movilización del pueblo y las élites.

Otro asunto que vale la pena subrayar en los acontecimientos del Socorro es la participación destacada del clero regular que dirigía las acciones de la plebe urbana; mientras los frailes, en este caso los capuchinos, apoyaron e intentaron proteger al corregidor y a los comandantes de la tropa, aumentando la indignación de la plebe. Un relato de un capuchino, sobre los hechos del 10 de julio, describe cómo los revoltosos destruyeron el convento:

> [...] echando sobre él tal diluvio de piedras que arruinaron los tejados. El inmenso gentío, alucinado por los cabecillas habían acudido de las parroquias vecinas con toda especie de armas para unirse a los de aquí, clamaban: Mueran los frailes [...] Allí un cura de los circunvecinos (que había ya concurrido, capitaneando a sus feligreses, y entrando en esta villa con bandera encarnada) gritó repitiendo: Mueran los frailes (Rodríguez Plata, 1963).

---

[10] Inés Quintero y Armando Martínez (edits.), *Actas de formación de Juntas y Declaraciones de Independencia (1809-1822). Reales Audiencias de Quito, Caracas y Santa Fé*, Bucaramanga, UIS colección Bicentenario, 2008, pp. 299-310.

En los hechos del Socorro vale la pena destacar el papel protagónico de la política local. Podemos afirmar que fueron movimientos inscritos en la lógica de los levantamientos, propios del período colonial, contra el mal gobierno y los abusos de las autoridades locales. Lo que imprimió un carácter revolucionario fue la coyuntura en la que se dio; la crisis en el Imperio español le ofreció a las élites la oportunidad para conquistar un espacio político mucho más amplio y asumir el poder en sus ciudades, corregimientos y provincias.

Tanto en los hechos que legitimaron las juntas de Pamplona como en los del Socorro se hablaba de la participación de la plebe; sin embargo, después de los acontecimientos estos actores se diluyen, y ninguno de sus representantes hará parte de las nuevas juntas. La plebe aparece en la documentación solo como soldados, cargueros, vivanderas, espías al servicio de los ejércitos de un bando y otro o como integrantes de las milicias que se conformaron después de 1810.

Al norte del virreinato, en el corregimiento de Pamplona[11], el 29 de junio de 1810, la fecha de San Pedro, patrón de la principal cofradía de la ciudad, se dio un motín contra el corregidor de la ciudad don Juan Bastus y Falla. Las élites animaron al pueblo, que participó de forma decisiva en los hechos de este día. Desde su posesión en 1807, Bastus, soberbio y engreído, había hecho alarde de su superioridad frente al resto de regidores del cabildo; luego, impondría un estilo autoritario al que las élites y los vecinos no estaban acostumbrados.

Como incitadora del tumulto y de los hechos que llevaron a la destitución del corregidor y la formación de una junta provincial aparece una mujer, doña Águeda Gallardo de Villamizar: matrona de la élite, emparentada con miembros importantes de la ciudad y cuyo hermano era el procurador síndico del cabildo.

Lo que sucedió en Pamplona en 1810 fue la exacerbación de un conflicto que venía incubándose desde 1807, cuando el virrey Amar y Borbón reemplazó, de forma sorpresiva, a Joaquín Camacho[12], criollo, corregidor de Pamplona, por Bastus, peninsular recién llegado, destruyendo de paso las expectativas que tenía de ser corregidor el reconocido e importante pamplonés don Juan Nepomuceno Álvarez y Casals[13], yerno de doña Águeda Gallardo (Martínez Garnica, 2004).

---

[11] Este corregimiento era de reciente creación: 1795. Su erección tiene que ver con los reordenamientos territoriales borbónicos en la zona de Tunja.

[12] Joaquín Camacho estaba relacionado con las élites santafereñas y tendría una activa participación en los hechos del 20 de julio de 1810 en esa ciudad.

[13] Juan Nepomuceno pertenecía a la misma familia de Manuel Bernardo Álvarez Casal y a las redes parentales más poderosas del reino.

Don Juan Bastus y Falla creó incomodidad desde un principio y avivó las rivalidades y disputas entre criollos y peninsulares, al tiempo que creaba malestar entre las gentes del común.

En mayo de 1809 el cabildo se dirige a la Audiencia de Santa Fe, quejándose del comportamiento grosero y altanero de Bastus. Según el cabildo, Bastus se hallaba resentido porque a su llegada "improvisamente" no había sido recibido por el pueblo con las mismas manifestaciones de afecto que le prodigaron a Joaquín Camacho, criollo y antiguo corregidor: "El primer paso con que probó su indiscreción Juan Bastus fue exigir con expresiones indirectas y semblante ceñudo iguales o mejores obsequios a los que la ciudad, gremios y gente baja hicieron a Don Joaquín Camacho a su entrada".

Pero como no recibió regalos, dicen los miembros del cabildo, publicó un auto "prohibiendo toda especie de bailes, máscaras y otras funciones de diversión, estando así el pueblo bastante conmovido y no pocos de la plebe incomodados, por las presuntas multas y extorsiones con que les oprime el corregidor"[14].

Además, no permitía la presencia del procurador de la ciudad en las reuniones del cabildo. El procurador, en un oficio enviado al virrey, destaca la importancia de su cargo en la legislación española: "es el órgano de las ciudades, a él toca promover la felicidad de ellas, llamar contra los abusos, indicar los remedios y hablar con libertad". ¿Cómo estampa el corregidor de Pamplona que el síndico procurador no esté presente? ¿Por qué otro conducto se oye a los vecinos?[15]

En las quejas del cabildo a la Junta Central se considera que "que no era conveniente nombrar para los dominios de América jóvenes inexpertos [se hace alusión a Bastus], que en Indias tenemos abogados que han envejecido en el estudio, y que estos deben tener prelación en los empleos"[16]. Además, se señala de forma soterrada, para amenazar a las autoridades españolas, en caso de que no hicieran nada en contra de Bastus, que las familias principales contaban con el apoyo del pueblo.

> Las familias principales de las ciudades, se han merecido en todo tiempo las consideraciones que convienen por su rango, pero mucho más en las circunstancias actuales. Ellas atraen las miradas del pueblo y cuando este descubre que alguien las ultraja, especialmente en materias que se dirigen a su propia utilidad, se irrita y se pone mal contento. Que el corregidor Don Juan Bastus, bien lejos de ser útil en el mando, puede ocasionar con sus excesos tristes consecuencias[17].

Temiendo las represalias que sobre las élites pudiera tomar el corregidor Bastus, después del motín del 29 de junio de 1810, el 4 de julio doña Águeda le arrebató en

---

[14] AGN, Fondo EOR. *Peticiones*. Caja 185, ff. 19-89.
[15] Ibídem.
[16] Ibídem.
[17] Ibídem.

público el bastón de mando al corregidor y el cabildo procedió a su destitución, y a "reasumir provisionalmente la autoridad provincial". El 31 de julio se estableció la Junta de Gobierno de Pamplona "en nombre del pueblo todo, reasumiendo la autoridad que residía en nuestro legítimo soberano, el señor don Fernando VII"[18].

En Valledupar, segundo poblado más importante de la provincia de Santa Marta, la radicalización de los vecinos y su rechazo a las autoridades coloniales tuvo origen, no en las ideas independentistas, sino en la antipatía y odio de élites y pueblo por un funcionario peninsular. Era el caso del marqués de Valdehoyos, quien se había asentado en Valledupar en 1806. El marqués había sido comisionado por el virrey para atender los asuntos relacionados con el sometimiento de los indígenas chimilas. Era protegido por el virrey Amar y Borbón, se caracterizaba por su soberbia y las numerosas arbitrariedades que cometía; no solo contra el pueblo, sino aun contra las élites locales y los funcionarios del cabildo.

Sobre este antipático personaje incluso los funcionarios de la Corona hacían duras críticas:

> Allí se encuentra la epopeya de ese tipo de hombre malvado que fue de los que más afligieron a los pueblos americanos durante la guerra de independencia… que es un verdadero loco, al igual no dejó juez ordinario, capitular empleado de la real hacienda, cura, etc., a quien no prendiese u obligase a huir, abandonando su familia, pereciendo muchos de sus resultas, perdidos sus bienes y sufrido mil males, sin la menor reparación, ni que se haya conseguido que se oyese a los interesados, dando curso a sus quejas[19].

En 1807, el miembro del cabildo José Díaz Granados, en un oficio al virrey Amar, coincide con el conde, ratificando las quejas sobre el marqués:

> [...] la entrada del Marqués Valdehoyos a la ciudad de Valledupar a los importantes objetos de su comisión de reserva imprimió la mayor atención. La armonía respetuosa con que fue recibido del pueblo la hicieron constar los magistrados en los convites y banquetes con que le obsequiaron… Esta urbanidad obsequiosa sin correspondencia de parte del Marqués, parece le infundió idea superior a la de su comisión, y que fue medio para armarse de jurisdicción con los individuos que se la dispensaban, llegando el caso de proceder contra los mismos que obtienen en aquella república el mando político y real… No sólo ha tocado a los magistrados en ultraje, sino también en lo sagrado del fuero eclesiástico… Dando órdenes a los curas en asuntos de reserva…y últimamente metiendo en la iglesia silla, tapete y cojín a la cabeza del cabildo como si fuese vicepatrono[20].

---

[18] Acta del Cabildo de Pamplona. julio 31, 1810. En *Boletín de Historia y Antigüedades*. Academia de Historia.

[19] Esta es la descripción del Marqués que hace el Conde del Real Agrado en, Pedro Castro Trespalacios, *Culturas aborígenes cesarenses e Independencia Valle de Upar*, Bogotá, Gobernación del Cesar, Sociedad Bolivariana, 1979, p.56.

[20] AGN, *Hacienda Eclesiástica*, t. 3, doc. 21, ff. 765-770.

Lo cierto es que las numerosas representaciones y quejas de las élites y demás vecinos sobre la extraviada conducta del marqués, a cuyas iras y maltratos estaba expuesta toda la población, no encontraban sino un silencio cómplice por parte del virrey, quien —como ya se dijo— lo protegía.

La adhesión de Valledupar a la causa patriótica, además de permitirle diferenciarse de Santa Marta, ciudad con la que rivalizaba, pues se consideraba más próspera y rica que el puerto en decadencia al cual estaba supeditado, se justificó en la movilización de las élites y los sectores populares para deponer al Marqués que tanto indisponía a los vecinos.

En la calurosa villa de Mompox, perteneciente a la provincia de Cartagena, también la participación popular en los hechos de esta época fue notoria y tuvo su origen en la movilización contra un funcionario peninsular.

La posición de Mompox en los hechos de la independencia estuvo determinada por la rivalidad que mantenía con Cartagena. Este conflicto tenía su origen en las relaciones coloniales establecidas entre ambos centros urbanos. Mompox aceptaba de mala gana el sistema de privilegios del que gozaba Cartagena como plaza fuerte. Ya en 1774, Mompox había logrado independizarse de Cartagena legalmente y erigirse en corregimiento, aunque la duración de esta provincia fue efímera. Mompox era, a principios del siglo XIX, uno de los centros comerciales más prósperos del virreinato y lugar privilegiado para el contrabando. En ella se había consolidado una de las élites comerciales más ricas de todo el Nuevo Reino de Granada, incluso algunos de sus miembros habían comprado títulos nobiliarios. Su población había crecido de manera vertiginosa, al pasar de 3.500 habitantes en 1778 a 16.000 en 1810 (Múnera, 1998). Como para todas las ciudades y provincias del virreinato, Cartagena resultaba una pesada carga. Mompox era la que más dinero aportaba para el sostenimiento del Regimiento Fijo y la construcción de obras defensivas[21].

En el mes de septiembre de 1809, el cabildo de la villa de Mompox impidió la posesión del delegado de la Real Hacienda enviado por el gobernador de Cartagena, el teniente coronel Vicente Talledo, muy cercano a los marqueses de Torre Hoyos y Santa Coa[22]. El cabildo decidió no citar a sesiones y de esta manera hacer imposible la posesión de este funcionario. El cabildo rechazaba a Talledo por haber participado en la represión de la Junta de Quito; además, argumentaba que el teniente Talledo había "chocado e insultado a las autoridades civiles de la villa, llegando su temeraria arrogancia hasta el extremo de amenazarlas con sus soldados, como a todo el pueblo" (Conde Calderón, 1999: 111).

---

[21] En 1809 Mompox seguía contribuyendo a Cartagena con la suma de 500.000 pesos anuales, mucho más que lo que para ese momento se recaudaba, entre todas las provincias del centro del país.

[22] Vicente Talledo era ingeniero, excelente cartógrafo y protegido del virrey Antonio Amar y Borbón.

El conflicto del cabildo con Talledo se agudizó a partir de 1810, cuando el teniente coronel avisó al virrey en Santa Fe sobre "conatos de revolución" en Mompox y "haber descubierto la trama de los traidores". Señalaba como conspiradores contra el orden a Pantaleón Ribón y Vicente Celedonio Gutiérrez de Piñeres (Conde Calderón, 1999: 112). A fines de junio de 1810 una multitud enfurecida y amenazante, dirigida por el zambo José Luis Muñoz y el negro Luis Gonzaga Galván, obligó a Talledo a esconderse (Helg, 2000). Talledo fue finalmente remitido por los momposinos a Cartagena como traidor, para que allí fuera juzgado.

Pero los negros y zambos no solo participaron en este momento, también se les ve participar activamente en el enfrentamiento militar entre Cartagena y Mompox. El 5 de agosto de 1810, la Junta de Gobierno de Mompox declaró la independencia absoluta de España, de cualquier otra potencia extranjera y también de Cartagena. Con este hecho, Mompox se convirtió en el primer centro urbano independiente de España en el Virreinato del Nuevo Reino de Granada.

Las tensiones entre las dos ciudades llegaron a su punto culminante cuando Cartagena publicó el manifiesto del 19 de septiembre de 1810, en contra de la convocatoria de un congreso supremo de Santa Fe, y además puso en libertad a Vicente Talledo y lo premió con un puesto en la burocracia estatal[23]. En vista de este hecho, Mompox ratificó el 8 de octubre, por medio de votación en el cabildo, la separación de la villa de la jurisdicción de Cartagena, al tiempo que ella misma se elevó al estatuto de "nueva provincia de Mompox".

En enero de 1811 la Junta de Cartagena declaró la guerra contra Mompox y envió al *Toledista*, Antonio José de Ayos, con 400 veteranos bien armados del Regimiento Fijo, a enfrentar los recién creados batallones de blancos y pardos de Mompox. Bajo el lema "Dios e Independencia", mal armados, se mezclaban los batallones de blancos con los zambos, negros y pardos. Los momposinos resistieron inicialmente el ataque; mas después de tres días fueron derrotados (Helg, 2000).

Los chisperos y los hechos del 20 de julio

Como ha sido narrado en numerosas ocasiones en la historiografía decimonónica, la participación del pueblo fue definitiva en la jornada del 20 de julio de 1810 en Santa Fe.

Después de la revuelta de los cabildos, la deposición de las antiguas autoridades coloniales y la conformación de las juntas de gobierno, las élites de todas las localidades procedieron a apoderarse de los altos cargos del Estado y del manejo de las

---

[23] Vale la pena anotar que en 1811 Talledo fue acusado de huir a Santa Marta, llevándose consigo 6.000 pesos que le había confiado el gobierno de Cartagena para arreglos en el canal del Dique. Cf. *La Bagatela*, Santa Fe de Bogotá, n.º 11, septiembre 19 de 1811.

rentas. Para muchas de ellas su proyecto político se limitaba a este objetivo. Sin embargo, debido a la crisis general de la monarquía española, al dominio ideológico del horizonte de la Revolución francesa, a la influencia de dirigentes revolucionarios, a los influjos de proyecto liberal de las Cortes de Cádiz, y sobre todo al mal manejo político del Consejo de Regencia, a la coyuntura juntista de la Nueva Granada y Venezuela, las juntas de gobierno se convirtieron en el inicio de una guerra anticolonial que daría como resultado el fin del Imperio español y la construcción de nuevos Estados independientes en el mundo hispanoamericano.

El detonante en Santa Fe, en 1810, fue, como en otros lugares del Nuevo Reino, el intento de intervención por parte del virrey y sobre todo de la Real Audiencia en los asuntos del cabildo, en el que las élites criollas querían mantener su control. Haciendo gala de falta de tacto para el momento político que se vivía, el virrey Amar y Borbón nombró, al iniciar el año, a seis españoles como miembros del cabildo de Santa Fe[24]. Aunque estos nombramientos tenían bases jurídicas, los virreyes no habían utilizado esta prerrogativa por años, así que esta decisión contrarió notablemente a las élites santafereñas.

Los nombramientos aumentaron la tensión política, pero la estocada final que rompió la convivencia en el cabildo, entre chapetones y criollos, se produjo cuando el virrey nombró como alférez real al español Bernardo Gutiérrez, en lugar del criollo Luis Caicedo. Posteriormente, el cabildo, en comunicación al Consejo de Indias, solicitó que se depusiera al virrey por esta actuación:

> El ayuntamiento de la ciudad de Santa Fe con fecha de 29 de diciembre de 1809 hace presente a v.m. que estando en posesión de elegir a los que han de ser regidores y examinar sus cualidades. Igual conducta observó en el nombramiento del alférez real que recayó en don Bernardo Gutiérrez procesado por escandaloso, ladrón, ocultador de libros y suplantador de otros. Por más que procuró el ayuntamiento instruir al virrey de sus derechos, y de los crímenes del nuevo alférez real, sus instancias fueron desatendidas. Y así: Suplica a v.m. que se separen de sus destinos al Virrey don Antonio Amar, al oidor decano, al fiscal don Diego Frías, al asesor del Virreinato Anselmo Bierna, a los seis regidores intrusos, al alférez real don Bernardo Gutiérrez Infiesta y al regidor don Ramón de la Infiesta[25].

Las élites santafereñas concentraban sus esfuerzos, en este momento, en polarizar las rencillas de la política local, de modo que se tradujeran en un enfrentamiento entre chapetones y criollos, con la esperanza de destituir al virrey y nombrar una junta de

---

[24] El cabildo presentó sus protestas por estas medidas, solicitó al virrey que justificara estos nombramientos, así como los nombramientos de los oidores Frías y Viena y el regidor Infiesta. También solicitaban que la elección de regidor se hiciera por votación popular.

[25] "Comunicación del Cabildo de Santafé. Enero 1810", en *Boletín de Historia y Antigüedades*, Bogotá, Academia Colombina de Historia, vol. 41, n.os 473-474, 1954, pp. 210-216.

gobierno. La anunciada llegada del comisario regio Antonio Villavicencio, quien venía de apoyar la Junta de Cartagena, parecía propicia para estos eventos.

El día 20 de julio, una comisión dirigida por Joaquín Camacho se encaminó a la residencia del virrey, con el fin de presionarlo a conformar la junta. El virrey les hizo saber su negativa y los criollos decidieron crear hechos que permitieran la instalación de la junta. Sabían que para esto era necesario convocar al pueblo, pues el virrey se mostraba firme en su decisión. Los hechos de Cartagena y el Socorro habían demostrado que la movilización del pueblo era un factor importante, para poner en jaque a las autoridades coloniales. El 20 de julio era día de mercado, un observador del acontecimiento anotó que

> El viernes 20 del corriente comenzó en la calle Real a divulgarse la especie de que el español don José Llorente había dicho iniquidades contra los criollos con motivo de habérsele ido a prestar unos adornos, entre otros un florero, para el recibimiento de Villavicencio. La voz se fue esparciendo, y tuvo la fortuna electrizar a varios patricios, y particularmente a Francisco Morales, en términos que, no pudiendo contenerse, le dije a Caldas, que pasaba por el frente de la puerta de Llorente, que no le hiciese atención alguna a éste, porque era un pobre sastrezuelo y había dicho mil cosas contra los criollos. Llorente que estaba en la puerta, lo negó, y con este motivo levantó Morales la voz y se comenzó a agregar gente[26].

En la calle, el motín se inició y Llorente debió protegerse en una casa, perseguido por el pueblo. Los chisperos, habitantes de los barrios, fueron quienes movilizaron a los moradores de los barrios aledaños a la plaza, al grito de cabildo abierto. Entre ellos circulaban sastres, pulperos, vendedores de la plaza, chicheras, vagos y mendigos. En la organización de estas gentes jugó un papel protagónico el criollo José María Carbonell, hijo de un comerciante español, sobrino político de Manuel Bernardo Álvarez y quien se despeñaba como escribano de la Expedición Botánica. Como diría posteriormente José Acevedo y Gómez, quien arengó el pueblo este día, "la menor chispa bastó para prender el fuego tan activo que en diez y ocho horas consumió el edificio del antiguo gobierno"[27].

La noche concluyó con un cabildo abierto en el que la plebe exigía, seguramente instruida por los dirigentes criollos, la conformación de una junta. Al grito de "¡Junta, Junta!", Acevedo y Gómez, desde el balcón de la casa capitular, proclamaba los nombres de los posibles miembros de la nueva junta, y el pueblo, a través de gritos, manifestaba su aprobación o rechazo por el nominado, todos ellos pertenecientes a las élites.

La "revolución de los cabildos", el movimiento inicial de la independencia, fue fundamentalmente, como puede verse, un movimiento de las élites. Los orígenes sociales de los miembros del cabildo, de los abogados, de los comerciantes y los hacendados

---

[26] "La revolución del 20 de julio de 1810, referida por un testigo ocular", en *Proceso histórico del 20 de julio de 1810 —Documentos—,* Bogotá, Banco de la República, 1960, p. 165.

[27] "Carta de José Acevedo y Gómez al Comisionado Regio, Carlos Montúfar. 5 de agosto de 1810", en *Boletín de Historia y Antigüedades*, Bogotá, Academia Colombiana de Historia, vol. 20, n.º 231, 1993, p. 235.

revelan el carácter elitista del proceso de independencia. Los revolucionarios de 1810 eran blancos criollos, educados en su gran mayoría, abogados y clérigos pertenecientes a familias de mineros, terratenientes, comerciantes, oficiales militares o burócratas en retiro. Si bien las élites movilizaron al pueblo en busca de sus objetivos, lo hicieron invocando las tradiciones de resistencia y motín del mundo colonial. La ira del pueblo se dirigía hacia funcionarios coloniales que representaban un mal gobierno. Las élites no involucraron, al menos en esta primera etapa, a hombres del pueblo en las juntas o en los nuevos cargos.

Algunos testimonios, como *El diario de la independencia* de José María Caballero y el "Diario de un criollo anónimo", nos permiten acercarnos y observar la participación del pueblo en los hechos del 20 de julio de 1810. Según este último lo que exacerbó al pueblo santafereño y garantizó su participación, en los hechos de este día y los posteriores, fue el temor alimentado por las élites de que iba a ocurrir una "revolución chapetoniana"[28].

Según estas versiones, las autoridades coloniales y los chapetones de Santa Fe planeaban asesinar a todos los criollos que venían oponiéndoseles en el cabildo. Desde fines del año de 1809 las autoridades coloniales, en particular el virrey y los miembros de la Real Audiencia, eran acusados por las élites criollas de "corruptas criaturas de Godoy", favorecedoras de Napoleón y los franceses y traidoras a Fernando VII y a la religión católica. Estos argumentos lograban, sin duda, despertar el patriotismo hispánico y la fidelidad del pueblo a la monarquía y a la defensa de la religión. Los rumores de que con la complicidad de las autoridades virreinales se planeaba una invasión francesa a América también tenían efectos sobre el pueblo. Se afirmaba que el oidor decano de la Real Audiencia tenía en sus manos correspondencia que comprometía al virrey Amar y Borbón con el nuevo rey de España José I, que el fiscal Frías había dicho que "América debía seguir la misma suerte de España" y que el fiscal del crimen se había "embolsado los caudales de los indios"[29].

El 20 de julio, el pueblo dirigió primero su indignación contra el español Francisco González Llorente, "yendo detrás de ellos, adelante y a los lados una multitud, blasfemando públicamente contra los chapetones y su conducta", y después, siguieron contra Lorenzo Marroquín, chapetón, de quien se decía que ofrecía "300 caballos para la revolución chapetoniana".

---

[28] "Diario de un criollo anónimo. Relación de lo acaecido en la Capital de Santafé desde el memorable 20 de julio hasta el día de la fecha", en *Anuario Colombiano de Historia Social y de la Cultura*, Bogotá, Universidad Nacional de Colombia, n.os 13-14, 1985-1986, pp. 299-316.

[29] Esta es la versión de don Manuel Martínez Mansilla, fiscal de la Real Audiencia de Santa Fe, quien hizo un pormenorizado relato de los abusos que sufrió en manos de los criollos y del pueblo santafereño. Cf. AGN, *Restrepo*, rollo 04, ff. 495-501.

La intervención del clero, mediante sermones en los que se hacía explícito su adhesión a los "criollos patriotas" que garantizarían la defensa de la religión católica contra los impíos afrancesados, fue, sin duda, un ingrediente que incentivó la participación de distintos sectores urbanos en los hechos de 1810. En Santa Fe, un elemento fundamental en la movilización de las gentes, el 20 de julio y los días siguientes, fueron las campanas de las iglesias. El sonido de las campanas regía la vida colonial y un toque inusitado o un toque "a fuego" no dejaba indiferente a ningún habitante de la ciudad. El 20 de julio, los criollos lograron la complicidad para que los párrocos mantuvieran el repique continuo de las campanas de sus iglesias desde la tarde hasta las cinco de la mañana del día siguiente. Así mismo, proporcionaron "los voladores" que iluminaron el cielo al inicio de la reunión que proclamó la Junta de Gobierno en dicha capital. Al llamado de las campanas y de los dirigentes de las élites, el pueblo se movilizó. Según lo describen las mismas crónicas de la época, los "nobles" (criollos) iban armados con sables y puñales; "el bajo pueblo" salió con cuchillos y las mujeres "con piedras y palos".

Particular importancia tuvo la liberación del canónigo Andrés Rosillo, quien permanecía en el convento de los capuchinos por los cargos que le había levantado la Real Audiencia como conspirador. Rosillo salió rodeado de toda la comunidad y los clérigos de la ciudad, mientras la música de la banda militar, el repique de campanas y el lanzamiento de voladores ratificaban la solemnidad del personaje y el momento. Santa Fe, como capital virreinal y centro de la burocracia civil y eclesiástica, albergaba numerosos clérigos, quienes, sin oficio claro, intrigaban ante las autoridades por la asignación de un curato importante y con rentas significativas. La participación de muchos de ellos al lado de los patriotas significaba la posibilidad de ver realizados sus sueños de ascenso en la carrera eclesiástica.

Caracterizar al pueblo santafereño que participó el 20 de julio es difícil; por el testimonio de José María Caballero y José María Carbonell, se sabe que sastres y artesanos se movilizaron, pero a su lado también marchaban gentes "muy bajas", como chicheras, pulperas, vendedores de la plaza, vagos y mendigos. Según un testigo de la época: "A las dos y media de la tarde comenzó a desenfrenarse el pueblo pidiendo a gritos satisfacción del agravio que les había hecho Llorente, y que no se contentaban con menos que su cabeza y que al instante lo llevasen a la cárcel"[30].

El ambiente en Santa Fe era de agitación constante. El día 22 de julio el pueblo exigió la prisión para los oidores Frías y Alba y, no contento con ello, que los sacaran a la vista del pueblo con los grillos; algunos clérigos intentaron disuadirlo, pero el pueblo

---

[30] "Diario de un criollo anónimo…".

exigía: "No, no, no, que salgan que los queremos ver"[31]. Solo hasta que los vio con los grillos, el pueblo se dispersó.

Pero el temor a la represión por parte de los españoles, como había sucedido en Quito un año atrás, hizo que a las nueve de la noche se propagara la voz de que 300 negros se acercaban a atacar la ciudad[32]. Se temía que fueran tropas enviadas desde el Regimiento Fijo de Cartagena. El pueblo nuevamente se congregó en la plaza, según la descripción del sastre José María Caballero:

> [...] no se oye otra cosa que ¡traición, nos han vendido, a las armas! Las plazas, las calles, se inundan de gentes: corren en pelotones en todos los sentidos [...] Se arman y en masa ocupan las entradas de la ciudad. ¡Que valor, que intrepidez manifiesta este pueblo![33]

A pesar del toque romántico y heroico que pueda tener este relato, en él salen a flote los temores del pueblo y su respuesta a través de la movilización popular, la importancia del papel de los párrocos, de la participación femenina en esta jornada. En los días posteriores al 20 de julio entraron a Santa Fe numerosas gentes procedentes de los pueblos de indios cercanos a la capital: Cocí, Fómeque y Ubaqué. Se hablaba de 500 hombres, de los cuales algunos eran indígenas, quienes venían con sus corregidores y curas a ponerse al servicio de la nueva Junta de Gobierno.

La zozobra que se vivía hizo que la movilización popular continuara. La ciudad vivía en un estado de anarquía y expectativa. Las gentes no renunciaban a las calles. Ante la posibilidad de que los ex-virreyes salieran de la capital rumbo a Cartagena, el pueblo exigió la prisión para Amar y Borbón y su esposa doña María Francisca. Según José María Caballero fue José María Carbonell el que instigó al pueblo a pedir la prisión para el virrey. Sin embargo, insistía en "que fue la gente baja, pues no se advertía que hubiese gente decente"[34]. La virreina fue obligada a desfilar camino a la prisión entre una muchedumbre de mujeres atumultuadas que la insultaban y le rasgaban sus vestidos.

En el diario del artesano José María Caballero se nota, claramente, cómo el autor pasa de la visión romántica y heroica del pueblo a verlo como unos "chisperos", amantes del desorden y la anarquía; de aquellos que "tiran la piedra y esconden la mano"[35].

El gobierno, ante la agitación, tomó medidas drásticas en las que condenaba todo desorden, conminaba a las gentes a que permanecieran en sus casas y creó varios "comisarios de instrucción", para que los vecinos hicieran conocer sus quejas. Los párrocos

---

[31] José María Caballero, *Diario de la independencia,* Bogotá, Banco de la República, 1974, p. 69.

[32] Se trataba de gentes de los pueblos cercanos que, conocedoras de los hechos, se desplazaron hacia Bogotá.

[33] José María Caballero, *Diario...*, p. 69.

[34] Ibídem, p. 78

[35] Ibídem.

y vecinos "honorables" de los barrios estaban a cargo de esos comisarios[36]. El temor al pueblo se hizo evidente en las proclamas de la Junta Suprema de Bogotá. La junta solicitó que los reclutas traídos a Bogotá, por los curas párrocos de los pueblos vecinos, volvieran a sus lugares de origen.

Desde el 26 de julio, después de que se produjo el arresto del virrey y la virreina, la junta promulgó los primeros edictos intentando ponerle orden al pueblo. En septiembre emitió un bando que reiteraba medidas preventivas y prescribía: "Será juzgado como reo de un grave delito y como traidor a la patria todo hombre que forme tumultos sediciosos o convocare a las gentes del Pueblo inspirándoles ideas perjudiciales al bien público"[37].

Conjuntamente con el temor a los realistas o chapetones, las élites tendrían que enfrentar el miedo a los "chisperos o descamisados". Estos se convirtieron para los élites santafereñas en un sector veleidoso que tomaría partido por uno u otro bando de las facciones políticas patriotas, así que era necesario tenerlo a favor y controlarlo.

Después de la revuelta de los cabildos, la deposición de las antiguas autoridades coloniales y la conformación de las juntas de gobierno, las élites de todas las localidades procedieron a apoderarse de los altos cargos del Estado y del manejo de las rentas. Para muchas de ellas su proyecto político se limitaba a este objetivo. Sin embargo, debido a la crisis general de la monarquía española, al dominio ideológico del horizonte de la Revolución francesa, a la influencia de dirigentes revolucionarios y del proyecto liberal de las Cortes de Cádiz, y sobre todo al mal manejo político del Consejo de Regencia, las juntas de gobierno se convirtieron en el inicio de una guerra anticolonial, que daría como resultado el fin del Imperio español y la construcción de nuevos Estados independientes en el mundo hispanoamericano.

Como podemos observar, la participación de sectores populares en el proceso de 1810 fue amplia, y garantizó que las élites hubieran podido deponer a las autoridades coloniales y nombrar las juntas de gobierno e iniciar el proceso revolucionario. Sin embargo, esta participación, en los casos que se han presentado, se inscribe más que en una conciencia de cambio, en la tradición política del antiguo régimen: levantarse contra los malos gobiernos y rechazar sus medidas a través de motines y desórdenes.

Quedan muchas preguntas por responder, que solo estudios locales nos permitirán resolver. ¿Cómo evolucionó la participación de estos sectores en el proceso de independencia? Si bien no tuvieron presencia en las juntas de gobierno, ¿el hecho de que las juntas establecidas retomaran asuntos que mejoraban sus condiciones de vida fue

---

[36] AGN, *Archivo Restrepo*, rollo 04, ff. 52-53.

[37] Cf. "Documentos de la Independencia", en *Boletín de Historia y Antigüedades*, Bogotá, Academia Colombiana de Historia, vol. 47, 1960, pp. 98-112; y Eduardo Posada, *El veinte de julio*, Bogotá, Imprenta Arboleda y Valencia, 1914, pp.168-188.

una concesión, producto de la mentalidad liberal, o hubo formas de fluidez y movilidad que presionaron para que se tuviera en cuenta su situación? Su presencia en los hechos se limitó a engrosar los batallones de milicias recién creados y participar en las tropas de los distintos bandos. ¿Se sintieron convocados los sectores populares por la defensa de proyectos e intereses de sus propias localidades? Nuevamente, estas son preguntas que solo es posible responder en la medida que se avance en los estudios sobre las ideas locales y las regiones durante el período de transición del régimen colonial a las nuevas repúblicas.

El temor a los esclavos y negros

Si bien los esclavos solo representaban el último grupo de la población de la Audiencia de Santa Fe y sumaban unos 62.000, en algunas regiones representaban una fuerza de trabajo importante. A fines del siglo XVIII la provincia de Cartagena contaba con 8.731 esclavos, que representaban el 8% de la población. En Antioquia, había un total de 8.931 esclavos, que constituían el 29,4% de la población. En la provincia de Santa Marta se sumaban 2.591 esclavos; mientras que Mariquita contaba con 4.083 esclavos, en la extensa provincia de Popayán la población esclava se calculaba en 18.725, que eran un 17,1% del total de los habitantes de dicha provincia. En el Chocó, sus 5.746 esclavos representaban el 38% de la población (Tovar Pinzón *et al*. 1994: 72).

Aunque estas estimaciones demográficas tengan solo un valor relativo, indican claramente una desproporción con la población española. Los vecinos de origen europeo constituían, en provincias como Chocó, Antioquia o Cartagena, una minoría, lo cual explica el temor que inspiraba esa plebe incipiente, el "vulgo" o la "chusma", masa anónima y potencialmente hostil. Ya desde finales del siglo XVI, junto a las repúblicas de indios y españoles se constituyó, en el ámbito urbano, una masa informe, plebeya, que escapaba a los cánones políticos y administrativos iniciales.

La búsqueda de libertad es uno de los factores que regían el comportamiento de los esclavizados; pero para alcanzar esa meta, los posibles senderos se dividían y hacía falta una opción previa, que por lo general era individual. Dejando a un lado la huida a las selvas, el palenque o la ciudad y la incorporación a un grupo de bandidos, quedaban otros caminos que no exigían necesariamente la ruptura con el orden social.

La población esclava era un fuerza de trabajo importante para los criollos payaneses y caleños propietarios de minas en las tierras bajas del Pacífico (Barbacoas, Iscuandé, Raposo) y en el Chocó. En Antioquia, a partir de la segunda mitad del siglo XVII, los esclavos negros habían perdido importancia en la explotación minera de los antiguos distritos, tales como Zaragoza, Guamocó y Cáceres, a la sazón en decadencia. Los esclavos habían sido reemplazados, en los nuevos distritos mineros, por libres que llevaban a cabo una minería de aluvión, a través del mazamorreo en ríos y quebradas (Twinam, 1985: 37-42).

En Cartagena y Santa Marta, la mayoría de población esclava estaba destinada al trabajo en la haciendas de caña de azúcar al lado de trabajadores libres y al servicio doméstico (Meisel Roca, 1980), y en Mariquita los esclavos se dedicaban a labores agrícolas como el tabaco y la ganadería (Soulodre, 2004: 41-60).

Los desórdenes, amotinamientos y huidas de los esclavos cimarrones hacia los montes, en los que se refugiaban, habían sido una constante de la vida colonial; sobre todo en la provincia de Cartagena, durante los siglos XVI y XVII (cf. Arrázola, 1970; Borrego Pla, 1973). El cimarronismo fue un fenómeno que se extendió en todo el Nuevo Reino de Granada y, se puede decir, que se generalizó en el siglo XVIII (McFarlane, 1991). En la Gobernación de Popayán, surgió una sólida comunidad de esclavos cimarrones en el Valle del Patía (Zuluaga, 1998), con fuertes nexos de clientelismo político con algunas familias de Popayán y Pasto.

Los esclavos bozales, durante el siglo XVIII, eran una minoría que había sido reemplazada por esclavos nacidos en el suelo americano (criollos) (cf. Colmenares, 1979: 34-53). Para el siglo XVIII los esclavos criollos utilizaron menos el cimarronaje y la insubordinación y más los medios ofrecidos por la Corona, para comprar su libertad y denunciar los malos tratos y abusos cometidos por sus amos. Además, se adecuaron mucho más a la sociedad hispánica (cf. Tovar Pinzón, 1992).

Sin embargo, el temor al amotinamiento y la rebelión de los esclavizados se había convertido en una pesadilla para los criollos, después de la revolución negra de Haití (1791). La inauguración de la primera república negra en el mundo, las terribles historias sobre los excesos y los "horrores" cometidos por los negros haitianos, que divulgaban esclavistas franceses refugiados en las Antillas y algunos en Cartagena, se convirtieron en un sombrío presagio de lo que podía ocurrir en estas tierras.

Un año después de los hechos de la colonia de Saint-Domingue y dentro de los motines y movilizaciones, propios de la Revolución comunera, se levantó en la provincia de Antioquia un expediente por amotinamiento de los esclavos, estimulados por noticias de la existencia de una real cédula expedida por Carlos IV en la que se les concedía la libertad. Según los testimonios de los eslavos, habían oído que el rey y el virrey José de Ezpeleta estaban dispuestos a concederles la libertad si la solicitaban. Es más, los esclavos afirmaron que en caso de conseguir la libertad, seguirían trabajando para sus amos, en calidad de libres, y de esta forma se les pagarían "dos tomines por día". El gobernador de la provincia, Cayetano Buelta Lorenzana, declaró que

> [...] sabe que varios esclavos tenían intentado levantarse para proclamar la libertad y pedir una Cédula que decían había en el Cabildo de esta ciudad a favor de ellos. Y que esto lo sabe porque yendo a los minerales de las Petacas, se lo dijeron unos hombres libres, que

no los ha conocido y que esto habrá cosa de catorce días; y que el mulato Pelayo, esclavo también de su amo, le oyó decir que se habían de levantar y que solicitó al declarante para que les ayudase a dicho levantamiento y, habiéndole respondido que no, le dijo dicho Pelayo que los esclavos que no entraran en el levantamiento por bien, lo habían de hacer entrar por mal, y que le han dicho los libres que ha referido de Petacas, que estaban nombrados para capitanes del levantamiento de los esclavos, el referido Pelayo, Javier García, esclavo de Juana García, José, esclavo del padre Don Salvador de Lastra, y uno de los esclavos de Pablo Zarrazola, que no sabe cuál es y José, esclavo de la herencia del difunta padre Díaz[38].

Las autoridades de la provincia tomaron medidas severas para controlar a los esclavos en Marinilla, San Jerónimo, Rionegro, Guarne, Petacas y el Valle de San Andrés. Por ejemplo, Marcos Serna, un vecino de la ciudad de Antioquia, aconsejaba que

[...] siendo el levantamiento de los esclavos sumamente peligroso y perjudicial a esta Real Hacienda y al público, por el crecido número de ellos que hay en esta provincia y según el padrón último pasan de cinco mil y mucho más por resultar de los autos bastantes pruebas de que la sublevación era general y por lo mismo más temible[39].

Además, según las declaraciones, si los miembros del cabildo de la ciudad de Antioquia no les daban a los esclavos la supuesta real cédula, estos irían

[...] todos armados en la disposición que deja declarado [el esclavo Pelayo], ha sido con el fin de que, en el caso de que los señores del cabildo no les entregasen la Cédula y concediesen la libertad de su esclavitud, tenían acordado proclamarla ellos y, en el caso de que dichos señores se mostrasen rectos con ellos, defenderse con dichas armas y matar a los que se opusieran a ella y quisieran prenderlos, para cuyo efecto tenían dispuesto fortificarse en un paraje oportuno o bien, en el río Cauca o de la otra banda, hacia la Miranda o Tablazo, y allí pagar el tributo a Su Majestad, según tenían entendido decía la Cédula referida, y en caso de conseguirlo así, trabajarían para sus amos en calidad de libres, pagándoles dos tomines por día[40].

De nuevo, en 1806, se levantó otro expediente en Antioquia, ante la fuerza de los rumores de un levantamiento de los esclavos negros de la provincia. Según los esclavos, el administrador de correos de la villa de Medellín, tenía en su poder y no había "querido hacer pública" una real cédula en la que se les concedía la libertad a los esclavos. Este rumor, según las autoridades coloniales, venía corriendo entre los negros "levantinos" desde 1799, a pesar de que los promotores de la conspiración de ese año, conocida como la Candanga, habían sido severamente castigados por las autoridades[41]. Según las decla-

---

[38] *Documentos para la historia de la insurrección Comunera en la provincia de Antioquia. 1765-1785*, Medellín, Universidad de Antioquia, 1982, p. 443.

[39] Ibídem, p. 453.

[40] Ibídem, p. 458.

[41] Archivo Histórico Judicial de Medellín (AHJM), caja 174, doc. 3532, ff. 2r-10v.

raciones juramentadas de los esclavos, estos habían sido testigos de un pregón en que se declaraba la libertad a los negros. Ellos mismos bautizaron a su sublevación como la Candanga. En el expediente aparecen declaraciones como la de la esclava María Antonia Piedrahita, quien dijo "que había venido una reina negra a dar libertad a los esclavos, y que a esta dicha reina la tenían escondida y le decía misa un sacerdote todos los [¿?] en el paraje donde estaba oculta". Otros esclavos confirmaron esta versión[42]. José Mariano Pontón, administrador de Correos, le informó al gobernador de la provincia que:

> Nada más interesa a los ciudadanos que la quietud y el bienestar de sus personas: esto es un principio para dar a conocer a lustra señoría la ocurrencia que en día está, al descubrirse con motibo de cierta reservada acción que por parte de los esclavos se intenta ejecutar a pretesto de haverse figurado una libertad que aparentan haverles concedido el Rey. El mismo lance intentaron el año de 1799 con la investidura o artificio de Candanga; cuyo particular obligó a vuestra excelencia, antecesor de vuestra señoría, tomar las más estrechas y activas providencias para contener tan semejante sedición[43].

A pesar de los rumores, la sublevación negra nunca llegó. Dentro de las medidas tomadas por las autoridades para contrarrestar la insurrección estaba la de "alistar la gente necesaria, nombrando por compañías. Sin respectivos cabos, con armas que puedan conseguirse, prefiriendo siempre las de fuego". La intención era capturar a los principales cómplices y responsables de este alboroto. Indudablemente, los ecos de Haití, posiblemente escuchados en las conversaciones de sus amos, despertaban en los esclavos ilusiones de una pronta libertad, que se sincretizaban con sus creencias ancestrales, la existencia de una reina negra y la presencia de la religión católica.

La idea de la Candanga, y el rumor de cédulas que concedían la libertad a los esclavos, se presentó nuevamente en el año de 1809, en Antioquia[44]; en estos años no se pudieron establecer claramente los implicados, no hubo detenciones. Sin embargo, estos rumores servían, en Antioquia, como pretexto para fortalecer la vigilancia sobre los esclavos y hacer llamados a robustecer las milicias de blancos, de manera que mantuvieran el control sobre los negros.

Ya en 1810, luego de la conformación de juntas de gobierno en varias ciudades del reino, en la provincia de Antioquia el temor a la sublevación de los esclavos hizo que el gobernador Francisco Ayala tomara disposiciones, para que se formaran milicias en las ciudades de Antioquia y Rionegro y en las villas de Medellín y Marinilla, con el fin de controlar a los esclavos. El gobernador sustentaba su decisión con la siguiente proposición:

---

[42] Ibídem, f. 10v.
[43] Ibídem, f. 2r.
[44] Archivo Histórico de Antioquia (AHA) *Republica*, ff. 14- 19r.

En un tiempo tan calamitoso como en el que nos hayamos de licitudes y originales novedades nada puede influir en lo interior de la provincia mayor desconfianza y sensibles resueltos que la voz introducida de que los esclavos se han presentado en Cartagena, y otros lugares, pidiendo libertad (sea o no verdad) sin este nuevo motivo son constantes los movimientos que se han experimentado en esta provincia, cuyo numero de esclavos excede de 18.000 de ambos sexos y edades[45].

Una fuerte presencia esclava y de población negra, en la provincia de Antioquia, significaba no solo diversificación y especialización laboral, sino también una cercanía física y, por tanto, de comunicación intergrupal. De aquí nacía el espectro de una posible sublevación contra la dominación, contra la minoría blanca; un espectro que, oportunamente y a un ritmo paralelo a la situación del mercado laboral, era usado para reclamar recortes de prerrogativas a la población negra, y que solía expresarse en tonos racistas. El racismo se manifiesta como una de las reacciones al cambio promovido desde abajo; pero es un arma peligrosa, porque a la vez puede exacerbar el enfrentamiento.

Desde el manejo de las emociones en las unidades domésticas, hasta el accionar de instituciones (Iglesia, Estado, minas, haciendas), tenemos una variada y compleja estructura de dominación y represión, más allá del discurso de las actitudes racistas. Las modalidades de control más efectivas —si de lo que se trata es, también, de explicar por qué no hubo rebeliones— fueron el patrón de movilidad social y la porosidad del sistema. Expresión de movilidad y porosidad es, por un lado, el fraccionamiento interno de la sociedad negra y, por el otro, la debilidad de los sectores y las instituciones dominantes para ejercer el control, sea por incapacidad o por desinterés.

A fines de 1809 se presentó una "conspiración de negros del Chocó". Aunque se logró sofocarla, esta tuvo origen en la sedición de un esclavo negro llamado Pedro Chispas, quien en compañía de Mariano Casaga iban "cundiendo el deseo de libertad entre las cuadrillas". Las cabezas de esta conspiración alegaban que el nuevo gobierno español había prometido libertad a los esclavos. En este expediente se hacen referencias a las desgracias ocurridas en Saint-Domingue. A Chispas y Casaga se les impuso cuatro años de presidio en Cartagena y al negro Isidoro, que les colaboró, se le dictó una pena de cincuenta azotes[46].

A partir de 1810, con el debilitamiento del gobierno colonial en las distintas provincias, la anarquía y los enfrentamientos locales fueron aprovechados por los esclavos para huir de sus amos hacia las selvas, en busca de la libertad. Su participación en las contiendas bélicas, la mayoría de las veces era el resultado de los aportes voluntarios de sus amos a un bando u otro, o a las levas obligatorias decretadas por el vencedor de

---

[45] Archivo Histórico de Medellín (AHM), *Cabildo*, t. 76, ff. 131-133.
[46] AGN, *Negros y esclavos del Cauca*, t. 2, ff. 385-393.

turno. La promesa de libertad por parte de uno u otro bando también obró como motivación para el alistamiento de los esclavos.

El hecho de que en centros urbanos como Cartagena o Mompox, los pardos, mulatos y zambos hubieran tenido una participación significativa en los acontecimientos de la Primera República no se puede asociar, a pesar de su procedencia étnica, con la reivindicación de la libertad de los esclavos. Es posible que la ausencia de una conciencia racial, que permitiera influir en la lucha por la libertad de los esclavos, proviniera del hecho de que en las ciudades más importantes del litoral Caribe del Nuevo Reino, hombres y mujeres libres —que habían sido esclavos o tenían ascendencia negra—, sobre todo pardos con dinero y cierto estatus, fueran esclavistas (Helg, 2000).

Además, hay que tener en cuenta que en una ciudad como Cartagena la mayoría de los esclavos eran mujeres adultas. Entre la población negra, la tasa de hombres era solo del 0,7%. Por lo general, los hombres esclavos eran enviados al campo a cumplir las labores en las haciendas; mientras las mujeres jóvenes esclavas del campo eran llevadas a la ciudad, donde trabajaban, para sus amos, como sirvientas, vendedoras ambulantes, verduleras, lavanderas, modistas, dulceras y mondongueras. No pocas trabajaban en el servicio doméstico y muchas eran jefes de hogar. Muchas mujeres esclavas no habían podido encontrar marido de su raza y condición socioeconómica y eran madres solteras, o amantes de blancos o de hombres casados de distintas condiciones. El gran número de esclavas mujeres en las ciudades, que no podían acceder a la condición de ciudadanas en el proyecto republicano, y el hecho de que tampoco hubiera claros pronunciamientos sobre la abolición de la esclavitud en los dirigentes patriotas pueden contribuir a explicar la ausencia de un movimiento abolicionista fuerte, paralelo a los hechos de la Primera República y a la movilización de algunos sectores urbanos, después de 1810 (Helg, 2000).

Contener a los movimientos libertarios de los esclavos también fue motivo de preocupación en otras regiones. En Cali, los miembros de la Junta de Gobierno recién instalada se alarmaron cuando los esclavos negros de la cercana provincia del Raposo se rebelaron. A mediados de febrero de 1811, después de muchas discusiones sobre cómo reprimir la rebelión, la junta "decidió enviar un buen sacerdote para calmar las cuadrillas y hacerlos entender que debían obedecer a sus amos y que si insistían en liberarse de la esclavitud enfrentarían muchas penurias" (Zadawsky, 1943: 109).

El 8 de abril de 1811 la junta envió nuevamente a dos sacerdotes, para convencer a los esclavos rebeldes del error de su "libertad ilusoria, fuente de infinitas desgracias públicas y privadas"; recomendó: "que disuadan a esas gentes miserables y les hagan entender que enfrentan la ruina si no corrigen sus errores y regresan a desempeñar sus obligaciones originales" (Zadawsky, 1943: 129).

Son también notables las preocupaciones de don Camilo Torres, quien, mientras soñaba una nueva nación de ciudadanos, en la correspondencia con su hermano Jerónimo, que vivía en Popayán, recomendaba métodos para controlar las revueltas de las cuadrillas de esclavos de su propiedad.

Si bien algunos señores de cuadrilla ofrecieron la libertad a sus esclavos si se unían a la revolución, muchos otros lucharon por los intereses de la Corona. Manuel Tacón, gobernador de Popayán y líder de la resistencia monarquista en el sur del Nuevo Reino de Granada, escribió en 1812 al virrey Benito Pérez, quien se encontraba en Panamá: "los negros de la costa y los del distrito de Popayán no han estado nunca a favor de los amos, porque los consideran enemigos del Rey, y por eso los negros se han ofrecido voluntariamente a defender el gobierno" (Restrepo, 1969, tomo 1: 75). Anotaba, por el contrario, que el liderazgo revolucionario estaba compuesto por casi todos los nobles, el clero y las clases medias; todos los cuales "dominan la plebe en las áreas en conflicto por diferentes medios" (Restrepo, 1969, tomo 1: 73-74).

Los indígenas y la primera república

> Quedan abolidos toda instrucción, ordenanza o reglamento... dirigidos a mantener a los indios encadenados a un perpetuo pupilaje y abatimiento... Quedan elevados a la clase de ciudadanos del estado... Todos quedarán bajo una misma protección bajo las leyes sabiamente aplicadas por los principios liberales de un gobierno justo, popular, y equitativo[47].

Durante este período, caracterizado por la división, las querellas intestinas, y la explosión de pequeñas soberanías; es decir, por la reaparición de viejas rivalidades entre cabildos, por las tensiones en el interior de algunos ayuntamientos, por las pretensiones de algunas poblaciones de subir de categoría política, y por el agrio conflicto entre la centralista provincia de Cundinamarca y el federalista grupo de las Provincias Unidas de la Nueva Granada, la población indígena continuó padeciendo las depredaciones y los abusos que se habían cometido durante el pasado gobierno colonial: maltratos, extorsiones, servidumbre no pagada e invasiones de los terrenos de sus resguardos.

Muchos indígenas que presentaron quejas ante el nuevo gobierno insurgente llegaron a declarar que su situación había empeorado, pues habían desaparecido las leyes proteccionistas del pasado y algunos de los funcionarios encargados de su cuidado y amparo; además, al haber sido declarados ciudadanos e individuos libres de todo tributo y servidumbre, se incrementó la presión sobre sus tierras por parte de los libres y de algunos "españoles americanos" que integraban la nueva élite gubernamental, dado que gran parte de los terrenos de los resguardos fueron declarados baldíos y, por ende, repartidos entre quienes los solicitaban como merced. Así mismo, se habían vuelto más pobres, al ser obligados a cancelar a los curas, con su poco dinero y cada uno por separado, los

---

[47] AHM, t. 79. f., 112r.

derechos por rituales litúrgicos, y a pagar anualmente las primicias; todo lo cual había sido subvencionado en el pasado por la Corona (a pesar del pago de otras gabelas exigidas por el cura, al margen de la ley). Por otra parte, los maltratos y la prestación de servicios personales continuaron. Si bien la figura colonial de corregidor y cura doctrinero era muchas veces sinónimo de abuso y corrupción, su supresión, durante la Primera República, permitió que los blancos y libres de todos los colores, que se habían introducido en el resguardo, no tuvieran impedimento alguno para explotar con mayor sevicia a los indios, aprovechándose de su condición de ciudadanos indefensos. En nada había mejorado, pues, la precaria existencia de los indígenas con los decretos promulgados.

Los criollos dirigentes del nuevo Estado, en su afán de democracia retórica y de borrar las huellas de un pasado que consideraban infame, pueden haber supuesto, algunos de ellos, de manera ideal, que declarando al indio ciudadano se le mejoraba su existencia; pero también es innegable que esta nueva condición traía implícita la ventaja de que sus tierras entrarían al mercado, o que podrían ser utilizadas por las élites gubernamentales. Lo cierto es que a los indígenas, el nuevo Estado los sumergió en el caos y la incertidumbre; les entregó responsabilidades individuales que no les eran útiles ni posibles y, con arbitrariedad, trató de cambiar y suplantar la propiedad comunal mediante la cual garantizaban su identidad y su cohesión como comunidad, por una propiedad individual que favoreció la voracidad de los hacendados. Así mismo, trató de implantar a la fuerza el ilusorio concepto de igualdad y ciudadanía, en una sociedad completamente apegada a las jerarquías, y que a pesar de lo que se expresaba en las normas, consideraba al indio como un menor de edad, como un incapaz, como un ser sin calidades morales, que siempre debía estar vigilado, cuidado y protegido, dada su "natural atracción" hacia el licor, los excesos y los vicios. Así que a pesar del discurso liberal revolucionario, para las élites criollas, el indio seguía siendo un sujeto "estúpido"; solo apto para la servidumbre.

El 18 de diciembre de 1811, el supremo poder legislativo del Estado de Antioquia relevó a los indios del tributo y los declaró ciudadanos (en imitación de lo que se había hecho meses atrás en la provincia de Cundinamarca)[48]. Bajo esta nueva categoría, a los indígenas se les permitió contraer matrimonio con otras clases, transportarse con entera libertad y ejercer cualquier arte liberal. Así mismo, los naturales en proceso de aculturación o de conversión fueron relevados de pagar toda contribución eclesiástica por el lapso de veinte años. Desaparecieron las figuras del corregidor, el cura doctrinero y el cabildo indígena; aunque continuaron en sus funciones el protector fiscal y los tenientes (por un período de diez años). Sin embargo, estos derechos no se otorgaron gratuitamente. Por el contrario, exigieron de los naturales un gran esfuerzo, pues a cambio de ellos debían cancelar los tributos atrasados, pagar por su propia cuenta los servicios del cura

---

[48] AHA, *Independencia*, t. 824, doc. 13004; AHM, T. 79, ff. 110r-112r.

y renunciar a la parte de los resguardos que no se encontraba cultivada, que quedaba así vacante, y supuestamente destinada para la construcción de escuelas de primeras letras. De esta manera, desapareció la propiedad comunal y cada familia debió contentarse con un lote de terreno suficiente para satisfacer las necesidades alimenticias básicas; dicho terreno no se podía donar ni vender durante ocho años. Por otro lado, los varones entre 18 y 45 años fueron declarados susceptibles de ser alistados en las milicias.

Los indígenas de la provincia no acogieron el decreto con alegría y alborozo (como esperaban las autoridades recientemente constituidas), sino con resignación y desgano. Su desacuerdo se plasmó en algunas quejas y representaciones, en las que varias comunidades solicitaron se les dejara en su "antiguo estado de indios", para lo cual pidieron la revocación de la sanción de libertad, a la que consideraban una "vanagloria". Una representación como esta llegó a las manos de las cámaras legislativas de la provincia, de parte de los indios de los pueblos de Buriticá y Sabanalarga, en enero de 1812[49]. Cinco meses después, los naturales del pueblo de El Peñol rogaron para que se les quitara aquella gracia, pues no podían cumplir con el pago de los derechos eclesiásticos con los cuales se les había "condenado". Arguyeron que por no disponer de medios, ya no podrían bautizar a su descendencia, ofrecer en matrimonio a sus hijos, o enterrar a los muertos. Por esta razón, temían que se multiplicaran los amancebamientos, que los agonizantes murieran en pecado mortal y que los cadáveres fueran sepultados en los montes[50]. Pero, lo más importante, se quejaron de que eran obligados a trabajar por las nuevas autoridades en la apertura de caminos y como cargueros, sin remuneración alguna y padeciendo numerosos maltratos. Las nuevas autoridades desestimaron estas solicitudes y quejas y tildaron a los indígenas de "ignorantes, ingratos y desagradecidos"[51].

Con el ingreso de las tropas realistas de Warletta en la provincia de Antioquia, los indios vieron retornar, por un corto período, sus antiguos privilegios, y desaparecer la odiosa carga que implicaba ser un ciudadano. Por un breve lapso de tiempo desapareció la incertidumbre a la que se vieron avocados por el gobierno republicano. Aprovecharon la coyuntura para hablar con desdén del gobierno insurgente. Según expresaron los indios Diego David, Ángel y Pedro Usuga (naturales del pueblo de Buriticá), en una representación escrita en septiembre de 1817, durante el gobierno insurgente los naturales fueron obligados "a obedecer órdenes contrarias a los sentimientos que nos animaban. Ya calmó aquella tempestad, y ya hemos visto cumplidos los ardientes deseos de mirarnos otra vez bajo el mando de nuestro adorado Fernando"[52]. Al mismo tiempo, los indios de

---

[49] AHA, *Independencia*, t. 822, doc. 12965; AHA, *Independencia*, t. 824, doc. 13019, ff. 8-9.

[50] AHA, *Indios*, t. 27, doc. 857.

[51] AHA, *Indios*, t. 27, doc. 860.

[52] AHA, *Documentos*, t. 836, doc. 13233, f. 15.

El Peñol solicitaron la expulsión de los libres que bajo el consentimiento del gobierno insurgente habían ocupado terrenos del resguardo, pues por esta causa muchos indios habían abandonado el pueblo. Al decir de aquellos naturales, dichas tierras eran necesarias para continuar contribuyendo "maravedises" al deseado Fernando VII[53]. Si bien podía existir el ánimo de congraciarse con las autoridades españolas de la reconquista, en estas representaciones se hace explícita la imagen del rey Fernando VII como padre protector y como figura de seguridad, frente a las arbitrariedades que habían cometido los gobiernos republicanos.

El apoyo al bando realista no era una muestra de fidelidad hacia al rey, sino más bien la oposición hacia una transformación que resultaba gravosa para sus intereses. Para ellos, resultaba preferible vivir bajo un antiguo régimen que les proporcionaba un mínimo de seguridad y estabilidad, mediante las normas protectoras expresadas en las Leyes de Indias, que acatar las normas de un nuevo gobierno que, convirtiéndolos en ciudadanos, acababa con sus privilegios, precipitaba la disolución de sus comunidades, y permitía la fragmentación y disminución de las tierras de sus resguardos. La nueva república buscaba beneficiar a los sectores libres y mestizos (que eran mayoría numérica), en detrimento de la población indígena, minoritaria frente a aquellos.

Las tropas realistas que reconquistaron la Nueva Granada intentaron aliviar la precaria situación de los indígenas aplicando las Leyes de Indias, restaurando las tierras comunales, restableciendo las cajas de comunidad, renovando el cargo de los corregidores y los tenientes procuradores, y requiriendo el restablecimiento de las tierras que habían sido enajenadas durante la Primera República. Sin embargo, reconocían que la población indígena había disminuido notoriamente, y la tierra adquirido mayor precio; por esta razón, al igual que sus enemigos los republicanos, pensaron en repartir la tierra entre las familias (lo suficiente para el trabajo y la subsistencia). Así mismo, en destinar un terreno comunal denominado ejido, para que los indios tuvieran allí sus animales de labor y acarreo (aspecto en el que no habían pensado los rivales insurgentes). Las tierras sobrantes debían sacarse a pregón y arrendarse y de esa manera satisfacer, legalmente y sin arbitrariedades, la presión de libres y blancos. Por medio de este método, que favorecía los privilegios y las costumbres del pasado, los reconquistadores españoles pretendían evitar que los indígenas se convirtieran en "pordioseros"[54]. La preocupación de las autoridades realistas por la situación en que encontraron las comunidades indígenas es reiterativa y, tal vez por desprestigiar a las autoridades republicanas, exageraban las injusticias cometidas por los criollos en su corto gobierno y el estado de miseria en que se encontraban los indios.

---

[53] AHA, *Independencia*, t. 858, doc. 13447, ff. 153-154.

[54] AGN, sección: Enrique Ortega Ricaurte, *Caciques e Indios*, caja 9, carpeta 2, ff. 138-140.

En el año de 1812, el poder ejecutivo del Estado de Cundinamarca presentó un proyecto con el que se pretendía acabar con la propiedad comunal de la tierra de los indios y reemplazarla por una propiedad individual. La tierra sobrante pasaría a las manos del Estado, y luego se vendería o se arrendaría en beneficio del erario público. A esto último se opusieron muchas voces en el Senado, arguyendo que con tal medida se atentaba contra el derecho de propiedad de los ciudadanos y se traicionaba la buena voluntad de los indígenas que luchaban del lado patriota: "con la venta de los resguardos se va á aplicar la hoz a la generación de esa raza infeliz, que por tres siglos ha arrastrado las más duras cadenas. La época presente ofrece a todos las más lisonjeras esperanzas; pero a los indios manifestaría el sello de su extinción"[55]. La aplicación de la ley generó un ambiente de insatisfacción entre los naturales, así como entre algunos miembros del nuevo gobierno que se opusieron a que se vendieran o arrendaran amplias zonas de los resguardos, en beneficio del tesoro público. En efecto, en 1812, los indios de Tocancipá adujeron, en una queja, que su esclavitud se había reforzado, y las humillaciones incrementado, pues el nuevo gobierno los había desamparado, y reducido a un estrecho pedazo de tierra. Al mismo tiempo, no tomaba ninguna medida para evitar las invasiones de estos escasos terrenos que les quedaron ni los malos tratos infligidos por blancos y libres. Según los indígenas algunos de la blancos ricos hacendados, entre ellos don Juan Ignacio de Baracaldo, se aprovechaban de la ausencia del corregidor y los mandones, y pisoteaban la autoridad del cura, para invadir los terrenos del resguardo y llegaban al extremo de demoler las moradas de los indios. En palabras de los mencionados naturales:

> Ahora no hay quien nos ampare... el señor Dios autor de la naturaleza nos donó tierras en que nacimos: y ahora nos vemos reducidos a un corto distrito el cual no gozamos ni aún en su pequeñez; tenemos enemigos que nos lo disputan y que nos amenazan con la muerte porque cuidamos los que es nuestro[56].

El temor a perder el amparo que proporcionaban, aunque fuera de forma parcial, las leyes proteccionistas de la Corona; el apego a la tradición, el miedo a poner en riesgo la existencia de sus comunidades, la defensa de la propiedad comunitaria de la tierra y la desconfianza con los criollos, quienes muchas veces como protectores de naturales, corregidores, curas y hacendados habían abusado de ellos, explica, en gran parte, la resistencia de algunas comunidades indígenas al proyecto republicano de las élites criollas. Pero todavía se requieren muchos estudios sobre los indígenas, en este período, que permitan conclusiones fiables.

El comportamiento de los indígenas en la provincia de Santa Marta seguramente estuvo influido por estos factores. Estos se alinearon con las élites locales, en la defensa

---

[55] *Gaceta Ministerial de Cundinamarca*, tomo 3, n.º 163, pp. 726-728.
[56] AGN, sección: Archivo Anexo, *Quejas*, t. 1, ff. 514-519.

de la ciudad contra las tropas patriotas cartageneras al mando de Bolívar, a las cuales les infligieron importantes derrotas. Aunque Saether ha estudiado bien esta adhesión de los indígenas y ha demostrado que las afirmaciones de Restrepo, quien los presenta como inconscientes, sin inteligencia y movidos por los dirigentes políticos de la región, son falsas, es bueno enfatizar que se hizo evidente, con la entrada de las tropas realistas, que dichos indígenas tenían proyectos e intereses propios, que sintieron que podían estar más protegidos con la Corona que con los criollos. Ello es evidente en las solicitudes y representaciones que los indígenas hacen durante la reconquista, como premio a los servicios que han prestado a la causa realista.

Los indígenas de los pueblos de Ciénaga, Bonda, Mamatoco, Masinga y Gaira se enfrentaron con furor y en diversas batallas contra los cartageneros y contra las tropas de los franceses Lavatut y Chatillon[57]. De hecho, en 1815, Pablo Morillo condecoró al cacique del pueblo de Mamatoco, don Antonio Núñez, por su extraordinario valor cuando en 1813 lograron expulsar a las fuerzas patriotas que pretendían someter a Santa Marta (Saether, 2005: 15). En 1816, los naturales de San Juan de Ciénaga, después de hacer un balance exhaustivo de su apoyo a la causa del rey, que incluyó, además de las batallas que libraron, la construcción de embarcaciones para las tropas realistas y el aprovisionamiento de las tropas con alimentos, pidieron al rey, en recompensa, "el terreno que disfrutaron nuestros antepasados, comprendido desde este pueblo hasta las márgenes de Riofrío, y de este punto hasta el paraje nombrado El Cocado, para poder trabajar 520 naturales que pagamos el tributo, sin contar los indios jubilados y un crecido número de jóvenes próximos a tributar". También solicitaron "la pesca exclusiva de la Ciénaga Grande, y paraje llamado del Pajaral... sin que los pueblos de la [provincia] de Cartagena situados a las orillas del Magdalena, puedan venir a pescar a dichos parajes... y si quieren disfrutar de esta pesca, sea contribuyendo a beneficio de la comunidad del pueblo de Ciénaga".

Como podemos constatar, su apoyo a la causa del rey estaba motivado por la recuperación o el sostenimiento de unas garantías sobre las tierras y los derechos de pesca, que veían amenazadas por las élites criollas y, en cuanto a los derechos de pesca, particularmente, por los cartageneros que apoyaban la causa independentista (Saether, 2005).

Los indígenas no estuvieron tampoco ausentes en el bando patriotita. Algunos tomaron las armas y adoptaron una conducta belicista, tal como lo hizo el indio Calambás (del lado patriota), quien se enfrentó con las milicias de Juan Sámano, según se expresa en la *Gaceta Ministerial de Cundinamarca*[58]; o como los indios Gabriel Chimuja (indio del pueblo de San Sebastián) y Martín Astudillo (del pueblo de San Agustín), quienes

---

[57] AGN, sección: Archivo Anexo, *Solicitudes*, t. 6, ff. 616-622.
[58] Ibídem.

fueron reconocidos en la provincia de Neiva por ser caudillos revolucionarios, que instaban a sus pueblos a no obedecer a las autoridades puestas por el rey, y que perseguían a los vecinos realistas y quemaban sus propiedades[59]. Pero, realmente, poco sabemos y conocemos de la participación de los indios en estas acciones patrióticas.

Sin embargo, en muchas regiones del país lo más común era que los indígenas ofrecieran contribuciones (a veces forzadas), para uno u otro bando, de legumbres, ganado y dinero, o que prestaran servicios personales. Así, en el Bajo Magdalena algunos indios sirvieron como bogas, tanto a las tropas patriotas como a las realistas[60]; y en provincias como las de Antioquia y Cundinamarca, los naturales fueron ocupados en la apertura y reparación de caminos interprovinciales, indispensables para conducir milicias[61].

---

[59] Archivo Central del Cauca, *Militar* (Indepcia. MI-3j), doc. 4393, f. 18.

[60] Tal fue el caso de los indígenas del pueblo de Zambrano, en la provincia de Cartagena. AGN, sección: Enrique Ortega Ricaurte, *Caciques e Indios*, caja 9, carpeta 2, ff. 135-136.

[61] En Antioquia, en 1817, los indios de Buriticá fueron ocupados en la apertura del camino del Chocó; los de La Estrella, en el de Sonsón; y los de San Antonio de Pereira y El Peñol, en el de Mariquita. AHA, *Independencia*, t. 853, doc. 13422, ff. 238-242; *Documentos*, t. 836, doc. 13233, f. 14. Por su parte, en Cundinamarca, y en el mismo año, los naturales de Pasca fueron destinados a trabajar en la reparación del camino de Fusagasugá; y los de Gámeza, en el camino de Medina. AGN, *Caciques e Indios*, t. 32, doc. 6, ff. 68-69; t. 33, doc. 4, ff. 62-64.

CAPÍTULO 3

Negros y mulatos en la independencia de Cartagena de Indias: un balance

Alfonso Múnera

La historiografía tradicional de la independencia colombiana es vasta y repetitiva, y su centro ha sido el canto a los héroes, a sus gestas heroicas, y la veneración de las estirpes criollas. En general, fue así en toda Latinoamérica, con raras excepciones, hasta bien entrado los años de 1960. En Colombia tuvo su mayor auge a finales del siglo XIX y principios del XX, junto con la creación de las academias nacionales y regionales de historia, y cumplió un papel sobresaliente en la labor de construir una visión profundamente elitista de la historia nacional, al mismo tiempo que se procedía a echar las bases del Estado moderno[1].

Apenas recientemente, en las décadas de 1960-1970 y 1970-1980, la llamada "nueva historia colombiana", se esforzó por incorporar a los estudios históricos colombianos una metodología más rigurosa y un tipo de profesionalismo inexistente hasta el momento. Una de sus consecuencias fue el énfasis puesto en la llamada historia económica y social, acorde además con las tendencias internacionales de la época, y con el olvido de la historia política, que había dominado los escritos tradicionales. No obstante, los pocos trabajos de mérito que se ocuparon directa o tangencialmente de la política colombiana, escritos en dichas décadas, e incluso un poco antes, giraron alrededor del tema de la independencia[2]. Algunos de los más sobresalientes insistieron en una tesis central: la peculiaridad del caso colombiano. Esta última estribaba en afirmar que, a diferencia

---

[1] La Academia Colombiana de Historia inició la serie *Biblioteca de Historia Nacional* en 1902. Treinta de los primeros cuarenta libros se refieren al período de la Independencia. El mismo modelo es aplicable a las academias regionales, como la de Cartagena, que además patrocinaron la publicación de series documentales, en su mayor parte sobre héroes y gestas de la independencia y sobre estirpes criollas.

[2] Entre los trabajos más destacables se podría mencionar a David Bushnell, *The Santander Regime in Gran Colombia,* Newark, University of Delaware Press, 1954; Javier Ocampo López, *El proceso ideológico de la emancipación,* Tunja, Universidad Pedagógica y Tecnológica de Colombia, 1974.

de otros países como Venezuela y México, en Colombia no hubo, en el período de las guerras de la independencia, expresiones claras de los conflictos sociales, debido a que los sectores populares se comportaron de una manera muy pasiva. El peligro de un levantamiento de las castas nunca fue manifiesto.

Esta tesis acerca de la pasividad de las clases populares neogranadinas, y del consiguiente liderazgo de las élites criollas en los movimientos de liberación nacional de principios del siglo XIX, predominó, como una especie de consenso, entre los "scholars" hasta bien entrada la década de 1990, en la que se comenzó a plantear una nueva revisión de la documentación oficial y de los relatos tradicionales sobre la independencia[3]. Los estudios recientes acerca de la participación de negros y mulatos libres en la independencia del Caribe colombiano son un ejemplo importante de las nuevas direcciones y del amplísimo campo de trabajo abierto al conocimiento de la historia política, social y cultural del siglo XIX. En particular, los trabajos en torno a la independencia de la provincia de Cartagena de Indias, que ocupaba en aquel entonces un poco más de la mitad de lo que hemos dado en llamar el Caribe colombiano, han permitido introducir correcciones en dos percepciones importantes: la primera, en el sentido de que una revisión de la vieja historiografía —anterior a la década de 1950— muestra, a diferencia de la más profesional de los años 1960-1970, cuán explícita fue aquella en destacar la participación de negros y mulatos en la independencia, aunque claro desde una visión criolla que negaba su carácter decisivo y asociaba la actuación de estos sectores al desorden y la anarquía. La segunda, en cuanto a que no solo es posible hoy corregir la infortunada tesis de la peculiaridad colombiana, sino que podemos avanzar en la dirección de mostrar que sin una comprensión del tipo de dinámicas que tomó la participación de los afrocartageneros en la independencia

---

[3] Véase, entre otros, a John Lynch, *The Spanish-American Revolutions, 1808-1826*, Nueva York, W.W. Norton and Company, 1973, pp. 227-265; Richard Graham, *Independencce in Latin America. A comparative Approach,* Nueva York, McGraw-Hill, Inc., 2.ª ed., 1994; David Bushnell, "The Independence of Spanish South America", en Leslie Bethel (ed.), *The Cambridge History of Latin America*, vol. 3, Cambridge, Cambridge University Press, 1985. Según Graham en el libro mencionado "los líderes del movimiento procedían invariablemente de las clases altas de Colombia. Afortunadamente para ellos, las tensiones sociales no salieron a la superficie. Las élites, sin embargo, se encargaron ellas mismas de arruinar su revolución, y las fuerzas españolas triunfaron fácilmente". Y Bushnell dice en su artículo de la *Cambridge* (p. 114) que "si no hubo una explosión del conflicto social y racial fue en gran parte debido a que las tensiones subyacentes no fueron puestas al frente por un proceso de rápido cambio socio-económico como en la Venezuela del período colonial tardío, y debido a que la irregular naturaleza de la lucha por la independencia dejó menos piso a la participación popular". Una posible excepción fue el trabajo de Indalecio Liévano Aguirre, *Grandes conflictos sociales y económicos de nuestra historia*, Bogotá, Tercer Mundo, 1964. Sin embargo, pese a la relevancia que adquieren las clases populares en la obra de Liévano, este no cuestiona el liderazgo y la hegemonía de las élites criollas.

del Caribe colombiano es imposible obtener un cuadro completo del carácter de las transformaciones que se dieron en la sociedad colombiana y de las limitaciones y contenidos de la nación que se quiso fundar en el siglo XIX (véase Helg, 2004, 2002; Lasso, 2002; Múnera, 1998, 2005).

Antes de proceder a un análisis historiográfico más detallado del tema que nos ocupa, creo pertinente una breve explicación de la importancia de Cartagena de Indias para estos estudios. En primer lugar, Cartagena de Indias no solo fue el centro del poder en el Caribe colombiano, sino que había sido la plaza comercial y militar más importante de lo que sería posteriormente Colombia, prácticamente desde los inicios mismos del siglo XVII. Fue, además, uno de los territorios centrales de la lucha por la independencia en América Latina durante su primera fase, es decir entre 1809 y 1816. Y, sin duda, el escenario principal de esta contienda en el viejo Virreinato de la Nueva Granada durante la primera independencia. De ahí su destacado lugar en la historiografía que se ocupa de la formación de la república y su papel protagónico en la construcción simbólica de la nación. Nunca será suficiente resaltar este hecho, contra el deliberado olvido de una historiografía nacional. Es necesario saber también que a diferencia de los Andes colombianos, y en estrecha similitud con el resto del Caribe, su población estaba abrumadoramente conformada por negros y mulatos, como consecuencia de haber sido la gran factoría del comercio de esclavos del siglo XVII, y de haberse estructurado como un mundo urbano esclavista desde sus orígenes (véase Múnera, 1998: caps. 3-6).

En segundo lugar, considero necesario precisar que me referiré básicamente al tratamiento que los historiadores le han dado a la participación de la población afrodescendiente libre en la independencia de Cartagena de Indias. En relación con la población esclava dejo planteadas las siguientes reflexiones que podrían guiar un trabajo posterior de más hondo calado.

Los esclavos y la independencia

Primera reflexión. La provincia de Cartagena fue el escenario de múltiples acciones de resistencia armada de los esclavos desde prácticamente la llegada de los conquistadores. Hombres y mujeres esclavas lideraron revueltas y levantamientos a lo largo de los siglos XVI-XVIII que culminaron con firmas de tratados con el Imperio español en los que se reconocía la libertad de los cimarrones asentados en zonas inexpugnables y en los que se reflejaba la imposibilidad de los ejércitos imperiales para someterlos. Aunque está de moda quitarle importancia a estos acontecimientos, sigue habiendo mucho de verdad en la frase que hiciera célebre un viejo historiador cartagenero, al señalar que el Palenque de San Basilio fue *el primer pueblo libre de América* (Arrazola,

1970)[4]. Podríamos afirmar entonces que, en cierto sentido, sectores importantes de negros esclavos libraron desde muy temprano una lucha ejemplar por su independencia y la libertad contra el Imperio español siglos antes de que así lo hicieran otros sectores de criollos y mestizos.

Ciertamente, no se trató de movimientos políticos de gran escala, en el contexto de procesos continentales por fundar naciones modernas. No obstante, hubo una clara voluntad en constituirse como pueblos independientes, con su propia estructura de poder, además de lograr la libertad individual de sus integrantes. A semejanza de las luchas de los pueblos nativos en la costa Caribe colombiana por conservar su territorio y su independencia, los movimientos cimarrones constituyeron antecedentes de enorme valor en los reclamos independentistas contra la dominación colonial, cuyos orígenes, contenidos y resultados se diferencian radicalmente de los levantamientos de principios del siglo XIX.

Segunda reflexión. Cartagena fue sin duda una de las grandes factorías de esclavos desde finales del siglo XVI hasta quizás un poco más acá de mediados del XVII. Sabemos de las grandes "cargazones de piezas africanas" traídas por los barcos negreros con destinos finales, en la mayoría de los casos, fuera de su propia provincia: para ser internados por caminos de pesadilla, hacia el interior del reino, a las minas de oro de Antioquia y de Chocó, y a sitios tan distantes como el Perú. Según testimonios de la época hubo, de todas maneras, un número grande de esclavos en la ciudad de Cartagena y en la provincia. Nunca, en todo caso, tuvo las proporciones de Haití, Jamaica o Cuba, con sus cientos de miles de esclavos dedicados principalmente al trabajo de las plantaciones agroexportadoras. Nada parecido floreció en Cartagena, y según testimonios su población no pareció superar en ningún momento el número de 20.000 esclavos juntos en la provincia, ni quizás llegó a 10.000 en la ciudad. Para finales del siglo XVIII los esclavos en todo el Caribe colombiano eran algo más de 13.000 y en la ciudad de Cartagena si acaso superaban la cifra de 2.000[5].

Tercera reflexión. Los documentos que conocemos no muestran en forma particular la participación de los esclavos en las luchas independentistas de las primeras décadas del siglo XIX. Una razón principal a considerar podría ser el pequeño número de esclavos que había ya para ese entonces, unido al hecho de que ni las fuerzas imperiales ni las del bando contrario desafiaron el régimen de la esclavitud u ofrecieron la libertad a cambio de su participación en sus filas. No obstante, tenemos registros que nos permiten

---

[4] En este libro se encuentra una parte importante de los documentos que registran las luchas de los cimarrones de San Basilio. De menor importancia, María del Carmen Borrego Pla, *Palenque de negros en Cartagena de Indias a fines del siglo XVII*, Sevilla, Escuela de Estudios Hispanoamericanos, 1973.

[5] Censo General de 1778-1780, Bogotá, AGN: Miscelánea, T. 6. Ver además Alfono Múnera, *El fracaso de la nación. Región, clase y raza en el Caribe colombiano, 1717-1810*, Bogotá, Banco de la República, El Áncora Editores, 1998, cap. 3.

afirmar que en el contexto de la lucha por la independencia, se presentó una profunda disrupción del sistema hacendatario basado en la mano de obra esclava. No sabemos si estos esclavos rurales participaron en la independencia ni en qué número, lo que sí sabemos es que aprovecharon la ocasión en muchos casos para escapar de las haciendas. En el Archivo de Indias hay una extensa documentación que muestra los esfuerzos del ejército reconquistador para someter de nuevo a los esclavos huidos[6].

Cuarta reflexión. Por último, me parece importante destacar que tenemos información, aunque muy incompleta, de dos conspiraciones de esclavos de alguna importancia, que tuvieron lugar poco antes de que estallara la crisis política. La primera en el año de 1799, y de la cual sabemos por correspondencia del virrey. Según estos informes, durante ese año se develó una conspiración mayor liderada por negros franceses asentados en Maracaibo y Cartagena e indígenas de La Guajira para provocar un levantamiento y acabar con los blancos. En Cartagena se le siguió proceso a siete de estos dirigentes[7]. Por otra parte, el dirigente máximo de los criollos, José M. García de Toledo, declaró, en el juicio que se le seguía en 1816, acusado de traidor por las fuerzas reconquistadoras, que había tenido, entre otros méritos, el de abrir proceso y meter en la cárcel en 1810 a algunos esclavos implicados en la publicación de pasquines que incitaban a la lucha por la igualdad (Arrazola, 1973: 17).

En otras palabras, no tenemos documentación que nos muestre claramente la participación de esclavos en las luchas por la independencia, pero sí la suficiente para afirmar que incluso durante estos años de revolución, no dejaron de resistirse y de luchar por su propia libertad. No he encontrado hasta ahora papel alguno que sugiera que hubo afiliaciones al ejército español contra los independentistas en la ciudad de Cartagena. No hay, en consecuencia, una historiografía que se refiera a la participación de los esclavos en la independencia, pero sí una que hace referencia clara a la de negros y mulatos libres. A ella me referiré a continuación.

Relatos tradicionales

Las historias de la independencia comenzaron a escribirse desde muy temprano, incluso antes de que esta culminara. En 1829 el muy celebrado historiador José Manuel Restrepo comenzó a publicar su obra monumental sobre la independencia de la Gran Colombia, distinguible por la extraordinaria riqueza de los detalles y por el modo de sentir conservador y aristocrático que iluminó todas sus interpretaciones (Restrepo, 1942-1950). Hoy, casi dos siglos después, sigue siendo no solo objeto obligado de consulta, lo

---

[6] Especialmente en Sevilla, AGI, sección Cuba.

[7] Véase Virrey Pedro Mendinueta a Francisco Saavedra, Santa Fe, 19 de mayo y 19 de julio de 1799. AGI: Estado, legajo 52.

que es apenas comprensible, sino que continúa ejerciendo una enorme influencia sobre determinados autores contemporáneos. El señor Restrepo se ocupó largamente de los acontecimientos de la independencia de Cartagena de Indias y en general del Caribe colombiano. Su obra permaneció a lo largo del siglo XIX como única en su descripción e interpretación de los hechos sucedidos en la costa caribe durante las primeras décadas de esta centuria.

A partir de 1880 hubo un movimiento vigoroso de recuperación de la documentación referida a los años fundacionales de la república, unido a los esfuerzos por fortalecer el Estado nacional bajo la dictadura del presidente Rafael Núñez. De manera que se rescataron y publicaron series de documentos muy completas sobre la gesta independentista. En esta dirección vale destacar las obras de Manuel Ezequiel Corrales (1883, 1886) y de José P. Urueta sobre la provincia de Cartagena. Y como una consecuencia de este esfuerzo sostenido, el historiador cartagenero Gabriel Jiménez Molinares publicó en 1947 la historia más detallada de la independencia de Cartagena (Jiménez Molinares, 1948-1950).

Casi cuarenta años más tarde otro historiador local, Eduardo Lemaitre, dedicó un voluminoso tomo de su *Historia general de Cartagena* al tema de la independencia, con resultados muy parecidos a los de Molinares (Lemaitre, 1983). La lectura conjunta de estas tres obras fundamentales, es decir la de Restrepo, Molinares y Lemaitre, que guiaron a lo largo de casi dos siglos el modo de ver y de entender la gesta patriótica cartagenera, impresiona por la coherencia de su interpretación, por su sostenida y entusiasta versión aristocrática de la historia y por su poco disimulada animadversión hacia los sectores populares. Por el prestigio de sus autores y por la difusión de que gozaron sus obras en los círculos intelectuales y educados de la costa caribe, su influencia fue decisiva en el modo de percibir el proceso de construcción de la nación y el papel de los distintos sectores sociales en su creación.

Intentaré en esta primera parte de este trabajo resumir lo que de manera más detallada he explicado en trabajos anteriores sobre cómo se construyó en la historiografía tradicional la imagen y el papel de los negros y mulatos libres durante la independencia. En la segunda parte analizaré los nuevos relatos que colocan en el centro del análisis la actuación de los afrocartageneros libres en las luchas independentistas.

En su historia acerca de las revoluciones políticas en Colombia, José Manuel Restrepo no tuvo dudas sobre el protagonismo de los sectores populares en la lucha por la independencia de Cartagena, y estudió los acontecimientos del 11 de noviembre de 1811, que llevaron a su separación de España, como producto de una revolución popular. Sin embargo, mostró la participación de estos sectores con imágenes tan negativas, que su análisis de los acontecimientos que condujeron a la histórica Declaración de la Independencia Absoluta de Cartagena de 1811 no se inició con la celebración de la gesta patriótica, sino, por el contrario, con una queja amarga contra el populacho y una crítica severa contra la élite que permitió y toleró su insubordinación.

> Como desde el principio —dice— fue llamada la plebe a tomar parte en los movimientos, a fin de echar por tierra el partido real, ella se insolentó; y la gente de color, que era numerosa en la plaza, adquirió una preponderancia que con el tiempo vino a se funesta a la tranquilidad pública... El principal enemigo del gobierno [de Cartagena] era Gabriel Piñeres, natural de esta villa [Mompox] quien se hizo jefe del partido del pueblo... Gabriel predicaba por todas partes la libertad absoluta, ese dogma destructor del orden social. Siempre se le veía cercado de negros y mulatos sin educación, y quería que los demás ciudadanos ejecutaran lo mismo, bajo la pena de ser tenidos por aristócratas (Restrepo, 1942-1950, tomo 1: 190, 203-204).

Llama la atención aquí a un hecho que está presente no solo en la obra de este historiador sino en general en la documentación de la independencia de Cartagena: "pueblo" es sinónimo de negros, mulatos y zambos, es decir de gente de color. La valoración racial era el más visible de los elementos diferenciadores en la sociedad colonial. Por otra parte, Restrepo es consciente, como al parecer lo fueron también los cartageneros de su generación, de que en el movimiento de la independencia, además de motivaciones políticas, hubo, colocadas en su centro, reivindicaciones de tipo social. Fuentes, estas últimas, de anarquía, según él. A pesar de las evidentes connotaciones ideológicas del discurso de Restrepo sobre la independencia cartagenera, no hubo en los años posteriores del siglo XIX ni hasta finales del XX, nuevos desarrollos. En líneas generales, en lo que respecta a los sectores populares, la historia tradicional cartagenera repite las interpretaciones de Restrepo. Veamos.

Jiménez Molinares, en su obra *Los mártires de Cartagena* (1948-1950), estudió, al igual que Restrepo, la revolución de Cartagena de Indias como la historia particular del enfrentamiento de dos facciones del patriciado cartagenero. La disputa entre los líderes criollos José María García de Toledo y Gabriel Piñeres, originada en rencillas de ciudades y de familias, pareció gobernar las acciones durante la corta vida independiente de la República de Cartagena, entre 1811 y 1815. Las gentes del pueblo, en los dos largos tomos de Jiménez Molinares, son importantes única y exclusivamente como elemento nefasto, propiciador de la anarquía social o como instrumento del patriciado para alcanzar sus fines. Al explicar por qué en enero de 1812, inmediatamente después del triunfo de la revolución, la élite criolla suspende el ejercicio de la constitución que acaba de aprobar e impone una dictadura, dice:

> Ello obedeció al estado de incurable anarquía en que vivía la ciudad bajo el azote del populacho organizado en batallones armados, situación que se sufría desde el 11 de noviembre anterior y se prolongó hasta el 6 de diciembre de 1815, es decir, en medio del hambre y hasta el momento de la emigración como habremos de verlo. La coacción de la plebe armada sobre los organismos del gobierno redujo la autoridad a una sombra; el

motín era el expediente con que se solucionaban todas las cuestiones (Jiménez Molinares, 1948-1950, tomo 1: 287).

Jiménez fue más lejos que Restrepo en su retrato de la anarquía de los sectores populares durante la independencia. Son conducidos como animales, dice, que habitan en casas parecidas a "madrigueras… y viven en una armonía semejante a la del ganado en los corrales" (Jiménez Molinares, 1948-1950, tomo 1: 23), a la dignidad de una libertad de la cual no saben hacer uso, hasta el extremo de destruir el orden buscado por las élites. En su extensa diatriba contra el pueblo, sin embargo, este historiador registra minuciosamente el grado creciente de las tensiones sociales que separaban a los "patricios" de los negros y mulatos libres que conformaban, por inmensa mayoría, el "populacho armado".

Nada cambió en el discurso sobre la independencia de Cartagena en la *Historia general* de Eduardo Lemaitre. Publicada en 1983, es decir, casi cuarenta años después de *Los mártires de 1816,* el contenido de su tomo tercero, dedicado al tema de la independencia, está tomado casi literalmente de Jiménez Molinares. La única diferencia importante está en que allí donde este último intenta justificar el levantamiento popular del 11 de noviembre de 1811, Lemaitre, inspirado en José Manuel Restrepo, lo condena.

La narración que hace Lemaitre de los hechos acaecidos la histórica mañana de la declaratoria de la independencia no parece estar destinada a guardar en la memoria de los cartageneros el heroísmo de sus actores populares ni la dignidad y altivez de su gesto. Por el contrario, el tono en que se narra, más indignado que enaltecedor, y los adjetivos con los que se califican las acciones y sus protagonistas, sugieren de parte del autor la intención de dejar constancia de la naturaleza ilegítima del acto fundacional de la República:

En vano García de Toledo —dice— hizo esfuerzos para defender su política cautelosa… Pero nadie atendía razones, y mucho menos el pueblo que vociferaba, enardecido y envalentonado por los efectos del alcohol, que Gabriel Piñeres había hecho repartir copiosamente. La propia muchedumbre armada invadió entonces el salón de sesiones, agraviando de palabra y obra a quienes se habían manifestado partidarios de posponer la declaratoria, como lo quería García de Toledo, el cual fue incluso maltratado físicamente en la ocasión… Algunos amigos de García de Toledo trataron de defenderse y de defender a éste, pero ya la revolución violenta estaba en marcha… Pronto la Junta toda, inclusive García de Toledo, se plegó a las exigencias del populacho amenazante, y procedió a proclamar la Independencia Absoluta, sin condiciones, con respecto a España, y a firmar el acta respectiva (Lemaitre, 1983, tomo 3: 25).

Quisiera aquí detenerme en un punto que me parece de la mayor importancia. No hay un solo documento o relato de testigos que mencione que el pueblo que se tomó el Palacio de Gobierno se encontraba en ese momento bajo los efectos del alcohol. Ni siquiera Restrepo, al relatar los acontecimientos del 11 de noviembre, menciona el uso del ron por las gentes del pueblo. Lo que Lemaitre ha hecho es tomar la afirmación general y muy vaga de Restrepo, en el sentido de que Piñeres distribuía dinero y ron entre los mulatos y negros, para crear la escena de un pueblo degradado por el alcohol copiosamente repartido por Piñeres. Lo que queda aquí destruido es cualquier principio de racionalidad en los actos del pueblo. De ahí la imagen que emerge de este relato, de un ser colectivo animalizado que no puede ser sujeto de la historia.

Los nuevos estudios

En 1995 presenté mi tesis doctoral en la Universidad de Connecticut, que sería publicada en 1998 con el título de *El fracaso de la nación. Región, clase y raza en el Caribe colombiano, 1717-1821*[8]. En este libro, por primera vez, negros y mulatos tuvieron un lugar en la historia de la independencia de Colombia en calidad de protagonistas con sus propios proyectos e ideas, y con un liderazgo decisivo para el desarrollo de eventos cruciales como la creación de la república. En *El fracaso de la nación* expuse tres tesis centrales: en primer lugar que en el Virreinato de la Nueva Granada la autoridad central nunca funcionó en la práctica por la extrema fragmentación de su territorio, la pobreza de sus habitantes y la fuerte tradición de siglos de autonomía de sus regiones. En segundo lugar, planteé que en su forma principal la independencia no fue el producto, como siempre se dijo, de un proyecto nacional liderado por una élite nacional, sino por el contrario el resultado de la agudización de los conflictos regionales en el contexto de una crisis imperial. Y en tercer lugar, que al lado de la lucha entre las regiones por el poder, al interior de estas, en particular en el caso de Cartagena de Indias, se libró otro conflicto de carácter socio-racial.

En relación con este último punto, mostré lo siguiente: primero, que Cartagena, en su condición de puerto y fortaleza militar, estaba conformada por una población mayoritariamente integrada por soldados y artesanos mulatos y negros. Segundo, que este grupo de artesanos fue la columna vertebral de la independencia de Cartagena y participó de manera decisiva en todas las acciones que condujeron a su separación definitiva de España. Tercero, que la creación de la República de Cartagena de Indias, cuya existencia se extendió de noviembre de 1811 a diciembre de 1815, fue posible, entre otros, gracias al liderazgo de los dirigentes negros y mulatos, quienes con sus acciones obligaron a la élite criolla a declarar la independencia absoluta: y no solo eso, sino que, además, a lo largo de esos años los criollos tuvieron que compartir el poder con los artesanos. Y cuarto, que los mulatos y negros libres defendieron sus propios intereses, y en particular buscaron consagrar con la república la igualdad formal de todas las razas, y su condición de ciudadanos con derechos. En este libro propuse una nueva lectura acerca de

---

[8] Alfonso Múnera, "Failing to Construct the Colombian Nation: Race and Class in the Andean-Caribbean Conflict, 1717-1816", Ph.D diss., University of Connecticut, 1995 y *El fracaso de la nación*.

los hechos y del significado de la independencia, y en particular sobre la importancia de la actuación de los sectores populares, su composición racial y sus intereses a la hora de contar esta historia[9].

En los últimos cinco años ha habido una saludable proliferación de trabajos que han enriquecido y afinado la perspectiva racial en los estudios de la independencia y pos-independencia del Caribe colombiano. Me referiré de manera particular a los de Aline Helg y Marixa Lasso.

En el 2001 la historiadora Aline Helg leyó una conferencia sobre la rebelión del almirante mulato y héroe de la independencia José Prudencio Padilla en un simposio organizado en Cartagena, publicada posteriormente en el volumen de memorias de dicho evento (Helg, 2002). En este texto hay un detallado análisis de los acontecimientos que rodearon el conflicto en 1828 entre el gobernador de la recién independizada provincia de Cartagena, el aristócrata venezolano Mariano Montilla y el jefe de la Marina, almirante mulato y héroe de la batalla de Maracaibo, José Prudencio Padilla.

El enfrentamiento entre estas dos personalidades de la independencia, y el posterior fusilamiento del mulato Padilla en octubre del mismo año, ha sido mencionado al lado de los acontecimientos que rodearon el fusilamiento años antes de Piar en Angostura, como los dos hechos de mayor significación para ilustrar las tensiones raciales que tuvieron lugar entre los líderes de la independencia y, por otra parte, los miedos de la élite criolla, en particular de su máximo jefe, Simón Bolívar, a que negros y mulatos libres pudieran disputarle el poder (Helg, 2002: 28; Torres Almeida, 1983).

Aline Helg está de acuerdo en este texto con la tesis que coloca en el trasfondo de este enfrentamiento entre el general Montilla y el almirante Padilla el carácter racial de sus contrincantes. Sin embargo, sostiene también que al agudizarse la lucha entre ambos, hasta el extremo de producirse un levantamiento por parte de Padilla, los mulatos y los negros libres tomaron el camino de la negociación con base en sus intereses individuales y no el de la defensa general de los intereses de su raza. En otras palabras, abandonaron a Padilla y lo que este representaba como líder mulato (Helg, 2002: 25-28).

En el 2004 publicó Aline Helg su provocativo libro *Liberty and Equality in Caribbean Colombia. 1770-1835*, en el que incorporó este argumento a un análisis más completo de la lucha por la libertad y la igualdad en el Caribe colombiano durante el período de la crisis de la colonia y las guerras por la independencia. En relación con lo que nos interesa, es decir el lugar y el significado de la participación de los negros y mulatos en estas luchas, no dudó en ilustrar cuán importante fue esta desde el momento de las

---

[9] En realidad, en la historiografía colombiana se había evitado el uso de las categorías raciales en los estudios sobre la independencia, lo mismo que, pese al extraordinario papel de los artesanos en la lucha independentista, se les había ignorado por completo.

primeras revueltas. Sin embargo, Aline Helg introdujo nuevas perspectivas. En primer lugar, afirmó que si bien es incuestionable la participación de estos sectores y el papel protagónico de líderes mulatos como Pedro Romero, también lo es que estos últimos no avanzaron más allá de lo planteado por la élite criolla en materia de igualdad. Sus luchas se caracterizaron, otra vez, por el carácter individual de los fines perseguidos (Helg, 2004: 148-149, 264). En segundo lugar sostuvo, en consecuencia, que la igualdad consagrada en la Constitución de 1812 de la República de Cartagena, y antes en la resolución de la Junta Electoral de 1810, fue el producto del carácter revolucionario de las élites criollas (Helg, 2004: 148-149, 242). Según esta autora, en ningún otro lugar de América se produjo como resultado de las luchas de independencia una constitución que llevara el concepto de igualdad racial hasta los extremos en que lo hizo la constitución colombiana. Pero, al mismo tiempo, y, pese a que ilustra en detalle la participación de los sectores mulatos y negros en la independencia, no les concede a estos y a sus luchas un papel significativo en este resultado. Prefiere pensar la autora que la igualdad formal fue una especie de concesión que les llegó de las élites a los afrodescendientes.

Una posición distinta asume Marixa Lasso en su texto *From Racial Fear to Racial Harmony: Race and Republicanism in Colombia, Cartagena, 1795-1831* (2002). Lasso se sitúa en la perspectiva abierta por mi libro *El fracaso de la nación* para insistir no solo en la importancia de la participación de negros y mulatos en la revolución de independencia de Cartagena de Indias, sino, lo que es más relevante, en la trascendencia de sus objetivos de igualdad racial. En relación con la circular de la junta de 1810, en la que por primera vez se estableció el derecho al sufragio electoral sin distingos de razas, y la constitución de 1812, que consagró con claridad meridiana la condición de ciudadanos sin limitaciones de carácter racial, la profesora Lasso estudió las motivaciones que llevaron a los criollos a buscar una armonía racial, al igual que enfatizó el papel decisivo de la lucha de los afrocartageneros en estos logros legales. Según Lasso "la negativa española a concederle la ciudadanía (en la constitución de Cádiz de 1812) a las personas de descendencia africana fue crucial para el desarrollo de una asociación entre patriotismo criollo e igualdad racial". Sin negar el motivo más instrumental de ganar el apoyo para la causa criolla de las mayorías no blancas, en aquellas regiones donde era claro su predominio demográfico, hubo otras razones para que esta asociación funcionase. Para esta autora, "aunque Cádiz fue crucial para el desarrollo de un imaginario patriótico de armonía racial, fueron las demandas de los afrocolombianos y su activa participación en la política patriótica la que dotó este asunto de especial urgencia y de sus implicaciones concretas" (Lasso, 2002: 20).

Lasso se apartó también de la tesis de Helg acerca de la soledad del almirante mulato, al referirse a los hechos que enfrentaron a los caudillos Montilla y Padilla, y llevaron al levantamiento de este último y a su posterior asesinato en 1828. Destaca que sí hubo

manifestaciones concretas de apoyo por parte de los afrocartageneros a la lucha de Padilla contra el aristócrata Montilla. Y más que eso: la profesora Lasso reseña la existencia de grupos de personas del bando del almirante mulato que plantearon el conflicto de forma más radical, pregonando la destrucción de los blancos. Si bien no llegó a darse nunca un enfrentamiento racial del tipo haitiano, hubo sin duda una dimensión del conflicto que no se puede desdeñar y un uso de la amenaza de la lucha frontal de razas con consecuencias importantes (Lasso, 2002: 211-212).

En un ensayo reciente, titulado "Identidad sin color. Negros y mulatos en la post-independencia", leído en la conferencia anual de la Asociación de Historiadores del Caribe, en 2005, sugerí que debíamos dotar de matices la interpretación acerca de la participación de los afrocartageneros libres en las luchas por la independencia, y que lo que es más creíble, de acuerdo con la información de que disponemos, es que en situaciones extremas estos actuaron de formas distintas según el lugar que ocuparon en la sociedad. Sectores educados y de un nivel medio de mulatos y negros libres acompañaron al almirante Padilla hasta el momento en que este decidió rebelarse abiertamente contra el gobierno del aristócrata Montilla y convertirse él mismo en la autoridad suprema. Al mismo tiempo se deduce de la lectura de las memorias del general conservador Posada Gutiérrez que lo que él llamó la "gentualla", es decir la plebe, apoyó de manera decidida al caudillo mulato en su acto de insubordinación (Posada Gutiérrez, 1951, vol. 3: 82-100 [1865]).

Por otra parte, parece ser cierto que el sector más sobresaliente de los mulatos y negros libres optó por la búsqueda de la ciudadanía, y con ella de una forma de empoderamiento que le permitiera acceder a posiciones y privilegios antes cerrados y negados por la dominación española y criolla. Un balance de las transformaciones socio-raciales del siglo XIX muestra hasta la evidencia cómo los mulatos utilizaron la educación, la política y la milicia para constituirse en una especie de mulatocracia con amplio acceso a los mecanismos de poder y de privilegios sociales. Naturalmente, en la escala más alta se situó, como siempre, una minoría que, una vez alcanzado su destino, no hizo mayores esfuerzos por ampliar las avenidas que facilitaron su éxito al resto de negros y mulatos pobres.

Una mirada de conjunto a la historiografía de la independencia permitiría plantear respecto a la participación de los afrocartageneros lo siguiente: sin duda ha habido un cambio profundo en relación con la mirada tradicional de asociar la participación de estos sectores con imágenes negativas, que los mostraban como agentes del desorden y la anarquía, contrarios a los progresos de la civilización. O con la mirada de los años de 1970-1980 de ignorarlos en su calidad de actores de la revolución política de principios del XIX. Ahora todo parece indicar que la más reciente historiografía de finales de los años de 1990 y de la primera década del nuevo siglo plantea, finalmente, que negros y mulatos jugaron un importante papel al frente de las luchas por la independencia de Colombia, especialmente del Caribe colombiano. Qué papel y con qué consecuencias es, por el contrario, motivo de desacuerdos. Algunos creemos que dicha participación fue decisiva para la consecución de la igualdad racial ante la ley y de la, en consecuencia, construcción de un concepto de ciudadanos sin distingos de razas, y que estas transformaciones positivas, que ampliaron el radio de inclusión, constituyeron quizás la más importante de las consecuencias sociales de la independencia en esta zona de Colombia.

Sin duda se abre aquí un amplio campo de estudios y de nuevas preguntas, que investigaciones posteriores, más detalladas, sobre la participación de los negros y mulatos en la sociedad del XIX se encargarán de responder. Es un hecho también que en la medida en que encontremos nuevas documentaciones de otras zonas del país el cuadro se irá volviendo más complejo y revelará igualmente que los patrones de comportamiento de negros y mulatos variaron de una región a otra según las circunstancias particulares de cada área en materia de organización socio-económica, de situaciones coyunturales y de contextos culturales. Lo que no nos permitirá es seguir ignorando su actuación como actores claves de la independencia.

CAPÍTULO **4**
Los indios de la Nueva Granada
y las guerras de independencia

Jairo Gutiérrez Ramos

Introducción

En el Nuevo Reino de Granada el proceso de mestizaje fue tan intenso durante el
período colonial que para fines del siglo XVIII la población indígena censada no alcanza-
ba al 10%, con una concentración muy desigual a lo largo del territorio neogranadino.
La mayor concentración de quienes fueron considerados "indios" por los realizadores
del censo general de 1778-1780 habitaba la zona central del país, entre las provincias
de Santa Fe y Pamplona (43,61%). En la Región Caribe se contabilizó el 18,24%, y
en la provincia andina sureña de Pasto se concentraba el 10% de la población indígena
(McFarlane, 1997: 523). De modo que no resulta nada sorprendente que fuera precisamente en esas regiones alejadas y heterogéneas donde la presencia indígena en las
guerras de independencia tuviera alguna relevancia. En cuanto a las lealtades políticas,
se puede constatar que en dos de esas regiones, la caribeña y la pastusa, los indios fueron
acérrimos defensores de la monarquía, al igual que las élites locales; y en la tercera, la
región centro-oriental, su lealtad fue más vacilante y oscilante, según las circunstancias.

La inestable situación política que caracterizó los años turbulentos de la Independencia, necesariamente afectó las relaciones entre los indios y los diversos gobiernos,
gobernantes y formas de poder que se sucedieron muy rápidamente unos a otros. En la
Nueva Granada, por ejemplo, en septiembre de 1810, la Junta Suprema de Santa Fe
decretó la abolición del tributo indígena y la división de las tierras de resguardo[1], sen-
tando la pauta de lo que habrían de ser de ahí en adelante las relaciones interétnicas en
el futuro Estado republicano. Tan solo seis meses más tarde, el 12 de marzo de 1811,

---

[1] Archivo General de la Nación (AGN), Archivo Anexo, *Historia* 11, ff. 225-226.

las Cortes de Cádiz decretaron, a su vez, la abolición del tributo indígena en todas las colonias españolas del territorio americano (Rieu-Millan, 1990: 117)[2].

Con la restauración del absolutismo en 1814 se restablecieron también la legislación, las instituciones y los usos que habían regido las relaciones entre la metrópoli y los indios. Se restableció el tributo y, lo que es peor, dadas las condiciones y urgencias de la guerra que se libraba con ferocidad en la Nueva Granada y Venezuela, se recurrió al restablecimiento de usos coloniales desde hacía tiempo abolidos, como los servicios personales, y la exigencia de contribuir con dinero y especies a la causa de la reconquista.

Sin embargo, cinco años más tarde, poco después de la derrota española en Boyacá, en el mes de mayo de 1820, Bolívar expidió dos importantes decretos relacionados con la situación de los indios neogranadinos. El primero de ellos, de mayo 20, declaró a los indios "hombres libres", ordenó devolverles sus resguardos, instituyéndolos, además, como legítimos propietarios de las parcelas que les serían repartidas. Sin embargo, optó por mantener el tributo, aunque prohibió perentoriamente los servicios no remunerados a cualquier persona[3]. Cuatro días más tarde, considerando que los tributos adeudados por los indios de Cundinamarca resultaban incobrables, determinó condonarlos en su totalidad hasta junio de 1819. Solo de ahí en adelante se comenzaría a contabilizar nuevamente la tributación indígena como recurso fiscal[4]. Pero apenas un año más tarde el Congreso Constituyente de Cúcuta declaró a los indios ciudadanos iguales al resto de colombianos, abolió una vez más el tributo y autorizó la venta inmediata de las tierras de resguardo. Yendo más lejos, declaró a los nuevos ciudadanos capaces de desempeñar cualquier oficio público y extinguió todas las restricciones coloniales relativas a la residencia de no indígenas en sus pueblos[5].

Estas tempranas ilusiones liberales, empero, no pudieron concretarse en su totalidad de manera inmediata. Al menos en lo que concierne al reparto de los resguardos se opusieron dificultades de diversa índole, entre las cuales cabe destacar: las dificultades técnicas para medir y repartir las tierras, la falta de fondos para pagar agrimensores y repartidores de tierras y la oposición de los indios por medio de demandas y reclamaciones. A todo ello se agregó la cerrada oposición de las comunidades a la disposición que las

---

[2] Según esta autora, la decisión de las Cortes fue el resultado de las medidas que en ese sentido habían sido tomadas en 1810 en México y la Nueva Granada.

[3] *Gaceta de la Ciudad de Bogotá, Capital del departamento de Cundinamarca*, n.° 51, 1820, pp. 125-126,

[4] Decreto de mayo 24 de 1820 "Sobre remisión de tributos atrasados de los indios", en Luis Horacio Lòpez Domínguez (comp.), *De Boyacá a Cúcuta. Memoria administrativa 1819-1821*, Bogotá, Biblioteca de la Presidencia de la República, 1990, p. 205.

[5] Ley de 11 de octubre de 1821, en *Codificación Nacional de todas las leyes de Colombia desde el año de 1821*, Bogotá, Imprenta Nacional, 1924, tomo 1, pp. 116-118.

obligaba a arrendar los llamados "sobrantes de resguardos"[6]. Adicionalmente, ante las dificultades económicas del fisco, y lo significativos que resultaban para la magra hacienda de la Gran Colombia los ingresos provenientes de los tributos generados en el entonces departamento del Ecuador, Bolívar optó por restablecer este rubro rentístico en 1828[7].

Sin embargo, apenas disuelta la Gran Colombia y establecida la república de la Nueva Granada, el presidente encargado, José María Obando, sancionó la ley del 6 de marzo de 1832, la cual derogó definitivamente el cobro de cualquier forma particular de tributo a los indígenas[8]. En lo que concierne a las tierras comunales no se hizo, en cambio, ninguna concesión. Por el contrario, el 9 de abril del mismo año se reglamentó por decreto la repartición de los resguardos, aunque se prohibió a los indios vender sus parcelas antes de 10 años.

¿Cómo actuaron los indios en medio de tal inestabilidad normativa, política y social? A decir verdad, de muy distintas maneras, como tenía que ocurrir en un país en el cual tampoco sus élites se caracterizaron por la coherencia y unidad de criterio. Algunos de los grupos étnicos más hispanizados adecuaron su conducta y discurso a las cambiantes circunstancias, como ocurrió en la región central, vecina a Santa Fe. Otros, en cambio, optaron por una posición más consecuente u obstinada a lo largo de todo el proceso, como fue el caso de los indios de las provincias de Santa Marta y Pasto.

Para formarnos una idea más clara de ello, veamos con algún detalle lo acontecido en cada una de las regiones mencionadas en el período crítico de 1810 a 1824.

Los veleidosos indios de Santa Fe y Tunja[9]

Como lo ha señalado Margarita Garrido, en los años posteriores a 1810 el discurso y la práctica política de los indios conservó mucho de su forma y su contenido coloniales. Al fin y al cabo, si bien la situación y la retórica políticas de las élites habían sufrido drásticas modificaciones, la realidad cotidiana de los indios poco había cambiado. Si a fines de la Colonia los reclamos de los indios se centraban en defender sus tierras de

---

[6] Ibídem.

[7] Decreto de 15 de octubre de 1821 "Que establece la contribución personal de indígenas", en *Codificación Nacional...*, tomo 3, pp. 420-426.

[8] Ley del 6 de marzo de 1832, en Ibídem, tomo 4, pp. 344-345.

[9] Para una visión detallada de la región y sus pueblos indios en el siglo XVIII véanse Marta Herrera Ángel, *Ordenar para controlar. Ordenamiento espacial y control político en las Llanuras del Caribe y en los Andes Centrales Neogranadinos. Siglo XVIII*, Bogotá, Academia Colombiana de Historia, Instituto Colombiano de Antropología e Historia, 2002; y Diana Bonnett Vélez, *Tierra y comunidad. El caso del altiplano cundiboyacense (Virreinato de la Nueva Granada) 1750-1800*, Bogotá, Instituto Colombiano de Antropología e Historia, Universidad de los Andes, 2002.

intrusos y autoridades codiciosas, impedir la conversión de sus pueblos en parroquias de blancos, desplazar los conflictos fuera de sus comunidades, rechazar las innovaciones y mantener las normas tradicionales de administración étnica y poner de presente sus permanentes conflictos con los curas por motivos diversos (la fe, los estipendios, la tierra y la política), en los años subsiguientes a la independencia, los indios pretendieron seguir "suscitando lástima" en las nuevas autoridades (Garrido, 1993: 230-266). Igualmente interesante resulta su anotación en cuanto a los tempranos reclamos de sus derechos de ciudadanía, expresados por algunos indios de los alrededores de la capital. Solo que estas tempranas manifestaciones de "ciudadanía" tenían, en verdad, poco de cívicas, pues, para sorpresa de curas y burócratas pueblerinos, los efectos del bando republicano de igualación se tradujeron en insubordinación y desórdenes, la mayoría de las veces incentivados por las efusiones de la chicha (Garrido, 1993: 304-312)[10]. Con todo, dos elementos merecen resaltarse: primero, la posibilidad de constatar que el bando ordenado por la Junta Suprema de Santafé el 24 de septiembre de 1810[11] no solo se leyó efectivamente —al menos en los pueblos bajo su control— sino, y sobre todo, que los indios de al menos algunos de esos pueblos se apropiaron de inmediato —así fuera solo parcial y retóricamente— de su contenido, y en él se apoyaron luego para reclamar los derechos inéditos de libertad, igualdad y ciudadanía a unas autoridades que aún no parecían amoldarse del todo a la nueva situación. Ese notable cambio de actitud ocasionado por la independencia claramente reflejaría la nueva conciencia política entre las comunidades de indígenas.

La abrupta remoción de la estratificación social colonial iniciada en 1810 sacó a flote problemas de identidad, proceso del cual los indios no estuvieron exentos. Pero lo sorprendente del caso es que algunos de ellos, como los de los pueblos de Fómeque, Ubaque o Tocancipá, en la Sabana de Bogotá, por ejemplo, mostraron una notable disposición para adaptarse a la nueva situación y adecuar sus actitudes políticas, al menos formalmente, en el breve lapso de un mes, lo que permitiría deducir que "los indios hispanizados en algunos casos no solo estaban informados sino también implicados en algunos aspectos más amplios de la vida pública" (Garrido, 1993: 301-303).

Naturalmente, la reconquista española trajo consigo la necesidad de una reorientación estratégica de los pueblos indios, pues Morillo y su ejército tenían como misión no solo restablecer el poder absolutista, sino también restaurar la totalidad de las leyes, las instituciones y los usos propios del antiguo régimen. Y entre ellos se incluían, por supuesto, los relativos a la administración étnica, agravados por nuevas cargas personales

---

[10] Significativamente el apartado referenciado se titula: "Los indios: ciudadanía y embriaguez".

[11] Véase "Bando divulgador de la providencia tomada por la Junta Suprema de Santafé respecto a los indios. Santafé, 24 de septiembre de 1810", Archivo José Manuel Restrepo, vol. 8, f. 9.

y gravámenes extraordinarios a favor de las tropas realistas. Los indios, por consiguiente, debieron olvidarse por lo pronto de sus pretensiones de ciudadanía, y volver a asumir, a su gusto o a su pesar, su antiguo estatus de tributarios y súbditos del rey de España. La nueva situación se reflejó de inmediato en los reclamos dirigidos a los "nuevos" gobernantes. Así, en 1818, los indios de Boavita[12] y el Cocuy[13], en la provincia de Tunja, le solicitaron a sus curas y a su corregidor que certificasen cuánto habían servido, en trabajo y en especie, al sostenimiento del ejército del rey, y cómo esta demostrada fidelidad al monarca no había sido justamente correspondida.

No les faltaban razones a los indios para quejarse. A la restauración del tributo se le añadió una nueva exacción fiscal: la "mensualidad", mucho más onerosa y expeditiva en su cobro, como quiera que este se hacía *manu militari*. Pero además se los extorsionaba con onerosas contribuciones en especie: bestias de carga y silla, ganados, vendas, camas, alimentos. Y por si todo eso fuera poco, se restableció el trabajo personal como porteadores y peones en la construcción de caminos, como en los primeros tiempos de la conquista: sin remuneración alguna y con la obligación de alimentarse por su propia cuenta. A todo esto había que agregar la pretensión de cobrarles los tributos atrasados y hasta las exacciones del cura, en el caso del Cocuy. Comprensiblemente desesperados y molestos por su situación, los indios recurrieron, "como siempre", a los representantes del rey, "su protector".

Pero una vez derrotado el ejército realista, ya en 1820 salta a la vista la intención de los indios de pasar cuanto antes las "cuentas de cobro" al recién instalado gobierno republicano por los sufrimientos ocasionados por la guerra emancipadora. Ese parece ser también el mejor momento para "tomarle la palabra" al nuevo régimen y reivindicar sin más dilaciones la tan proclamada libertad, caballito de batalla retórico de los "patriotas", ahora en el poder. Las solicitudes más frecuentes en el decenio 1820-1830, en el cual se abolieron temporalmente los tributos, son, justa y muy significativamente, las relacionadas con estos. Son igualmente llamativas las solicitudes o quejas que invocan los recién adquiridos derechos de ciudadanía, y las quejas contra curas y funcionarios civiles por malos tratos; el repudio manifiesto al derrocado régimen colonial y los reclamos sustentados en los derechos inherentes al estatus de ciudadanos (Gutiérrez Ramos, 2000).

En cuanto al tributo, todo parece indicar que en peligrosa coincidencia con la crisis del régimen metropolitano, los pueblos indios del Nuevo Reino de Granada —por lo menos los de la Sabana de Bogotá, que fueron de los más quejosos— se vieron asolados por unas condiciones ambientales altamente desfavorables para sus labranzas. Debido a ello, la crisis política parece haber coincidido con una preocupante escasez

---

[12] AGN, *Indios*, ff. 550 r-v.
[13] Ibídem, f. 553.

de recursos alimentarios, que debió traer consigo no solo la desesperación de los indios ante la imposibilidad de pagar sus tributos, sino la de los corregidores y oficiales de la Real Hacienda ante la imposibilidad de hacer efectivo este todavía importante renglón de la fiscalidad colonial[14]. Y si a lo anterior le agregamos la crisis política que se hizo manifiesta en la Nueva Granada a partir de 1810, no es de extrañar que los indios aprovecharan las nuevas circunstancias para fortalecer su ya notoria reticencia al pago de sus tributos. Sin embargo, lo novedoso a partir de 1820 fue incluir en las solicitudes dos nuevos argumentos: la imposibilidad de atender las sementeras a causa de las nuevas obligaciones impuestas por los ejércitos empeñados en la guerra de independencia[15], y la recién proclamada igualdad ciudadana[16].

Fueron cuatro los blancos principales de las quejas de los indios de Santa Fe y Tunja con respecto a los encargados de su gobierno y administración: los corregidores, sus tenientes, los alcaldes y los curas. Un ejemplo notable del primer caso lo constituye la impecable representación que el 22 de octubre de 1820 dirigieron los indios de Sogamoso al vicepresidente Santander. Esta representación comienza poniendo de presente las exacciones y abusos a que fueron sometidos por el ejército español, situación que los condujo a un estado de extrema pobreza, sin consideración de lo cual el corregidor pretendía, además de cobrarles los tributos adeudados y corrientes, expropiarlos del dinero sobrante del arriendo de su resguardo[17]. Pero sin duda el blanco más frecuente de las críticas de los indios fueron los curas[18]. Se trata de episodios en los cuales los curas maltrataron a los indios de palabra o de hecho, en más de una ocasión coludidos con los propios tenientes indios. En este aspecto, y por la "modernidad" de los argumentos utilizados para pedir el cambio del teniente, que en asocio del fraile doctrinero los maltrataba permanentemente, merece resaltarse el caso de los indios de Chipaque, quienes en 1822 representaban ante el intendente provincial, exigiendo que se hiciera cumplir la providencia del juez político de Cáqueza que ordenaba que su teniente, Francisco López, "nos tratase con el decoro y respeto, que se merecen hombres libres de Colombia"[19].

---

[14] Para formarse una idea general de lo dicho basta con revisar los catálogos de los fondos *Tributos*, *Resguardos* y *Caciques e Indios* del Archivo General de la Nación.

[15] Este es por lo menos el caso de los indios de los pueblos de Nobsa, Chivatá, Duitama, Sogamoso, Guateque, Sopó y Sesquilé, todos situados en las provincias de Tunja y Santa Fe, donde se habían librado las más recientes refriegas bélicas. AGN, *Indios*, ff. 108-116, 131, 515 y 544.

[16] La libertad y/o la ciudadanía como argumento para la exención de tributos fue alegada, entre otros, por los indios de los pueblos de Boavita, Duitama, Guateque, Nóvita y Chipaque. AGN, *Indios*, ff. 87, 121, 129, 402 y 530.

[17] Ibídem, ff. 114-116.

[18] Ibídem, ff. 530, 874, 587 y 176.

[19] Ibídem, f. 530.

Pero, no obstante sus protestas y reclamos permanentes, los indios de Santa Fe y Tunja nunca tomaron por su propia iniciativa las armas, ya fuera para defender al rey o a la patria.

Los indios realistas de Santa Marta

La Región Caribe neogranadina ocupa una muy extensa franja de terreno que se extiende desde el golfo de Urabá, en los límites con Panamá, hasta la península de La Guajira, en la frontera con Venezuela. En esta zona, asolada desde comienzos del siglo XVI por las expediciones de conquista y saqueo, sobrevivieron, no obstante, un buen número de grupos indígenas, algunos de ellos muy beligerantes y defensores a ultranza de su autonomía, como los guajiros, los chimilas o los motilones, y otros parcial o totalmente sometidos a la dominación colonial, pero debidamente asentados en sus pueblos y resguardos y, por consiguiente, poseedores del poderoso elemento identitario y cohesionante constituido por sus cabildos o "repúblicas de indios"[20]. Esta población, en todo caso, se encontraba dispersa y desconectada en el amplio territorio considerado. Quizás por eso durante las guerras de independencia solo es posible seguir, aunque con mucha dificultad, la actuación de los indios de las cercanías de algunas de sus ciudades principales: los puertos de Santa Marta y Riohacha. Curiosamente, y a pesar de contener una importante población indígena en su jurisdicción, la actuación de los indios resulta en Cartagena mucho menos visible que la de los negros y mulatos, seguramente por la mayor concentración urbana de estos últimos, y sin duda por su notable actuación en los acontecimientos políticos locales[21].

En los casos de Santa Marta y Riohacha, en cambio, desde las obras más clásicas, como la de José Manuel Restrepo[22], hasta las más recientes, como la de Steiner Saether, se ha resaltado siempre la importancia de los indios en la resistencia contra los sucesivos

---

[20] Para una idea general del proceso de conquista y poblamiento de la región caribe, véase Adolfo Meisel Roca (ed.), *Historia económica y social del Caribe colombiano*, Bogotá, Uninorte, Ecoe, 1994, caps. 1 a 3. Para una visión detallada de la región y sus pueblos indios en el siglo XVIII véase Marta Herrera Ángel, *Ordenar para...*

[21] Sobre la actuación política de negros y mulatos en la independencia de Cartagena véanse Alfonso Múnera, *El fracaso de la nación. Región, clase y raza en el Caribe colombiano (1717-1810)*, Bogotá: Banco de la República, El Áncora, 1998; y Aline Helg, *Liberty & Equality in Caribbean Colombia, 1770-1835*, Chapel Hill, University of North Carolina Press, 2004.

[22] La primera y más importante obra general sobre la independencia fue escrita por uno de sus más lúcidos testigos y protagonistas, el abogado José Manuel Restrepo, *Historia de la revolución de Colombia*, Medellín, Bedout, 1969. Una análisis reciente sobre este asunto puede verse en: Steiner Saether, *Identidades e Independencia en Santa Marta y Riohacha, 1750-1850*, Bogotá, Instituto Colombiano de Antropología e Historia, 2005.

embates republicanos que sufrieron ambas ciudades tanto en la fase inicial de las guerras de independencia (1810-1814), como en su etapa definitiva (1818-1820).

En la primera fase, en medio de la encarnizada guerra civil por la hegemonía provincial que libraron los puertos de Cartagena y Santa Marta, el primero en procura de someter al segundo a su propio gobierno y jurisdicción, y el segundo defendiendo su autonomía arropado bajo el manto del rey, la actuación de los indios de los pueblos próximos a Santa Marta fue ya notoria. A fines de 1812, los cartageneros, animados por la llegada de un importante grupo de militares venezolanos y franceses, decidieron someter a Santa Marta por la vía de las armas. Esta ciudad, que había establecido una junta patriótica en agosto de 1810, había vuelto a manos de los realistas en diciembre del mismo año. Desde entonces, una abierta hostilidad había caracterizado las relaciones entre ambas ciudades, hasta llegar a su punto culminante con la invasión comandada por el francés Pedro Labatut, quien a comienzos de 1813 inició su ofensiva por el pueblo de San Juan de la Ciénaga, en las proximidades de Santa Marta. Allí fue recibido por una menguada tropa de indios que, "armados con arcos y flechas, unas pocas pistolas y un par de cañones, esperaban listos a defender el pueblo contra los barcos y las tropas de la provincia de Cartagena" (Saether, 2005: 191). Después de una corta resistencia, los republicanos se tomaron el pueblo, y el 6 de enero entraron a Santa Marta.

Fue a raíz de esta invasión y de las desacertadas medidas tomadas por el comandante francés que se dio lugar al protagonismo de los indios de los pueblos vecinos a la ciudad. Según José Manuel Restrepo, la insurrección realista comenzó en Santa Marta cuando, el 5 de marzo de 1813, los indios de Mamatoco y Bonda se amotinaron y marcharon hacia la ciudad con el fin de liberar a un indígena lugareño, preso por Labatut. Aprovechando la circunstancia, los realistas samarios, e incluso algunos patriotas insatisfechos, se unieron al movimiento indígena. Y el comandante francés, al ver al amenazante grupo que se reunía en la plaza, abandonó apresuradamente la ciudad dejando abandonadas a sus tropas, que se rindieron sin resistencia. Como lo ha señalado Steiner Saether, lo más llamativo de este episodio es que hayan sido los indios los que encabezaran la reconquista de la ciudad, así el éxito de su intento debiera mucho a la casualidad (Saether, 2005: 15). El hecho es que los propios habitantes no indios de la ciudad ponderaron ante el comandante del ejército de reconquista, el general Pablo Morillo, los méritos de su cacique y sus seguidores. Según Morillo, el cacique de Mamatoco, don Antonio Núñez, hizo gala de un extraordinario valor y ascendiente sobre sus subordinados y demás vecinos de la ciudad, "con lo que dio impulso y energía a la acción en que fueron vencidos y puestos en fuga vergonzosa los insurgentes"[23], por lo que decidió condecorarlo con una

---

[23] Carta de Pablo Morillo al secretario de Estado y Despacho Universal de Indias, fechada el 27 de julio de 1815, AGI, *Santa Fe*, 1201.

medalla en una ceremonia que a la postre no pasó de ser un simulacro porque, según el propio general, las medallas destinadas al efecto se habían perdido en un naufragio. No obstante, este episodio fue más que simbólico, pues, según señala Saether, Morillo informó de los honores ofrecidos a Núñez, y el hecho fue considerado en el Consejo de Indias el 3 de febrero de 1816, el cual no solo confirmó la condecoración, sino que le concedió al cacique de Mamatoco el grado y el salario de capitán y la orden de la cruz de Isabel, y a su hijo Juan José Núñez le otorgó la medalla de oro y el derecho de cacicazgo cuando su padre muriera[24].

De esta manera, los samarios liberaron su ciudad de la invasión cartagenera a muy bajo costo, se proclamaron leales al rey y reclamaron el apoyo inmediato de los jefes españoles de los puertos de Panamá, La Habana, Puerto Rico y Maracaibo (Restrepo, 1969, vol. I: 276-277).

Ante la vergonzosa defección de su comandante, los cartageneros procuraron negociar en buenos términos con los samarios. Pero ya era demasiado tarde para buscar un arreglo amistoso. El 20 de abril desembarcó en Santa Marta su nuevo gobernador, el coronel Pedro Ruiz de Porras, un veterano oficial que llegó acompañado de tropas de línea de Maracaibo y Riohacha. Ante esta disyuntiva los cartageneros prepararon un nuevo ataque. Esta vez pusieron al frente a otro comandante francés, el coronel Luis Fernando Chatillon, quien inició su campaña a comienzos del mes de mayo y, después de amenazar con su flotilla el puerto de Santa Marta, optó por desembarcar, al igual que su antecesor Labatut, en el cercanías de San Juan de la Ciénaga, donde suponía que lo esperaban los hombres mandados por el presidente de Cartagena Rodríguez Torices. Pero uno y otro fueron derrotados completamente el 11 de mayo por los indios de Ciénaga comandados por el capitán Narciso Crespo. Como resultado del combate, murieron cerca de 400 republicanos, y entre ellos el coronel Chatillon y 6 oficiales más, y los samarios hicieron un centenar de prisioneros, y se apoderaron de la artillería, municiones y armamento, como había ocurrido cuatro meses antes, y otra vez con la decisiva participación de los indios (Restrepo, 1969, vol. I: 277-279).

El 30 de mayo desembarcó en Santa Marta el nuevo capitán general del Nuevo Reino de Granada don Francisco Montalvo, por lo que la ciudad se convirtió en la capital efectiva del reino, y consolidó su carácter de bastión del realismo. Dos años después llegó la expedición "pacificadora" de Morillo, y entonces llegó el momento de las felicitaciones y

---

[24] "Expediente sobre haver condecorado el Capitán General Don Pablo Morillo con una medalla de distinción al Cacique de Indios Don Antonio Núñez", en AGI, *Santa Fe*, 1201, citado por Steiner Saether, *Identidades*, p. 16; y Ernesto Restrepo Tirado, *Historia de la provincia de Santa Marta*, Bogotá, Ministerio de Educación Nacional, 1953, tomo 2, p. 390.

las condecoraciones, como ya hemos visto; y la ciudad, aún en medio de las dificultades y carencias propias de la situación de guerra, se mantuvo firme en su posición política.

Pero llegó el año de 1820, y con él las peores noticias. Tras la derrota del ejército español en Boyacá, y la subsiguiente ocupación de Santa Fe por los republicanos, estalló la revolución liberal en España, lo que incrementó aún más el entusiasmo de los patriotas neogranadinos, dispuestos a acabar cuanto antes con los focos de resistencia realista, de modo que, por orden directa de Bolívar, la ciudad fue atacada nuevamente a fines de año por tierra y mar. Pero una vez más los indios de Ciénaga defendieron con denuedo su territorio. Pero ya entonces las circunstancias eran otras, y en esta ocasión fueron arrasados y masacrados por la caballería republicana. Según José Manuel Restrepo, más de 400 cadáveres quedaron tendidos en el pueblo de San Juan de Ciénaga (Restrepo, 1969, vol. 4: 175), lo que facilitó el sitio de Santa Marta que fue ocupada el 11 de noviembre de 1820 por las tropas del almirante Brion. La desconfianza que generaba la población realista hizo que Bolívar dispusiera la extracción de 2.000 hombres para enviarlos al ejército de Venezuela, pero ante esta decisión, muchos de ellos huyeron a los bosques, prontos siempre a formar partidas de guerrillas antirrepublicanas (Restrepo, 1969, vol. 4: 177-178).

En los años siguientes, y en curiosa sincronía con los levantamientos indígenas de Pasto, en Ciénaga y Santa Marta los indios refugiados en los montes comenzaron a actuar como guerrillas realistas con una eficacia tal que, comandados por el indio cienaguero Jacinto Bustamante, se tomaron el cuartel del pueblo el 31 de diciembre de 1822 a la media noche, y el 2 de enero de 1823, reforzados con indios y otros simpatizantes de San Juan de la Ciénaga, Puebloviejo y Gaira, marcharon hacia Santa Marta. Se tomaron el pueblo de Gaira, en las goteras de la capital provincial, y más tarde entraron en Santa Marta sin encontrar mayor resistencia. El 4 de enero se izó la bandera española en el castillo del Morro, último foco de la resistencia republicana (Restrepo, 1969, vol. 5: 10-11).

Naturalmente, la respuesta no se hizo esperar. El general Mariano Montilla movilizó sus tropas desde Riohacha, sitió el puerto samario y, con el apoyo de los cartageneros, organizó una poderosa expedición punitiva que se encargó primero de doblegar a los indios de Ciénaga, los más empecinados realistas de la provincia, y luego marchó sobre Santa Marta, ciudad que fue ocupada el 22 de enero, con la única resistencia de los indios de Mamatoco y Bonda, que pretendieron vanamente rescatar la ciudad. Ante su fracaso, muchos huyeron nuevamente a los bosques cercanos, desde donde continuaron el asedio guerrillero a los republicanos. Con el tiempo, algunos de ellos cayeron muertos, y los que se logró apresar con vida fueron conducidos al presidio de Chagres en Panamá o al ejército que combatía en el Perú. No obstante, una cuadrilla de indios realistas encabezados por Jacinto Bustamante sostuvo por algún tiempo la guerra de guerrillas en los alrededores de Ciénaga y Santa Marta (Restrepo, 1969, vol. 5: 12-16), como lo haría el indio Agualongo y sus seguidores en los alrededores de Pasto.

Los indios realistas de Pasto

Situada en el otro extremo de la actual Colombia, sobre los altiplanos andinos que limitan con Ecuador, a comienzos del siglo XIX la provincia de Pasto albergaba 67 pueblos de indios. De su población calculada en algo más de 30.000 habitantes, más de la mitad eran indios[25], cuya participación en las guerras de independencia fue, por consiguiente, de gran importancia y notoriedad. Como los de Ciénaga y Santa Marta, los indios de Pasto se alinearon desde el comienzo del lado de los realistas. Al comienzo de la mano de la élite lugareña, pero en la fase final, haciendo gala de una notable autonomía.

Al igual que en Santa Marta, las guerras de independencia se iniciaron en la provincia de Pasto como resultado de la invasión de un ejército insurgente que pretendía su subordinación. En este caso, se trataba de una expedición enviada por la primera Junta de Quito, en 1809. Quito había sido por muchos años la más fuerte competidora de Pasto en el aspecto económico, y a ella se encontraba subordinada en lo judicial y lo eclesiástico.

Sin pensarlo dos veces la élite de Pasto rechazó la independencia como una patraña de los quiteños, inventada para facilitar un asalto a su autonomía y a su integridad territorial. La invasión militar precedida de intimidaciones y amenazas por parte de tropas quiteñas tuvo como resultado la resistencia armada de los pastusos, marcó muy profundamente su relación futura con la república y los republicanos, con independencia de su origen geográfico, y cimentó el acendrado sentimiento realista que caracterizó a la región, pues mientras otras ciudades, como Quito y Cali, esperaban que el republicanismo les permitiera alcanzar una mayor prominencia en la jerarquía regional, Pasto afincó sus esperanzas en el realismo. El objetivo de unas y otras regiones era, sin embargo, el mismo. Esta situación, por supuesto, no fue exclusiva del suroccidente neogranadino, sino que, como ya hemos visto, se vivió en otras regiones de la Nueva Granada en la misma coyuntura.

La primera Junta de Quito tuvo corta duración, pero el 11 de abril de 1811 los revolucionarios quiteños declararon la independencia y establecieron una nueva junta que sobrevivió hasta 1812. A los tres meses de establecida la nueva junta los quiteños decidieron invadir nuevamente a Pasto, y en septiembre de 1811 un ejército de unos 5.000 hombres atacó y saqueó la ciudad. Las tropas quiteñas permanecieron en Pasto por

---

[25] "Informe de la visita realizada por el gobernador Diego Antonio Nieto, fechado en Popayán a 5 de diciembre de 1797", AGI, *Santa Fe*, 623. Para una visión detallada de la región y sus pueblos indios en el siglo XVIII y comienzos del XIX véase Jairo Gutiérrez Ramos, *Los indios de Pasto contra la República (1809-1824)*, Bogotá, Instituto Colombiano de Antropología e Historia, 2007.

varios meses. El cónsul británico en Guayaquil escribió en esa ocasión que los pastusos "sintieron intensamente las miserias de la guerra... sufriendo mucho por los excesos en que incurrieron las tropas independientes a causa de la rivalidad y el odio que siempre había existido entre Quito y Pasto"[26], originada en las viejas rencillas ocasionadas por la competencia por los mercados de sus textiles y por la incómoda subordinación de Pasto a la audiencia y al obispado de Quito.

Pero al mismo tiempo que en Quito, primero en Cali y luego en Popayán se habían instalado sendas juntas de gobierno, con la diferencia de que los juntistas caleños consiguieron el apoyo, no conseguido por los quiteños, de algunos vecinos prominentes de Pasto, principalmente por el cercano parentesco que unía a Joaquín Caicedo y Cuero, el presidente de la Junta de Popayán, con Tomás de Santacruz y Caicedo, el principal gamonal de Pasto a comienzos del siglo XIX. Quizás por eso los caleños, previa negociación con los quiteños, pudieron entrar a la ciudad sin mayor resistencia y obtener el reconocimiento de la élite pastusa para la Junta Suprema de Santafé de Bogotá, su incorporación a la Junta de Popayán, y la declaración de que los miembros del cabildo, el clero y el pueblo abrazarían la causa patriota.

¿Cómo se puede interpretar esta aparente conversión de los pastusos al republicanismo? Aparte de la explicación facilista del rígido control ejercido por el gamonalismo local, se ha sugerido también que la resistencia inicial de los pastusos a la república estuvo más asociada a su aversión a sus heraldos quiteños que a razones de orden ideológico. En otras palabras, que si el cabildo de Pasto fue radicalmente contrario a contribuir al engrandecimiento de su rival Quito, muchos de sus miembros no sentían aversión al republicanismo per se (Earle, 1989: 42). No hay que suponer, sin embargo que este sentimiento era unánime. De hecho, la declaración de republicanismo del cabildo fue de inmediato contestada por el clero y algunos miembros de la élite y el pueblo, recelosos de las intenciones de los caleños, recelos que se agudizaron cuando el presidente Caicedo y Cuero siguió rumbo a Quito, donde estableció muy buenas relaciones con la junta local.

Los enemigos de la república hicieron circular entonces rumores sobre la caída de Napoleón, el colapso inminente de la Junta de Quito, y otras especies destinadas a desestabilizar el nuevo gobierno de Pasto (Ortiz, 1987: 183-186). Estimulados por la creciente fragilidad del gobierno republicano instaurado con el consentimiento de la élite pastusa, nuevos actores sociales hicieron presencia en las luchas por el poder desencadenadas por la creciente crisis política.

A comienzos de 1812 Caicedo viajó a Quito, y algunos de los más prominentes desafectos a la causa insurgente iniciaron una rebelión, que fracasó, contra el nuevo gobierno republicano. Caicedo y Cuero regresó a Pasto, pero pronto fue víctima de una

---

[26] PRO, F.O. 18/21, H. M. Wood a George Canning, Guayaquil, junio 30 de 1825.

revuelta más exitosa. El 20 de mayo de 1812, realistas del Patía, un enclave de antiguos esclavos cimarrones, marcharon sobre Pasto, invitados por los pastusos realistas, y derrotaron a los republicanos. Los patianos capturaron a Caicedo y Cuero y de inmediato los caleños, quienes controlaban la Junta de Popayán, enviaron un ejército en su rescate, pero fueron obligados por los pastusos a retirarse a Popayán. Dos meses más tarde volvieron los republicanos al ataque y esta vez, faltos de municiones, los pastusos se vieron precisados a rendirse y acordaron un armisticio, mediante el cual se logró la libertad de Caicedo. Pero en hechos confusos, y alegando incumplimiento de armisticio de parte de los caleños, los pastusos los atacaron y capturaron nuevamente a Caicedo y al comandante de la tropa republicana, el coronel norteamericano Alejandro Macaulay, quienes fueron fusilados en la plaza mayor de Pasto.

Estos acontecimientos condujeron a la derrota total de los republicanos de Pasto y Popayán. Poco después la Junta de Quito fue derrocada, y el republicanismo fue temporalmente eliminado del sur del virreinato. Pero, sobre todo, por primera vez se hicieron claramente visibles en el escenario político regional *los patianos*: una imbatible guerrilla que por más de 20 años habría de ser uno de los mayores obstáculos para el dominio republicano del sur, gracias no solo a sus habilidades como combatientes irregulares, sino a las ventajas que les ofrecía su adaptación a un medio hostil y malsano y su minucioso conocimiento del territorio (Zuluaga, 1993).

No fue muy grato para la élite pastusa deber su "liberación" a los guerrilleros zambos y mulatos del Patía, y menos, tener que soportarlos por algún tiempo en el gobierno de la ciudad. Pero la fuerza de las circunstancias los obligó a doblegarse ante quienes consideraban "inferiores". No obstante, lo más importante y duradero de la "invasión" patiana fue la perdurable alianza que los patianos lograron construir con los jefes étnicos de los pueblos de indios que rodeaban la ciudad.

Contra lo que pudiera suponerse, la derrota de los republicanos de Quito y Popayán no trajo consigo una paz duradera para los pastusos. Diversos acontecimientos alteraron la restauración del orden colonial. El más importante de ellos fue la marcha iniciada en septiembre de 1813 por Antonio Nariño, presidente de Cundinamarca, con la intención de restablecer el republicanismo en el sur, previniendo de este modo la mayor amenaza que se cernía contra el precario gobierno republicano de Bogotá.

La ofensiva republicana comenzó bien. A diferencia de Macaulay, Nariño no tuvo problemas para conseguir guías nativos; la mayor parte de los hombres encargados de transportar la pesada artillería a través de las montañas fueron porteadores indios. Un buen número de clérigos locales también lo apoyaron, y después de derrotar al ejército realista acantonado en Popayán, los republicanos marcharon hacia Pasto a fines de marzo de 1814.

Pero la ruta hacia esa ciudad no fue nada fácil, pues a su paso por el Patía fueron hostilizados permanentemente por las guerrillas realistas (López, 1975: 46-48). No obstante, los republicanos derrotaron a los realistas en más de una ocasión, hasta acorralarlos en la ciudad de Pasto. Pero la toma de la ciudad les resultó imposible, pues los pastusos habían logrado la solidaridad de los indios que habitaban los 21 pueblos que circundaban la ciudad. Según la declaración del propio cabildo, "incluso los indios, esos hombres infortunados tan cobardes e incapaces de adelantar grandes empresas, se presentaron, rifle en mano, con el pecho desnudo ante las balas, y prodigaron valor"[27].

Con mayor entusiasmo y detalle, el defensor de naturales describió así la participación de los indios pastusos en la resistencia al sitio republicano:

> [...] los Indios han sido, los que han tenido una parte principal en la defensa, porque no contentos con servir de conductores de víveres para la tropa sobre sus espaldas a los puntos distantes de este lugar en que se ha acampado para la defensa, y con llebar sobre sus hombros las piezas de hartilleria, vagajes, y peltrechos, han peleado también en las muchas acciones que se han tenido con los enemigos, unos con sus hondas, y palos, y otros con sus fusiles, sin que por esto hayan abandonado las cargas de peltrechos, y víveres que estaban a su cuydado, cuando ha sido precisa alguna retirada, de suerte: que puedo asegurar a v. e. que los Indios han sido en todas estas acciones, y aun en las que ha salido la tropa a la Provincia de los Pastos, y a otras partes, las Mulas de acarreto para la conducción de lo necesario para la defensa, y subsistencia de la misma tropa, sin que les haya acobardado, ni retraído de su lealtad la muerte de muchos de sus compañeros que han perecido de resultos de este continuo trabajo, y la de otros que han sido víctimas de los enemigos en las acciones, ni menos las hambres, y duras necesidades, que han padecido durante el servicio, porque no lo han hecho por interés de sueldo, el que si se les ha pagado raras veces, no ha pasado de un real por día, que apenas les habrá bastado para comprar su preciso alimento, y no para sobstener sus familias abandonadas, quienes por el contrario han cuydado de llebar la comida a sus dependientes, que estaban en el servicio en todo el tiempo que no se les ha pagado un cuadrante por el[28].

Fortalecidos con este valioso apoyo, los habitantes de la ciudad y sus nuevos aliados rechazaron las fuerzas de Nariño, quien fue capturado luego de la desordenada retirada de sus tropas y más tarde deportado a Quito y luego a Cádiz en calidad de preso.

Como en Santa Marta, la reconquista española trajo consigo una larga tregua, y un simbólico reconocimiento a los esfuerzos de los indios de Pasto. En efecto, a comienzos de 1816, el cabildo de Pasto solicitó al general Morillo la exención del tributo para los indios de su jurisdicción, subrayando cómo estos

---

[27] British Museum (BM), *Egerton*, 1809, f. 441.

[28] Juan Díaz Gallardo a Toribio Montes, Pasto, 13 de diciembre de 1814. Archivo Nacional de Historia, *Popayán*, caja 295, carpeta 2, ff. 4-5.

[...] han sido fidelísimos; han servido infinitamente, llegando aún a tomar las armas y perder la vida muchos; y siendo dignos de la real conmiseración, parece que aún cuando no fuesen absueltos de la contribución que se llama tributo, enteramente, para que quede a los curas el estipendio, podrían ser absueltos siquiera de la mitad[29].

El resultado fue la expedición de una orden real el 15 de mayo de 1817, mediante la cual se decidió rebajar un peso en el tributo. Adicionalmente, el rey consideró oportuno premiar el patriotismo y halagar la vanidad de los caciques pastusos, como ya había hecho con el cacique de Mamatoco, al concederles

[...] el privilegio de usar una medalla de plata con el Real Busto a cuyo reverso se lea "Fernando Séptimo a la fidelidad de los Casiques de Pasto" la cual penderá de una sinta encarnada, y que esta honorífica condecoración sea colocada a los expresados Yndios por mano del Gobernador de Popayán, en la forma más propia, a manifestar a todos el amor del Rey a sus Vasallos, y lo que han savido grangearse los leales[30].

Adicionalmente, desde 1817 se dejaron de cobrar los tributos en el distrito de Pasto por decisión del mismo general Morillo (Ortiz, 1987: 336)[31]. Como en Santa Marta, el tributo fue utilizado por los realistas como un instrumento político para asegurar la lealtad de los indios, cada vez más reticentes al pago de esta imposición fiscal.

Pero después de la batalla de Boyacá (agosto de 1819), las fuerzas realistas debieron ponerse a la defensiva. Pasto respondió al cambio de la situación rearmándose. Para enero de 1820 se había reunido un ejército formado por fuerzas de Quito enviadas por Melchor Aymerich, aumentadas por las tropas reunidas por José María Obando, Simón Muñoz y otros caudillos de la región, bajo el liderazgo de Sebastián de la Calzada, un comandante de la expedición de Morillo que había emigrado a Popayán. Este ejército se componía de cerca de 3.000 hombres, aunque de escasa disciplina y entrenamiento, y precariamente armados. Según Calzada no eran más que "campesinos, sin ningún entrenamiento militar ni disciplina" (Rincón, 1973: 24). Como era previsible, este ejército improvisado y mal armado fue derrotado finalmente por la tenaza republicana que lo acorraló definitivamente una vez tomada Quito por el ejército de Sucre y Popayán por el de Bolívar, a mediados de 1822.

Sin embargo, ni la toma de Pasto ni su pacificación resultaron tarea fácil para los republicanos. Una idea clara de las dificultades sufridas para vencer la tenaz resistencia

---

[29] "Representación del Cabildo de Pasto a Don Pablo Morillo, 13 de octubre de 1816", en Gustavo S. Guerrero, *Documentos históricos de los hechos ocurridos en Pasto en la guerra de independencia*, Pasto, Imprenta del Departamento, 1912, p. 261.

[30] ANH, *Popayán*, caja 303, carpeta 6, ff. 52-53v.

[31] Las cartas-cuentas de la Real Hacienda de Popayán que se conservan en el Archivo Central del Cauca parecen ratificar esta apreciación, pues solo existen hasta 1817. Véase Archivo Central del Cauca, *Independencia* CI-10t, signaturas 279, 562, 563 y 622.

realista nos la ofrece la carta de que le escribió Bolívar a Santander, una vez ocupada la ciudad:

> Había pensado no escribir a usted sino de Pasto, o del otro mundo si las plumas no se quemaban; pero estando en Pasto, tomo la pluma y escribo lleno de gozo, porque a la verdad hemos terminado la guerra con los españoles y asegurado para siempre la suerte de la República. En primer lugar la capitulación de Pasto es una obra extraordinariamente afortunada para nosotros, pues estos hombres son los más tenaces, más obstinados y lo peor es que su país es una cadena de precipicios donde no se puede dar un paso sin derrocarse. Cada posición es un castillo inexpugnable, y la voluntad del pueblo está contra nosotros, que habiéndoles leído aquí mi terrible intimación, exclamaban que pasarían sobre sus cadáveres; que los españoles los vendían, y que preferían morir a ceder. Esto lo sé, hasta por los mismos soldados nuestros que estaban aquí enfermos. Al obispo le hicieron tiros porque aconsejaba la capitulación. El coronel García tuvo que largarse de la ciudad huyendo de igual persecución. Nuestra división está aquí; y no hace una hora que me ha pedido una guardia de Colombia, por temor de los pastusos. (...) El coronel Zambrano está nombrado de comandante político y militar para atraer estas gentes que sin duda alguna plegarán bajo la influencia del obispo y de los que tienen que perder. Los pastusos militares están disueltos, pero se ha mandado recoger sus armas y Zambrano me ha ofrecido que lo conseguiremos. También los veteranos se han dispersado bastante, porque mandaron la mitad a los Pastos a contener aquel pueblo y porque como hace más de diez días que se trata de capitulación, cada uno ha tomado su camino en medio del desconcierto general. Lo mismo digo de las armas y pertrechos y es precisamente sobre lo que más insisto yo, en recoger, porque en desarmado Pasto, ya no hay temor de nada. (...) Espero que usted nos llene una bella gaceta de bellas cosas, porque al fin la libertad del sur vale más que el motivo que inspiró aquello del *hijo primogénito de la gloria*. Se entiende por lo que respecta a Pasto, que era lo terrible y difícil de esta campaña. No puede usted imaginarse lo que es este país y lo que eran estos hombres; todos estamos aturdidos con ellos. Creo que si hubieran tenido jefes numantinos, Pasto habría sido otra Numancia[32].

Pero Bolívar se equivocaba. Como lo demostrarían los hechos, no bastaba con seducir a los dirigentes para pacificar a los pastusos. Al poco tiempo de su viaje a Quito, estalló en Pasto la primera rebelión popular anti-republicana. El 8 de octubre de 1822, cuando nadie se lo esperaba, una incontenible masa de indígenas mal armados y encabezados por dos veteranos del ejército realista que había sido derrotado por Sucre en el Pichincha se tomó la ciudad de Pasto y derrocó al gobierno republicano, estableciendo en su lugar un gobierno realista *de facto* a cargo de Estanislao Merchancano, un curtido burócrata pastuso. Por tres meses el gobierno y el ejército realista controlaron la ciudad y su distrito. Pero en diciembre esta fue tomada a sangre y fuego por un ejército llegado de Quito al mando del general Sucre y sus tropas. Cerca de 400 pastusos murieron en la

---

[32] Bolívar a Santander, Pasto, 8 de junio de 1822, en *Cartas Santander - Bolívar (1813-1830)*, Bogotá, Biblioteca de la Presidencia de la República, 1990, tomo 3, pp. 225-228.

toma de la ciudad y 1.300 realistas reconocidos fueron deportados, muriendo muchos de ellos en el camino a Guayaquil (Earle, 1989: 52-53).

Bolívar llegó a Pasto en enero de 1823, decretó duras sanciones y encargó al general Salom del gobierno y de hacer cumplir sus determinaciones. A finales de enero este había logrado recolectar 11.620 pesos, entre 1.500 y 2.000 caballos y cerca de 3.000 cabezas de ganado, y había deportado otros 1.000 pastusos. La sangrienta represión encabezada por Sucre y la despótica dictadura de Salom no hicieron más que exacerbar el odio de los pastusos contra la república y sus representantes. Quizás por ello la *pax republicana*, impuesta a rajatabla por los militares venezolanos puestos al mando por Bolívar, no logró consolidarse tampoco esta vez, pues al poco tiempo del regreso de Salom a Quito estalló nuevamente la rebelión, esta vez comandada por un indio que había actuado como subordinado de Benito Boves en el anterior levantamiento, pero que mantenía estrechos vínculos con los dirigentes étnicos de la región. En esta ocasión Agustín Agualongo logró levantar en muy poco tiempo un ejército de indígenas, restablecer la alianza con los patianos y asestar un nuevo golpe al ejército republicano entonces encabezado por el coronel Juan José Flores.

Agualongo había sido subteniente del ejército real y llegó a comandar a los pastusos gracias a sus méritos militares y su conocimiento del terreno y el enemigo republicano. Los principales soportes de Agualongo fueron los campesinos mestizos e indios, algunos negros de las minas de Barbacoas y algunos hacendados y negros libres del Patía. Luego de la defección de la élite local durante la ocupación republicana y la rebelión de Boves, y de parte del clero que siguió la "conversión" republicana del obispo de Popayán, la resistencia realista consistió principalmente en bandas de indios que rondaban las montañas de Pasto emboscando a los soldados republicanos y cometiendo actos de bandidaje (Hamnett, 1990), tal como ocurría al mismo tiempo con los seguidores de Bustamante en los alrededores de Ciénaga y Santa Marta.

El acercamiento de la élite pastusa a los republicanos se incrementó cuando el teniente Flores reemplazó al general Salom. Animados por Flores, algunos miembros prominentes de la sociedad pastusa formaron un cuerpo de milicia para ayudar a los republicanos en la persecución de la guerrilla. Esto produjo un conflicto grave entre la ciudad de Pasto y los pueblos circunvecinos, dando origen tanto a la resistencia organizada, como a diversas formas de bandolerismo social. De hecho, como lo ha señalado perspicazmente Rebecca Earle, la sociedad pastusa de comienzos del siglo XIX era el contexto ideal para el bandolerismo social: una sociedad campesina diferenciada socialmente en ricos y pobres, poderosos y débiles, dominantes y dominados, pero profunda y tenazmente tradicional, y precapitalista en su estructura. Para esta historiadora inglesa, muchos de los miembros de las bandas guerrilleras eran típicos bandidos sociales que peleaban contra las fuerzas republicanas que destruían sus cultivos, robaban sus ganados, caballos y alimentos. No es sorprendente, entonces, que los pueblos de indios los protegieran. La élite pastusa, por su lado, una vez aceptado el republicanismo, compartía el punto de vista de las autoridades republicanas sobre los guerrilleros, al considerarlos como simples bandidos antisociales, y por tanto indeseables. Por ello apoyaron con entusiasmo a las milicias republicanas contrainsurgentes (Earle, 1989: 53-55).

Pero a pesar de la persecución de las tropas republicanas y del repudio de los antiguos realistas de la élite pastusa, la rebelión se sostuvo y se extendió entre junio y julio de 1823, cuando, después de tomarse a Ibarra sin mayor resistencia, los pastusos fueron atacados y masacrados por un numeroso ejército comandado por el propio Bolívar. Un año después Agualongo fue apresado y fusilado en Popayán. Aun así, las guerrillas de campesinos pastusos y patianos sobrevivieron por lo menos hasta 1828, cuando apoyaron con entusiasmo al ejército que se enfrentó a la dictadura de Bolívar al mando del antiguo general realista José María Obando (Zuluaga, 1985).

¿Y no hubo indios "patriotas" en la Nueva Granada?

Como es bien sabido, los ejércitos de uno y otro bando reclutaron indistintamente a indios, negros y mestizos. De modo que, como ya se vio para el caso de los muiscas de la sabana cundi-boyacense, estos debieron servir ya fuese como cargueros, proveedores, enfermeros o soldados, tanto en los ejércitos patriotas como en los realistas. Pero hasta ahora, la historiografía colombiana no se ha ocupado de estudiar a fondo la eventual participación autónoma o voluntaria de los indios neogranadinos en las huestes republicanas. Es posible encontrar referencias en uno u otro sentido, como sería el caso de Juan Friede, quien afirma que si la participación de los indios en los movimientos sociales coloniales fue muy limitada, en las guerras de independencia al parecer fue nula, al menos en la región caucana que él estudió, caracterizada, por lo demás, por su extensión, numerosa población indígena y muy activa participación en las guerras de independencia. Para decirlo en sus propias palabras, en los archivos que él examinó, que no fueron pocos, "no se encuentra una sola alusión, ni siquiera una muestra de simpatía o de odio hacia estos movimientos sociales, ni a los ideales que ellos proclamaban, como si estas luchas no hubieran existido para el indio y su resguardo" (Friede, 1972: 100-101).

No obstante, y refiriéndose a un territorio muy próximo al estudiado por Friede, Myriam Jimeno y Adolfo Triana han señalado cómo los paeces de Tierradentro sí parecen haber tomado parte muy activa en las luchas emancipadoras, del lado patriota. Según estos autores, la reconocida beligerancia de estos indios y la localización de su pueblo en la vía de paso de las tropas patriotas hacia el sur llevaron a que fueran reclutados como soldados en importante número, y a que incluso algunos de ellos alcanzaran alguna prestancia, como el coronel Agustín Calambás. De ahí que la participación de los paeces en hechos de guerra, como la toma de Inzá en 1811, o las batallas del Bajo Palacé, en el mismo año, del Alto Palacé en 1813, de Calibío en 1814, Río Palo en 1815, Cuchilla del Tambo en 1816 y Pitayó en 1820, haya sido comentada elogiosamente por distintos autores (Jimeno y Triana Antorveza, 1985: 175).

Sin duda, las contradictorias alusiones citadas constituyen un claro indicio de la urgente necesidad de emprender estudios detallados y serios sobre la participación de los indios a favor o en contra de la independencia de la Nueva Granada.

Parte II
Ecuador

CAPÍTULO 5

Territorio, movilización e identidad étnica: participación de los esclavizados del norte de Esmeraldas en las guerras de independencia, 1809-1813

Rocío Rueda Novoa

Introducción

Para restituir el protagonismo y agencia de los "olvidados" de la historia oficial en la reconstrucción de los procesos históricos, como es el caso de los esclavizados[1] del norte de la provincia de las Esmeraldas y su presencia en las guerras de la independencia, necesariamente debemos remitirnos a las razones que motivaron su establecimiento en una región caracterizada por la condición libre de los habitantes negros y mulatos, resultado de efectivas estrategias de negociación con el Estado colonial.

El interés secular de los peninsulares y de las élites criollas de la sierra centro-norte de Quito sobre Esmeraldas se remonta al período colonial temprano, cuando esta provincia fue vista como un espacio geográfico estratégico por el cual se podían trazar caminos que unieran la red de fundaciones urbanas andinas con puertos en el mar Pacífico. La idea era acortar distancias frente a los dos circuitos mercantiles tradicionales utilizados: el del norte, que enlazaba Quito con Bogotá y Cartagena, y el del sur, que seguía la ruta de Cuenca, Loja, Piura, Trujillo, hasta Lima, una precaria red de caminos con simples trochas y senderos resbaladizos que en el invierno se volvían intransitables. Con una ruta directa por Esmeraldas era posible reducir distancias y garantizar una eficiente transferencia de productos desde la sierra norcentral (Imbabura, Pichincha, Cotopaxi) hacia la metrópoli y el mercado panameño, a la vez que se abarataban los altos precios de los géneros debido al transporte.

---

[1] En relación con el uso del término esclavizados en reemplazo del de esclavos, compartimos la opinión de Erik Werner Cantor, que adopta este término "para significar que la esclavitud no fue una condición natural de los negros, sino que fue el resultado de una relación de poder en la cual esta gente se vio sometida a la esclavitud". Erik Werner Cantor, *Ni aniquilados, ni vencidos. Los Emberá y la gente negra del Atrato bajo el dominio español. Siglo XVIII*, Bogotá, Instituto Colombiano de Antropología e Historia, 2000, p.19.

Al declinar el siglo XVIII, la empresa vial auspiciada por el presidente Héctor de Carondelet (1799) y las élites norandinas culminó con la apertura del denominado camino de Malbucho, el cual se convirtió en el eje vertebrador de un proyecto económico y político. A nivel económico, era posible un activo comercio de exportación con la metrópoli, Panamá y especialmente con los distritos mineros de Nueva Granada, Popayán y el Chocó, con los que era factible el intercambio de productos agropecuarios y textiles por oro. Con las riquísimas tierras del Chocó, sus pobladores complacidos con los frutos "agitarán sus acopios de oro para permutarlos con los quiteños"[2]. De esa manera era posible dinamizar la débil economía quiteña producto de la baja demanda textil provocada por la crisis minera de Potosí y más tarde por la apertura del cabo de Hornos. Igualmente, Panamá era un mercado prometedor para el consumo de ramos como las harinas, que entonces llegaban del Callao y Paita; el algodón y las frutas de Ibarra y las maderas y cacao de Esmeraldas eran apetecidos en Cádiz y Panamá (Ramos, 1978: 153-154).

A nivel político, el objetivo era reestablecer la representación política de la Presidencia de Quito, mermada a través de los recortes jurisdiccionales de los virreyes de Lima y Santa Fe[3], hecho que era posible en torno a la conformación de un espacio económico y políticamente independiente de la ingerencia de Lima y Bogotá (Terán, 1989: 296-299). Es precisamente este proyecto particular el que los hombres de agosto de 1809 tenían en mente llevar a la práctica.

La habilitación del denominado camino de Malbucho, más la noticia del descubrimiento de minerales de oro en los ríos Santiago y Mira, llevaron a las autoridades quiteñas a convocar a mineros de Nueva Granada y de Quito para explotar los placeres auríferos que ofrecía la región, y fundamentalmente para garantizar el mantenimiento de la nueva vía con la participación de las cuadrillas de esclavizados. Si bien para los mineros del

---

[2] Pues, en el caso del distrito minero del Chocó, en el invierno difícilmente contaban con productos como herramientas y manufacturas debido a la fragosidad del camino de la sierra y a la larga travesía de quince días desde Guayaquil hasta el río San Juan. Con la nueva ruta los productos andinos podían ser transportados en menos de dos días, desde el puerto de Limones en Esmeraldas hasta los puertos de Tumaco, Chirambirá (ubicado en la boca del río San Juan) e Iscuandé. Informe del presidente de la Audiencia de Quito para el virrey de Santa Fe sobre el mal estado de las provincias y propone los medios para su restablecimiento. Quito, 1800-XI-21, en José Rumazo González (comp.), *Documentos para la Historia de la Audiencia de Quito*, Madrid Afrodisio Aguado, tomo VI, p. 65-66. Véase además Carlos Manuel Larrea, *El Barón de Carondelet XXIX Presidente de la Audiencia de Quito*, Corporación de Estudios Panamericanos, Quito, Editorial Fray Jodoco Ricke, 1969, pp.192-193.

[3] Como fue el caso de Tumaco, Atacames, La Tola y Limones, jurisdicción del corregimiento de Ibarra que se desmembró en 1793 para integrarlo a la jurisdicción de Popayán. Esta restitución que se dio en 1807 ante la presión del presidente de la Audiencia, Barón de Carondelet. Demetrio Ramos, *Entre el Plata y el Bogotá. Cuatro claves de la emancipación ecuatoriana*. Madrid, Centro Iberoamericano de Cooperación, 1978, p.156.

Pacífico sur neogranadino la presencia de un camino transitable facilitaba el abastecimiento de sus minas esmeraldeñas con géneros provenientes de la Villa de Ibarra, su principal interés era contar con una ruta que redujera las distancias desde el interior andino de la Audiencia de Quito hasta los distritos auríferos del sur de Nueva Granada; así, los productos quiteños solucionaban el grave problema de la falta de alimentos para los esclavos, disminuían costos y hacían posible una rentabilidad minera[4]. De allí que el caso histórico que nos ocupa habría que entenderlo articulado a los intereses económicos de las élites quiteñas y neogranadinas.

Ciertos registros históricos encontrados en una investigación en curso sobre los esclavizados del norte de Esmeraldas evidencian un proceso combinado de resistencia, adaptación y cambio, presente en varias fases o momentos significativos del proceso de construcción social de unos sujetos que, con base en un sistema de esclavitud de frontera, dan origen a sociedades locales. Estas sociedades se originan con la apropiación del espacio y avanzan hacia la transformación gradual y colectiva de ese espacio en territorio étnico.

El momento de partida tiene como escenario de resistencia los reales de minas, las cuadrillas y la relación de los esclavizados con diversos grupos étnicos a propósito de los proyectos viales. Un segundo momento corresponde a la participación de los esclavizados en las guerras de independencia; seguidamente se evidencian insurrecciones en los reales de minas que conducen a la desesclavización[5] o automanumisión como estrategia legal de resistencia a la esclavitud, para finalizar con la compra de la tierra como una forma de legitimar las nuevas sociedades ante el Estado republicano.

El interés de este ensayo es proporcionar algunas evidencias sobre el primer momento de este proceso de conformación social, lo que permitirá comprender uno de los hitos cruciales en que nos interesa profundizar, el relativo a la participación de los esclavizados de Esmeraldas en la primera fase de independencia. Al respecto, la tesis que proponemos es que la movilización de los esclavizados del distrito minero del norte esmeraldeño a favor de la insurgencia tuvo su propia dinámica y objetivo: continuar

---

[4] Esto explica la presencia en Esmeraldas de mineros como los Valencia de la Casa de Moneda de Popayán, propietarios de las minas de Yurumangui, Naya y Cajambre en el Raposo. Esta familia trasladó parte de las cuadrillas de Yurumangui a las minas del río Santiago. Entre otros, los Cortés y Landázuri de Barbacoas; los Quintero de Cali y los Arroyo de Popayán. Fernando Jurado Noboa, *Esclavitud en la costa pacífica. Iscuandé, Tumaco, Barbacoas y Esmeraldas. Siglos XVI al XIX*, Quito, Ediciones Abya Yala, 1990, pp. 213-214.

[5] La idea de adoptar este concepto, siguiendo a Paloma Fernández-Rasines, es enfatizar en las múltiples acciones y estrategias utilizadas por la gente negra para alcanzar la categoría de libres, un proceso que se inicia en la época colonial, anterior a la manumisión jurídica otorgada por el Estado republicano. Paloma Fernández-Rasines. *Afrodescendencia en el Ecuador. Raza y género desde los tiempos de la colonia*, Quito, Ediciones Abya-Yala, 2001, p. 59.

con el proyecto social de construcción de comunidades e identidades colectivas que se inició bajo formas esclavistas. En esa medida su presencia en el escenario político es estratégica y conlleva una propuesta étnica alejada de los intereses de los dos proyectos políticos enfrentados: el realista y el independentista.

Reales de minas, esclavos y sociedades negras en construcción

En la época colonial tardía la sociedad continuó con su tradicional estructuración jerárquica en torno a las castas y estamentos, y con un fuerte discurso racista. En teoría, las castas se conformaban con individuos de origen racial mixto (mestizos, mulatos, zambos y demás), pero en la práctica se extendió a indios y negros. Este sistema sociorracial de poder cimentado en la dominación de las castas debe ser entendido como un "dispositivo de racialización", que calificaba a los "otros" moral y genéticamente como inferiores, para justificar las acciones de dominación y explotación. En opinión de Carlos Aguirre, la percepción de los negros como inferiores era generalizada dentro del mundo letrado español y criollo, lo que marcó la presencia de fronteras sociales y culturales que los marginaban y les ofrecían escasas oportunidades de dejar atrás el estigma asociado a su condición (Aguirre, 2005: 43-54). Esto explica la situación de esclavitud, explotación y dominio a la que fue sometida la población negra en las diversas actividades económicas que impuso el régimen colonial, régimen que al mismo tiempo consolidaba una cultura de la opresión. Una de esas actividades, el trabajo minero, operó a través de unidades socioeconómicas conocidas como cuadrillas.

En el caso del distrito minero del río Santiago en Esmeraldas, desde la segunda mitad del siglo XVIII, se fue consolidando una frontera minera en las riveras del río[6] y sus afluentes, como el Bogotá, Tululbi, Guimbi, Palavi y Cachavi, con la presencia de precarios campamentos de propiedad de pequeños mineros, como los Villegas, Reyes, Suárez, Aguilar, Otolora, que formaron núcleos dispersos a lo largo de los ríos y quebradas. Al finalizar el siglo, con la habilitación del camino de Malbucho, se amplió la frontera con una nueva avanzada de familias con grandes fortunas producto de su condición de terratenientes, comerciantes y mineros. Entre otros, se registran los Cortés y Landázuri de Barbacoas;

---

[6] "El río Santiago tiene su origen en la parte occidental del Zara Urco. Se hace navegable a los 46° de latitud septentrional; corre de sur a norte; recibe de la parte del levante los ríos Cachabi y Bogotá; y del poniente el Sapallo y poco antes de la población de Palma Real se divide en dos brazos, el uno de estos desemboca en el mar en el puerto de La Tola y el otro en el puerto de Limones. La boca de este tiene media legua de ancho y su caudal es capaz de que por ella entren embarcaciones de más de 20 varas de quilla [...]. Expedientillo con un información anónimo relativo a la apertura y rehabilitación del camino de Esmeraldas y Malbucho". 1798 (AN/PQ, tomo 345) fl. /143v-144/.

los Quintero de Cali; los Arroyo y la Casa Valencia de Popayán[7], clanes familiares que extendieron su poder hasta las tierras bajas esmeraldeñas. La presencia de los quiteños fue más bien marginal, apenas se registran los nombres de Juan de Hacha, Narcisa Aguilar y Carlos Araujo, un próspero comerciante y terrateniente del valle del Chota.

Existían cuatro grandes reales de minas: Playa de Oro, San Antonio de Cachavi, Nuestra Señora de la Purísima Concepción del río Bogotá y Nuestra Señora de la Concepción de Guimbi. Estas minas albergaban a cuadrillas con alrededor de 500 esclavos, organizadas por familias provenientes de las minas de la Gobernación de Popayán (Rueda, 2001: 17), de zonas de selva húmeda y tropical, parte de una misma región geográfica y cultural denominada Tierras Bajas del Litoral Pacífico (West, 2000: 31). Por el contacto con el mundo colonial, estas familias de negros criollos organizadas bajo el esquema patriarcal tenían un mayor conocimiento de las leyes, la religión y las vivencias propias de la esclavitud en otros espacios mineros. Esto, unido a los rigores del entorno ecológico en donde se establecieron, la coerción física en la construcción de los caminos y las prácticas de dominación minera, demandó de las cuadrillas un sentido de cooperación y de trabajo colectivo que dio lugar al surgimiento de relaciones sociales mediadas por lazos de solidaridad y un cierto sentimiento de comunidad.

La relación de las cuadrillas con la naturaleza y el entorno no resultó compleja, pues provenían de una región con similar configuración geográfica y cultural que Esmeraldas; esto facilitó una rápida adaptación a su nuevo hábitat. Además, como parte de la especialización técnica y espacial de los oficios utilizada en la actividad minera, los esclavizados dedicados a las labores hortícolas y de abastecimiento del campamento minero se dedicaron a explorar la cuenca del río Santiago y su entorno[8].

Otra posibilidad de movilidad y de relación con el ecosistema y la población local fue a través de la costumbre, legitimada por las leyes reales, de conceder a estas cuadrillas un día libre a la semana, para el "descanso, la iglesia y con el fin de conseguir el sustento para el vestido". Las labores en este día dependieron de la iniciativa de los esclavos, quienes podían acceder a otras fuentes de proteínas para complementar la

---

[7] Según Jurado Noboa, los Valencias eran propietarios de la mina de Yurumangui, la más importante de todo el occidente de Nueva Granada; su valor ascendía a 4.400 pesos. Fernando Jurado Noboa, *Esclavitud en la costa pacífica...*, pp. 213-214.

[8] El capitán Tomás Barba al respecto manifiesta: "según el conocimiento practico que tengo de toda aquella jurisdicción. Por auerla traficado mas de catorce años a esta parte así por mar, como por tierras y esteros: lo que puedo informar es que el río Santiago es fértil para las sembrerias de maíces, plátanos, yucas y demás comestibles de tierras calientes y para el cacao muy aparentes sus vegas, pues las pocas plantas que ay sembradas, dan el fruto en abundancia, como también la caña; siendo promovido en la muchedumbre de pexe de toda laya". Informe de D. Tomás Esteban Barba sobre la apertura del camino de Ibarra al río Santiago, calidad de las tierras de la región, de sus costas y montañas. Ibarra, 1750-X-20, en José Rumazo González (comp.), *Documentos para...*, tomo 6, pp. 371-372.

dieta, así como realizar pequeños cultivos junto a sus ranchos, cazar ciertos animales y recolectar frutos silvestres del bosque, actividades de subsistencia de las zonas mineras de Barbacoas, el Chocó y Raposo (Romero, 1995: 49-50). Esta disposición colonial era conveniente para los señores de minas de zonas de frontera interesados en limitar las fuertes inversiones que realizaban en la manutención de los esclavos. Adicionalmente los esclavos aprovecharon ese día para recolectar oro en los ríos, oro que intercambiaban por productos que ofrecían los negros libres de la localidad y los comerciantes de Tumaco. El metal recolectado les permitió incluso llegar hasta la desesclavización, como ya era costumbre en los distritos mineros neogranadinos (Almario, 2003: 75).

Además de las labores mineras, los esclavizados acudieron a la construcción del camino de Malbucho, en donde entablaron múltiples contactos interétnicos, a nivel local, con los indios cayapas, malabas, negros libres y los esclavos de Popayán comprados a propósito de la construcción del camino. También entablaron relación con gente de otras regiones, con los mestizos de los corregimientos de Ibarra y Otavalo, muchos de ellos reos y vagos que se convirtieron en colonos con asignación de tierras y herramientas con la condición de mantener el camino transitable[9].

Esta experiencia colectiva de los esclavizados, además de permitirles ampliar las relaciones sociales y culturales con otros grupos étnicos e incorporar nuevas prácticas socio-económicas, les permitió acceder a nuevos espacios geográficos, dando como resultado una construcción gradual del territorio como parte sustantiva de las incipientes sociedades en formación. Este proceso se forjó paralelamente al declive de la frontera aurífera del río Santiago debido a la falta de abastecimientos por la inhabilitación del camino, la huida de los esclavizados que no pudieron ser reemplazados debido a su alto costo, y la poca capacidad de control estatal en una región de frontera. Por último, el desorden y el caos reinantes a propósito de las guerras de la independencia fueron factores que, sumados a los anteriores, contribuyeron al paulatino abandono de las minas por parte de los dueños, algunos de los cuales optaron por la causa realista.

Insurgentes y realistas en la provincia de Esmeraldas

Mientras en el Pacífico norte esmeraldeño la dinámica colectiva de los esclavizados aprovechaba las debilidades de un peculiar sistema esclavista de frontera para llevar adelante un proyecto de conformación social, con base en la ocupación de los territorios de minas, que comenzaron a ser percibidos como propios, en Quito, un grupo de la élite, frente a la crisis que vivía la monarquía española, apostaba por un proyecto político-económico que suponía resolver las desavenencias con los virreinatos vecinos,

---

[9] Expediente formado sobre la apertura del camino de Malbucho desde la Villa de Ibarra a la costa del mar del sur. Quito, 1791-27-I (AN, Gobierno, caja 27, 1790-1791) fl. 1-5.

crear un espacio económico viable y recuperar el liderazgo político sobre las diversas regiones de la Audiencia de Quito. Esto explica las acciones inmediatas adoptadas por la Junta Suprema de Quito en agosto de 1809, al convocar a los gobernadores, ayuntamientos locales y a las provincias vecinas a adherirse al nuevo gobierno. La respuesta de las autoridades de Guayaquil, Cuenca, Pasto, Popayán fue de rechazo e indignación, ratificaron su entera lealtad al soberano y amenazaron con iniciar acciones de defensa mientras los "rebeldes y sediciosos" persistieran en su empeño, una posición que a la larga develó los propios conflictos internos de las élites locales y las pugnas regionales. Las élites de Popayán, Cuenca y Guayaquil veían en la preponderancia política de Quito una amenaza a sus intereses. Con la fidelidad de Popayán[10] y Pasto se impidió toda comunicación entre Quito y Santa Fe; el virrey Amar y Borbón, en septiembre de 1809, impuso el bloqueo y control de los pasos a Cuenca, Guayaquil y Popayán, lo que llevó a la junta a abrir comunicación con Cali y Buga por la costa pacífica. Inmediatamente autoridades españolas controlaron el puerto de Carondelet en Esmeraldas y bloquearon la comunicación con esta región. Mientras tanto el marqués de Selva Alegre daba instrucciones al teniente del puerto de Carondelet para que acogiera todo buque inglés que se presentara en el puerto y se comunicara a sus capitanes el requerimiento de armas de guerra: municiones, fusiles, sables, que podían ser entregadas en los puertos de La Tola y Carondelet (Gutiérrez Ardila, 2007: 363). Esta providencia fue frustrada por la exitosa incursión del teniente de Tumaco José Nicolás Uriguen, quien el 10 de septiembre tomó el puerto de La Tola con 120 soldados[11]. La Tola, al igual que Carondelet y el camino de Malbucho eran sitios estratégicos de enlace de la costa pacífica con la región andina, y a pesar de no ofrecer las mejores condiciones se convirtió en el paso obligado de mercaderes y viajeros que transportaban desde el corredor andino productos con destino a Barbacoas, Iscuandé y Tumaco. El interés de las autoridades españolas era bloquear esta vía, pues tenían indicios sobre el suministro de armas y comunicación entre los insurgentes, lo que obligó al teniente de Tumaco, Uriguen, a enviar la "estafeta" o correo por Barbacoas para evitar el del puerto de Carondelet[12].

---

[10] El cabildo de Popayán, entre otras medidas, ordenó la provisión de armamento y preparación de un ejército para enfrentar a los quiteños y la confiscación de los bienes de los vecinos de Quito que residían en esta ciudad. En Alonso Valencia Llano, "Los traidores quiteños. La Gobernación de Popayán frente al gobierno autonomista de Quito". Ponencia presentada en el Coloquio Internacional "El Bicentenario de América Andina: Las primeras juntas doscientos años después", p. 5. Universidad Andina, Simón Bolívar. Quito, 21 al 23 de julio de 2008.

[11] Comunicación del Cabildo de Barbacoas a don José Nicolás de Uriguen, teniente de Tumaco. Tumaco, 1809-IX-20 (AC/C, seg. 1158, col. CIV-11g, n.º 64), fl. 10.

[12] Oficio de don José Nicolás de Uriguen al presidente Castilla. Tumaco, 1801-I-31 (AN/PQ, tomo 120), fl.8.

El gobernador de Popayán, Miguel Tacón y Rosique, encargado de organizar la defensa realista desde el norte, como parte del plan de defensa de la costa pacífica, en mayo de 1811 gestionó el envío de un barco desde Guayaquil a la ciudad de Esmeraldas con municiones y armas blancas. Este operativo culminó con la prisión del gobernador insurgente y comandante militar de la costa, Benito Bennet, con lo cual Tacón recuperó el control de Esmeraldas y Tumaco y "dejó cerradas todas las puertas hacia Quito, privándoles de las únicas vías por donde podían negociar las armas de fuego que estaban escasas" (Fermín Cevallos, 1986: 80). Para noviembre de 1811, Tacón, al conocer que los esclavizados de las minas del río Santiago mantenían "inteligencia" con los quiteños, y ante el creciente rumor de que por el camino transportaban armas y cañones para conquistar los territorios bajo su mando, se pronunció a favor de una incursión a Esmeraldas para alistar algunos paisanos en el servicio de la milicia y sujetar a las cuadrillas que se sabe "rinden la vista por los quiteños"[13].

Movilización y modalidades de participación de los esclavizados

Hasta ese momento, la presencia de los esclavizados en las contiendas se limitó a su papel estratégico de "chasquis", a generar el desconcierto a través del rumor y a servir como vigías del camino de Malbucho, tareas que daban cuenta de su total conocimiento del terreno y libertad para transitarlo.

A raíz de la conformación del Soberano Congreso de Quito (4 de diciembre de 1811), representado por algunos estamentos de la capital y de algunas ciudades bajo su control, se declaró la independencia de España y se promulgó una constitución que si bien reconocía a Fernando VII como monarca, ponía las bases para la conformación de un nuevo Estado. Las pugnas políticas en el interior del congreso, entre sanchistas y montufaristas, restaron fuerza al movimiento, que no pudo resistir a las fuerzas realistas que venían del sur.

Con Toribio Montes a la cabeza y las fuerzas limeñas, los realistas se tomaron Quito, mientras las tropas insurgentes avanzaron a refugiarse en Ibarra, en donde se enfrentaron con el coronel Juan Sámano, exactamente en Yaguarocha (1 de diciembre de 1812), quien fusiló a varios de los oficiales rebeldes como al coronel Francisco Calderón, al capitán francés Marcos Guijon y a Manuel Aguilar (Restrepo, 1858: 170). En medio del desorden producido por la contienda, un grupo de insurgentes quiteños y granadinos huyeron hacia el noroccidente con la intención de pasar al puerto de Dagua y llegar hasta Cali para reunirse con quienes compartían sus ideas. Entre los fugitivos se registran el obispo Cuero y Caicedo, presidente de la junta fenecida, Ramón y José

---

[13] Oficio dirigido a don Joaquín de Molina por Miguel Tacón. Tumaco, 1811-XI-11 (AN/PQ, tomo 467), fl. 248-249.

Joaquín Chiriboga, Nicolás de la Peña Montenegro[14], su esposa Rosa Zárate y Rosa Alaba, su nuera[15]; Manuel Moreno, Joaquín Montúfar, Baltasar y José Antonio Pontón, Vicente Lucio Cabal, el cabo Landázuri, Carlos Araujo, el mercedario Francisco Saa, José Correa, cura de San Roque y los presbíteros Joaquín Paredes y Manuel Quiñónez[16]. Las montañas de Malbucho, zona de cimarrones de las haciendas del valle del Chota y esclavos huidos de propiedad del rey[17] y principalmente los reales de minas, Cachavi, Guembi y Playa de Oro del río Santiago, se convirtieron en territorio de acción de la insurgencia. Los rebeldes, luego de prometer la libertad a los esclavizados, iniciaron maniobras conjuntas para enfrentar la arremetida realista desde Tumaco y Barbacoas.

Con el desplazamiento de uno de los frentes del conflicto a la costa esmeraldeña, se vive un período de intensa agitación militar y social. Una primera movilización desde las minas se realizó en febrero de 1813: negros libres[18], esclavos y líderes rebeldes realizaron una sorpresiva incursión al puerto de La Tola, resguardado por el comisionado realista Manuel Antonio Pérez y Valencia, de la Casa Valencia de Popayán. La presencia de 23 buques insurgentes, 20 serranos, negros libres y 200 esclavos de las minas, armados con fusiles, sables, cañones, lanzas y bodoqueras, a lo que se sumó la deserción de los 25 negros libres enviados por el gobernador de Esmeraldas Andrés de Castro para custodiar al puerto, impidió cualquier maniobra de defensa realista, facilitando el ingreso al pueblo y la apropiación de alimentos y armas[19]. Los ataques sorpresa a La Tola se repitieron durante varios meses; según Castro, saqueaban los víveres de las casas del pueblo y se

---

[14] El procurador general y síndico de la ciudad de Quito, Ramón Núñez del Arco, en informe presentado en relación a Nicolás de la Peña manifestaba: "Nicolás de la Peña, criollo, insurgente seductor. En la primera Teniente Coronel de la Falange; en la segunda cometió los homicidios del Sr Conde Ruiz de Castilla y de otros [...] debiéndosele comparar con Robespierre y otros feroces tiranos de Francia", en *Boletín de la Academia Nacional de Historia,* n.° 59, tomo 20, 1942, p. 225.

[15] Rosa Alaba se casó con Francisco Antonio de la Peña Zárate, único hijo de Nicolás de la Peña y Rosa Zárate, y murió en la contienda del 2 de agosto de 1809. Piedad y Alfredo Costales, *Los Maldonado en la Real Audiencia de Quito,* Quito, Banco Central del Ecuador, 1987, p. 75.

[16] Oficio de Andrés de Castro al presidente Toribio Montes. Esmeraldas, 1813-I-12 (AN/PQ. tomo 472) fl. 91-92.

[17] Lista de los esclavos pertenecientes a particulares y a Su Magestad que se encontraban en las montañas de Malbucho. Ibarra, 1815-VII-1 (Esclavos, caja 21, 1811-1818) fl. 2.

[18] De la presencia de negros libres da cuenta el presbítero Vicente Calderón, cura de San Pedro de la Carolina, pueblo de Esmeraldas, quien solicitó se le trasladara a otro lugar ya que Nicolás de la Peña se llevó a toda la feligresía aduciendo que ya venían las tropas del rey. San Pedro de la Carolina, 1813-V-22 (AN, Religiosos, caja 69, 1812-1813) fl. 8.

[19] Oficio del Comisionado Manuel Antonio Pérez y Valencia a Toribio Montes sobre los movimientos de las tropas insurgentes. La Tola, 1813-III-12 (AN/PQ, tomo 474) fl. 71-72.

llevaban el ganado de la cofradía de la Virgen[20]. Estas acciones subversivas alertaron a Toribio Montes, quien ordenó al capitán José Fabrega terminar con los falsos rumores propagados por los negros sobre la capacidad operativa de las fuerzas insurgentes, y organizar las milicias regulares desde Tumaco para sorprender a los insurrectos en las minas. Ante la indecisión de los tumaqueños para enfrentarse con los insurgentes, estos avanzaron al puerto de La Tola y lo destruyeron[21].

En mayo los capitanes Fabrega y Francisco Gamba iniciaron la persecución; Fabrega, luego del enfrentamiento en un fuerte construido por los rebeldes, confiscó dos cañones de madera con sinchones de hierro, fusiles, pistolas, sables, machetes, cartuchos, arcabuces, saquetes de pólvora, buques, falcas y piraguas[22], mientras Gamba y sus soldados iniciaban la persecución en la selva de Malbucho.

El resultado de esta campaña militar fue la captura de varios insurgentes (los curas Francisco Viteri y José Correa, Ramón Chiriboga, José Joaquín Chiriboga, Baltasar Pontón, los presbíteros Joaquín Paredes y Manuel Quiñónez) que fueron trasladados a Tumaco y a Panamá[23]. A Rosa Zárate y Nicolás de la Peña Maldonado, nieto de Pedro Vicente Maldonado[24] y principal acusado de la muerte del conde Ruiz de Castilla, se los fusiló en Tumaco y sus cabezas fueron enviadas a Quito para colgarlas en la plaza pública como escarmiento a los sediciosos[25].

Una vez que los realistas retomaron el poder en la Audiencia de Quito en 1814, el gobernador de Esmeraldas, Andrés de Castro, visitó los reales de minas con el fin de mantener una estrecha vigilancia y control de los esclavos rebeldes. La primera acción fue embargar las minas, tomar posesión a nombre del rey y nombrar un administrador. Los esclavizados rechazaron esta medida y negociaron la entrega de "una pensión o

---

[20] Oficio de don Andrés de Castro al presidente Toribio Montes. Esmeraldas, 1813-III-2 (AN/PQ, tomo 474) fl. 20.

[21] Oficio del Comisionado…, fl. 72.

[22] Inventario certificado por el capitán José Fabrega de las armas y pertrechos capturados por dicho capitán, los mismos que se hallan en el almacén del puerto de Tumaco. Tumaco, 1813-IX-13 (AN/PQ, tomo 480) fl. 40.

[23] La captura de Nicolás de la Peña y Baltasar Pontón se debió a la información proporcionada por el negro Cornelio del real de minas de Guimbi, a quien el capitán José Fabrega le ofreció 100 pesos de plata y la libertad. Esmeraldas, 1816-I-25 (AN/PQ, tomo 526) fl. 157.

[24] Carta de Toribio Montes al capitán José Fabrega. Quito, 1813-VIII-9. "Documentos…", p.115.

[25] Para 1815, como resultado de la visita de Castro a los tres reales, se registra el pago de 1.100 pesos correspondiente a los tercios de San Juan y Navidad y en el libro de la Real Hacienda de Esmeraldas de 1817, consta el ingreso de 454 pesos por la pensión de los negros de las minas correspondiente al tributo de San Juan de ese año, estado que manifiesta el total de ingresos de lo que ha producido el arrendamiento de la hacienda Molina y la pensión de las minas embargadas de Playa de Oro, Guimbi y San José de Cachabi. 1817-I-25 (AN/PQ, Esclavos, caja 19) fl. /14v/.

jornal", cada seis meses, en San Juan y Navidad, una modalidad puesta en práctica en zonas mineras de Nueva Granada, como Yurumangui, Belén, Pique y Timbiquí (Romero, 1995: 86), en donde grupos de negros libres pagaban el "derecho de mazamorrería" por sacar el oro de los lechos de los ríos o en los aluviones ribereños (April-Gniset, 1993: 62). La oferta fue aceptada por Andrés de Castro, pues lo escabroso del camino hacia las minas ameritaba una supervisión ocasional[26].

La imposición de una alta taza tributaria imposible de pagar[27], más la continua presencia y coacción de unos supuestos enviados de los dueños de las minas, alteraban la vida de la población esclava y dificultaban el sustento económico de sus familias[28], situación que llevó a los capitanes de cuadrillas de los reales de minas de Playa de Oro, San José y Guimbi (Justo y Cornelio Arroyo, Agustín y Guillermo Valencia), en 1826, a presentar al protector general de esclavos varias demandas en defensa de sus derechos. En primer lugar, resaltaban la situación de barbarie en que vivían, en medio del concubinato, cubiertos por una pampanilla de cáscara de árbol, faltando a las leyes del pudor y la honestidad y sin ningún alimento espiritual. Seguidamente señalaban que contaban con minas "pingues" y 500 esclavos que podían ser útiles al Estado republicano siempre que se los proveyera de todo lo necesario (alimentos, vestuario, herramientas). Además apelaban al cumplimiento de las leyes sobre el buen trato a los esclavos, especialmente aquellas expedidas por el Supremo Poder Ejecutivo, y se mostraban dispuestos a recibir a sus amos, quienes debían pagar el tributo, nombrar un capellán, proveerles las raciones de carne, sal, herramientas de trabajo y mantener la costumbre de los días "vacos" para buscar el sustento[29].

Una aproximación a las motivaciones que tuvieron los esclavizados para participar en las contiendas junto a la insurgencia y más tarde hacer uso de una serie de herramientas a su alcance, como el recurso de negociación o apelar al sistema judicial colonial y republicano para dar a conocer sus demandas, nos remite, en primer lugar, al proceso de

---

[26] En 1815, los esclavizados de los reales de minas de Playa de Oro, Guimbí y San José de Cachaví pagaron 1.100 pesos anuales correspondientes a 275 castellanos de oro por San Juan y 275 por navidad. Esmeraldas, 1815-IV-4 (AN, Tierras Caja 213) f. /6v/.

[27] Señalan que por orden de un tal José Mariano Mosquera entraron treinta hombres armados comandados por un mayor Gutiérrez, quienes incendiaron las chozas, arrancaron las matas, robaron los animales y les quitaron el oro a cambio de la libertad que nunca tuvieron. Expediente sobre solicitud de los capitanes de las cuadrillas de las minas de Playa de Oro, San José y Guimbi al Señor Protector General de Esclavos. Quito, 1826, (AN, Esclavos, caja 29) fl. /2/.

[28] En 1824, los esclavos salieron a Quito en busca de su amo doctor N. Arroyo, en esta ciudad permanecieron por un mes, su intención era presentar su obediencia y las dificultades que padecían por falta de herramientas lo que impedía realizar sus labores. Como vieron que el amo no venía se regresaron a su destino. Ibídem, fl /8/.

[29] Ibídem, fl /8v-9/.

construcción social que llevó adelante la población negra en un contexto esclavista de limitado control y en una región de escasa articulación con los centros del poder colonial. Esto les permitió alcanzar ciertas condiciones de libertad, autonomía, la construcción de territorios en torno a los cuales nacieron nuevos referentes culturales e identidades colectivas y una dinámica social que podía ser legitimada por el nuevo Estado republicano con el reconocimiento de su condición de libres, promesa que fue realizada por los patriotas cuando encontraron refugio en los reales de minas.

En segundo lugar, los esclavos, siguiendo con la lógica de defensa de su propio espacio social, una vez que las autoridades coloniales en 1814 asumieron el control de la región y de las minas en ausencia de los dueños, propusieron a las autoridades negociar mediante el pago de un tributo, lo que suprimía la presencia de los agentes representantes de la Corona en los reales de minas.

En tercer lugar, del análisis realizado al documento presentado por los capitanes de cuadrillas al protector general de esclavos se puede inferir que los negros, frente a la dificultad de continuar con su proceso de conformación de sociedades en medio de la libertad, debido a la alta imposición tributaria y especialmente por el atropello de ciertos individuos que deterioraban sus condiciones de vida, comunicaron a las autoridades la situación de marginalidad y barbarie en que se encontraban, con unas prácticas de vida alejadas del ideal de ciudadanos o nuevos sujetos modernos propuesto por el discurso republicano. Frente a este escenario los negros ofrecieron dos alternativas de solución. La primera tenía que ver con el usufructo de las minas por parte del Estado y la segunda con el retorno de los dueños o señores de minas. En ambos casos, se señalaba como condición esencial el cumplimiento de sus derechos fundamentales contemplados en las leyes, esto es, proveerles de vestido, alimentos, herramientas, mantener el día libre al que tenían derecho, especificando que en el caso de retornar los amos deberían cancelar el tributo. Esto evidencia que los esclavos, frente a las nuevas condiciones restrictivas que les tocaba enfrentar luego de la independencia, se propusieron reconocer a las nuevas autoridades e insertarse en los marcos legales propuestos por el nuevo Estado republicano; por lo mismo apelaron a la legislación como una forma de asegurar, dentro del sistema esclavista, mejores condiciones de vida. En la parte final de este documento, los esclavos aseguran ser

> muy adictos al gobierno colombiano que lo han manifestado desde el gobierno español, pues en su recinto abrigaron a todos los que en ese tiempo tenían el *epitafio de insurgentes*, sosteniéndoles con alimentos del monte, no por días, sino por meses, haciendo gloriosos sacrificios en obsequio de la independencia.[30]

---

[30] Ibídem, fl /8v-9/.

CAPÍTULO 6

Esclavizados, cimarrones y bandidos. Historias de resistencia en el valle del Chota-Mira, en el contexto de la revolución de los marqueses quiteños: 1770-1820

María Eugenia Chaves

Introducción

En la Real Audiencia de Quito la expulsión de los jesuitas en 1767 supuso cambios profundos en las relaciones de autoridad entre las élites y los sectores subalternos, en particular en lo que toca a la población esclavizada. Las guerras civiles que se producen a partir de 1809, y que preceden a las campañas independentistas, no hicieron más que ahondar esta transformación. Si esta afirmación resulta una generalización arriesgada, sobre todo debido a la falta de un estudio comparativo que la sustente, análisis a nivel local podrían sugerir tal hipótesis. En esta ponencia me interesa concentrarme en el microcosmos del valle del Chota-Mira, asentamiento de los complejos cañeros jesuitas desde el siglo XVII ubicado en la región norte de la Real Audiencia de Quito, para hacer una lectura del conjunto de revueltas esclavas que se suceden desde la expulsión de la compañía y que atraviesan los años turbulentos de conflicto político y social producido por el vacío de poder en la metrópoli a partir de la invasión napoleónica y el proceso revolucionario español.

Con la expulsión de los jesuitas, las haciendas cañeras son administradas por el gobierno colonial a través de las llamadas Temporalidades para pasar luego, a partir de la década de 1780, a ser posesión de familias de la élite quiteña. Me pregunto si estos cambios, en particular los procesos políticos que experimenta la región entre 1809 y 1815, inciden en la forma en que los esclavizados entienden la idea de libertad, por un lado; y por otro, en la forma en que los propietarios y autoridades concebían a los esclavizados y libertos. Esta ponencia no pretende resolver estas cuestiones sino construir un primer acercamiento al tema. Empezaré haciendo una descripción somera de la región para la época que se estudia y de los conflictos de intereses de las élites quiteñas en la zona. Luego paso a identificar las revueltas esclavas de las que se tiene noticia, para finalmente analizar las diferencias y continuidades en su discurso reivindicativo y los detalles que la documentación arroja sobre los impactos que las revoluciones políticas tuvieron en la vida de los esclavizados y libertos de la zona.

Hasta 1767, los valles de las cuencas de los ríos Chota y Mira ubicadas en la región centro-norte del actual Ecuador estuvieron controlados por el poder económico, político y social de la orden de Jesús. La región abarca zonas bajas y cálidas ubicadas en los valles, cerca del curso de los ríos, así como zonas altas y de clima frío. Hacia el norte la región se extiende hasta la actual Colombia y tiene su natural continuación en el Valle del Patía. Hacia el occidente, siguiendo el curso de los ríos mayores, comprende las tierras bajas y selváticas que vierten hacia la costa pacífica. En esta última región los esclavizados de origen africano compartieron de forma compleja el espacio con los habitantes indígenas originarios, desde el siglo XVI (Rueda, 2001).

Siguiendo el estudio pormenorizado que realiza Rosario Coronel en la zona, sabemos la forma en que los jesuitas captaron las tierras indígenas de los valles durante el siglo XVII para construir un importante complejo productivo cañero (Coronel, 1993). Para la época de su expulsión los jesuitas poseían las haciendas cañeras de Chalguayacu, Caldera y Carpuela en la cuenca del río Chota; La Concepción, Chamanal, Santiago y Cuajara en la cuenca del Mira, y Tumbabiro, que se ubicaba en el medio de estos dos grupos de haciendas. Aunque estas unidades productivas tenían su centro en las haciendas cañeras de los valles, en realidad cada una de ellas se articulaba a un conjunto de propiedades más pequeñas ubicadas en diferentes pisos ecológicos, desde clima templado a tierras altas, nombrados hatos. Estos hatos proveían a los núcleos de producción cañera de productos agrícolas, ganaderos y todos sus derivados; de sal y de animales de carga. Las unidades productivas cañeras estuvieron así totalmente abastecidas sin necesidad de salir del circuito comercial jesuita, que además incluía grandes propiedades textileras en la región andina. Bajo la administración real y luego, en manos privadas, las haciendas cañeras mantuvieron esta composición (Coronel, 1993: 105-114).

No se sabe a ciencia cierta la dinámica demográfica de los esclavos en las haciendas cañeras jesuitas. Coronel, sin embargo, con base en el estudio de fuente primaria calcula que en 1780 su número era de 2.615. Esta autora explica que los jesuitas calculaban la necesidad de mano de obra de acuerdo a la cantidad de caña sembrada y controlaban el número de esclavos en sus haciendas manejando un mercado de venta de esclavos, fundamentalmente a la ciudad de Quito (Coronel, 1993: 88). Esta costumbre se mantuvo durante la administración de las Temporalidades. Sin embargo, la sustracción y venta de los esclavos de las haciendas fue desde la década de los ochenta causa de varias de las rebeliones esclavas que mantienen en jaque a los propietarios hasta el siglo XIX.

Durante la década de 1780 las Temporalidades rematan las haciendas cañeras jesui-tas en el valle del Chota-Mira. Cuajara es rematada en 1783 por Carlos Araujo, quien posee también las haciendas cañeras de Puchimbuela y San José[1]. Araujo en 1793 vende Cuajara a los hermanos Ignacio y Agustín Guillermo Valdivieso. Estos a su vez, en 1809, la venden a José Valentín Chiriboga[2]. La Concepción, la remata en 1789 Juan Antonio Chiriboga y Jijón (hermano de José Valentín). En cuanto a las haciendas ubicadas en el valle del río Chota hacia el sur oriente, Caldera, Chalguayacu y Carpuela se rematan a Pedro Calisto en 1784. Desde 1796 Pedro Calisto mantiene una disputa por la hacienda de Caldera con José Javier Aszcásubi y Matheu.

Carlos Araujo, los hermanos Valdivieso y los Chiriboga ocuparon puestos burocráticos tanto en la villa de Ibarra como en Quito durante las décadas de 1780, 1790 y 1800. Estaban unidos por lazos de parentesco y de matrimonio. Valentín Chiriboga estaba casado con Juana de Larrea y Alvear, hermana de don José Larrea y Villavicencio. Este era a su vez primo de Pedro Montúfar, perteneciente al clan familiar que lideraría las revueltas políticas desde 1809. Por otro lado, Carlos Araujo estaba casado con Juana Chiriboga y Valdivieso, hermana de Juan y Valentín Chiriboga. Estas familias controlaron el complejo de haciendas cañeras ubicado sobre la cuenca del Mira al noroccidente del territorio. El complejo sobre el río Chota, hacia el suroriente fue controlado por la familia de Pedro Calisto, quien ocupó también cargos importantes en la Real Audiencia en Quito. Pedro Calisto, de origen peninsular, fue el fiscal acusador en el proceso al marqués de Selva Alegre, Juan Pío Montúfar, y sus seguidores, cuando en 1809 los acusaron de preparar una rebelión para derrocar a las autoridades reales de la audiencia.

Al tiempo que estas familias consolidaban su poder en el valle, adquirían control de minas de oro ubicadas en el curso de los ríos Santiago, Bogotá y Mira en las tierras bajas hacia el Pacífico. Carlos Araujo poseía reales de minas en el curso del río Bogotá; Pedro Muñoz, por su parte, yerno de Pedro Calisto, poseía reales de minas en las tierras de Cachaví en el curso del río Mira. Los Quiñones, familia de uno de los burócratas más importantes del cabildo quiteño durante la década de 1800 a 1810, eran dueños de minas en Barbacoas, ubicadas al norte del valle del Chota-Mira, ya en territorio de la actual Colombia. La familia Pérez Arroyo, aunque parece haber vivido en Cali, poseía las minas de Playa de Oro, sobre el río Santiago.

La crisis política en la metrópoli abre la posibilidad que las familias de la élite quiteña esperaban para definir sus espacios de poder político y económico. Este ascenso económico de las élites, que toma un giro definitivo con la expulsión de los jesuitas, estalla en una serie de conflictos que marcan la pauta de lo que fue el desarrollo de las guerras en que las facciones lideradas por los marqueses se enfrentan. Si por un lado

---

[1] Archivo Nacional de Historia/Quito (ANH/Q), Fondo Esclavos, caja 10, n.º 1, 1783; caja 12, n.º 5, 1788; caja 12, n.º 7, 1789; caja 12, n.º 10, 1790; Fondo Haciendas, caja 91, n.º 1, 1793, caja 84, n.º 2.

[2] ANH/Q, Fondo Esclavos, caja 20, n.º 11.

encontramos el grupo adepto a la Corona en el que participó la familia de Pedro Calisto y Pedro Muñoz, dueños del complejo cañero de Carpuela, Chalguayacu y Caldera, y de las minas de Cachaví, por otro las élites quiteñas que tomaron control sobre el complejo hacendatario de La Concepción y Cuajara experimentan un conflicto de intereses políticos que los enfrentan en dos facciones: la familia Montúfar aglutinada alrededor, primero del marques de Selva Alegre, Juan Pío Montúfar, y luego de Carlos Montúfar; y las familias lideradas por el marqués de Villa Orellana. Finalmente, Carlos Montúfar y el Marqués de Villa Orellana, cuya familia era también propietaria de haciendas trapicheras en el valle, fusilan a Pedro Calisto y a Nicolás Calisto, su hijo.

No ha sido todavía posible dilucidar los pormenores de estas alianzas y enfrentamientos en relación con los intereses económicos que las familias manejaban en las haciendas cañeras y en las minas. Sin embargo, los juicios que la familia Calisto y Muñoz sigue a las élites rebeldes, después de la reconquista de Quito por las fuerzas realistas, permiten descubrir ciertos indicios sobre la situación de caos que estos enfrentamientos generan en las haciendas cañeras del valle y la forma en que los esclavizados adaptaron las circunstancias a favor de sus propios intereses. De igual forma, una lectura detenida de los juicios que involucran a los esclavos de la zona desde fines del siglo XVIII hasta 1830 adelantan también pistas al respecto. En lo que sigue se intenta mostrar un primer análisis de esto.

Los esclavos rebeldes de La Concepción y Cuajara a fines del siglo XVIII

A partir de la expulsión de los jesuitas, los cambios que se dieron durante la administración de las Temporalidades implicaron dos circunstancias contrarias al equilibrio que mantenía las condiciones de vida y los espacios de independencia de los habitantes afrodescendientes. La primera tuvo que ver con que los administradores no respetaron un código de comportamiento y una serie de derechos adquiridos por los habitantes afrodescendientes durante el siglo y medio de gobierno jesuita. La primera conmoción esclava que se registra en la documentación se produce en 1778 en La Concepción cuando siete esclavos y esclavas viajan a Quito e inician en los tribunales de la Real Audiencia un juicio contra el administrador de la hacienda Francisco Aurreocochea acusándolo de abusar en la definición de los tiempos de trabajo y en la asignación de tareas, además de sevicia y malos tratos. Los testigos que presentan los esclavos y esclavas contribuyen a probar que el administrador castigó a los líderes del grupo con más de 300 azotes, en particular a Martina Carrillo, cuando retornaron a la hacienda después de iniciar la demanda.

Este hecho, sin embargo, no es el más importante del caso. La audiencia reconoce el derecho de queja de los esclavizados y las pruebas de la sevicia, por lo cual destituye de su cargo al administrador, se le confiscan todos sus bienes y se lo condena a pagar una multa de 200 pesos. Pero además, y este es el dato que me parece fundamental, se reconoce una normativa consuetudinaria impuesta durante los siglos de gobierno jesuita, por la cual se definen los tiempos y la carga de trabajo para los esclavizados y los básicos derechos de alimentación y cuidado. Este reconocimiento de la audiencia se constituye en el primer código para regularizar el trabajo esclavo en la región, anterior a la normativa que la Corona emite para todos los dominios americanos en 1789.

> Las tareas y faena diaria se han de arreglar a cuarenta guachos en invierno y cincuenta o sesenta en verano como ha sido costumbre.

> Los domingos no se les ha de tocar la campana hasta las seis para que tengan la faena que es la de barrer la casa.

> En los mismos días domingos se les ha de permitir que trabajen las chagras con palas de la Hacienda como ha sido costumbre.

> Se les ha de dar la cachaza que se acostumbraba para su manutención.

> Ytem. Se les ha de contribuir a las paridas con la miel que ha sido costumbre.

> No se les embarazará de que vendan los plátanos de sus chagras.

> Se les dará cada semana el alumud de maíz que se acostumbraba y cuando haga falta de él alguna cosa equivalente.

> Las preñadas de seis meses para adelante no deberán salir al trabajo de faena.

> Las que tuvieren mellizos no deberán salir al trabajo hasta que los desteten.

> A los que tienen palas no se les deberá quitar todos los días para que puedan trabajar su chagra como ha sido costumbre después de acabada la faena de Hacienda[3].

Aparte de la defensa que los esclavizados hacían de sus derechos consuetudinarios, la rebelión adquiere mayores proporciones en el momento en que Aurreocochea propone extraer a los esclavos y esclavas rebeldes y venderlos fuera de la región, para lo cual pide un contingente de soldados. El caso nos ilustra sobre dos cuestiones que serán fundamentales en la dinámica de rebeliones esclavas que experimentaron La Concepción y Cuajara durante las décadas siguientes. En primer lugar, las familias esclavas concebían su cotidianidad con base en normativas consuetudinarias que garantizaban tanto la carga de trabajo que estaban dispuestas a tolerar, como unos derechos básicos en cuanto a alimentación y cuidado que esperaban recibir. En segundo lugar, la expulsión de los

---

[3] ANH/Q, Fondo Esclavos, caja 8, n.º 8 (1778).

que fueran sus amos, los padres jesuitas, transformó a estas comunidades esclavas en súbditas directas del rey. En este sentido los esclavizados consolidaron una identidad de comunidad en el sentido tradicional del término. Defendieron su derecho a quedarse en el territorio, protestaron violentamente contra la extracción de familias y exigieron el reconocimiento del acceso a la tierra y a actividades de comercio e intercambio de bienes. Además, se negaron a reconocer la autoridad de los amos de turno[4].

Las rebeliones de esclavos que tienen lugar en La Concepción y Cuajara durante la década de 1780 y 1790 muestran esta tendencia. Además se nota una radicalización de las estrategias de presión de los grupos de esclavizados en las haciendas. Como veremos, en varias ocasiones atacan a los mayordomos y a los amos y huyen en grupos al "monte" en donde se establecen por cortos períodos, pero siempre defienden su derecho de volver a vivir con sus familias en el territorio de las haciendas.

Desde que las Temporalidades remataron la hacienda de La Concepción a Juan Antonio Chiriboga y Jijón, en 1789, los esclavos estuvieron en permanente estado de rebelión; se tiene documentación detallada de dos importantes sucesos, el uno acaecido apenas Chiriboga toma posesión de la hacienda en febrero de 1789 y el otro, diez años más tarde, en junio de 1798. Al momento de la posesión de Chiriboga se cuentan 317 esclavos y esclavas en la hacienda. En ambos casos, el malestar entre los esclavizados se produce porque rechazan la autoridad del nuevo amo y se oponen a que este extraiga gente para ser vendida[5]. En el segundo caso, se nota una radicalización de la actitud de los esclavos, quienes atacan violentamente a quienes se acercan a su "palenque" y se niegan a reconocer a Chiriboga como su amo legítimo, solo reconocen al rey por medio de la administración de Temporalidades[6].

Chiriboga explica que los esclavos y esclavas de La Concepción habían estado acostumbrados a "vivir en libertinaje", se queja de que la rebelión se produce por "hallarse mal con el gobierno y sujeción que se había entablado para arreglar el desorden con que se manejaban y contener los excesos que cometían los negros de la queja, a fin de continuar su libertinaje":

> [...] vivían en un libertinaje de escandalosos adulterios, cambiados de mujeres, obscenidades espantosas de estupros, etc. borracheras y otros delitos, y como no faltasen a lo que era la tarea, disimulaban los mayordomos y acostumbrados a este modo de vida, han extrañado el que yo y mi hermano don José Valentín hubiésemos celado por la honra de

---

[4] Esta situación sale a relucir en el estudio de los libros de hacienda que se conservan, por ejemplo de Caldera: ANH/Q, Fondo Haciendas, caja 9, exp. 10; y caja 118, exp. 9.

[5] ANH/Q, Fondo Esclavos, caja 12, exp. 8.

[6] ANH/Q, Fondo Esclavos, caja 15, exp. 12.

Dios semejantes absurdos. Pero no tampoco con un celo amargo e imprudente, sino con la suavidad prevenida por Nuestra Santa Ley[7].

Chiriboga, que en esta época ocupa el cargo de teniente de alguacil mayor de la villa de Ibarra, usa de todo su poder para enfrentar la rebelión e insiste ante la Real Audiencia en que le permitan vender a los cabecillas del motín que están refugiados en la cárcel real. Advierte que la insolencia de los rebeldes puede contagiar a los esclavos de las otras haciendas:

[...] que a su imitación tardarán poco en cometer estos excesos y mayores aunque para hacerlo no tengan el menor motivo, para pretexto, como no lo ha habido en las presentes circunstancias. Acá no hay fuerzas competentes para dar los auxilios correspondientes para castigar o expulsar a los que conviene, porque a los de la Plebe que se pueden llevar tienen un terror pánico a los Negros. Estos creen que la comisión es fingida, y sea por error o por altanería se han burlado y me han perdido el respeto[8].

Chiriboga logra finalmente recuperar de la cárcel a un grupo de los cabecillas rebeldes y retornarlos a la hacienda, en donde recibirán un "castigo moderado" según lo ha exigido el tribunal de la audiencia; a los otros cabecillas los vende junto con sus esposas, a unos a una hacienda en la zona y a otros en Guayaquil. Al parecer, con estas medidas logra controlar la rebelión.

Llama la atención el hecho de que los esclavizados tenían un claro conocimiento de la situación de sus nuevos amos, quienes en tanto que deudores de la mayor parte del valor de la hacienda, no podían considerarse dueños legítimos; de allí que en las rebeliones, los esclavizados se nieguen a reconocer la autoridad de los amos y reivindiquen la potestad del rey. Por otro lado, durante el tiempo transcurrido en poder de la administración real, los esclavos desarrollaron una fuerte consciencia de pertenencia al lugar y la capacidad de reaccionar de forma colectiva para defender lo que consideraban sus derechos adquiridos. También es importante notar que la práctica de lo que yo llamaría el "cimarronaje itinerante" se consolida. Esta práctica también es una estrategia fundamental entre los rebeldes de Cuajara. Cuajara fue junto con La Concepción la hacienda más importante del complejo jesuita en la cuenca del río Mira.

Desde el momento en que Cuajara es rematada por Carlos Araujo en 1783, los esclavizados resisten en pie de lucha durante diez años seguidos todos los intentos del nuevo dueño por imponer su autoridad. En este espacio no será posible desarrollar los pormenores de esta larga historia de resistencia. Resaltaré varios acontecimientos que resultan importantes para entender el destino de estas haciendas durante los años en que las élites quiteñas se encuentran enfrentadas en las guerras pre-independentistas.

---

[7] Ibídem.
[8] Ibídem.

En primer lugar, Cuajara se convierte en este tiempo en un palenque. Para la época en que Araujo la recibe, la hacienda cuenta con alrededor de 263 esclavizados hombres y mujeres. Carlos Araujo era poseedor de otras dos haciendas en la zona: Puchimbuela, en la jurisdicción del pueblo de Salinas, y San José, en la jurisdicción del pueblo de Urcuquí. Durante estos diez años Araujo, acosado por la deuda que mantiene con las Temporalidades, hace varios intentos por extraer el mayor número de esclavos posibles con el fin de trasladarlos a sus otras haciendas o de venderlos. En cada intento que hace Araujo la reacción de los cuajareños es violenta y decidida. Abandonan la hacienda durante meses y, aunque de forma intermitente se retiran a un palenque "que tenían ya listo en el monte", vuelven siempre a la hacienda a defender su derecho a permanecer en ella. En 1785, Araujo se queja ante la Real Audiencia de los problemas que tiene para mantener a los esclavos trasladados de Cuajara en sus otras dos haciendas, pues según dice, apenas sentían el peso de la represión por parte de los mayordomos y capitanes, "les emprendían con violencia tirándoles a matar y prontamente regresaban a la hacienda de Cuajara". Araujo describe la forma en que los esclavos se han hecho fuertes en esta hacienda, que no obedecen a nadie y que trabajan a su arbitrio, consumiendo el ganado del "alto" y los productos del trapiche. Araujo advierte que "siendo crecido el número de negros, que acompañados de sus mujeres pueden hacer estragos en las haciendas circunvecinas y viandates", es necesario que el rey tome medidas fuertes para reducirlos y pide que se le asigne un piquete de soldados. Aunque entre 1783 y 1787 Araujo puede trasladar y vender un número considerable de esclavos y esclavas, no logra mantener el control de la hacienda[9].

En 1787 y en 1793 Araujo contrata a dos administradores para que se ocupen de sus haciendas de Cuajara, Puchimbuela y San José. El primero es el "chapetón" Matías Mendiz. Al parecer Mendiz, en lugar de imponer una recia disciplina en la hacienda, decidió integrarse en la lógica de vida cotidiana que habían impuesto los cuajareños, incentivando el libre tránsito de los esclavizados de una hacienda a otra, facilitándoles la conservación de una red de relaciones tanto de parentesco como comerciales que unían estrechamente a los esclavizados de las tres haciendas. Cuando en 1788 Araujo hace un nuevo intento para extraer esclavos y venderlos, los cuajareños, tanto los de Puchimbuela como los de San José, puestos en aviso por Mendiz, se reúnen en Cuajara y se van al monte, resistiendo con violencia la entrada de Araujo. Es entonces que Araujo despide a Mendiz y le acusa de ser él, junto con el cura doctrinero, quienes se han encargado de instruir a los esclavos de sus derechos. Entre otros, les han convencido de que el amo no tiene poder para sacarlos de Cuajara, sino solo el rey. La intención de Mendiz es,

---

[9] ANH/Q, Fondo Esclavos, caja 10, exp. 1.

según denuncia Araujo, reunir a los esclavos de Cuajara, para luego ofrecerle comprar la hacienda poniendo como garantía el valor de estos mismos esclavos[10].

Hasta 1790 Araujo ha logrado extraer de Cuajara cerca de un centenar de esclavos, la mayoría trasladados a sus otras haciendas. Sin embargo algunos de estos esclavos vuelven permanentemente a Cuajara y según dice Araujo se encargan de organizar y mantener en rebelión a toda la población. Los acusa además de dedicarse al bandidaje y de controlar no solo la hacienda sino los caminos que comunican la hacienda con las regiones vecinas. En este año, Araujo ocupa el cargo de corregidor y justicia mayor de la villa de Ibarra, e investido de esta autoridad prepara una expedición con un piquete de soldados para enfrentar a los cuajareños y logra extraer más esclavos y venderlos a las haciendas de Gregorio Larrea y a la hacienda de San Juan Buenaventura de Martín Chiriboga. Una de las quejas de Araujo se dirige a denunciar que los esclavos mantienen una amplia red de apoyo en los pueblos vecinos, en donde les ayudan y les esconden:

> [...] la facilidad de profugar los esclavos y andarse vagos y ociosos fuera del servicio de sus amos proviene de las muchas amistades que tienen en los pueblos de su inmediación donde se les acoge y en caso apurado los ocultan de sus amos y quedan sustraídos de averiguaciones.

De allí que pida que se recuerde a los vecinos de la zona las penas en las que incurren:

> [...] que en caso de dar acogida a algún esclavo, siendo español será desterrado perpetuamente de todas las Indias si de pronto no diese aviso y manifestare al fugitivo, fuera de los daños y demás penas que debe sufrir por derecho; y siendo negro o mulato que tiene de sufrir la misma pena impuesta contra el cimarrón a quien diere acogida.

En 1792 Araujo arrienda Cuajara a Juan Antonio Espinoza de los Monteros. En este año, según inventario, en Cuajara existen 173 esclavizados hombres y mujeres. Un año más tarde Araujo destituye al administrador y le sigue juicio por no haber cumplido con el pago anual acordado. De este juicio se sabe que los esclavos vendidos a Chiriboga huyeron y regresaron a Cuajara, en donde se dedicaron a sublevar a los esclavos. Las descripciones que hacen los testigos que declaran en este juicio muestran a Cuajara como un palenque en el que los esclavos mantenían la producción en parte para mantener un circuito comercial de raspaduras y aguardiente con los grupos establecidos en las montañas de Malbucho. Esta zona era la que Carlos Araujo y los otros propietarios intentaban controlar para mantener las comunicaciones expeditas entre las haciendas y las minas.

Cuajara se convierte en el lugar más adecuado para proveer de mano de obra, tanto para la apertura como para el mantenimiento del camino llamado de Malbucho, tarea que se dificulta debido al estado de sublevación de la población esclava[11]. A pesar de la

---

[10] ANH/Q, Fondo Haciendas, caja 84, exp. 2.

[11] ANH/Q, Fondo Haciendas, caja 91, exp. 1.

difícil situación de Cuajara, Araujo logra venderla en 1793 a los hermanos Agustín y Guillermo Valdivieso, quienes a su vez, en 1809, la venden a José Valentín Chiriboga. En 1803 Araujo ha decidido invertir en la compra de 250 esclavos del Chocó para ponerlos a trabajar en sus minas[12].

Entre 1810 y 1815, los años de las revueltas políticas en la Audiencia de Quito, no se encuentran más datos sobre rebeliones masivas de esclavos en la zona de La Concepción y Cuajara. Existe el dato de una sublevación en 1811 en la hacienda de Caldera de propiedad de Pedro Calisto. Sin embargo, en 1809 las haciendas se encuentran en disputa de posesión. Cuajara se la disputan Valentín Chiriboga y los hermanos Valdivieso. Caldera y Chalguayacu, Pedro Calisto y José Javier Ascázubi y Matheu, abogado de la Real Audiencia de Quito[13]. Tanto Azcázubi como Valdivieso tuvieron una participación activa del lado de los marqueses insurrectos en las revueltas de Quito que inician en 1809, mientras que Calisto fue uno de los principales protagonistas de la resistencia realista. Hacia 1802, por otro lado, Pedro Calisto mantiene un juicio con doña Josefa Salazar por la propiedad de las minas de Cachaví. El procurador de Josefa es Agustín Valdivieso[14].

Bandolerismo, autogobierno esclavo y el temor a la insolencia. 1800-1820

Con el estallido de la revolución liderada por los marqueses quiteños en 1809 en contra de las autoridades peninsulares, se desata un período de guerras intermitentes en las que los marqueses no solamente enfrentan a las milicias realistas enviadas desde el Perú y Nueva Granada, sino que también se enfrentan entre ellos. Este caos político y social favorece la consolidación de ciertas condiciones de autonomía y autogobierno que habían adquirido los esclavizados en las haciendas cañeras del valle del Chota-Mira.

Por indicios que arroja el juicio que Valentín Chiriboga mantiene con Guillermo Valdivieso por la hacienda Cuajara, sabemos que tanto en La Concepción como en Cuajara, Valentín Chiriboga intenta implantar su autoridad usando métodos de represión, castigo y tortura. Los esclavizados, tanto de origen africano como indígenas, resisten acudiendo a la huida o al suicidio. La mayor parte del tiempo, las haciendas quedaron en manos de los capitanes de esclavos que actuaron de mayordomos[15]. Por correspondencia entre Chiriboga y estos esclavos sabemos que tenían algún nivel de alfabetización y que actuaban como catalizadores entre el descontento de la población esclavizada y la necesidad de los amos de mantener la mano de obra en operación. No sabemos la participación que los esclavizados de La Concepción y Cuajara tuvieron en las revueltas

---

[12] ANH/Q, Fondo Esclavos, caja 18, exp. 2.

[13] ANH/Q, Fondo Esclavos, caja 20, exp. 11.

[14] ANH/Q, Fondo Especial, caja 116, exp. 9098.

[15] ANH/Q, Fondo Haciendas, caja 112, exp. 14; Fondo Esclavos, caja 20, exp. 11.

de sus amos, sin embargo es posible afirmar que la zona se convirtió en un territorio de tránsito de esclavos que huían en medio del fragor de los enfrentamientos, y en un lugar de cimarronaje itinerante y de bandolerismo. Algunos indicios al respecto aporta el estudio del caso de José María Moreno.

En 1817 se sigue en los tribunales de la Real Audiencia de Quito un juicio criminal en contra de José María Moreno, alias *Cartagena*[16]. Moreno fue apresado en Ibarra acusado de cometer varios robos. De las declaraciones de Moreno se infieren detalles de su vida. Originario de Cartagena, es alistado en las tropas realistas que salen de Cali en 1810 al mando del capitán Francisco Rodríguez. En Popayán participa en el enfrentamiento con los revolucionarios en Palacé, en donde los realistas son derrotados. Él aprovecha la confusión y huye internándose hacia el sitio de La Tola, población costera al norte de la audiencia, cerca de la frontera con la actual Colombia. Esta población era uno de los puertos de llegada del proyectado camino de Malbucho que unía las haciendas del valle del Mira con la costa pacífica. Moreno se interna en estas selvas,

> [...] en donde se mantuvo de capitán de todos los negros derrotados de Quito y haciendas de diversos amos con quienes se mantuvo cometiendo los mayores excesos y que todos ellos andaban armados y descaminando a los que entraban a Malbucho y pasaban a la costa[17].

En un momento dado, que debió haber sido en el año de 1813, Hermenegildo Valencia, un esclavo que estuvo peleando con las tropas de Nariño, se le une y juntos lideran una banda de cuatreros que pronto toma control de la zona de Malbucho y Cuajara y realiza actividades de bandidaje y comercio quizás hasta 1814[18]. Valentín Chiriboga, dueño de Cuajara, mantiene una lucha declarada contra Moreno y su grupo y contra el poder que ejercen en la zona y dentro de la hacienda. Moreno decide asesinar a Chiriboga y arma una partida con varios de sus hombres. El enfrentamiento es violento, el capitán de esclavos y mayordomo de la hacienda, José Chalá, resulta herido de gravedad. En este enfrentamiento, Chiriboga captura finalmente a Cartagena. A pesar de que sus compañeros realizan una operación para rescatarlo no lo consiguen. Chiriboga mantiene a Moreno preso en su hacienda durante varios años. Hasta que en 1817, Moreno logra poner una queja ante la Real Audiencia de Quito pidiendo una sanción para Chiriboga por su prisión y el pago de sus jornales durante esos años.

El juicio contra Moreno nos muestra que en las montañas de Malbucho, entre 1810 y 1815, operaba al menos un grupo organizado de esclavos de diferente procedencia. Unos habían sido parte de los ejércitos colombianos de realistas y rebeldes; otros eran esclavos de las haciendas del valle; un tercer grupo era el de los llamados "negros de-

---

[16] ANH/Q, Fondo Criminales, caja 235, exp. 5.

[17] Ibídem, "Declaración de José Peñaherrera, vecino de Cuajara".

[18] ANH/Q, Fondo Esclavos, caja 21, exp. 21.

rrotados de Quito" o "negros rebeldes de Quito"; y finalmente había algunos esclavos del rey. En 1815, el presidente de la restituida Real Audiencia, Toribio Montes, envía una expedición a Malbucho para destruir lo que quedaba de lo que fueron asentamientos de estos grupos de esclavizados[19].

No hay duda de que la hacienda de Cuajara se convirtió entre 1790 y 1815 en un centro importante de la comunidad afrodescendiente que había logrado articular un proyecto de comunidad asociado a la defensa de su territorio y al control de la zona de las montañas de Malbucho. Esta zona fue, desde principios del siglo XIX, muy frecuentada por los esclavos de Cuajara, quienes eran enviados por Araujo a trabajar en sus minas del río Bogotá y periódicamente para mantener el camino de Malbucho habilitado para el tránsito. En las minas de Pedro Calisto en Cachaví se cuenta en 1802 una población esclavizada de 30 personas. En la misma época las élites y las autoridades de la Real Audiencia emprenden una serie de proyectos para abrir el camino hacia Esmeraldas y se realizan expediciones con el fin de decidir la mejor ruta, una de ellas dirigida por el contador de Rentas Reales, Antonio Melo[20]. Al año siguiente, para apoyar la apertura del camino por la ruta de Malbucho, se compran 10 familias de esclavos en Popayán, que suman 52 personas entre mujeres, hombres y niños. La mayoría de los adultos se entregan para el trabajo en Malbucho, los infantes son entregados a particulares en la villa de Ibarra[21].

Las guerras civiles que se producen entre 1810 y 1812 en el territorio de la Audiencia de Quito trastocan los proyectos de la élite quiteña dirigidos a articular sus intereses económicos, afincados en la producción de las haciendas cañeras y las minas de los territorios de los valles y las selvas de los ríos Mira, Bogotá y Santiago, con la apertura del camino hacia un puerto propio en el mar Pacífico. La población esclavizada es movilizada para uno u otro bando, o en su defecto, aprovecha la confusión para forjar su propio destino. Esto ocurre con los esclavos de las minas de Pedro Calisto en Cachaví y en sus propiedades en Malbucho. Calisto defendía la causa realista desde 1810 y murió ajusticiado por los marqueses rebeldes en 1812. Durante este período sus minas fueron intervenidas y sus esclavos "seducidos" para que hicieran parte de los ejércitos de los rebeldes. En 1813, cuando su hijo presenta una demanda penal contra los líderes

---

[19] ANH/Q, Fondo Esclavos, caja 21, exp. 7. El grupo detenido en esta ocasión se compone de cuatro familias, todos ellos esclavos pertenecientes al rey. Algunos logran huir, pero quienes son apresados se venden luego a don José Loza, cura del pueblo de Santa María Magdalena y director del Colegio Real y Seminario de San Luis en Quito, quien había sido escogido por la Real Audiencia para abrir el camino a Esmeraldas.

[20] ANH/Q, Fondo Especial, caja 166, exp. 9098.

[21] ANH/Q, Fondo Especial, caja 170, 9363.

rebeldes que ajusticiaron a su padre, explica que los esclavos de Malbucho y las minas de Cachaví se han regado por el monte[22].

En cuanto a los "negros rebeldes derrotados de Quito", es difícil saber exactamente su proveniencia. Si partimos del hecho de que líderes importantes de la rebelión, como los Sánchez de Orellana, Guillermo Valdivieso, presidente de la junta revolucionaria en 1811, o José Javier Ascázubi, eran propietarios de haciendas en el valle del Chota-Mira, es posible pensar que movilizaron sus esclavos para sus milicias. El 7 de noviembre de 1812 empieza la toma de Quito por las tropas realistas al mando del presidente Toribio Montes. Las milicias rebeldes comandadas por los marqueses huyen hacia Ibarra y desde allí, ya en desbandada, se adentran en las selvas de Malbucho. Durante algún tiempo permanecen en estos parajes y reciben ayuda de los esclavos de las minas en su afán de salir a Buenaventura y reunirse con los ejércitos revolucionarios colombianos; sin embargo son perseguidos y encarcelados. Al parecer, algunos de los "negros rebeldes" logran escapar y se integran al grupo comandado por el cartagenero José María Moreno.

Otra de las minas del sector de los ríos Santiago y Bogotá fue la de Playa de Oro, perteneciente a la familia Arroyo. En la mina se cuenta aproximadamente 500 esclavizados, quienes se quejan de haber sido totalmente abandonados por los amos desde la década de 1810. Al parecer, las familias viven desde entonces en un patrón de población disperso y explotan la mina según sus necesidades y para satisfacer los tributos y diezmos que las autoridades locales les han impuesto. En 1812 describen la forma en la que acogieron a los rebeldes quiteños que fueron derrotados por las tropas realistas, escondiéndolos y alimentándolos por varios meses, rebeldes que por esas fechas supieron que eran libres. En los últimos años, el amo ha enviado a un coronel de apellido Gutiérrez para hacerse cargo de la mina. Los esclavos se niegan a obedecerle acusándolo de sevicia y de explotación excesiva a cargo de un minero inglés, un tal José Blar. Exigen la presencia del amo. Según parece, hay enfrentamientos entre los esclavos mineros y Gutiérrez y sus hombres, quienes destruyen las cabañas y sembríos de los esclavos mineros. Representantes de los esclavos llegan a Quito y en 1826 se inicia una causa para averiguar lo sucedido. Curiosamente, los esclavos de Playa de Oro no exigen su libertad, sino que piden que se respete la Real Cédula de 1789 para el gobierno de los esclavos y la costumbre de trabajar un día a la semana en la mina para sí mismos. La rebelión sin embargo no fue fácil de vencer. En octubre de 1826 entra a Playa de Oro el sargento mayor Tomás Gutiérrez, comisionado del comandante de Armas de la provincia de Buenaventura, con hombres armados para "reducir las cuadrillas de esclavos sublevados de estos ríos a su deber y subordinación". En esta oportunidad realiza un padrón de esclavos, enumera a 49 familias y un total de 254 individuos, haciendo la salvedad de que dispersas en la montaña se encuentran más familias. Otro dato importante es que entre el

---

[22] ANH/Q, Fondo Civiles, caja 47, exp. 15.

grupo se cuenta a cuarenta individuos manumitidos, de acuerdo con la ley de libertad de partos de 1821[23].

Evidentemente, las prácticas de manumisión por fuerza de la guerra y aquellas que se aplicaron durante un período en cumplimiento de la ley de libertad de vientres debieron haber transformado el concepto de libertad de los esclavos mineros, introduciendo un nuevo elemento en el universo de significación, el de que la libertad era una consecuencia de las transformaciones políticas, que debía ser unilateral y que constituía un derecho. En este contexto, la negociación entre esta libertad adquirida y las condiciones de sus "libertades" consuetudinarias que les garantizaban la permanencia en el territorio y las prácticas de protección que el amo debía cumplir para mantener el dominio, según la legislación del Antiguo Régimen, fue una negociación entre nociones en disputa que debieron definirse de forma compleja en relación con las situaciones particulares de los grupos y los individuos. Por su lado, los gobiernos independentistas y realistas manejaban la noción de libertad dentro de los límites en los que la sujeción todavía era factible, retrasando con fórmulas diversas la manumisión directa y efectiva de los esclavizados.

De hecho, aunque el 7 de octubre de 1830 el Congreso Constituyente de la República del Ecuador sanciona una ley que impide la importación de esclavos al territorio de la república, esta disposición no restringe las importaciones que se realicen para las empresas agrícolas y de minerales[24].

Las relaciones que los afrodescendientes tejen en la zona de influencia de la hacienda de Cuajara y en el camino de Malbucho hacia la costa, lugar de los reales de minas, parecen haber sido importantes y fluidas. Estas relaciones, sin embargo, se extendían hasta los centros urbanos, en particular hasta la ciudad de Quito y la villa de Ibarra. Los dueños de las haciendas y minas vivían entre estas dos ciudades, en donde ocupaban cargos burocráticos. Sus esclavos transitaban entre las haciendas del valle del Chota-Mira, los reales de minas y la ciudad de Quito con facilidad, construyendo redes de información y de apoyo que salen a relucir cuando se estudia los juicios de libertad que los esclavos inician individualmente en los tribunales de la Real Audiencia. Estas relaciones también son evidentes entre los esclavos de la élite quiteña dueña de minas en Barbacoas.

Hacia principios del siglo XIX Quito era una ciudad llena de esclavos y esclavas; varios de sus amos eran propietarios de haciendas trapicheras y minas en los valles del Chota-Mira y en Barbacoas. Los esclavos transitaban de un lugar a otro o llegaban individualmente o en grupos a iniciar pleitos judiciales, o a buscar nuevos amos. Este

---

[23] Archivo Histórico Jacinto Jijón y Caamaño, Banco Central de Ecuador (AHJJC/Q), Quito, "Padrón de esclavos de mina de Playa de Oro", JJC 00713. En 1844, la propiedad ha pasado a manos de quien fuera el primer presidente del Ecuador Juan José Flores. Según inventario de la época, se cuentan 71 esclavizados, de los cuales 21 constan como manumisos, AHJJC/Q, "Lista de esclavos de la mina de Playa de Oro", JJC 1440.

[24] AHJJC/Q, "Decreto: Al señor prefecto del departamento de Guayaquil. Del ministerio de Estado", JJC 346.

tránsito facilitaba también la circulación y el consumo de informaciones. Los afrodes-cendientes estuvieron muy bien informados de los pormenores de los enfrentamientos políticos y bélicos de sus amos y patrones. Es lo más probable que varios hayan sido ya veteranos en las milicias en uno u otro bando. Lo cierto es que este manejo de la información entre los esclavos sale a relucir cuando entre julio y septiembre de 1820 se produce un proceso criminal contra un grupo de esclavos a quienes se les acusa de liderar un complot para tomarse Quito, asesinar a sus amos y saquear la ciudad. Entre los líderes se cuentan esclavos de miembros prominentes del cabildo realista. Varios de ellos son originarios de reales de minas en Popayán.

Entre 1813, año de la derrota de los marqueses rebeldes, y 1815 vuelven las au-toridades coloniales a imponer su poder en la Real Audiencia. Sin embargo, después de la victoria de las tropas independentistas bolivarianas en Boyacá en 1819, los te-mores de los realistas quiteños se habían exacerbado. En este contexto es apresado un grupo de esclavos que huían hacia la frontera con Pasto. Se les encuentra armados de estoques y puñales. Cuando se inicia el juicio, salen a relucir testimonios que los identi-fican con un grupo de esclavos que hacía reuniones en el ejido para ejercitarse en el uso del "palo". Además parece que los apresados intentaron "seducir" a otros esclavos para huir y unirse con las tropas independentistas en Pasto y volver con ellas a Quito a tomarse la ciudad. Al decir de uno de los testigos, uno de los presos manifestó que debían unirse a las tropas de Santa Fe y que "él ha de volver a ésta ciudad cuando menos de oficial".

El caso causa conmoción entre las autoridades y posiblemente en la ciudad toda. Sin embargo, no se logra probar eficientemente el delito. Lo que sale a relucir es que los esclavos tenían noticias muy pormenorizadas del avance de las tropas independentistas, de sus posiciones y de las posibilidades que les ofrecía una alianza con estas fuerzas. Pero además, la teoría que pretenden probar las autoridades de que los esclavos quiteños estaban preparándose para asesinar a los vecinos y saquear la ciudad nos da cuenta, más que de una circunstancia real, del imaginario de temor que habían construido los dueños y las autoridades respecto a los esclavizados.

Este imaginario de la peligrosidad de los esclavos debió haberse exacerbado por el clima de rebelión en que se habían mantenido los esclavos de las haciendas cañeras del valle a lo largo de los últimos 20 años, negándose a reconocer el dominio de los amos y a abandonar sus predios y a sus familias. Por otro lado, la movilización de contingentes de esclavos en las diferentes facciones enfrentadas supuso la circulación de una promesa de libertad inédita[25]. Recordemos que ya en 1810, el gobernador de Popayán don Miguel

---

[25] En zonas de Nueva Granada como Cartagena, este nuevo significado de "libertad" estuvo fuertemente influido por las revoluciones de esclavos en el Caribe, en particular la revolución haitiana. Al respecto véase Marixa Lasso, "Haití como símbolo republicano popular en el Caribe colombiano: provincia de Cartagena

Tacón y Rosique decide ampliar el reclutamiento de las milicias realistas y el Cabildo de Popayán decreta el 24 de marzo, dar la libertad a todos los esclavos de las minas que tomasen las armas (Zuluaga, 1986).

A este imaginario también contribuyó la capacidad que los esclavos habían adquirido de enfrentar judicialmente el poder de los amos, acudir a los tribunales, movilizar redes de apoyo para mantener largos juicios, y para obtener colaboración de individuos en varios niveles de la sociedad. La idea generalizada era que en los esclavizados existía una tendencia a la "insolencia"; una capacidad de transgredir los límites dentro de los cuales debía mantenerse la subordinación.

La relación de dominio descansó en supuestos claros sobre la incapacidad de los esclavizados de "representar figura en la República", de tener honor y de tener derechos sobre su genealogía (Chaves, 2001: 154-155). Los argumentos que los juicios individuales de libertad interponen ante los tribunales atacan precisamente estos supuestos. Una circunstancia que en estos años resulta particularmente controvertida es el arraigo que los esclavizados demuestran hacia el territorio en el que viven y el rechazo a la dispersión familiar. Este sentimiento no solamente aflora entre los grupos de esclavizados de las haciendas jesuitas, que por estas razones se mantienen en rebelión durante dos décadas, sino que salen también a relucir en casos particulares de esclavos urbanos.

En 1801, por ejemplo la esclava Juliana Villacís se opone a ser vendida fuera de las fronteras de la ciudad, considerando este traslado como un destierro. El argumento del amo es digno de citarse:

> [...] y es una invención peregrina atribuirle a un esclavo los derechos de la Patria, pues entendida esta voz en cuanto a las relaciones políticas, un esclavo es incapaz de ellas por su misma condición; de suerte que su subsistencia en un lugar es siempre precaria y sujeta a la libre disposición de su amo que en cualquier tiempo puede venderlo a los países más remotos; sin que pueda decirse que va desterrado, porque el destierro es una pena civil que no consiste en la variación de suelos, sino en la privación de los derechos de ciudadanía; esto es separar a un hombre libre del cuerpo político, privándolo de la representación que hacía en su Patria por sus empleos, clase y circunstancias [...] y por eso es que no se reputa injusto el extraer los negros de las costas de Cenegal y Coromandel; porque por el mismo hecho de esclavizarlos han perdido con su libertad su Patria y hogares[26].

El discurso del amo reacciona contra la idea de que el traslado de lugar que experimentan los esclavos cuando son vendidos pueda asimilarse a la idea de destierro. Según explica, el destierro significa, no una variación de lugar, sino una "privación de

---

(1811-1828)", en *Historia Caribe*, vol. 3, n.º 8, 2003, pp. 15-18; Dolcey Romero Jaramillo, "El fantasma de la revolución haitiana. Esclavitud y libertad en Cartagena de Indias 1812-1815", en *Historia Caribe*, vol. 3, n.º 8, 2003, pp. 19-33.

[26] ANH/Q, Fondo Esclavos, caja 17, exp. 1: "Juliana Villacís esclava de Don Tomás Villacís sobre su venta".

los derechos de ciudadanía, es decir privarle al hombre de la representación que hacía en su Patria, por sus empleos, clase y circunstancias". Podremos decir que el temor de los propietarios expresado en el argumento citado es acertado, en tanto los esclavizados habían creado vías para transformar su relación con el cuerpo social y político, generando la expectativa de integrarse a un ideal de ciudadanía y de patria que no tenía relación con los discursos libertarios de los líderes independentistas, sino que respondía a la forma en que patria y ciudadanía eran entendidas en el Antiguo Régimen, es decir en relación con una idea corporativista.

Conclusiones

Empecé estas reflexiones enunciando que la expulsión de la Compañía de Jesús del territorio de la Real Audiencia supuso un cambio fundamental en la forma en que se concebían las relaciones de poder en relación con los esclavizados. Propuse también, a manera de hipótesis, determinar la influencia que pudieran haber tenido las guerras de los marqueses quiteños entre 1810 y 1813, y la inestabilidad política consecuente, en los argumentos sobre la libertad que los esclavizados construyeron durante el período. De los indicios que arroja un primer acercamiento a las fuentes es posible hacer las siguientes consideraciones.

Durante los años de administración jesuita se construyó un sistema mediante el cual muchas de las familias esclavizadas permanecieron por generaciones en un mismo lugar, contribuyendo a generar un sentido de pertenencia grupal y de arraigo al territorio. Las normas en cuanto a la definición de las tareas, los tiempos de trabajo y de descanso, así como ciertos derechos adquiridos en relación con el cuidado y la alimentación que los esclavos debían recibir fueron adquiriendo un carácter consuetudinario. Estos derechos, aunque se ratifican en gran medida con la publicación de la Real Cédula para el gobierno de los esclavos promulgada por el gobierno colonial en 1789, estuvieron fuertemente consolidados desde el gobierno jesuita.

Creo que es posible postular que el grupo de familias esclavizadas de las haciendas jesuitas del valle del Chota-Mira, al perder a sus dueños y pasar al poder del rey, se constituyeron en una comunidad en el sentido tradicional del término. En cuanto grupo que solo reconocía sujeción al rey, del cual esperaban obtener protección y al cual esperaban brindar obediencia, también asumieron un conjunto de derechos que pueden interpretarse como "libertades", en el sentido que este concepto tiene en el Antiguo Régimen y en un contexto de poder en el que grupos estamentales negocian su relación de subordinación ante el rey. Entre ellas, la libertad de cultivar sus tierras para su manutención, la libertad de movimiento por la zona, la libertad de intercambiar sus productos, la libertad de mantener sus familias unidas, la libertad de mantener sus derechos consuetudinarios.

Tal como lo interpretó un abogado de la época y que aquí se ha citado, la lucha de los esclavizados estuvo dirigida a ubicarse en un espacio de relaciones con el territorio y con la sociedad que les permitiera "ser figura en la República". En este sentido, las rebeliones que se producen en las décadas de 1780 y 1790 parecen tener como objetivo defender esta idea de "comunidad" y las relaciones que esto implicaba, mas no cuestionar la existencia de la institución en sí misma.

Las guerras de los marqueses producen un clima de mucha más distensión en cuanto a las relaciones de autoridad en la zona de las haciendas cañeras. En manos de administradores, los esclavizados logran negociar o imponer las condiciones de defensa de su "comunidad" y de sus "libertades". Las ideas de libertad, en relación con su identidad legal de esclavizados, se definieron mediante estrategias individuales que incluían la compra de su carta de libertad o la exigencia judicial de un reconocimiento de libertad, como punición a los amos por incumplir las condiciones que les garantizaban el dominio. Estas ideas de libertad corresponden al desarrollo de las relaciones de dominio y sujeción durante los siglos coloniales. Los nuevos discursos sobre la libertad, entendida como una forma de manumisión o de terminación de la relación de esclavitud como un acto unilateral de los amos, se redefinen en el contexto de turbulencia política que vive la región. Entre 1810 y 1820, estas ideas deben haber circulado entre los esclavos de las haciendas cañeras y entre los esclavos urbanos, debido a las relaciones que estos tejieron con esclavos que habían participado en los enfrentamientos de los bandos independentistas y realistas, algunos de los cuales habían construido grupos de bandoleros que operaban en la zona de influencia de Cuajara y los reales de minas de los ríos Santiago y Bogotá.

Me parece importante, por lo tanto, diferenciar entre varias ideas de libertad. Una estaba referida a las "libertades" consuetudinarias de los grupos de esclavizados que habían formado comunidades que reconocían solamente la autoridad del rey. Una segunda idea tiene que ver con las prácticas, fundamentalmente individuales, de los esclavizados que movilizan una larga experiencia que les permite manejar las instituciones coloniales, los tribunales de justicia y las redes de apoyo. Un tercer significado tiene que ver con el concepto de libertad como consecuencia de la guerra, un estado de excepción que permite transformar la relación de esclavitud. Esta circunstancia puede también interpretarse como una forma de manumisión de la que se pueden encontrar fundamentos en la tradición del romano integrado a la tradición jurídica del derecho hispano medieval, vigente en la Hispanoamérica colonial[27]. Sin embargo, durante los años de turbulencia política de las

---

[27] *Las siete partidas*, Gregorio López (glosador). Madrid: Boletín Oficial del Estado, 1974 (Salamanca: Andrea de Portonariis, 1555), partida cuarta, tít. XXII, ley III, y ley IV, fl. 57r. Véase también: Alan Watson, *Roman Slave Law,* Baltimore y Londres: The John Hopins University Press, 1987, pp. 23-34; y Concepción García Gallo, "Sobre el ordenamiento jurídico de la esclavitud en las Indias españolas", en *Anuario de Historia del Derecho Español,* serie 1.ª, n.º 1, t. 50 (1980).

campañas independentistas, esta práctica estuvo asociada a otro concepto de libertad, el referido a la libertad y la emancipación política de los dominios coloniales, y a la idea de una trasformación que debía negar las prácticas del Antiguo Régimen. Sin embargo, como nos muestra el trabajo de Joanne Pope Melish (1998), para el caso de Nueva Inglaterra, el discurso de los abolicionistas de las colonias del norte de los Estados Unidos estuvo fuertemente inspirado por la consolidación de un discurso de diferenciación "racial", en el cual la idea del ciudadano estuvo asociada a la negación de la historia de la esclavitud y de la contaminación física, social y moral que esta suponía; de allí los intentos de los yanquis por desaparecer no solo la narrativa histórica de la esclavitud en sus territorios, sino también a los libertos mismos, considerados poco aptos para la ciudadanía[28]. No es sorprendente entonces comprobar que en la América hispana, la idea de libertad política contradecía la práctica de las élites independentistas esclavistas, que hicieron todo lo posible por retrasar la aplicación de leyes de manumisión directa y así evitar entrar en una época en la que, necesariamente, debían resolver la integración de los libertos en la nueva idea de república (Chaves, 2004).

En virtud de esta polisemia que caracteriza a la idea de libertad en los procesos que aquí se abordan, me parece importante recurrir a la advertencia del historiador alemán Reinhart Koselleck de que los conceptos adquieren sentido solamente en relación con las prácticas extralingüísticas; es decir, es necesario explicar qué tipo de relaciones de poder, de prácticas políticas y sociales permiten que una palabra adquiera la capacidad de significar una realidad en proceso de transformación y, a la vez, una expectativa de futuro (Koselleck, 1993: 287-298, 333-343). Este autor también subraya la importancia que para el análisis histórico tiene la comprensión de la forma en que parejas de conceptos opuestos expresan transformaciones sociales adquiriendo nuevos significados, que coadyuvan a definir estas transformaciones. En nuestro caso, la oposición entre libertad y esclavitud durante la década revolucionaria adquirió significados diferentes a los que tuvo durante el Antiguo Régimen; notemos que esta oposición binaria se convierte en una metáfora para expresar la tiranía de España en relación con sus colonias, significado que tuvo consecuencias en la forma de entender también la idea de libertad de los esclavizados (Koselleck, 1993: 205-250). En este sentido, es importante notar que en la época que se analiza, el significado de libertad podía referirse a circunstancias particulares y a expectativas de futuro disímiles, no solamente porque la idea de libertad de los amos podía diferir de la de los esclavizados, sino porque los esclavizados mismos podían construir este significado en relación con muy diferentes expectativas. De allí

---

[28] Sobre el mismo tema para el caso de la Francia pre-revolucionaria véase Sue Peabody, *"There Are No Slaves in France". The Political Culture of Race and Slavery in the Ancien Régime*, Nueva York, Oxford University Press, 1996.

la vigencia del llamado de atención que hiciera hace algunos años el historiador sueco Roland Anrup sobre la necesidad de producir esfuerzos investigativos que dieran cuenta de esta relación entre la emergencia de los conceptos socio-políticos en la historia de América Latina (Anrup, 2000-2001)[29]. Lo que se propone aquí, sin embargo, supone salir de los ámbitos de los discursos de los líderes y de los intelectuales, para interrogarnos sobre la manera en que los sujetos subalternos construyen la significación en relación con estos conceptos. Una tarea que amerita un trabajo de investigación mucho más amplio y riguroso que el que se ha hecho en estas páginas.

Las reflexiones que se han hecho hasta aquí, que nos alertan sobre la polisemia del concepto de libertad, también influyen en el momento de definir el cimarronaje y el bandolerismo de los esclavizados. Se puede decir que esta estrategia niega la vigencia de los lazos de subordinación y dominio que la esclavitud supone. En este caso, que se ilustra con la historia de Mariano Moreno y sus compañeros de las montañas de Malbucho, se nota la influencia que el estado de guerra y revolución tuvo en su concepción de libertad. Una libertad que, aunque adquirida por efecto del estado de excepción que el conflicto imponía, creaba expectativas de una transformación efectiva de las relaciones sociales y políticas. Tal y como uno de los líderes del supuesto complot de Quito expresaba, la esperanza al huir de sus amos para integrarse a las tropas independentistas colombianas era el retornar a Quito, "por lo menos de oficial".

Resulta también importante establecer la significación de las ideas de bandolerismo y criminalidad con que se define al grupo de esclavizados que operaba en la región entre la hacienda Cuajara y las montañas de Malbucho, con relación al significado polisémico del concepto de libertad.

La idea de libertad entre los años que aquí se han referido se convierte en un espacio de enfrentamiento no solamente definido por las estrategias de libertad que los esclavizados lograron articular en el contexto del caos político y social en el que se sumió la región a partir de fines del siglo XVIII, sino también por una lucha de significaciones auspiciada por los nuevos discursos que, sobre la idea de libertad, empezaron a circular en la región.

---

[29] Avances en este sentido, sin necesariamente acudir a los supuestos de la historia conceptual alemana, es el estudio de François-Xavier Guerra, *Modernidades e Independencias. Ensayos sobre las revoluciones hispánicas*, Madrid: Mapfre, 1992, pp. 149-175. Ver también: Juan Marchena, "El día que los negros cantaron la Marsellesa. El fracaso del liberalismo español en América, 1790-1823", en *Historia Caribe*, vol. 2, n.º 7, 2002, pp. 53-75.

CAPÍTULO 7

Los "alucinados" de Puerto Viejo. Nociones de soberanía y ciudadanía de los indios de Manabí, 1812-1822

Tatiana Hidrovo Quiñónez

Introducción

El diccionario de la Real Academia de la Lengua Española, en una de sus acepciones, define al ciudadano como el "habitante de las ciudades antiguas o Estados modernos como sujeto de derechos políticos y que interviene, ejercitándolos, en el gobierno del país". El concepto de ciudadano nos enfrenta, por una parte, al problema de deslindarlo de las definiciones contemporáneas, y por otra, a la dificultad de conocer con claridad qué significado específico y distinto tenía en las sociedades que transitaban entre el antiguo y el nuevo régimen, en el contexto de la independencia y formación de los Estados hispanoamericanos. La tensión se agudiza cuando tratamos de indagar la noción que tenían los segmentos populares o subalternos, aún más si estos actores pertenecían a una región periférica. Florencia Peyrou señala al respecto que "el concepto de ciudadanía es una construcción histórica, producto de conflictos y compromisos entre definiciones diversas y entre grupos sociales opuestos, que presenta límites difusos y ha adoptado diferentes formas durante los momentos históricos" (Peyrou, 2004: 267).

Al iniciarse el siglo XIX y sus avatares, el vocablo "ciudadano" fue incorporado en la Constitución española de 1812, lo cual nos revela que tuvo un contenido y uso político, y que su sentido estaba relacionado con los derechos y deberes dentro de la monarquía constitucional. En el título II, la Constitución expresa claramente que el territorio de las Españas, su religión y su gobierno están constituidos por "ciudadanos españoles". Estos ciudadanos tenían varios derechos, entre ellos designar a través de elección indirecta a los alcaldes, regidores y diputados de las Cortes, que tenían potestad legislativa.

Se consideraba ciudadano a todo individuo nacido dentro de los territorios del imperio, avecindados en cualquier pueblo, o el extranjero que obtuviere carta de tal. La adscripción para el ejercicio electoral no se reducía a las ciudades o villas, sino a toda parroquia que correspondiera a un ayuntamiento de más de 1.000 almas, que se constituía de hecho a partir de la vigencia de la Constitución. El estatus de ciudadano incluía por tanto a los criollos y a los indios, y exceptuaba a las mujeres y los esclavos, aunque a los sujetos reputados como originarios de África les quedaba la puerta abierta para adquirir la condición de ciudadanos, si "hicieran servicios calificados a la patria, o a los que se distingan por su talento, aplicación y conducta, con la condición de que sean hijos legítimos de matrimonio de padres ingenuos". Si un sujeto era sirviente doméstico, no tenía empleo oficial o modo de vivir conocido, estaba procesado criminalmente o no sabía leer y escribir (aunque esta norma se aplicaría desde el año 1830), perdía su calidad de ciudadano.

Historiografía reciente analiza con detenimiento el momento de transición entre el antiguo y el nuevo régimen en el Imperio español, y propone que una serie de sucesos que se desataron en cascada, que permitieron que vecinos españoles e indios ejercieran derechos ciudadanos, uno de ellos el de elegir a sus autoridades, práctica "moderna" que impactó de tal manera en la cultura política hispanoamericana, que lo que ocurrió fue en sí una revolución de tipo liberal (Rodríguez, 2006). No entraremos en disquisiciones sobre la tipificación del evento, pero es irrefutable el hecho de que la categoría ciudadano, con unas cualidades específicas, irrumpió en los imaginarios y comenzó a ser parte de un proceso de autoconciencia política.

Sin embargo, aunque la Constitución de Cádiz introdujo la idea de una ciudadanía que encarnaba derechos y deberes de los individuos, no está claro cómo se asimiló esta noción constitucional en los colectivos heterogéneos y jerarquizados, portadores de una cultura política de larga data, que no solo tenía componentes hispanos, sino también americanos, y que además era producto de un proceso colonial.

Si bien la Constitución de Cádiz otorgaba al individuo el estatus de ciudadano, este sujeto político actuaba en un ámbito parroquial, parte de una circunscripción territorial administrada por una entidad. De hecho el ejercicio del voto estaba ligado a un lugar determinado, y ese lugar determinado tenía un carácter étnico en el caso de la mayoría de pueblos hispanoamericanos. Los sujetos debían pertenecer a un grupo estamental, corporativo o territorial; no estar dentro de ellos era estar fuera de la sociedad (Guerra, 1999: 40). El nuevo "ciudadano" creado en 1812 devenía por tanto de una condición de vecino de una ciudad o villa, o de indio perteneciente a una antigua reducción, que poseía un tipo de gobierno ancestral regulado por el Estado español a través de la figura del cacique. La relación histórica con lugares y gobiernos locales significaba que estos criollos e indios tendrían ideas sobre derechos y deberes de tipo político. Habría que preguntarse si esta pertenencia a un colectivo o pueblo ancestral, sea de indios o de españoles, no derivaba en una noción de derechos colectivos y prácticas políticas inscritas en un determinado lugar y grupo.

Estudios políticos proponen que la cultura política española del siglo XIX atribuyó los derechos políticos a una colectividad, marcando una distancia con la cultura y tradición liberal anglosajona que los legaba a los individuos (Álvarez, 2004: 83). Según las tesis de Wiarda (2001) y Morse (1995), la cultura hispanoamericana está marcada sobre todo por la tradición romana recreada por el mundo visigodo y musulmán; se caracteriza por el corporativismo, la jerarquización y el personalismo, todo lo cual, según esos autores, sentó las bases para la creación de unos Estados que aún hoy tienen dificultades para construir una modernidad política fundada en la ciudadanía, en cuanto concepto que privilegia al sujeto como ente individual.

El imaginario de soberanía en las colonias hispanoamericanas parecía traslucir un concepto político complejo, que implicaba el ejercicio colectivo, de la "comunitas", lo que dio lugar a la formación de un sentido de "ciudadanía comunitaria" (Morelli, 2005: 14) ejercida en un ámbito territorial. De acuerdo a Federica Morelli, este tipo de soberanía es el que entra en juego o se exacerba cuando el modelo político mixto se desestabiliza, primero por el proyecto centralista borbónico, y luego durante la crisis de la monarquía a partir de 1808, cuando se produjo la "vacatio regis" que creó las condiciones para que se alegara el retorno del pueblo al poder y con ello se crearan las juntas autónomas. Posteriormente, la Constitución de Cádiz generó el marco jurídico para que este tipo de soberanía local se consolidara e incluso se multiplicara a través de los cabildos constitucionales que se eligieron por primera vez a partir de 1812, que se materializaron también en el caso de los pueblos de indios. De esta forma, las entidades territoriales, específicamente los cabildos, también jugaron un papel importante en la construcción de los sentidos de soberanía a través de un ejercicio continuo de poder local, que se materializaba en sus competencias para legislar, regir el territorio y administrar justicia en su ámbito espacial, estructura de larga data desde donde se interpretó y ejerció la soberanía cuando se produjo el vacío político en el sillón de la monarquía española.

El concepto de soberanía irrumpe antes que el de ciudadanía, durante la crisis política de 1808; tal soberanía estaba encarnada en un colectivo, el pueblo, que la retoma ante la "vacatio regis". La idea de que el pueblo es el depositario de la soberanía tenía un origen de larga data: los aristócratas españoles recogieron el pensamiento de la escolástica medieval reformulada en el siglo XVI por los dominicos y jesuitas salmantinos, quienes concebían la idea de una soberanía divina, transferida a través del pueblo al monarca, quien la detentaba sólo al servicio del bien común (Álvarez, 2004: 84); esta concepción ponía límites al poder, contención que en la práctica ejercían los poderes locales y las corporaciones. Morse explica a su vez la fuerte influencia del pensamiento del filósofo Suárez, seguidor de santo Tomás de Aquino, quien argumentaba la existencia de una soberanía popular intrínseca, encarnada o representada en el rey; por tanto, en ausencia del rey la soberanía retornaba al pueblo.

La Constitución española de 1812 enuncia a la nación española que encarna la soberanía y por lo tanto la idea de un derecho colectivo originario (Guerra, 1999: 36). Esta idea de soberanía española se afirma frente a un otro extranjero, Francia, pero posteriormente, cuando se abre el proceso de independencia en América, la noción implicaría la construcción de una diferencia entre territorios y colectivos distintos, uno de ellos los americanos, en contraposición con un Otro español; y posteriormente, cuando se forjan las distintas repúblicas y sus pujas internas, la soberanía fue encarnada por entidades locales. La noción de soberanía comenzó a moverse consecuentemente con el tenso proceso de configuración de los nuevos Estados nacionales.

Conceptos y representaciones tan subjetivas como los de soberanía y ciudadanía, componentes básicos del nuevo régimen, se construyeron y se reconstruyen a partir de procesos complejos. Buena parte de las preguntas acerca de la naturaleza de los Estados nacionales decimonónicos hispanoamericanos están relacionadas con estas ideas poco trabajadas con enfoque étnico y de "clase", sobre todo para explicar la transición que se comienza a operar desde la condición de indio a la de ciudadano de las nuevas repúblicas. Para el caso de las colonias, la complejidad y desigualdad con que se concretó el proyecto colonial plantea la necesidad de investigar cada caso en particular, imbricando nociones de periferia, indios, cultura política de larga data, contingencia y ruptura histórica. En ese contexto, el propósito de esta ponencia es conocer cuáles fueron los sentidos de soberanía y ciudadanía que se formaron o redefinieron entre los autárquicos indios del partido de Puerto Viejo, como resultado de los eventos ocurridos entre 1812 y 1822. Este es un trabajo exploratorio por varias razones: primero porque no tiene suficientes antecedentes historiográficos, segundo porque, al escasear las fuentes primarias, intentamos husmear las respuestas mirando básicamente dos expedientes sobre desórdenes ocurridos en Jipijapa y Portoviejo en 1814 y 1816, y un documento reproducido por un cronista local que tuvo entre sus manos antiguos textos del cabildo, que hoy ya no existen. Por lo tanto, el límite de las fuentes trabajadas hace necesario advertir que este es solo el comienzo de una investigación que necesariamente debe desarrollarse para llenar el gran vacío que existe sobre la agencia de los sectores populares durante este importante período, y específicamente sobre la acción de tales actores, en zonas periféricas o en contextos regionales, con respecto a su conversión en ciudadanos.

Desde la perspectiva historiográfica de la nueva historia no hemos encontrado trabajos específicos sobre imaginarios políticos de los indios de Puerto Viejo en el período de la Independencia. *De Huancavilcas a Comuneros* es un estudio elaborado por Silvia Álvarez (2001), que contiene un amplio análisis antropológico e histórico de las sociedades indígenas que se encontraban en las zonas costeras de la provincia de Guayaquil, desde la época prehispánica, para demostrar su dinámica y permanencia hasta el presente. Siendo un estudio antropológico plantea la reconfiguración de las identidades y formas de resistencia en distintos momentos, uno de ellos la Independencia e instauración del Estado moderno. Carmen Dueñas de Anhalzer (1997) compara la cultura política de tres localidades: Quito, Santiago de Guayaquil y Puerto Viejo. Dueñas es la primera que incluye la mirada a los segmentos "populares" como sujetos de su propia historia, y a la luz de categorías políticas y culturales. Propone que la debilidad del Estado colonial en Puerto Viejo dio lugar a relaciones de poder distintas, que permitieron un relativo empoderamiento de caciques y a la vez la configuración de una cultura política basada en la idea de autonomía y autarquía, con respecto a las autoridades coloniales afincadas en Santiago de Guayaquil.

El partido de Puerto Viejo: agencia de los indios y sentidos de autarquía

El espacio de Puerto Viejo corresponde hoy a la parte sur de la actual provincia de Manabí, situada en la costa central del Ecuador. Este es un lugar donde se asentaron sociedades complejas 3.800 años antes de Cristo, sociedades cuyo proceso desemboca en la conformación de un conjunto de pueblos que constituyen desde el siglo XVI el Partido de Puerto Viejo, perteneciente a la provincia de Guayaquil.

Para entender la dinámica tardía de las sociedades indígenas de Puerto Viejo es necesario retrotraernos a la época de la conquista: una sociedad compleja organizada en una sucesión de señoríos articulados políticamente alrededor de su rol de extractores y distribuidores de bienes exóticos (concha spondylus) fue desarticulada violentamente después de la llegada de las huestes españolas. Los invasores desembarcaron por primera vez en estas costas de clima templado y puertos naturales atraídos por la complejidad de sus sociedades, por las condiciones geoestratégicas de sus puertos, y fundaron en 1535 una ciudad, San Gregorio de Puerto Viejo, como un primer hito demarcador del límite del nuevo espacio conquistado, y al mismo tiempo como centro coordinador de actividades militares, proveedor de alimentos y mano de obra. Una vez consolidada la conquista, los españoles se interesaron más por el altiplano y por otorgarle a estos lugares una salida directa al mar, a través de los ríos de la cuenca del Guayas, por lo que privilegiaron a la nueva ciudad de Santiago de Guayaquil. San Gregorio y el territorio de Puerto Viejo quedaron solo como referentes de frontera y lugar de puertos naturales.

En el siglo XVI hubo una drástica disminución de la población indígena, causa, entre otras, del atrofiamiento de las encomiendas. Los indios continuaron controlando parte de las tierras y el comercio de ciertos productos, usando una ancestral y exitosa tecnología de transporte marítimo y fluvial, la balsa, lo cual les permitió insertarse en ciertos circuitos mercantiles y acumular recursos económicos, compitiendo con los criollos del lugar, concentrados inicialmente en la ciudad de San Gregorio, en tanto los indios residían principalmente en los pueblos de Jipijapa y Montecristi, mucho más dinámicos que el primero. La Iglesia católica, en cuanto institución colonial destinada a la conquista del imaginario, tenía presencia a través de un convento de mercedarios bastante empobrecido y de unos cuantos párrocos que disputaban el control de cofradías, la mayoría de las cuales finalmente eran manejadas por los mayordomos indígenas.

La provincia de Guayaquil, que desde mediados del siglo XVIII tenía la jerarquía de gobierno militar o gobernación, estaba constituida por una serie de pueblos, la mayoría de los cuales derivaban de las antiguas "repúblicas de indios", mientras que Santiago de Guayaquil y San Gregorio de Puerto Viejo fueron resultado de fundaciones de españoles. Este conjunto de pueblos se ubicaban en un dilatado espacio que corresponde a todo el territorio de la costa del actual Ecuador, con excepción de la provincia de Esmeraldas, espacio caracterizado por una extensa red fluvial convertida por los habitantes en vías de transporte y comunicación, que conectaban a la zona interandina con la ruta del mar Pacífico. Su economía se basaba en la intermediación mercantil y en una diversificada producción ganadera, maderera, artesanal, industrial (como la construcción de barcos) y agraria, esta última dedicada sobre todo a la producción de cacao. Desde fines del siglo XVIII se percibía una bonanza debido a la liberalización del comercio del cacao y la inserción de la economía regional en el mercado mundial. Aunque con ciertas pujas, los distintos segmentos sociales convergían en unas prácticas económicas comunes relacionadas con la producción de comestibles, artesanías y comercio legal e ilegal.

Los partidos de Canoa y Puerto Viejo, pertenecientes a la provincia de Guayaquil, constituían una realidad distinta. Ninguno de los pueblos que formaban el partido de Puerto Viejo predominaba sobre los demás; más bien constituían un red, en la que cada uno de ellos se complementaba con los otros, a partir de la función que cumplían: la ciudad de San Gregorio de Puerto Viejo era la sede del único cabildo de españoles y lugar de residencia de los criollos que vivían de sus fincas y probablemente de los servicios que prestaban para facilitar el ingreso de mercancía ilegal para los de Quito y Guayaquil. Jipijapa, uno de los pueblos de indios, era el centro económico más importante; y Montecristi controlaba el puerto de Manta. Otros pueblos importantes fueron Charapotó, también cercano a la costa, y Pichota, de tradición más bien mestiza. Hacia el norte se configuró una nueva geografía humana desde finales del siglo XVIII, como resultado de la expansión de la frontera agrícola, lo cual dio lugar a la creación del partido de La Canoa, agregado tardíamente a la provincia de Guayaquil. Uno de los pueblos de antigua tradición, que pervivió más como hito costanero que como enclave de poder, fue San Andrés de La Canoa, que conformó después un cabildo constitucional, gracias a las disposiciones de la Carta de 1812. En este territorio también emergía lentamente el pueblo de Chone, apostado cerca de una cuenca hidrográfica propicia para la producción de cacao. En 1789 en el partido de Puerto Viejo los mayores grupos étnicos eran los indígenas y los blancos-mestizos (Hamberly, 1987) y en 1790 el total de su población era de 8.388 habitantes. La Canoa estaba habitado en un 99% por pardos.

El sentido de autarquía

Vanos fueron los intentos de las autoridades de Guayaquil por controlar unas prácticas políticas y económicas autónomas por parte de indios y criollos de Puerto Viejo, cuyas tensiones se agudizaron a partir de la vigencia de las reformas borbónicas. Esto exacerbó el sentido de autarquía regional, configurado a partir de la resistencia a las autoridades e instituciones coloniales que estorbaban la libre producción y el comercio, y la idea de que esta era una provincia autónoma, por la antigüedad de su ciudad.

La tesis de Carmen Dueñas de Anhalzer prueba que el sentido de autarquía de la gente de Puerto Viejo se configuró a través de un proceso histórico de residencia al Estado colonial, encarnado en las instituciones y autoridades de Guayaquil, y la idea de un "mal gobierno" que tenía su lugar en la sede del corregimiento y después gobernación, desde donde se intentó controlar a los "cavilosos". En 1751 los vecinos de San Gregorio alegaban que su antiguo cabildo le otorgaba a Puerto Viejo la condición de provincia autónoma con relación a Guayaquil, argumento que usaron para impedir la vigilancia de la elección del alcalde por parte de un teniente comisionado (Dueñas de Anhalzer, 1997: 199). En la última década del siglo XVIII las autoridades de Guayaquil hacían esfuerzos para interpretar y controlar la constante insubordinación de la gente de Puerto Viejo, que dificultaba el ejercicio de la justicia, llegando al extremo de liberar a los reos por cuenta propia e irrespetando la ley; en sus informes, los funcionarios explicaban que tal estado de cosas se debía a la ausencia de autoridades en el lugar y a la carencia de gobierno.

Jipijapa y Montecristi tenían su origen en antiguas reducciones de indios, lugares que se convirtieron después en enclaves mercantiles controlados por los caciques, quienes eran además importantes actores políticos. Aunque los indios no conservaban sus lenguas, mantenían sus tierras comunales y practicaban la costumbre de no mezclarse con los blancos y mestizos. De esta manera habían construido un espacio relativamente autónomo, lo que explica incluso la resistencia a las autoridades eclesiásticas, a tal punto que en 1780 golpearon a varios sacerdotes, uno de los cuales fue vejado públicamente en la plaza del pueblo. En ocasiones, cuando se intentaba castigar a los indios por no asistir a la misa, colocándolos en el cepo, los demás indios liberaban a la víctima. Tales comportamientos revelaban relaciones sociales tensas, pero menos jerarquizadas, puesto que los curas se vieron obligados a hacer muchas concesiones y alianzas. Lo que se muestra con estas acciones es que si bien en la costa no se produjeron grandes rebeliones, las formas de contrapoder no fueron menores, sino distintas. Otra de las formas de resistencia se expresó a través del uso de las propias instituciones y normas coloniales para implantar demandas judiciales: en 1778 un visitador señalaba que los indios de Jipijapa "duermen sobre el papel sellado" (Dueñas de Anhalzer, 1997: 225). Cuando había pleitos por la legitimidad de la dinastía cacical, los procesos se dirimían ocasionalmente en Jipijapa, con la participación no solo de los testigos, sino del común de indios, que ejercían la potestad de pronunciarse a favor o en contra de las partes. De acuerdo con Carmen Dueñas, los indios de Jipijapa estaban muy politizados, habían entendido el funcionamiento de la normativa colonial y sus instituciones, de tal forma que en pos de lograr sus propósitos, solían realizar largos viajes a Santa Fe de Bogotá o a Madrid, logrando resultados exitosos. En 1796 el cacique y marinero Inocencio Parrales y Guale inició un proceso legal por el título de propiedad de vastas tierras comunales, e incluso viajó personalmente a Santa Fe y a la península para lograr, como en efecto lo hizo, un veredicto favorable, que permitió a los indios obtener el título de sus tierras en 1805. Este mismo cacique pidió la abolición del programa de siembra de tabaco en Jipijapa.

La percepción de una laxa libertad mercantil cuajó en los indios al parecer a partir de sus prácticas productivas y mercantiles, frente a una institucionalidad colonial que no se fortaleció en esta zona de frontera, periférica y de paso. No obstante, se trataba de un imaginario complejo puesto que los indios reconocían como autoridad suprema al soberano, de quien decían que era el único y amoroso padre rey con el que podían contar. Por otra parte, la noción de autoridad entre los indios estuvo ligada a la idea de capacidad jurídica y conocimiento de la escritura, por ello cuando repudiaban al indio Vicente Xalca (1778), argumentaban que este no debía ser cacique porque "no sabe ni leer ni escribir" (Dueñas de Anhalzer, 1997: 228).

La contingencia o revolución hispanoamericana de 1808

A partir de 1808 se desataron una serie de sucesos políticos en el Imperio español que provocaron profundos cambios políticos y culturales en la América hispana, marcando la transición y a la vez la ruptura entre el Antiguo Régimen y el Nuevo Régimen, que tuvo como su mayor consecuencia la conformación de los nuevos Estados nacionales. Los eventos de 1808 han sido mirados por una parte como una contingencia, por otra como resultado de las políticas fiscalistas de las reformas borbónicas, o como expresión de una verdadera revolución hispanoamericana, que marcó su impronta en los procesos políticos del siglo xix ocurridos en la América hispana.

Federica Morelli explica que el modelo monárquico español constituía un complejo político de tipo mixto, integrado por tres instancias de poder: la monarquía, la nobleza y las ciudades, verdaderas entidades territoriales de larga tradición hispana, enclaves de los criollos en el caso de las colonias americanas, que funcionaban además como "cuerpos intermedios". Este enfoque desmonta la visión de una estructura absolutamente vertical y centralizada, cuyo poder omnímodo estaba en el rey, y muestra un sistema político pactista. De esta manera, "más que como una entidad política dotada de un poder exclusivo sobre un territorio continuo y unitario, el Estado se presentaba como un conjunto de unidades territoriales dotadas de autonomía y de unos privilegios particulares" (Morelli, 2005: 13). Las reformas borbónicas intentaron cambiar el sistema federativo de los Habsburgo, por una monarquía administrativa centralizada, fundada en el poder ejecutivo, al modo francés (21). El fracaso de este modelo en términos políticos y la pervivencia del "estado mixto" (32) estuvieron dados justamente por la existencia de estos contrapoderes locales, que sin embargo, y a pesar de constituir un tipo de modelo corporativista, construyeron y ejercieron un modo de *soberanía* y dieron cabida a una forma de ciudadanización, como consecuencia del proceso desatado después de 1808.

Una historiografía reciente propone que una serie de acontecimientos acaecidos entre 1808-1814 y 1822 dieron lugar a una revolución hispanoamericana de tipo liberal, que a su vez desencadenó el proceso independentista (Rodríguez, 2006). El momento de arranque de este proceso, es decir, el momento de ruptura o discontinuidad, ocurrió en 1808, cuando la monarquía española se desplomó debido a la invasión de los franceses, la abdicación de Fernando VII y la entronización de José Bonaparte. La usurpación de la Corona española por parte de un invasor extranjero fue rechazada unánimemente por los pueblos hispanoamericanos, quienes creían en el principio de la inalienabilidad de la Corona, estableciendo una distinción entre el rey como persona física y el rey como persona jurídica (Morelli, 2005: 34). Pero más allá de aquello, la doctrina suarista se mostró presente en el imaginario político de estos actores, para los cuales ante la ausencia del rey físico e institucional, la soberanía regresaba al pueblo (Rodríguez, 2006: 40). Esta interpretación y cosmovisión política provocó la reacción de decenas de entidades territoriales y políticas —ciudades y cabildos—, que conformaron de inmediato juntas autónomas de gobierno, para rechazar la invasión francesa y apoyar el retorno de su rey.

Pese a la oposición de los funcionarios reales, la llamada Junta Suprema Central Gubernativa del Reino, que se constituyó en la península (septiembre de 1808), aceptó como legítimas a las juntas provinciales, incluyendo las de América. Esta junta reconoció además que los pueblos de América no eran colonias y que tenían derecho a la representación, lo cual significó un primer evento de ruptura en el marco de la crisis de la monarquía española. Un segundo evento revolucionario estuvo dado por el proceso electoral para elegir representantes ante el "gobierno nacional". Poco después, la Junta Suprema Central quedó confinada a la isla de León en medio del proceso de ocupación del territorio español por parte de la bota francesa. No obstante las condiciones adversas, la junta dispuso consultar a los pueblos del imperio sobre la conformación de una representación legal a través de las Cortes (22 de mayo de 1808). Esta consulta, según Rodríguez, fue otro acto revolucionario y ejercicio de política moderna. Poco después (1 de enero de 1810) la junta convocaba a elecciones de diputados a las Cortes, lo que abrió un debate sobre la representación. Convocadas las elecciones, la Junta Central se autodisolvió y nombró el Consejo de Regencia. En 1810 muchos de los reinos americanos llevaron a cabo elecciones, lo que constituiría en poco tiempo otro acontecimiento de ruptura. El 24 de septiembre de 1810 se instalaron las Cortes de Cádiz, aunque con un gran número de representantes americanos suplentes, debido a que los principales no alcanzaron a llegar.

Los diputados de Cádiz asumieron su condición de representantes de la nación, encarnando así el ejercicio de la soberanía, otro hito político. Estos hombres expidieron la Constitución en 1812, carta profundamente revolucionaria, que abolió instituciones tradicionales, como la Inquisición, el tributo indígena, el trabajo forzado, y reguló el control del Estado sobre la Iglesia. Incluyó además el derecho a conformar ayuntamientos constitucionales en todos los pueblos que tuvieren más de 1.000 almas, y el derecho de todos los habitantes a elegir a sus autoridades locales y diputados provinciales, con excepción de los habitantes de origen africano. Establecía tres niveles de gobierno: la ciudad con los ayuntamientos constitucionales; la provincia (la diputación provincial) y la monarquía constitucional (las Cortes). Todos estos derechos innovaban completamente el modelo político, provocando la transición entre el Antiguo Régimen y un Nuevo Régimen.

En efecto se llevaron a cabo las primeras elecciones constitucionales en la mayor parte de los pueblos pequeños y ciudades tradicionales de antigua fundación. Se eligió a los diputados provinciales y las cortes ordinarias. Hacen falta estudios de caso para determinar cómo ocurrió el proceso y cuál fue la reacción ante un hecho tan insólito, en los distintos espacios coloniales; en todo caso, esta serie de eventos son considerados como una revolución de corte liberal, con sus propios matices, la misma que creó un sentido de ciudadanía y de soberanía cuyo impacto en la historia posterior de los pueblos latinoamericanos está aún por establecerse (Rodríguez, 2006: 40-53). En 1814 el rey Fernando VII retornó al trono y abolió la Constitución; en 1820 la restituyó en un desesperado intento por impedir la desintegración del imperio, pero ya era tarde, puesto que el proceso independentista estaba en marcha, llevando con él las secuelas de los primeros eventos de política de tipo moderno, que habían tocado a buena parte de los habitantes de las colonias.

La transición del Antiguo Régimen al Nuevo Régimen en Puerto Viejo: 1812 a 1822

En enero de 1813 llegó a Guayaquil una copia de la Constitución en la fragata *Bárbara*, tras lo cual el Ayuntamiento de Santiago ordenó que se la hiciera pública y se la jurara en medio del repique de campanas. No obstante, mucho antes que llegara físicamente la copia de la Constitución a Guayaquil, los habitantes de Puerto Viejo la habían asimilado y puesto en práctica a través de la elección de los nuevos cabildos. De los 19 cabildos constitucionales que se instalaron en la provincia de Guayaquil, 4 estaban en Puerto Viejo, los de San Gregorio, Jipijapa, Montecristi y Pichota; y uno en La Canoa (Morelli, 2005: 228). En todo el territorio de Quito se constituyeron alrededor de 89. Poco después (4 de mayo de 1814) de estos eventos, llegó la noticia de que el rey Fernando VII, al cual tanto defendieron los pueblos de la Real Audiencia de Quito a través de sus juntas, había dispuesto la supresión de la Constitución y la restauración del antiguo régimen absolutista. Por aquellos años, la inestabilidad en Puerto Viejo era algo que preocupaba hondamente al jefe político de Guayaquil, Juan Vasco y Pasqual, quien encabezaba su informe sobre el estado de la provincia diciendo:

> Divulgados en esa ciudad los movimientos populares, y falta de subordinación de esta Provincia á los preceptos superiores, sobre posesionar al Teniente Gobernador Juez Real del Partido, conmovieron mi celo patriótico, para ofrecer á Vuestra Señoría mi persona y facultades con el deseo de lograr la tranquilidad y sosiego de los alucinados[1].

Los amotinamientos y revueltas en Jipijapa por pugnas en la elección de autoridades del ayuntamiento y la propagación de ideas facciosas atribuidas a los curas Ribadenei-ra, Vivero y Gil llevaron al teniente político a realizar un recorrido por varios pueblos para pasar revisión a las milicias y constatar la fidelidad al rey[2]. En 1816, los indios de Jipijapa se negaron a pagar el tributo; así mismo, cuando las autoridades de Guayaquil obstaculizaron ciertas normas constitucionales, los vecinos de la villa de San Gregorio de Puerto Viejo viajaron hasta Lima para denunciar la intromisión en las competencias del nuevo cabildo[3]. Los habitantes de Carangue, población del norteño partido de La Canoa, también se mostraron afectos al nuevo orden[4], que estaba siendo desconocido por el rey Fernando VII. La adscripción a la Constitución de Cádiz se observa tanto en indios, como blancos y mestizos. El desafío de los indios y su inclinación por una sociedad más liberal se ve incluso en grupos ubicados en el interior, con menos acceso a la información y más distantes de las rutas de comercio, como es el caso de los indios o mestizos de Pachinche, lugar situado en la zona montañosa cercana a San Gregorio de Puerto Viejo[5].

---

[1] Informe sobre desórdenes en Jipijapa y Portoviejo (Portoviejo, 8 VI, 1814), en *Revista del Archivo Histórico de Guayas,* n.º 5, junio de 1974, p. 95.

[2] Informe sobrè desórdenes en jipijapa y Portoviejo (Portoviejo, 8 VI, 1814) en *Revista del Archivo Histórico de Guayas,* n.º 5, junio de 1974, p. 97.

[3] Los moradores de Carangue a Montes, julio 8, 1813, ANH/Q Presidencia 508, en Dueñas, *Élites indígenas,* p. 142.

[4] Los moradores de Carangue a Montes, julio 8, 1813, ANH/Q Presidencia 508, en Dueñas, *Élites indígenas,* p. 142.

[5] Declaración del Alcalde de Pachinche, en Alberto Molina, *Crónicas del ayer Manabitas*, Portoviejo, Imprenta Raqmírez, 1981, tomo 1, p. 77.

Consumada la independencia de Guayaquil el 9 de octubre de 1820, las nuevas autoridades habían enviado emisarios, el mismo día, a los pueblos de Jipijapa, Puerto Viejo y Montecristi, para lograr su adhesión. Antonio Vallejo, comandante militar de Puerto Viejo, se hallaba en Jipijapa cuando llegó la excitación para adherirse al movimiento de Guayaquil. El funcionario publicó por bando la adhesión de Jipijapa, y fue aceptado "con el mayor gusto el Gobierno feliz y siempre deseado de la Independencia".

El mismo emisario pasó a Puerto Viejo, donde ya sabían la noticia por medio de un oficio enviado antes. Según una carta del sacerdote párroco del pueblo, Manuel Rivadeneira, acusado por los realistas de sedicioso, los portovejenses se adhirieron al nuevo gobierno independiente de Guayaquil: "Aquí entre muchos ciudadanos, hemos publicado hoy el feliz éxito de la empresa, y hemos prometido defender la Patria, en unión de esta Capital a costa de cuanto pueda encarecerse". Por su parte, la adhesión de los de Montecristi se expresó en un acto celebrado con tres días de festejos, vivas y bailes. La independencia se "verificó" con solemnidad y una misa de gracia. El "presidente y vocales de la Junta de Gobierno de Montecristi" también enviaron un documento de apoyo a la causa de Guayaquil. El presidente Cuadros dijo en ella que "la alegría de todos los individuos en este pueblo es inexplicable, pues todo aquel feliz día, el siguiente y sus dos noches, no se oían otras voces que las de ¡Viva la Patria! ¡Viva la Unión! ¡Viva la Libertad!" (Estrada, 1934: 107).

En el lapso del tiempo que transcurrió entre octubre de 1820 y julio de 1822, en la provincia de Guayaquil rigió un gobierno independiente, inicialmente presidido por uno de los miembros del cabildo, José Joaquín de Olmedo, ex diputado de las Cortes de Cádiz (Loor Moreira, 1976: 79). Al día siguiente de la proclamación de la independencia el propio ayuntamiento reconoció su carácter provisional hasta tanto se eligiera el gobierno legítimo, y expidió un reglamento constitutivo y electoral que declaró a Guayaquil como la cabecera de la provincia. Así mismo se aprobó la continuidad de los jueces y autoridades de cabildos vigentes, hasta su remoción por parte de la nueva Junta de Diputados. El mismo 10 de octubre se convocó por bando a elecciones para designar a 61 diputados en toda la provincia de Guayaquil. Se dispuso que los jueces de partidos convocaran a las "cabezas de familia" para que en el primer día festivo se eligiera por mayoría o pluralidad de votos a los diputados de cada partido, 1 por cada 1.500 habitantes. San Gregorio de Puerto Viejo debía elegir 2; San Andrés de La Canoa, conjuntamente con Chone, 1; Jipijapa, 4; Montecristi, 2; Charapotó, 1, y Pichota, 1. Eran considerados jefes de familia todos aquellos que fueran cabezas de familia, menos los esclavos. Los nuevos diputados debían viajar a Guayaquil el 8 de noviembre, para instalar la Junta de Gobierno o Colegio Electoral (Loor Moreira, 1976: 103).

El domingo 22 de de octubre de 1820 se realizaron las elecciones de los nuevos cabildos constitucionales de San Gregorio de Puerto Viejo y Jipijapa. En Montecristi,

La Canoa y Chone se llevaron a cabo las elecciones el 29 del mismo mes. Todo parece indicar que la forma de elección era la misma que preservó la Constitución de Cádiz, reconociendo el derecho del voto de todos, con excepción de los solteros y de los esclavos, sin que se exigiera tener un capital o propiedades cuantificadas. El gobierno de Guayaquil empezaba transitando por caminos republicanos y liberales.

Reunido el Colegio Electoral el 8 de noviembre de 1820 en Guayaquil, emite el "Reglamento Provisorio Constitucional de la Provincia de Guayaquil". Tal reglamento demuestra la base liberal del proyecto político guayaquileño, aunque acoge la mayoría de las leyes de la Colonia que estaban vigentes, en cuanto no se opusieran al nuevo reglamento constitucional. Reconoce un triunviro elegido por los electores del "pueblo", asimilando la elección indirecta que proponía la Constitución de Cádiz; otorga poder electoral a todos los habitantes con excepción de esclavos y solteros; los cargos militares se los delega a la jefatura y ordena el servicio militar desde los 16 años; dispone que los alcaldes de los pueblos sean jueces de primera instancia y que haya un juez de letras y un juzgado de apelaciones. A esta estructura política e institucional, se agrega una diputación de comercio. No se otorga representación civil en los "pueblos", y se suprimen las tenencias, otorgando agencia a los ayuntamientos (Loor Moreira, 1976: 118).

En esta primera sesión constitutiva del Colegio Electoral participan por San Gregorio de Puerto Viejo los diputados Manuel Ribadeneira y Andrés de Vera; por Montecristi, José Joaquín Alarcón y Manuel Otoya; por Jipijapa, José Leocadio Llona y José Cacao; por Paján, Manuel Menéndez; por Canoa, Bernardo Plaza de la Tejera; por Pichota, Vicente Zambrano. No asistieron José Medranda de Charapotó y Mariano Parrales de Paján (Loor Moreira, 1976: 120).

Tras la independencia se mostraron en Santiago de Guayaquil tres tendencias que proponían indistintamente la adhesión al Perú, a Colombia o la pervivencia de una república independiente. Los de Puerto Viejo tomaron agencia propia y en diciembre de 1821 decidieron adherirse a Colombia, ejerciendo de esta manera su ancestral sentido de autarquía local. No obstante, la decisión de Puerto Viejo pudo tener que ver con los antiguos lazos mercantiles que estos pueblos tuvieron con los del Chocó, ambos insertados en la ruta del Pacífico. Las tensiones entre los de Puerto Viejo, que pugnaban por su anexión a Colombia, y los de Guayaquil obligaron al propio general Antonio José de Sucre, de las fuerzas bolivarianas de Colombia, a intervenir para evitar enfrentamientos. El 29 de diciembre de 1821 escribe una carta al ministro de Guerra del Perú, que encabeza de la siguiente manera: "Yo creí mi deber, evitar el choque de los pueblos alejando las armas de las distensiones domésticas que en general terminan funestamente cuando una gota de sangre abre canales a las pasiones para desarrollarse y conducir un país a la anarquía" (Sucre, 1973: 530). La sociedad de Puerto Viejo había dado históricas muestras de autonomía con respecto de Guayaquil, con cuyas autoridades rivalizó muchas veces a lo largo de la Colonia. En 1822, la tendencia de los pueblos del norte a favor de Colombia, nuevamente fue ratificada. El 5 de julio se adhieren los cabildos de Charapotó y Montecristi; el 7 de julio lo hizo nuevamente San Gregorio de Puerto Viejo, el 8, Jipijapa y La Canoa y el 10 lo concretó Chone. Los de Puerto Viejo pudieron estar instigados por el teniente coronel Elizalde, afecto a la causa colombiana, y quien en lo posterior tuviera una presencia continua en los territorios de la que sería después la provincia de Manabí, además de liderar una de las tantas facciones que actuaron durante los azarosos días del nuevo Estado de Colombia.

Sentidos de soberanía y ciudadanía en los "alucinados" de Puerto Viejo

La idea de una soberanía y ciudadanía individual y a la vez colectiva podría ser puesta en duda cuando se muestra que, durante las elecciones que, se realizaron para elegir autoridades en los pueblos de indios, se produjeron fuertes tensiones, lo cual demostraría una fragmentación de sus sociedades. Sin embargo, aun cuando dentro del espacio corporativo y territorial se produjeron estas disputas, nunca se puso en duda la fórmula del poder local. Las comunidades respondieron prontamente al llamado a elegir sus cabildos constitucionales, y muchos se revelaron contra la disposición de abolirlos al desconocerse la Constitución. Los pueblos de indios de la Audiencia de Quito formaron de inmediato una infinidad de cabildos constitucionales (Rodríguez, 2006: 109), incluso, como en el caso de Montecristi, hay demostraciones de que, contrariando la abolición de la Constitución en 1814, mantuvieron el cabildo en 1818.

Carl Almer propone que el ejercicio de elegir autoridades y conformar nuevos cabildos constitucionales en pueblos pequeños que no habían tenido antes tal experiencia "ayudó a desarrollar un sentido de ciudadanía en las pequeñas comunidades", que ampliaron sus nociones políticas al participar más tarde en procesos de deliberación sobre políticas provinciales. Tal idea de ciudadanía, practicada además en el contexto de viejas instituciones, permitió la pervivencia y convivencia de "ideales de corte liberal y tradicional" (Almer, 2005: 373).

El sentido de soberanía y ciudadanía de tipo comunitario parece haber prendido también rápidamente en los pueblos del partido de Puerto Viejo. En abril de 1814 Juan Gaspar Casanova, funcionario del gobierno, marchó al antiguo pueblo de indios de Jipijapa, ahora con cabildo constitucional, que se encontraba en franco estado de rebelión, llevando consigo a soldados del Regimiento Real de Lima, ante la gravedad de los tumultos. Los cabildos constitucionales de Jipijapa y San Gregorio de Puerto Viejo —este último de vecinos criollos— desacataban y desobedecían a la autoridad; desairaban "con ultraje la exposición de las armas del Rey", y sus vecinos estaban enfrentados en bandos distintos, instigados por el cura Juan José Vivero, quien divulgaba ideas de "insubordinación", promovía tumultos en "peroraciones públicas y privadas, con el detestable objeto de lograr la alteración de la tranquilidad y perseguir á cuanto vecino se le antojaba"[6]. Este Vivero despojó del mando de alcalde constitucional de Jipijapa a Casimiro Gordillo y depositó la vara en el regidor Bruno Lino.

No obstante que el informe de Casanova señala como responsable de las revueltas al sacerdote, el documento deja ver entre líneas que se trataba de un proceso de forcejeos por el poder dentro del nuevo cabildo constitucional, que involucraba a más actores, incluyendo a los indios, lo que en sí mismo significaba un nuevo ejercicio político. De esta forma, la idea de soberanía y ciudadanía no estaba encarnaba en un solo indi-viduo, el sacerdote Vivero, sino en grupos o colectivos. Cuando el funcionario de la Corona intentó restablecer al alcalde destituido, Casimiro Gordillo, una considerable "porción de gente amontonada" se resistió a la disposición y un número significativo de vecinos presentó una petición escrita oponiéndose a tal resolución, de tal forma que Casanova hubo nuevamente de restituir a Bruno Lino. En la lista de los instigadores aparecen nombres tales como los de Gonzalo Parral, Mariano Chompol, Ubaldo Toala y Bartolomé Baque, de clara raigambre indígena, conjuntamente con otros nombres que podrían ser de mestizos, entre los cuales están Tomás Villón, Florentino Marcillo y Gregorio Calderón, todos los cuales habían llamado a son de caja a la gente y causaron tumultos el Domingo de Ramos.

En la larga relación que hace el funcionario real acerca del estado de los pueblos del partido de Puerto Viejo, reivindica ante la autoridad virreinal su acierto en la formación en el lugar de compañías integradas por individuos de la "clase indica", lo que permite inferir que el momento de tensión estaba igualmente determinado por la nueva política real de enganchar gente para formar milicias necesarias para enfrentar un proceso de rebelión en las antiguas colonias. El funcionario indica que es de utilidad el aumento de la fuerza en una provincia de costa limítrofe con la de Quito, Barbacoas y las insurrectas de Chocó, situación que era causada por los curas, los cuales se habían valido de la constitución política para "alucinar" a las almas de esos territorios.

Como se lo demuestra en otros estudios de caso y conclusiones (cabildos de Venezue-la), el forcejeo entre la autoridad realista y las entidades territoriales inclinó la balanza a favor de la soberanía de las "comunitas". El episodio de Jipijapa concluyó, no obstante, con la persecución a otros actores, a los cuales se les atribuyó la responsabilidad de los tumultos, varios de los cuales huyeron, mientras otro, Mariano Chompol, fue sujeto de un proceso legal. Tal es la versión de la autoridad, que parece forjar su informe con el fin de presentarse como victoriosa ante su superior y reivindicarse como pacificadora de los "alucinados".

---

[6] Informe sobre desórdenes en Jipijapa y Portoviejo (Portoviejo, 8-VI-1814), en *Revista del Archivo Histórico de Guayas*, n.º 5, junio de 1974, p. 96.

Luego de los sucesos de Jipijapa, el mismo Casanova se dirigió a San Gregorio de Puerto Viejo, para someter a sus habitantes, igualmente insubordinados. Sus vecinos estaban juntando 200 hombres para impedir la entrada de la autoridad real, "continuar en la tarea de inobediencia" y resistirse al nombramiento y posesión del teniente de gobernador, juez real interino del partido, don Juan Ponce de León. De acuerdo con el informe del funcionario Casanova, ante la inminencia de su llegada reforzada con compañías de hombres armados del Regimiento Real de Lima, los vecinos de Puerto Viejo permitieron que el nuevo teniente asumiera su cargo[7]. El caso de San Gregorio mostraría la tensión provocada por la ruptura del pacto entre la Corona y los poderes autónomos locales, que en la tradición del Antiguo Régimen eran estamentos de consulta para la toma de decisiones. Una vez más, el informe de Casanova habría sido tergiversado y ocultaría formas de negociación con el poder local de San Gregorio, para reivindicarse ante los superiores y negar la debilidad ante estas corporaciones locales. A la llegada de Casanova, según su testimonio, solo salieron algunos vecinos para denunciar al cura Manuel Rivadeneira, como instigador en "los Cavildos públicos y conversaciones privadas, introduciendo el desprecio á las autoridades legítimas y valiéndose para alucinar de la Constitución política de la Monarquía"[8]. Además del forcejeo entre poder local y poder central, el trasfondo del problema en San Gregorio parece revelar la adhesión a la Constitución de 1812, pues más tarde se mostraba que no solo se trataba de la agencia del cura Rivadeneira, sino también de vecinos-regidores, como don José Álvarez de la Camposa, y otros más, que desacataron la disposición superior. A pesar de que Casanova argumenta inicialmente la tranquilidad de San Gregorio, luego muestra cómo pervive la resistencia de los vecinos y de los pueblos aledaños. El problema de la insubordinación se expresa en Chone, La Canoa, Charapotó y Pichota, pueblos que se ve obligado a sujetar. En su relación argumenta la relación de los vecinos y gente con los insurrectos de Chocó, lugar al cual escapan algunos de los perseguidos[9].

La insurrección de los pueblos de Puerto Viejo y La Canoa era una expresión de contrapoder con respecto a las autoridades, al gobierno, pero no a la monarquía y al rey, como lo veía una historiografía tradicional, que miró en estos eventos preludios de la independencia. Cuando Casanova entra en Montecristi, él escucha vivas al rey, y en Charapotó se dieron señales de "júbilo al soberano". Para comprender este comportamiento, hay que entender la complejidad de una cultura política hispana para la cual el rey encarnaba una institucionalidad más que un individuo, de tal forma que una

---

[7] Ibídem, p. 97.

[8] Ibídem, p. 98.

[9] Expediente sobre la negativa de los indígenas de Jipijapa a pagar el tributo (Jipijapa 8-IX-1816), en *Revista del Archivo Histórico del Guayas*, n.º 5, 1974, p. 98.

cosa era el buen o mal gobierno y otra la monarquía como modelo político al cual se adherían hasta entonces. En su parte final, Casanova alega su éxito al haber devuelto la tranquilidad a estos pueblos, aunque contradictoriamente tuvo que reconocer al alcalde de Jipijapa impuesto por el populacho de indios, y justificar que el resistido teniente de gobernador que quería posesionar en San Gregorio, no podía ejercer a bien sus funciones por sus "achaques y docilidad". El comportamiento autárquico de los pueblos del norte pasó la prueba en 1814.

Los indios de Jipijapa en defensa de la Constitución y en contra del tributo

Fernando VII regresó a España y abolió la Constitución de Cádiz (1814); con ello restauró la obligatoriedad de pagar el tributo y desconoció a los cabildos constitucionales. Don Luis José de la Vega, teniente de Milicias y de gobernador de Justicia Mayor de la ciudad de San Gregorio de Puerto Viejo, llegó al pueblo de Jipijapa el día 8 de septiembre de 1816 y comunicó la restitución del tributo, provocando la reacción de los indios. En el informe don José Luís Vega describe:

> [...] respondieron cuatro indios haciendo formal cabeza entre ellos, diciendo Francisco Jalca que lo que el Rey daba no quitaba, y que no pagaba; Gonzalo Carriel dixo: que no quería cautivarse siendo hombre libre; Mariano Pin expresó resolutivamente que no quería pagar por ningún motivo, por haberle dado el Rey la libertad; y Jacinto Suárez se opuso igualmente diciendo que no pagaba aunque le quitasen el pescuezo; expresandose todos igualmente en altas voces, en términos que causaron ejemplo a los demás; que por ellos hicieron igual resistencia al pago[10].

El informe de don Luis José de la Vega señalaba que los cuatro "cabecillas" habían sido los mismos líderes que estuvieron presos en Guayaquil por una asonada anterior, "en tiempos de la constitución", pese a lo cual formaron a su retorno un "Partido Revolucionario" volviendo a poner en acción "un movimiento que ya estaba quieto". Es muy probable que la rebelión a la que alude el funcionario haya sido la misma que ocurrió en 1814 en Jipijapa, por el control del cabildo constitucional. En la declaración del testigo y cacique Ramón Chiquito, agregó a la lista de los alzados los nombres de Álvaro Muñis y de Indalecio Quimis, quien alegó igualmente que no pagaría los tributos, y que "nada costaba estar preso más que fuera un año"[11]. Tales ejemplos, decía el funcionario, fueron seguidos por los demás indios que "hicieron una general resistencia".

Pese a que las autoridades se esforzaban por señalar que los sucesos eran causados por cabecillas, es innegable que existía en Jipijapa un sostenido ambiente de rebelión,

---

[10] Ibídem, p. 101.
[11] Ibídem, p. 103.

que no parece solo provenir de un comportamiento autárquico relacionado con la historia periférica de la región, sino además, estar motivado por la apropiación de información sobre los beneficios legales que había otorgado la Constitución suprimida. El sentido de libertad que proclama Gonzalo Carriel, al gritar su condición de hombre libre y su decisión de no volverse a cautivar, deja ver hasta qué punto los indios se habían compenetrado con los derechos constitucionales. Estos indios se habían destacado por el conocimiento de las leyes y el uso de las mismas, es decir, el uso de los propios instrumentos jurídicos del sistema colonial, para reivindicar derechos y ejercer formas de resistencia. Es difícil, sin embargo, establecer si las asonadas eran demostración de una reacción natural frente a la restitución del tributo o se trataba de un imaginario de ciudadanía comunitaria, puesto en acción. La correlación de sucesos, es decir, la manera colectiva como actuaron en 1814 y 1816, permite inferir que efectivamente existía una cultura política de tipo comunitario que no era nueva, puesto que desde mucho antes la ejercían con respecto a autoridades e instituciones como la Iglesia. No obstante, lo que está claro es que los indios de Jipijapa no renegaron de su rey, al cual otorgaban la iniciativa de haberles dado su libertad, y puesto que lo que el rey daba no quitaba, se negaban a pagar la contribución, que provenía de una imposición del mal gobierno y no de la encarnación real, mal gobierno que tradicionalmente estaba localizado en Guayaquil.

"Porque para gobernar no necesito más que la luz de la razón natural". Nociones de soberanía y ciudadanía de un actor político del lejano pueblo de Pachinche

La pequeña comunidad de Pachinche queda hoy situada en una zona montañosa no lejana del mar, ubicada entre la ciudad de Puerto Viejo y el cantón Santa Ana, provincia de Manabí, Ecuador. Desde 1821 hasta hoy nunca más experimentó la vigencia de un poder local autónomo. En 1821, su alcalde era el "ciudadano Marcos Bravo", un rudo habitante que apelaba a su derecho constitucional de ejercer el cargo. No se sabes si Bravo era indígena, mestizo o criollo, pero está claro que era un sujeto perteneciente a estratos populares originario del área rural. El alegato de Bravo muestra cómo, en el más recóndito lugar de una provincia periférica, existía una noción de ciudadanía y soberanía popular, así como la idea de un derecho natural, propio de la tradición hispana. Vecinos del lugar intentaron sin éxito destituirlo de su cargo. Dichos vecinos debían certificar en el juicio si Bravo era un hombre vagabundo, lleno de vicios, perjudicial para la patria. En la tradición social del mundo hispanoamericano, el hecho de no pertenecer a una comunidad significaba carecer de identidad, y por ello de condición de "hombre de bien", los mejores alegatos para impedir que un hombre asumiera el control de un cabildo local. Otros defectos, como "bullicioso", "pleitista" o peligroso, se oponían a las virtudes de ser hombre "amigable" y de "cordura"[12]. A pesar de los alegatos de que Bravo era un "hombre ignorante" que no merecía ejercer la "soberanía", los testimonios de varios vecinos de San Gregorio, como José Álvarez de la Camposa (uno de los revoltosos de los acontecimientos de 1812), acerca de las cualidades de Bravo, hicieron posible que mantuviera su cargo. En su argumentación de defensa, Bravo muestra un discurso que enuncia claras nociones de imaginario moderno:

> [...] su atrevida expresión es digna de reparo por el castigo que me acusan cuando se expresan diciendo que no tengo teórica ni estudio, como si yo no actuara con arreglo a la *razón y justicia* porque para ello no se necesita más que la *luz de la razón natural* y por ello es que sabio el Gobierno han determinado las superioridades en todos los empleos sean por *voto y elección de los pueblos* sin pensar en los estudiados ni en los teóricos que esto no es otra cosa que un insulto a las autoridades que gobiernan y disponen lo conveniente en el mejor orden de justicia[13].

No parece creíble que, a solo un año de la independencia de Guayaquil, un actor popular localizado en un área montañosa haya estado tan bien informado. Aunque el hecho podría haberse dado, debemos también proponer como posibilidad su relación con los criollos de la zona, con lo cual explícitamente estaríamos negando la tesis de que los actores populares sean capaces de tener su propia agencia. La agencia de Bravo quedaría probada, no obstante, por la naturaleza de su discurso, nada falso y construido con una lógica que muestra claramente su origen rural y su escasa educación formal. Sin embargo, nos parece oportuno plantear la cuestión de si la idea de soberanía de este sujeto tiene que ver con un sentido de autarquía formado a partir de la condición periférica de la región, unida a una antigua y particular cultura política colonial hispanoamericana, relacionada con autonomías locales, o por el contrario, se trataba de una nueva noción introducida a partir de las prácticas electorales dispuestas en la Constitución de 1812. Lo que sí parece innegable es que hasta los más recónditos pueblos del partido de Puerto Viejo estaban empapados de los beneficios constitucionales, y que pusieron en práctica el proceso de organización y elección de los cabildos constitucionales, lo que sin lugar a dudas perfiló los sentidos de libertad, ciudadanía, participación política y soberanía, que tenían su base en procesos anteriores.

A modo de conclusión podemos señalar que los eventos de los partidos de Puerto Viejo y La Canoa validan la tesis de que a partir de 1808 se desencadenó un proceso de transición del antiguo al nuevo régimen político, y que todo este proceso de profunda transformación impactó de una manera particular en los pueblos del partido de Puerto Viejo, debido a que en este lugar se había configurado una cultura política específica

---

[12] "El alcalde de Pachinche" (1821), en Alberto Molina, *Crónicas del ayer manabita*, Portoviejo, Imprenta Ramírez, tomo 1, p. 75.

[13] Ibídem, p. 76.

a partir de su condición de zona fronteriza, portuaria y periférica. Esto lleva a plantear nuevas preguntas acerca de la manera distinta como los indígenas y en general los sectores populares de la costa de lo que hoy es Ecuador enfrentaron estos momentos de discontinuidad histórica, marcando una impronta en el proceso posterior de formación de un Estado nacional.

En el caso de los pueblos de Puerto Viejo hemos visto a priori cómo efectivamente entre 1812 y 1822 se produjo un impactó en el imaginario político de localidades tan lejanas como las de Pachinche, más próximas como Jipijapa, o tan antiguas como San Gregorio, dando un vuelco revolucionario, en el sentido que entendemos hoy la palabra revolución, es decir una transformación profunda y radical, que no obstante se producía sobre un sedimento de larga duración, la cultura política hispanoamericana, encarnada con especificidad en una región. Los pueblos de La Canoa y Puerto Viejo parecen haber interiorizado con intensidad este derecho ciudadano de elegir sus propias autoridades y asumir posiciones relativamente autodeterminantes, lo cual se complementaba plenamente con su realidad histórica, que estaba dada por una mayor autarquía generada a partir de la debilidad de las instituciones coloniales, la distancia de los centros de poder y su práctica mercantil relativamente libre. El que los habitantes de Jipijapa (la mayoría indios) decidieran por su propia cuenta y a partir de sus pujas políticas quién debía ser su alcalde, o el hecho de que los indios de Jipijapa se negaran a pagar el tributo una vez que fue abolido; el que los criollos de San Gregorio pugnaran por tener el poder de incidir sobre quién debía ser su teniente, y una localidad tan distante como Pachinche apreciara su derecho a elegir cabildo y alcalde y luego un actor político del lugar fuera capaz de construir un discurso sobre el derecho al voto, es clara demostración de que estaba en camino la construcción de nuevas percepciones que dejaban atrás el viejo régimen.

Si la idea de soberanía estaba relacionada con el retorno del poder al pueblo debido a la ausencia del rey, en el caso de Puerto Viejo, no parece estar clara la forma como las comunidades locales e indígenas interpretaron específicamente el evento de 1808, debido a que no se organizó ninguna junta, ni se rastrean discursos en torno al suceso. Por ello, haría falta establecer qué otras formas de expresión de esta idea de soberanía popular, que no fueran las juntas, se pudieron haber dado en lugares periféricos con relación a los centros de poder; o si, el solo hecho de la acción contestataria y colectiva, en oposición a las autoridades, debe considerarse como soberanía popular ejercida como ciudadanía comunitaria, a la manera que lo plantea Federica Morelli. Parece incuestionable que en las comunidades de Puerto Viejo se expresaron estos sentidos de ciudadanía comunitaria, sentidos que fueron evidentes en las reacciones corporativa y colectiva que se produjeron tanto en Jipijapa y entre sus indios, como en San Gregorio de Puerto Viejo. A pesar de que se trataba de una ciudadanía distinta, de tipo comunitario, valdría la pena conocer a futuro qué cambios se produjeron en las representaciones en momentos en que se introdujo una acción política absolutamente moderna, como fue la elección universal a través de votos individuales. Quedan pues preguntas por contestar en este ensayo, pero hay una conclusión que no se puede rebatir: los pueblos de Puerto Viejo no se quedaron quietos ante los eventos que se desencadenaron después de 1808, y ello significa claramente que sus imaginarios de ciudadanía y soberanía estaban transformándose a partir de su condición histórica.

Parte III
Venezuela

CAPÍTULO 8
La fidelidad de los indios caquetíos de Coro durante la independencia de Venezuela
Elina Lovera Reyes

A manera de introducción

La participación de los indios en la independencia de Venezuela es un tema poco estudiado en la historiografía nacional. La mayoría de las investigaciones han estado orientadas a destacar la actuación de los blancos criollos o mantuanos como grupo que controla y dirige el proceso. Sin embargo, una lectura plural e integrada de este acontecimiento histórico supone estudiar todos los actores involucrados en el movimiento independentista. Analizar sus diferencias, motivaciones, actitudes, enfrentamientos y conflictos en las distintas regiones del país permite una visión más amplia y completa del proceso, a la vez que ayuda a comprender esa visión plural que lo caracteriza.

Tradicionalmente se ha estudiado la independencia como el enfrentamiento entre "patriotas y realistas", como diría Carrera Damas, entre los buenos y los malos; "los primeros tenían ideales y los últimos cuando más intereses". Consideramos que estos planteamientos deben ser superados dado que los llamados "malos" también tuvieron ideales y actuaron en función de principios. Coincidimos con Carrera cuando señala que el problema ha sido que la historiografía venezolana fundada en los valores de la "historia patria, quiere que los venezolanos no hayamos sido monárquicos"[1].

En esta ponencia se presentan los resultados de una investigación referida a la actitud de fidelidad al rey asumida por los indios caquetíos de Coro durante la Independencia, trabajo que forma parte de uno más amplio que está referido al proceso de independencia en Coro y su participación en la formación de la nación venezolana. En Coro todos eran realistas, todos eran monárquicos. Sin embargo, es necesario distinguir entre leales corianos y fieles corianos, entre lealtad y fidelidad. Aunque en un sentido estricto ambos

---

[1] Este autor utiliza el término *disputa*, dice, como lo utilizara Bolívar en "un momento de particular agudización de la guerra en junio de 1814, para referirse al enfrentamiento entre quienes luchaban por romper el nexo colonial y quienes lo hacían por mantenerlo, y en aquel momento la apreció como una situación en la cual ambos contendores podrían resultar perdedores". Germán Carrera Damas, *La disputa por la independencia*, Caracas, Editorial Melvin, 1996, p. 49.

términos tienen igual significado y hasta son sinónimos, en cuanto a su uso en Coro, tuvo mucho que ver con cierta diferenciación social.

Los indígenas eran fieles y leales, pero la fidelidad parece ser una vivencia más afectiva que racional, hasta el punto de considerar que alguien es capaz de dar hasta la vida por una persona. Según Guerra (1992: 88), en los "imaginarios de estos actores antiguos" valores, como la fidelidad, la lealtad, el honor, son elementos "que contribuyen a conservar en el tiempo la identidad y la cohesión del grupo, pues es el grupo, sea cual sea su estructura, el que ocupa el lugar central en las sociedades tradicionales. El grupo precede a los individuos que lo componen en un momento dado de su historia".

Como antes señalamos, en Coro todos eran realistas, todos compartían una actitud favorable más o menos común hacia la monarquía y se oponían a la independencia. Pero esta lealtad generalizada se manifiesta, aunque de manera diferente, tanto entre los de la élite o mantuanos criollos como entre los indios caquetíos. Los indios caquetíos eran los grupos más entusiastas en la defensa del rey y de la Corona española. Por tanto, los caquetíos revelan una actitud más conciliadora con los españoles que los indígenas de otras regiones del país. Ante este hecho cabe preguntarse: ¿por qué los caquetíos fueron tan leales al rey? ¿Cuáles son las razones que los llevaron a tener esa actitud realista? ¿Cómo se explica la fidelidad de los caquetíos?

Antes de entrar en materia conviene establecer una precisión conceptual de los términos fidelidad y lealtad, con el propósito de facilitar la comprensión de este análisis. Según el *Diccionario de la lengua española* de 1803, lealtad es el "cumplimiento de lo que exigen las leyes de fidelidad y las del honor y hombría de bien". Una persona leal es aquella que "guarda a personas o cosas la debida fidelidad" y se aplica igualmente "a las acciones propias de una persona fiel". Fidelidad, por su parte, es algo inmanente, "y observancia de la fe que uno debe a otro", y por "antonomasia el cristiano que vive en la debida sujeción a la iglesia católica romana". La lealtad, entonces, "como sentimiento humano nace de la capacidad de trascendencia que lleva al hombre a relacionarse y comprometerse con algo fuera de sí mismo, como puede ser un grupo, una institución, una causa, unos ideales... la lealtad es más que la adhesión fugaz momentánea, fundamentalmente emotiva".

La transferencia de estos conceptos al estudio del momento independentista vivido en Coro puede ofrecer elementos de análisis para comprender la actitud de los indios caquetíos respecto al rey y a su cacique Manaure. En tal sentido, la lealtad en la práctica implicó la existencia de un pacto voluntario, una decisión personal y una toma de conciencia que explica esa actitud pensada y asumida que se manifiesta en un acto de honor muy típico de esa época. Los leales eran los de una condición social, un estrato superior y más parecido al del rey, eran los que correspondían a la nobleza. Entre ellos mismos se planteaba y se practicaba la lealtad entre los iguales. En cambio con los otros grupos, que consideraban inferiores o subordinados, no era la lealtad, en ese sentido, lo que caracterizaba las acciones personales y colectivas sino la fidelidad, sin ese acento religioso, sino de cierta subordinación personal, diferenciación social e inferioridad. Estos conceptos permitirían inferir, entonces, que el comportamiento de los indios caquetíos respecto a su cacique Manaure y respecto al rey fue una vivencia más asociada con la fidelidad que con la lealtad. Es decir, una suerte de observancia de fe, de credibilidad y sumisión, nacida de un sentimiento profundo que dejaba al descubierto la dimensión de trascendencia presente en todo ser humano.

El sentimiento de lealtad signó muchas de sus acciones desde los inicios coloniales, y favoreció el otorgamiento de privilegios por parte de la Corona y de los funcionarios reales de la provincia. Según Arcaya (1974: 14) "el elogio de esa antigua lealtad de su raza nunca se le escatimó por las autoridades coloniales, como estímulo para que siempre se mantuviera viva; la exención de tributo y algunos otros favores que se les concedieron se les presentaba como grandes privilegios. Por eso fue en los pueblos caquetíos donde más arraigados estuvieron los sentimientos realistas".

Uno de los problemas que confrontamos cuando abordamos estudios referidos a los indios de Venezuela es la inexistencia de documentos escritos por ellos mismos, donde hayan dado su opinión, dejado su parecer o su manera de ver las cosas. Vovelle (1985: 319) se refiere a estas masas anónimas como "las que no han podido pagarse el lujo de una expresión individual, por poco que fuera, literaria". Por eso para el estudio de la fidelidad de los indios caquetíos se hace necesario consultar las obras de los primeros cronistas: fray Pedro de Aguado, fray Pedro Simón, Oviedo y Baño, José Gumilla, Juan de Castellanos y otros, quienes nos ofrecen información importante sobre los primeros momentos de la conquista. Igualmente, documentos oficiales como las cartas y visitas de los gobernadores y los obispos, informes de los protectores de los indios, y otros documentos emitidos por funcionarios públicos y personas del común de la época colonial. Las obras del Dr. Pedro Manuel Arcaya son de consulta obligatoria, especialmente la que está referida a la guerra de independencia en Coro y Paraguaná, publicada en 1974. En ella el autor anexa las memorias del Sr. Juan José García, descendiente caquetío, quien había nacido en el pueblo de Moruy, por los años de 1811-1814.

Fidelidad caquetía

El sentimiento de fidelidad de los caquetíos al rey se fue conformando, al igual que en los otros grupos indígenas de las distintas regiones venezolanas, desde los inicios de la conquista y evangelización durante el siglo XVI, así como durante el proceso de colonización de los siglos XVII y XVIII. Esta actitud de fidelidad, que no de simple lealtad, se fue configurando, especialmente, por el fuerte vínculo de respeto, agradecimiento y afecto hacia la figura del rey. Las características de los pueblos aborígenes y la manera como se dieron los procesos en cada uno de ellos explican el comportamiento o la actitud de lealtad o fidelidad a la monarquía española. Este comportamiento generalizado se fortalece aún más durante la época de la Independencia, época de grandes cambios y de transición, dado el proceso de sustitución del sistema monárquico por el republicano.

Las diferencias del comportamiento de los indígenas de la región de Venezuela ante la posibilidad de independencia van a estar determinadas por el carácter del conquistador de cada lugar y su relación con los centros de poder, pero especialmente por las características y el nivel cultural de los pueblos indígenas para el momento de la llegada de los españoles. En el territorio que hoy ocupa la República de Venezuela, la conquista y colonización tuvo matices diferentes. En la zona oriental, la aplicación de leyes de esclavización del indio caribe provocó enfrentamientos violentos, de tal manera que afectó la consolidación de proyectos pacíficos como el del fraile dominico Bartolomé de Las Casas en 1520, el cual constituyó un rotundo fracaso. Diferente, por su carácter pacífico, fue el proceso que se inició en el occidente, a partir de la fundación de la ciudad de Coro por Juan de Ampíes en 1527.

Señalamos anteriormente que la fidelidad de los caquetíos al rey durante la Independencia tiene su origen en la conquista, especialmente por el carácter tan peculiar que adquirió este proceso y la evangelización en Coro. En este contexto adquiere fundamental importancia el "pacto de mamparo" al que llegaron los caquetíos con Juan de Ampíes y los españoles para poblar conjuntamente la región coriana. ¿En qué consistió este pacto? Las dos partes involucradas, españoles e indios, estaban muy claras en lograr un asentamiento de manera pacífica. En este sentido, la participación del cacique Manaure es relevante para el encuentro que se realizaría entre él y el conquistador español en 1527. El cacique, ya en el temprano año de 1523, por propia decisión envía emisarios a la isla de Curazao y Aruba para invitar a Juan de Ampíes a que lo visitara en el pueblo de Todariquiba, en la costa de tierra firme donde tenía su residencia, como gran cacique de un extenso territorio, que comprendía también las islas que habían sido concedidas a este conquistador. Le solicitó, además, que lo cristianizara a él y a su pueblo[2].

Ampíes, ante la solicitud del cacique Manaure y las continuas negativas del Consejo de Indias y del rey a sus reiteradas peticiones para que le otorgaran título para fundar una ciudad en tierra firme, se apoya en las recomendaciones del padre Las Casas, el juez

---

[2] En su memorial, Ampíes describe el momento: "el indio mensajero de Manaure, con el cacique Don Juan de Baracuyra o Baracoyca", quien residía en las islas y era pariente de los de tierra firme, embarcaron a Santo Domingo con Gonzalo de Sevilla, con el fin de rogarle que los recibiera "como a los otros"; en este caso se refiere a los caquetíos de las islas de los Gigantes que tenía bajo su protección, para que los mantenga al igual que estos, bajo su gobernación y su "mamparo". Citado en Demetrio Ramos Pérez, *La fundación de Venezuela, Ampíes y Coro. Una singularidad histórica*, Valladolid-Coro, Gráficas 66, 1978, p. 165.

visitador Rodrigo de Figueroa y en los fundamentos de la Real Cédula de la Coruña del 18 de mayo de 1520. En tal documento estaba previsto comenzar por llevar algunos principales a la isla La Española, con los cuales se trataría de promover el poblamiento estabilizador de los indígenas. Se trataba, pues, de que los indios se concentraran en pueblos y que se "avecinden en ellos algunos españoles que sean buenas personas... especialmente algunos labradores que les enseñasen [por simple convivencia] a labrar e criar ganados e hacer granjerías"[3]. Luego de solventar una cantidad de inconvenientes, Ampíes envía en 1527 a su hijo con la expedición, y funda un pueblo mixto, un pueblo indio donde se establecerían también aquellos pocos españoles que habían de habituarles a las granjerías y la cría de ganado previstas. Esta es la singularidad histórica de la fundación de la ciudad de Coro, al decir del historiador español Demetrio Ramos Pérez. Pero también es la concreción de una relación pacífica entre los indios de esta parte de tierra firme y un conquistador español.

El "Diao" Manaure

A la llegada de Ampíes a Coro, el cacique Manaure era un jefe político y religioso con poderes excepcionales y divinos, reconocido por todos los pueblos caquetíos sujetos a su dominio como "Diao", vocablo que para algunos historiadores significa "hechicero". Las fuentes de la época reseñan las características excepcionales de este personaje. Según Ampíes, dicho cacique "por ser tan gran señor se hace adorar como Dios, dando a entender a los indios que él da los temporales"[4]. Para fray Pedro de Aguado, el principal de los caquetíos le había hecho creer a sus indios "que él era el autor y hacedor de muchas cosas que la tierra y elementos naturalmente producen por la ordenación divina, como son: las lluvias, granizos, truenos, relámpagos, heladas y sequías... aquellos naturales temían con muy amedrentados ánimos el poder de este principal, y así casi lo tenían por Dios, acatándolo y reverenciándolo con extremo grado". Juan de Castellanos, en sus *Elegías*, resalta las virtudes y la respetabilidad de Manaure, a quien presenta con una personalidad avasallante, conducta intachable y poder desmedido; dice: "Fue Manaure varón de gran momento, de claro y de sagaz entendimiento. Tuvo con españoles obras blandas, palabras bien medidas y ordenadas, en todas sus conquistas y demandas temblaban del las gentes alteradas;... Nunca vido virtud que no loase ni pecado que no lo corrigiese, jamás palabra dio que la quebrase ni cosa prometió que no cumpliese" (citado en Magallanes, 1977: 254).

Los caquetíos habían conformado una cultura que pudiéramos definir, según la clasificación que hace Julien Ries (1995: 18) en su *Tratado de antropología de lo sagrado*,

---

[3] Ibídem.
[4] Ibídem.

como una "hierofanía"[5]. De acuerdo con los planteamientos de este autor, se puede considerar que el caquetío, como todo hombre religioso arcaico, al revestir de sacralidad al cacique Manaure, como mediador en la irrupción de lo divino, lo separa de lo profano, lo hace digno de respeto, mediante lo cual alude a Dios y a su culto divino, lo que hace que este ser, en cuanto divino, sea venerable.

El bautismo cristiano del cacique Manaure, con su familia y todo su pueblo, por manifiesta voluntad, es símbolo de esa cultura religiosa donde el gran jefe, concebido como la personificación de la divinidad y como persona sagrada, tiene el don de decidir sobre el porvenir de todos sus fieles o creyentes. Este acto se entiende también como símbolo en los inicios de la construcción de la nueva cultura religiosa cristiana.

En este contexto, la solicitud de "mamparo" o protección que el cacique hizo al conquistador Ampíes fue una decisión importante para la obtención de inmediatos y futuros beneficios, tanto por parte del conquistador, como por parte del rey. Uno de los primeros logros fue el de preservar a su pueblo del gran negocio esclavista de las armadas del Caribe, que azotaban continuamente sus dominios. Por eso, el acto de fundación de la "muy noble y leal" ciudad de Coro se realiza conjuntamente con la entrega al cacique de una de sus hijas, su yerno, sus nietos y otros caquetíos que habían sido esclavizados por estos negociantes, a quienes Ampíes compró y por quienes pagó rescate.

Si bien es cierto que Ampíes logró una alianza con los caquetíos, a partir de 1528 y hasta 1546, la administración de los Welsares generó un importante despoblamiento indígena en esa zona, puesto que no respetaron el pacto de Ampíes ni consideraron a los caquetíos como aliados.

Indios de Real Corona

Durante todo el tiempo colonial los caquetíos fueron beneficiados con reales cédulas que normaron su quehacer diario. Sin lugar a dudas, la más importante es la que ordenaba su condición como personas libres. Según Real Cédula de 1539, por petición del primer obispo de coro, don Rodrigo de Bastidas, los caquetíos fueron considerados "libres". Y "al igual que los aztecas de la Nueva España", no podían ser encomendados o esclavizados. Fueron exonerados, además, del pago de tributos y se les denominó pueblos de "Real Corona", durante toda la Colonia[6].

---

[5] Este autor afirma que el hombre ("homo religiosus"), en un momento de su devenir histórico, "toma conciencia de una realidad trascendente que da al mundo su verdadera dimensión de perfección, lo cual no es otra cosa que la irrupción o el descubrimiento de lo sagrado desde la experiencia religiosa vivida, expresada a su vez como un poder diferente al natural, y algo distinto a sí mismo".

[6] Véase Monseñor Francisco Maldonado, *Los seis primeros obispos de la Iglesia venezolana en la época hispánica. 1532-1600*, Caracas, Academia Nacional de Historia, Fuentes para la historia colonial de Venezuela, vol. 117, 1973.

A partir de esta Real Cédula la población caquetía logró recuperar la confianza en los colonizadores, lo que hizo más fácil su reducción en los pueblos de Santa Ana, Moruy y Cumarebo, fundados por el obispo Rodrigo de Bastidas entre 1535 y 1539. Posteriormente, en 1598 fueron fundados, según Oviedo y Baños, por el gobernador don Diego de Osorio los pueblos de Capatárida, Zazárida, Borojó y Mitare, ubicados en la parte nor- occidental de la ciudad de Coro. Los otros dos pueblos de caquetíos: Guaybacoa y El Carrizal, se fundan por orden del obispo Escalona y Calatayud en 1723. Guaybacoa, un poco al sur de la costa en donde se inicia la sierra, fue organizado con indios traídos de lugares cercanos para la "congregación", y El Carrizal fue fundado con indios provenientes de la isla de Aruba que habían venido buscando la cristianización. Este último, como los anteriores pueblos de caquetíos, se ubicó en la costa para la defensa de la ciudad, de donde distaba solo cinco minutos.

Razones estratégicas primaron en la organización de estos "resguardos indígenas" en la costa coriana. El hecho de ser pueblos de indios caquetíos garantizaba una vigilancia constante a la ciudad que no escapó en los siglos XVII y XVIII a la piratería francesa e inglesa. Pero a la vez, su cercanía a la ciudad permitía tenerlos vigilados y mantenerlos congregados en pueblo.

Numerosos documentos de los siglos XVII y XVIII nos informan sobre decisiones por parte de obispos y funcionarios reales en defensa de las tierras de los pueblos caquetíos y de su condición de trabajadores libres. En 1678 el obispo González Acuña dictó autos con severas sanciones para los usurpadores de las tierras de los indios de Real Corona, donde pedía guardar las "constituciones" y cédulas en defensa de las tierras y agravios recibidos por estos indios[7].

A pesar de su condición de indios de Real Corona y trabajadores asalariados, los caquetíos no escaparon de una servil explotación por parte de los grandes terratenientes

---

[7] El obispo Gonzáles Acuña, en el auto, señala: "Ordenamos y mandamos al cura doctrinero que al presente y adelante fuere tenga en su poder los testimonios de las Reales Cédulas y Provisiones que son despachadas a favor de los naturales de la Real Corona de esta provincia de Paraguaná, Casicure, Río del Tocuyo, Cumarebo, y todas las veces que los dichos naturales fueren agraviados; así en ocuparles las tierras que les pertenecen para ser labores y crianzas como en sacarlos de sus pueblos y naturaleza para la ciudad de Coro donde han sido detenidos por largos tiempos y despachados por arrieros a otras partes de la provincia, *de que se han seguido graves inconvenientes apartándolos de sus mujeres e hijos y despoblarle los pueblos. Como de la visita que hemos hecho consta, y parece* el dicho cura los defienda. Intime y presente las dichas Reales Cédulas y Provisiones ante las justicias de la ciudad de Coro y pido requiera con ellas se les dé su entero cumplimiento, y se declaren por incursos en las penas impuestas, a los transgresores de ellas", APA de Ca. Episcopales, 1678, carpetas 13 y 16. Desde el siglo XVII, encontramos documentos donde los caquetíos enfrentan despojos de sus tierras; tal fue el caso de la denuncia y los autos que a favor de estos indígenas dictó el obispo González de Acuña en 1678. APA de Ca. Episcopales, 1678, carpetas 13 y 16.

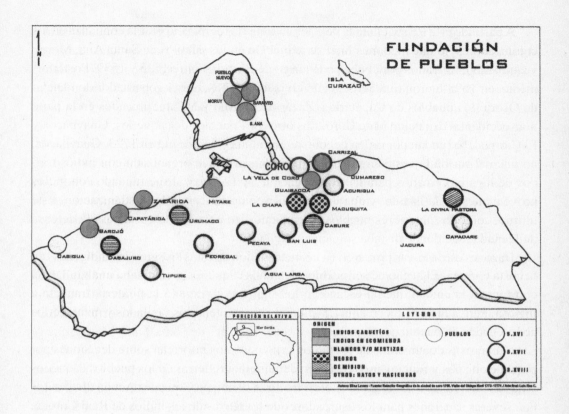

vecinos, que los concertaban, pero luego no les cancelaban pago alguno por el trabajo realizado como arrieros[8].

Desde el punto de vista social, a los caquetíos se les reconoció como grupos de indígenas principales con algunos privilegios. En todo caso, es necesario distinguir entre la "nobleza" caquetía, la "pequeña nobleza" de jefes locales o caciques, y el común de los caquetíos. El primer grupo se hispaniza rápidamente, se acomoda y funciona como clase principal de la ciudad, introduciendo un distanciamiento con los otros grupos de su clase y más aún con los otros indígenas. El segundo grupo conserva su antiguo papel y mantiene el cacicazgo sobre el resto de los caquetíos que le siguen sometidos, pero convertido en una institución hispanizada. El cacique caquetío era un funcionario colonial más, entre cuyas funciones estaba la de recabar en el pueblo el pago del cura doctrinero, además de seguir exigiendo su correspondiente tributo como jefe indígena.

---

[8] Estos reclamos fueron frecuentes finalizando el siglo XVIII; entre 1790 y 1799 encontramos en el Registro Principal de Ca. documentos sobre reclamos de tierras de los pueblos caquetíos de Sta. Ana en 1789 y 1792. En el Archivo General de la Nación, de los pueblos de Moruy y Mitare en 1790-1793.

Sin embargo, durante el siglo XVIII, a pesar de que el cacicazgo se había adaptado a la estructura colonial y estaba normado por el Estado español, fue perdiendo cada vez más legitimidad tradicional, por lo que continuamente debían recurrir a las autoridades coloniales para legitimar su posición. Entre 1701 y 1778, ejercieron el cacicazgo en su jurisdicción, como legítimos herederos, Domingo Martínez Manaure, Juan Martínez Manaure y Juan Santiago Martínez Manaure.

Lo peculiar de funcionar con gobierno entre iguales, o de la misma raza o familia, no reportó posibles ventajas a los caquetíos que se convirtieron en trabajadores libres con salarios bajos inadecuados para sustentarse. Así mismo, su condición privilegiada no les evitó ser víctimas de extorsiones, injusticias y abusos, como lo demostramos en la parte referida a los problemas que enfrentaron con las tierras de sus comunidades indígenas.

Durante la colonia los pueblos de caquetíos cumplieron una encomiable función de defensa y vigilancia del territorio coriano. Ubicados en sitios estratégicos a lo largo de la costa, en estos pueblos descansó la vela y resguardo de la ciudad. Las fuentes nos informan de grupos de indios a manera de milicias constituidas por caquetíos de los pueblos de El Carrizal, Guaybacoa, Cumarebo y a veces hasta los de Santa Ana y Moruy, que se alternaban en horarios diurnos y nocturnos en la vigilia del puerto la vela de la ciudad. Los caquetíos de Capatárida, Borojó, Zazárida y Mitare igualmente realizaron la vigilancia de las costas cercanas a sus pueblos, recibiendo sus caciques el pago correspondiente por los comisos realizados a las denuncias de contrabando[9]. A los de Santa Ana y Moruy se les confió la vigilancia y defensa de las salinas de Paraguaná, labor realizada con gran celo por las frecuentes arribadas en esta zona de barcos extranjeros que se proveían de sal a la fuerza.

Fidelidad al rey

La fidelidad de los caquetíos al rey fue demostrada a través de todo el período colonial. Desde su pueblos originarios, custodiaban las costas del territorio ocupado por ellos desde antes de la llegada de los españoles, organizados por su propios alcaldes o caciques. Considerados los más fieles al rey, siempre estuvieron dispuestos a salir en su defensa. Así ocurrió en las continuas arribadas de piratas ingleses y franceses a las costas de Coro en los siglos XVI y XVII; en 1795, durante la sublevación de los negros de la sierra de Coro; en 1806, con la llegada de la expedición libertaria de Francisco de Miranda. Pero más que una respuesta a las gracias recibidas, fue una manera de vivir,

---

[9] "Cargo en depósito y abono a la caja de 54 pesos siete reales valor de un comiso hecho por Don Santiago Martínez cacique de los indios caquetíos de la Real Corona en los partidos de Capatárida… 1785". En AGN, *Real Hacienda*, Entrada y salida de caudales, n.° 1630.

de conducirse como fieles cristianos, porque como señala Chartier, (1995: 127), al concebir en el orden político a la monarquía como institución divina, y al rey como símbolo "sagrado", este era visto como un padre bondadoso, "protector y justiciero", "atento y dispuesto a socorrer a los más débiles de sus hijos".

Arcaya señala, a nuestro modo de ver muy acertadamente, que los mantuanos o criollos y los indios caquetíos fueron los elementos fundamentales que hicieron de Coro "el más ardiente foco del realismo" durante la lucha independentista en Venezuela. Los primeros, enfrentados a sus pares caraqueños en defensa de la autonomía regional por "la enconada rivalidad que había con Caracas, iniciadora de la revolución", y los segundos, con manifiesta demostración de fidelidad a la Corona española, por "el sentimiento religioso profundamente arraigado en las masas populares enseñadas a considerar el rey como Ministro de la justicia de Dios en la tierra" (Chartier, 1995: 42). Este fenómeno se observa también por parte de grupos de mestizos, pardos, mulatos y blancos criollos. Estas posiciones acerca de la actitud con el rey no son privativas de Coro, sino que son características de toda Hispanoamérica, con algunas diferencias regionales, como señalamos anteriormente, producto de la manera como asumió la conquista, evangelización y colonización el Estado español. Sería interesante hacer una evaluación o establecer relaciones entre la población indígena y la población mestiza y parda que en Venezuela, hasta 1812, no se había incorporado al movimiento independentista.

Independencia, lealtad y fidelidad

Arcaya (1974: 47) señala que la valentía y lealtad de estos pueblos era un "asunto de honor para ellos. El régimen colonial había llevado a los caquetíos al profundo convencimiento que Rey e Iglesia eran sus protectores". Es así como

> Los primeros años de la independencia vieron una casi unanimidad de opinión en Coro a favor del Rey; en Coro pelearon caquetíos en la batalla en el que el Marqués del Toro perdería el primer ejército de la Junta Suprema de Caracas. Voluntarios caquetíos acompañarían a Monteverde, Torrellas y Reyes Vargas en la marcha que destruyó la Primera República. Caquetíos lucharían contra Bolívar bajo Boves, Morales y Morillo.

Apoyándonos en el planteamiento de Arcaya, trataremos de dar respuesta a los siguientes interrogantes: ¿cuál fue la participación de estos grupos indígenas durante la Independencia? ¿Qué motivó la actitud de los caquetíos a favor de la monarquía española? Luego de los acontecimientos de Caracas el 19 de abril de 1810, el Cabildo de Coro desacata a la Junta Suprema de Caracas y reconoce al Consejo de Regencia de España como representante del rey Fernando VII. Mientras que en Caracas se declara el 5 de julio de 1811 la independencia y se establece la república, la sociedad coriana asumió una posición de adhesión a la monarquía Española. Desde allí se organiza la contrarrevolución realista para conquistar y restablecer el gobierno español.

Coro, como ciudad leal, participa de las reformas hispanas. Fue hasta 1821 el más fiel baluarte realista. En ese mismo año se organiza efectivamente la resistencia realista, en cuanto a organización de las milicias y acciones militares en defensa de la provincia como bastión realista. En los meses de febrero y septiembre, respectivamente, se crearon los dos batallones más representativos: la columna de Volante de Fieles Corianos y el batallón Ligero de Leales Corianos. Estos ejércitos realistas se organizaron con corianos, lo que garantizaba al movimiento la preservación, conservación y defensa de la provincia para la causa realista. Así como se propicia una importante arremetida de la resistencia realista, se inicia a la vez la formación del partido independentista, con grupos criollos desertores de estos ejércitos realistas, quienes, dirigidos por Josefa Camejo, declaran la independencia en Pueblo Nuevo de Paraguaná el 3 de mayo de 1821, acción ésta que fue trascendental porque el pronunciamiento de Coro por la independencia, a escasos días de la batalla de Carabobo, era promisorio del triunfo de esta acción militar que fue decisiva para la emancipación de Venezuela. La nota más resaltante en Coro fue precisamente que la conspiración en contra del orden colonial no se inició ni fue liderada, ni dirigida por el grupo criollo del cabildo del gobierno local, sino que fue una conspiración dirigida por una extraordinaria mujer: Josefa Camejo.

El grupo de la élite que defendía el realismo en Coro se desmantela. Las tropas independentistas tomaron la ciudad, iniciándose el tiempo de la guerra que se extendió hasta 1823, período en el que tienen papel protagónico estos ejércitos regionales, los cuales estaban organizados por compañías de blancos criollos y compañías de pardos. En este sentido es conveniente señalar la situación en la que se encontraban los indios caquetíos de Santa Ana y Moruy para decidir no participar en las tropas realistas, cuando habían sido y seguían siendo los más fervientes y fieles defensores del rey y de la Corona española. ¿Por qué los caquetíos no se incorporaron a los ejércitos realistas? ¿No fueron tomados en cuenta por la dirección del grupo o se excluyeron ellos mismos? Este hecho indica el grado de desmoralización a la que habían llegado y la inexistencia de un plan efectivo del movimiento realista en Coro, y explica así el triste final de su sacrificio. Esto lo confirman los relatos que hace el Sr. Juan José García[10] en sus "memorias" sobre "la heroica defensa de la perdida causa realista por parte de los indios caquetíos, defensa que tuvo su mayor auge luego de la batalla de

---

[10] Juan José García "nació en Moruy por los años de 1811 a 1814... conocía todos los incidentes del alzamiento de dichos dos pueblos por las referencias de sus padres y muchas personas que lo habían presenciado". Así lo presenta el Dr. Pedro Manuel Arcaya en la transcripción que se hace de sus memorias en el libro *La guerra de independencia en Coro y Paraguaná,* Caracas, Cromotip, 1974, pp. 45-47.

Carabobo". Para Arcaya el relato del Sr. García bien podría titularse: "el suicidio de los caquetíos".

Pasamos a comentar su relato: luego de la declaración de la independencia de la Provincia de Coro en 1821, la reacción de los caquetíos fue unánime: "al mando de sus caciques hereditarios, López y Núñez, se reunieron en la Plaza de Santa Ana, se confesaron, comulgaron y juraron resistir la revolución y defender la causa del Rey... Después de la Batalla de Carabobo, los caquetíos fueron derrotados en San Francisco, pero cuando volvieron a sus pueblos, unos a otros se echaron la culpa de su común desgracia". Los indios, viéndose libres de todo freno, se desbordaban en "impetuoso torrent en la feroz anarquía", sobre todo luego de la muerte del cacique de Moruy, Martín López de la Chica, y la decisión del cacique de Santa Ana, Juan Alberto Núñez, de emigrar a Cabure antes de "verse menospreciado". El autor explica que a diferencia de algunos caquetíos como los de Buenavista, los de Santa Ana y Moruy siguieron sosteniendo la causa del rey a través de un movimiento de guerrillas hasta después de la capitulación de Morales en Maracaibo, el 3 de agosto de 1823.

Ni la expedición que D. Miguel de La Torre[11], jefe del Ejército Expedicionario de Tierra Firme, organizó a Paraguaná, con un plan de reconquista de Venezuela, buscando el "levantamiento en masa de la Provincia de Coro a favor del Rey", ante la fidelidad demostrada a toda prueba por los indios caquetíos, logró incorporarlos a las fuerzas que estaban bajo su mando. Ningún incentivo los hizo desistir de esa actitud, que les llevaría, en 1823, al fatal desenlace de la inmolación masiva, cuando fueron ajusticiados en el sitio denominado Justicia cercano a los pueblos de Santa Ana y Moruy.

Juan José Arcaya (1974: 62), en su relato explica el final de la guerra, así como las adversidades que experimentaron los pueblos caquetíos, porque

> Después que la guerra terminó, Paraguaná quedó asolado, pues a tantas desgracias, saqueos y calamidades de toda especie les siguió una gran escasez de lluvia dejando la tierra esterilizada y sin recurso alguno. Muchísimos murieron de hambre, y aquellos que sobrevivieron emigraron a otras provincias, donde los más de ellos no volvieron a ver sus hogares.

De Santa Ana y Moruy reseña, además, la disminución de la población:

> Los dos pueblos de indios que antes de la guerra pasaban de ocho mil almas, después de ella no llegaban a un mil ochocientas. Las guerras, el hambre y las emigración habían acabado con ellos (Arcaya, 1974: 62).

La existencia de la República de Colombia desde 1819, la proclamación de la independencia en Coro en 1821, el triunfo de los patriotas en la batalla de Carabobo en junio

---

[11] Informe de La Torre a la Gobernación de Ultramar el 11 de enero de 1821. Archivo Nacional de Madrid (Estado. 8735-134).

de ese año y los cambios ocurridos en España durante el trienio liberal entre 1820-1823, período donde toma forma la nación española, en la cual no tenían cabida en condición de ciudadanos todos los súbditos americanos, son hechos que favorecen la finalización de la contrarrevolución realista y el triunfo en la guerra de independencia.

Conclusión

La lealtad del coriano realista fue una actitud asumida tanto por los mantuanos como por los indígenas caquetíos. Estos eran más fieles que leales, ya que la actitud de ellos fue de una fidelidad ciega; por encima de todo eran fieles, hasta el último momento. Arcaya (1974: 137) explica cómo en los pueblos indios fue unánime hasta lo último y verdaderamente heroica la fidelidad al rey, conducta que se explica por la fuerza de las ideas religiosas y la leyenda de la "alianza de su antecesor Manaure con los conquistadores españoles". Este grado de convicción sobre la lealtad que los indios caquetíos tenían con el rey y con su cacique Manaure era de tal intensidad que bien pudiera asociarse con la inmolación de centenares de caquetíos en 1823, en el sitio denominado "justicia", vecindario cercano a Moruy, ante su persistencia de continuar defendiendo al rey, causa que creían justa. Este es el testimonio fiel de una manera de vivir y de morir por lo que se cree.

Los interrogantes que nos planteamos en esta ponencia nos llevaron a reflexionar sobre los sentimientos de lealtad y fidelidad expresados por los indios caquetíos, que explican tal vez su comportamiento y compromiso con un ideal, con una creencia, tan internalizada que generó que hacia el rey se configurara una particular adhesión de fidelidad anclada más en el sentimiento que en la razón. Estos sentimientos de solidaridad y lealtad personalizaron el quehacer histórico de los corianos constituyéndose en símbolo de su idiosincrasia. Historiadores venezolanos han dedicado especial atención a este carácter del coriano. Ramón J. Velásquez (1962: 3) lo concibe como "réplica del cacicazgo (que)… alzaba en Coro… el gran Manaure… Ya en estas gentes indias encontramos talladas algunas de la condiciones que individualizarán al coriano en el futuro". Carlos Siso (1982: 195), cuando explica la formación del carácter venezolano, destaca el instinto gregario de los pueblos caquetíos corianos; dice:

> Con una influencia saludable contrarresta en el carácter nacional el individualismo heredado, el admirable instinto gregario de las poblaciones del Estado Falcón, descendientes de la nación caquetía, cuyo espíritu de solidaridad es tan firme, que en nuestras crisis políticas han contribuido a compactar la República, a mantener la cédula social y a salvar el imperio de las Instituciones. Aprovechando el instinto gregario de la ascendencia indígena, en casi todas nuestras revoluciones, el gobierno ha recurrido a las poblaciones del Estado Falcón para crear ejércitos, cuyo espíritu de disciplina es garantía de orden y de seguridad social.

Por eso no solo concebimos la lealtad del coriano en un momento de su devenir histórico, por su postura frente a la monarquía española —ya sea por motivos religiosos o por la palabra empeñada del cacique Manaure en el pacto con Ampíes—, sino que esta signó posteriores actitudes. De allí que entendemos también que lealtad fue la de Coro a la república, al calibrar su vida republicana.

CAPÍTULO 9

Participación de negros, mulatos y zambos en la independencia de Venezuela, 1810-1823

José Marcial Ramos Guédez

Defender la esclavitud o atacar directamente la manumisión era prácticamente imposible en aquellos momentos. Aún los políticos menos progresistas y los propietarios de esclavos protestaban sus ideales abolicionistas, pero expresaban sus reservas sobre procedimientos y oportunidad, y en todo caso defendían el derecho de los propietarios sobre sus esclavos con base en el derecho de propiedad establecido en la constitución y las leyes.
Jaime Jaramillo Uribe, *Ensayos de historia social.*

Introducción

En Venezuela la lucha en pro de la emancipación nacional desencadenó numerosos enfrentamientos armados, los cuales se prolongaron durante 13 años (1810-1823) y convirtieron dicho país a lo largo de toda su geografía en un sangriento campo de batalla. Además, tales conflictos tuvieron un carácter de guerra civil y social, donde adquirió especial relevancia el problema de los negros, mulatos y zambos sometidos a esclavitud, quienes se incorporaron tanto al bando de los realistas como al de los patriotas. Sin embargo, destacamos que en el período citado, los sectores pertenecientes a las clases sociales dominantes-esclavistas, de filiación monárquica o independentistas, se opusieron a la abolición de la esclavitud, aunque el Libertador Simón Bolívar, en el año de 1816, promulgó dos decretos abolicionistas y años más tarde solicitó la liberación de los esclavizados en el Congreso de Angostura (1819) y en el Congreso de Cúcuta (1821). Tales esfuerzos chocaron con los intereses de los propietarios de seres humanos y ante tal situación los africanos y sus descendientes sometidos al régimen de la esclavitud decidieron en muchas ocasiones huir y convertirse en cimarrones u optar por incorporarse a la vida militar como soldados u oficiales, principalmente en el ejército patriota, donde aspiraban obtener su ansiada libertad. Así mismo, no podemos olvidar que muchos de los esclavizados liberados en los campos de batalla, después de que finalizó la guerra por la independencia, fueron reclamados por sus antiguos amos y en varias ocasiones el Estado venezolano puso en práctica el pago de una indemnización y en otros casos, dichas personas tuvieron que esperar hasta el año de 1854, cuando el presidente general, José Gregorio Monagas, aprobó la ley de Abolición de la Esclavitud en nuestra nación.

En el panorama de lo antes mencionado, estudiaremos seis problemas principales: el contexto político-militar de Venezuela, 1810-1823; la propuesta abolicionista durante el gobierno de Francisco de Miranda; el pragmatismo antiesclavista en José Tomás Boves; Simón Bolívar y sus luchas en contra de la esclavitud; el Congreso de Cúcuta y los procesos de manumisión: nuevos ofrecimientos de Simón Bolívar; y negros, mulatos y zambos en la independencia de Venezuela.

El contexto político-militar de Venezuela, 1810-1823

Con la pérdida de la segunda república, específicamente hacia los años 1815 a 1818, la situación geopolítica, económica y social de Venezuela entra en una nueva fase en la lucha contra la hegemonía del Imperio español, todo ello debido a la presencia en nuestro territorio de un ejército venido directamente desde la metrópoli (abril de 1815), el cual fue dirigido por Pablo Morillo, quien como jefe expedicionario, gobernador y capitán general de Venezuela, logra entre otras cosas: internacionalizar el conflicto bélico, derrotar transitoriamente a algunos grupos patriotas y ocasionar el destierro de varios de los máximos oficiales independentistas, tal como ocurrió con Simón Bolívar, quien se vio obligado a viajar a la Nueva Granada, luego a Jamaica y posteriormente a Haití, país en donde obtiene la ayuda del presidente Alexandre Petión (1770-1818), quien generosamente le suministró fusiles, pólvora, varias naves y tropas, que le permitieron organizar dos expediciones: la primera, la de Los Cayos, que desembarcó en la isla de Margarita en el mes de mayo de 1816, y luego en diciembre del mismo año la Expedición de Jacmel, también destinada a la reconquista de las costas del oriente de Venezuela (Verna, 1980: 101-563).

Observamos que la Venezuela de 1816 aún arrastraba consigo el problema de la esclavitud y según la acertada opinión de Federico Brito Figueroa, "en todo el territorio venezolano, al iniciarse la lucha por la Independencia nacional la mano de obra esclava estaba representada por 87.800 negros, 24.000 negros cimarrones y por los *indios de captura*, sometidos a un régimen legal de esclavitud atenuada; los negros libres, manumisos e indígenas tributarios ascendían a 134.396. A la luz de estas cifras, es posible afirmar que la mano de obra esclava, en vísperas de la emancipación, equivalía al 18%, y la mano de obra en condiciones que significaban una modalidad de la servidumbre, el 22% de la población total" (1973: 245). Sin embargo, el régimen esclavista para el año antes mencionado había sufrido un conjunto de modificaciones ocasionadas por el impacto de la guerra en contra de la Corona española y los cambios legislativos que ocurrieron durante ese período, tal como lo podemos apreciar, al tomar en consideración que en 1810, la Junta Suprema de Gobierno, que se instaló después de los acontecimientos del 19 de abril, prohibió la trata de negros esclavizados, pero no planteó nada con relación a la abolición de la esclavitud. Además, no debemos olvidar que la "República no abolió la esclavitud. Simplemente proscribió la importación de esclavos, que en la práctica no existía desde los últimos años del siglo XVIII; el mercado interior de esclavos se continuó desarrollando a la sombra de normas legales y sin más limitaciones que las necesidades de la producción. Pero la guerra nacional de Independencia, debido a las pugnas económico-sociales que en ella hicieron crisis, repercutió en el régimen de esclavitud, que sufrió modificaciones de hecho, en el proceso de las luchas armadas, las que influyeron sensiblemente en el *status* jurídico de los esclavos" (Brito Figueroa, 1973: 245).

Ahora bien, en el período 1819-1823, apreciamos que se consolidan en Venezuela los esfuerzos en pro de la emancipación nacional, ya que las fuerzas militares patriotas logran derrotar al ejército realista en dos importantes escenarios de carácter bélico: la batalla de Carabobo (24 de junio de 1821) y la batalla del Lago de Marcaibo (24 de julio de 1823); sin embargo, la situación de la población sometida al régimen de la esclavitud no logró ser favorecida por una ley abolicionista, sin negar con ello las propuestas que al respecto fueron planteadas por nuestro Libertador Simón Bolívar, como lo veremos en su debida oportunidad.

La propuesta abolicionista durante el gobierno de Francisco de Miranda

Observamos que en el contexto de las luchas sociales y político-militares que ocurrieron en la llamada Primera República (1811-1812), el Generalísimo Francisco de Miranda fue nombrado jefe máximo de Venezuela (dictador) y cuando vio amenazada la estabilidad del gobierno que él presidía, por los múltiples ataques que las fuerzas realistas desencadenaron contra los patriotas, se vio obligado a fortalecer el ejército emancipador. En tal sentido, la "Cámara de Representantes del Estado Soberano de Caracas", integrada por los diputados José María Grajirena, José Ignacio Ustariz, Rafael Escorihuela, José Delgado, Vicente Tejara y José Paúl, dio luz verde a un decreto con fecha 21 de junio de 1812, en el cual se solicitó que "se proceda á la conscripción de mil esclavos, que comprará el Estado, pagándolos cuando fuese posible y que estos mil esclavos se destinen inmediatamente al ejército ofreciéndoles en tiempo oportuno que al cabo de cuatro años se les dará la libertad ó antes, si se distinguen en la campaña á satisfacción de sus jefes" (Miranda, 1950: 41; Ramos, 2007). El decreto aludido debió ser promulgado por Francisco de Miranda, pero pensamos que no se pudo ejecutar debido a la complicada situación que afectaba a la república para ese momento, siendo uno de los conflictos más violentos la rebelión de la población sometida a esclavitud en los valles de Barlovento y en el litoral central. Dicha insurrección fue auspiciada por varios hacendados y sacerdotes partidarios de la monarquía española, agregándose a lo antes mencionado la pérdida de la fortaleza de Puerto Cabello, la cual estaba al mando de Simón Bolívar, hecho que dejó sin armamentos a las fuerzas patriotas, sin omitir los efectos negativos que originó el terremoto que destruyó varias ciudades y pueblos de la antigua Capitanía General de Venezuela; todo ello ocasionó que el día 25 de julio de 1812, en San Mateo (Valles de Aragua), el Generalísimo Francisco de Miranda se viera obligado a firmar la capitulación con Domingo Monteverde, a raíz de la cual se inicia el derrumbe de la primera república y se da la posterior captura de Miranda en la noche del 30 de julio del año aludido en el puerto de La Guaira.

El pragmatismo antiesclavista en José Tomás Boves

En el bienio 1813-1814, después del triunfo de la Campaña Admirable dirigida por Simón Bolívar, se organiza la segunda república, la cual tuvo una vida sucinta, ya que en diferentes lugares geográficos del país se fortalecieron las tropas realistas, princi-palmente las dirigidas por los hispanos Francisco Rosete (1816) y José Tomás Boves (1782- 1814), siendo este último el caudillo español que con mayor violencia atacó a los sectores civiles y militares patriotas. Además, ha sido considerado como un pionero en cuanto al proceso de abolición de la esclavitud de los africanos y sus descendientes en la Venezuela del período antes mencionado, abolición que tenía como finalidad incrementar sus tropas y debilitar desde el punto de vista económico-social al grupo de los blancos criollos independentistas. Al respecto veamos la información que apareció en la *Gaceta de Caracas* del 23 de mayo de 1814:

> Boves ha levantado toda la esclavitud de los Llanos. Boves los ha hecho militar, y con la pretendida libertad, los ha hecho cometer los actos mas atroces, y los asesinatos mas inicuos. Desde Calabozo hasta las extremidades de Apure, y desde los confines de Barce-lona hasta Calabozo, ha subvertido todas las esclavitudes que formaban la mayor parte de su exército. No hay una sola hacienda de ganado cuyos esclavos no hayan sido forzados á militar en el exército de este bandido [...] Las órdenes que comunicó á Rosete fueron de levantar la esclavitud de Ocumare. Mas de tres mil esclavos fueron forzados á seguir á este otro Español; y á pesar de la extrema repugnancia que tenian para seguirle, fueron forzados á ello [...] Nada es mas facil quando aun se hallan multitud de esclavos reunidos con el caudillo Español Boves, y quando mas de cien hacendados podrán dar certificatos (sic) jurados en forma, de los esclavos que les han sublevado Boves y Rosete[1].

---

[1] "Artículo comunicado", en *Gaceta de Caracas*, n.º 69, 23 de mayo de 1814. p. 274. Véanse también Ricardo A. Martínez, *A partir de Boves: revisión de los principales elementos de nuestra historia, desde*

Posteriormente, observamos que después de la muerte de Boves y de Rosete, la mayor parte de los esclavizados que habían sido reclutados por ambos caudillos hispanos regresaron a sus antiguas haciendas, hatos u otras unidades de producción[2], sin omitir que muchos de ellos se convirtieron en cimarrones y otros se incorporaron al ejército patriota, principalmente bajo el mando del general José Antonio Páez en las áreas geográficas de los llanos de Apure, Guárico y Barinas.

Así mismo, no podemos olvidar que de acuerdo con la acertada opinión de Germán Carrera Damas, el caudillo José Tomás Boves debe ser interpretado en la historiografía venezolana como un promotor de los saqueos, un redistribuidor de propiedades a favor de sus tropas y un organizador del secuestro de los bienes que poseían los sectores patriotas (Carrera Damas, 1991: 29-243). Además, el autor aludido destaca que "el derrumbe de la primera república [ocurrió] bajo la acción combinada de las insurrecciones de esclavos [y] también la segunda república encaró como una cuestión de bandolerismo la insurrección de los esclavos" (161-162).

Simón Bolívar y sus luchas en contra de la esclavitud

En 1816 el Libertador Simón Bolívar inicia su campaña abolicionista, la cual tuvo como motivo principal la necesidad de fortalecer el ejército patriota con la participación de la mal llamada "gente de color", tanto libre como esclavizada, sin olvidar al mismo tiempo la solicitud que el presidente Alexandre Petión (1770-1818) le había hecho a nuestro máximo héroe en torno a la problemática antes mencionada. Entre los decretos más importantes promulgados por Bolívar en pro de la abolición de la esclavitud encontramos los siguientes: el emitido el 2 de junio de 1816 en Carúpano y el del 16 de julio del mismo año emitido en Ocumare de la Costa (véanse en el "Anexo documental"). En el primer decreto, la abolición beneficiaría solamente a los esclavizados que se in-

---

la sociedad pre-colonial, hasta la independencia, Caracas, Ediciones Cibema, 1963, pp. 83-84; Edgardo Mondolfi Gudat, *José Tomás Boves (1782-1814)*, Caracas, Editora El Nacional, 2005, pp. 78-83; y Federico Brito Figueroa, "Boves, la rebelión de los pardos", en *El Nacional*, Caracas, 11 de diciembre de 1950.

[2] "De las esclavitudes que fueron levantas por Rosete haré a V. una pequeña exposición en comprobación de la verdad de los hechos que llevo expuestos. Todas las esclavitudes de los Echesurias fueron sublevadas. Se han presentado algunos. La del C. Joaquin Arestigueta asesinado en la Iglesia de Ocumare por Rosete, tambien fue sublevada. Se han presentado muchos á su hermano el C. Miguel Arestiguieta (sic), faltandole diez y nueva. La esclavitud del Presbitero Mateo Monasterios fue obligada á tomar las armas. Eran cerca de de 80 esclavos. No ha parecido ninguno. Toda la esclavitud del C. Santiago Vega tambien fue levanta. Le faltan 25, se han presentado los demas. La esclavitud del C. Pedro Vegas asesinado en Ocumare por Rosete, fue toda sublevada. Se han presentado todos á su familia, excepto siete. Fue igualmente sublevada toda la esclavitud del C. Mariano Herrera. Se le han presentado todos sin faltarle uno. Las esclavitudes del Ciudadano Marcano, las de los Machados, y las de quantos hacendados hay en los valles del Tuy, fueron sublevadas por Rosete". En "Artículo comunicado", *Gaceta de Caracas*, n.º 69, 23 de mayo de 1814, p. 272.

corporaran al servicio militar, y en el segundo la liberación favorecía a toda la población esclavizada sin ningún tipo de excepciones. Posteriormente, durante el año de 1818, el Libertador emitió varias proclamas y comunicados, en los cuales ratifica sus propuestas del año 1816; al respecto veamos: "A los habitantes de los Valles de Aragua-Llamamiento a los antiguos esclavos a defender su libertad y otras medidas menos Villa de Cura, 11 de marzo de 1818"; "Llámanse a filas todos los ciudadanos útiles comprendiendo en ellos a los antiguos esclavos – La Victoria, 13 de marzo de 1818"; "Se ratifica el llamado a filas de todos los ciudadanos útiles comprendiendo en ellos a los antiguos esclavos – Cuartel General del Consejo, 14 de marzo de 1818" y "Comunicación de Simón Bolívar al Presidente de la Alta Corte de Justicia 'Sobre la libertad de los esclavos' – Cuartel General de Angostura, 16 de julio de 1818" (Camacho, 1979: 17-20). Además, en su discurso ante el Congreso de Angostura, Bolívar señaló entre otras cosas que la libertad absoluta de los esclavos era tan necesaria como su propia vida y la de la república, y por eso solicitó una ley abolicionista, la cual no obtuvo el apoyo mayoritario de los representantes y senadores, motivo por el cual tal petición fue rechazada[3].

El 23 de octubre de 1820, nuestro Libertador decretó la "Confiscación de la hacienda Ceiba Grande y [la] liberación de sus esclavos" (Camacho, 1979: 23-24), y en el artículo 3 de dicha normativa se destaca que "están comprendidos en este decreto, así los hombres como las mujeres y niños, con la sola condición de que los hombres útiles de llevar las armas las tomarán mientras que dure la actual guerra, y en caso de deserción o abandono serán castigados como los demás soldados del ejército". La hacienda aludida estuvo ubicada en la zona sur del Lago de Maracaibo y existe el puerto de La Ceiba en el actual estado de Trujillo.

El Congreso de Cúcuta y los procesos de manumisión: nuevos ofrecimientos de Simón Bolívar

En el año de 1821, ya establecida la República de Colombia, Simón Bolívar interviene en el congreso realizado en la Villa del Rosario de Cúcuta (Nueva Granada), y, otra vez, solicita que se apruebe una ley de abolición, pero dicho parlamento solo aceptó promulgar la "libertad de vientres" a través de una ley de Manumisión, donde se contempló la libertad de los hijos de las esclavas nacidos a partir de tal fecha, aunque tal beneficio lo obtendrían después de cumplir los 18 años de edad (Camacho, 1979: 43-45). Además,

---

[3] Simón Bolívar, "En la oración inaugural del Congreso de Angostura, reunido el 15 de febrero de 1819". En *Doctrina del Libertador*, 1976, p. 124. Véase también José Marcial Ramos Guédez, "Simón Bolívar y la abolición de la esclavitud en Venezuela 1810-1830. Problemas y frustración de una causa", en *Revista de Historia de América. Instituto Panamericano de Geografía e Historia*, México, n.º 125, julio-diciembre de 1999, pp. 7-20.

en esta última ley, se admitió indemnizar a los antiguos amos por parte del Estado y la creación de varias juntas de manumisón en los distintos cantones y provincias de la República de Colombia. Así mismo, vemos que en el año de 1821, después de la batalla de Carabobo, el Libertador les otorgó la libertad a algunos de los esclavizados que aún poseía en la Hacienda de San Mateo, situada en los Valles de Aragua. Pensamos que esa decisión fue tomada en medio de la euforia que le ocasionó a Bolívar su triunfo en el campo de Carabobo, sin omitir su interés en que otros propietarios repitieran dicha acción. Advertimos que en la documentación consultada, (Bolívar, 1967: 138-143) solamente hemos localizado los nombres de seis esclavizados, quienes fueron favorecidos por la decisión antes mencionada; son ellos: María Jacinta Bolívar, José de la Luz Bolívar, María Bartola Bolívar, Francisco Bárbara Bolívar, Juan de la Rosa Bolívar y Nicolasa Bolívar. También podemos ampliar la información aludida, al leer el siguiente fragmento de una carta que Bolívar le envío a su sobrino Anacleto Clemente, con fecha 29 de mayo de 1823, en la cual le dice: "Todos los esclavos que no eran del vínculo, que tú posees ahora, los he dado libres porque eran míos y he podido darles la libertad; así ninguno quedará esclavo por ninguna causa ni motivo" (Rojas, 1986: 77).

La preocupación del Libertador por el problema de la esclavitud no culminó en 1821, ya que el 24 de marzo de 1824, promulgó un decreto en el cual solicita "Protección a los esclavos para que escojan en libertad el dueño que les convenga" (Bolívar, 1961, tomo 1: 269-290) y el 28 de junio de 1827, emite otro decreto: "Dando eficacia a la Ley de Manumisión" (Bolívar, 1961, tomo 2: 325-352). En ambos documentos, advertimos que Bolívar declina en su interés por la abolición definitiva de la esclavitud en la República de Colombia y acepta las modalidades impuestas por la ley aprobada en el Congreso de Cúcuta.

Pensamos que el interés de Bolívar por el problema de la esclavitud también se refleja en su relación con su antigua nodriza, pues jamás olvidó a la negra Hipólita, tal como lo vemos en una carta que le envió a su hermana María Antonia, estando en la ciudad del Cusco (Perú), fechada el 10 de julio de 1825, en la cual le recomendó "que le des todo lo que ella quiere; para que hagas por ella como si fuera tu madre, su leche ha alimentado a mi vida y no he conocido más padre que ella" (Bolívar, 1967: 158). Posteriormente, vemos que cuando Bolívar realizó su último viaje a Venezuela en el año 1827, entre otras cosas, de nuevo le escribió a su hermana María Antonia el día 2 de junio del año antes mencionado, señalándole que "del dinero que queda en tu poder procedente de la letra, tendrán la bondad de dar a Hipólita cuarenta pesos. Yo te la recomiendo" (Bolívar, 1967: 158; Ramos, 2001: 144).

En la Constitución de la República de Bolivia, sancionada en el año de 1826, el Libertador aprobó en el artículo 10, ordinal 5, la abolición de la esclavitud en dicho país, la cual fue expuesta de la siguiente manera: "Todos los que hasta el día han sido esclavos, y por lo mismo quedarán, de hecho, libres en el acto de publicarse esta Constitución. Por una ley especial se determinará la indemnización que se debe hacer a sus antiguos dueños". Sin embargo, el Congreso de Bolivia, posteriormente colocó, varias trabas a lo contemplado en el artículo aludido, ya que exigió que los esclavizados liberados no pudieron abandonar las casas de sus anteriores amos, hasta que una nueva ley lo determinara[4].

Observamos que el interés de Bolívar por abolir en forma definitiva la esclavitud en Venezuela no llegó a consolidarse, ya que distintos obstáculos de carácter político y económico no permitieron la consolidación de tal proceso, siendo uno de ellos, el hecho de que muchos oficiales patriotas poseían esclavos y se beneficiaban de su fuerza de trabajo, tanto en las unidades productivas como en el servicio doméstico. Además, en las naciones hispanoamericanas, siempre estuvo presente el temor a la llamada "guerra de razas" o "guerra de castas" tal como ocurrió en Haití y en otras islas antillanas. Sin olvidar que en la misma República de Colombia tuvimos los casos concretos de las rebeliones de negros y pardos en Petare (Provincia de Caracas, 1825) y en Coro (1826), dirigida esta última por el general Judas Tadeo Piñango, y la de la "gente de color" que aconteció en Cartagena de Indias en el año antes citado, la cual fue promovida por el almirante José Prudencio Padilla[5].

Durante el primer gobierno del general José Antonio Páez, la Constituyente de Valencia promulgó el 2 de octubre de 1830 una nueva ley de Manumisión, la cual modificó la aprobada en 1821 por el Congreso de Cúcuta y derogó todos los decretos y demás disposiciones que sobre la materia habían sido sancionados por la República de Colombia. Esta nueva ley, integrada por 25 artículos[6], fue elaborada a través de un proyecto introducido por los diputados Francisco Javier Yanes, J. M. de los Ríos, Matías

---

[4] Simón Bolívar, "…Constitución del Estado…República Boliviana…1826", en Luis Subiera Sagárnaga, *Bolívar y Bolivia*, Potosí, Universidad Boliviana Tomás Frías, Publicaciones del Departamento de Extensión Universitaria, 1975, p. 126, y Pablo Ruggeri Parra, *Documentos constitucionales americanos*, Maracaibo, Publicaciones de la Universidad del Zulia, 1961, p. 105.

[5] "Carta de Domingo Alcalá al Mariscal Antonio José de Sucre, Valparaíso, 5 de agosto de 1828", en Daniel Florencio O'Leary, *Memorias del General O'Leary,* Barcelona, Ministerio de la Defensa, 1981, tomo I, p. 534.

[6] "Documento Núm. 53. Ley de 2 de octubre de 1830, reformando la de Manumisión de 1821", en Antonieta Camacho (compilación y estudio preliminar), *Materiales para el estudio de la cuestión agraria en Venezuela (1810-1865). Mano de obra: legislación y administración,* Caracas, Universidad Central de Venezuela, 1979, tomo 4, vol. 1, pp. 104-107. Véase también José Marcial Ramos Guédez, "José Antonio Páez: esclavitud y abolición en Venezuela, 1830-1854", en Hernán Lucena M. y Julio C. Tallaferro (comps.), *1854-2004: 150 años de la abolición de la esclavitud en Venezuela. ¿Presente y pasado de una misma realidad?,* Mérida, Universidad de Los Andes, Consejo de Desarrollo Científico, Humanístico y Tecnológico, 2008, pp. 43-54.

Lovera, José María Vargas, Miguel Peña y Bartolomé Balza. En dicha ley, observamos cinco aspectos fundamentales: 1) se prolongó la edad para lograr la manumisión, ya que señala que los hijos de esclavas podrán gozar de su libertad solo cuando cumplan los 21 años; 2) los padres o los hermanos legítimos, siempre y cuando sean libres, pueden, si cancelan los gastos ocasionados por alimentos y crianza, "sacar al niño joven del poder del amo de la madre, y este acto le pone en posesión de todos los derechos civiles"; 3) se prohibió la venta de esclavos tanto para provincias distintas a las de su residencia como fuera del territorio de Venezuela; 4) los fondos económicos necesarios para fomentar la manumisión debían provenir principalmente de impuestos asignados a las personas que al morir dejaran bienes y si la suma obtenida era insuficiente el Tesoro Público suministraría sus respectivos aportes, y 5) en la capital de las distintas provincias debía existir una junta superior de manumisión e igualmente en cada "cabeza de cantón" habría una junta subalterna, las cuales tenían por misión supervisar y controlar el proceso de manumisión.

La ley de Manumisión de 1830 responde a los intereses del bloque de clases dominantes: latifundistas y comerciantes, quienes detentaban el poder político al servicio de sus privilegios y deseaban, con dicha ley, continuar explotando a los grupos sociales sometidos a esclavitud, ya que prolongaban la edad para que el manumiso pudiera ser libre, ofrecían solo un reducido aporte económico al fondo de manumisión y, a pesar de establecer la libertad de vientres en el artículo 5, se destaca que el niño o joven que se encuentre bajo el control del dueño de la madre, será avaluado por "la mitad del valor que tendría por la tarifa siendo esclavo"[7].

Con la promulgación de la ley de Manumisión de 1830, según la acertada opinión de R. A. Rondón Márquez, "se nota ya la influencia de muchos propietarios, algunos enemigos de la Independencia, que estaban regresando al País, y de los mismos propietarios que ahora se aprovechaban de los beneficios de la paz para remachar sus derechos privilegiados" (Rondón Márquez, 1954: 51). Más adelante, después de dos décadas llenas de múltiples conflictos económico-sociales y políticos, de la emisión de nuevos decretos que modificaron muchos de los artículos de la ley antes mencionada, tuvimos que esperar hasta el 24 de marzo de 1854, cuando el general José Gregorio Monagas, aprobó la ley de Abolición de la Esclavitud en Venezuela.

---

[7] "Documento Núm. 53. Ley de 2 de octubre de 1830, reformando la de Mnumisión de 1821", en Antonieta Camacho (compilación y estudio preliminar), *Materiales para…*, volumen 1, tomo 4, p. 105. Véase también José Marcial Ramos Guédez, "150 años de la abolición de la esclavitud en Venezuela: de José Leonardo Chirino a José Gregorio Monagas", en José Marcial Ramos y otros, *Resonancias de la africanidad,* Caracas, Fondo Editorial Ipasme, 2005, pp. 19-44.

Negros, mulatos y zambos en la independencia de Venezuela

Vemos que la guerra en pro de la independencia de nuestro país se realizó con la participación de todos los grupos étnicos que existían para dicha época: blancos criollos, blancos peninsulares (europeos), blancos de orilla (canarios), negros, mulatos, zambos (esclavizados o libres) e indígenas. Sin embargo, en la historiografía venezolana, en muy pocas ocasiones se menciona a los próceres o heroínas pertenecientes a la llamada "gente de color", a sabiendas de que muchos de ellos y ellas ofrecieron su vida o sufrieron múltiples heridas, cuando como soldados u oficiales actuaron en diferentes batallas u otros enfrentamientos bélicos durante el período 1810-1824. En esta oportunidad, solamente mencionaremos a un grupo de negros, mulatos y zambos, quienes se afiliaron a la causa patriota, buscando no solamente su ansiada libertad, sino también algunos beneficios en lo económico-social y político-militar. Al respecto, veamos la siguiente información.

Pedro Camejo o Negro Primero nació en San Juan de Payara (Apure) y murió en la batalla de Carabobo (24 de junio de 1821). El general José Antonio Páez señaló que nuestro personaje fue esclavo de don Vicente Alfonso, quien permitió que fuese reclutado por el ejército realista donde le ofrecieron la posibilidad de obtener un uniforme y dinero (Páez, 1973: 193-195; López Sandoval, 2008: 34) y posteriormente en el año de 1816, después de la batalla de El Yagual (Apure) se incorporó al bando patriota que dirigía Páez, participó en varias operaciones militares en los Llanos de Apure, y es considerado uno de los héroes de la batalla de las Queseras del Medio (río Arauca, 1819).

Leonardo Infante nació en Chaguaramal, Maturín, en 1798 y murió en Bogotá (26 de marzo de 1825). Hijo de negros libres, se incorporó en el año de 1813 al ejército patriota. Estuvo con el general José Antonio Páez en la campaña del Guárico (1818) y fue uno de los héroes de la batalla de las Queseras del Medio. Posteriormente, lo encontramos en la Nueva Granada bajo el mando del Libertador Simón Bolívar, y se destacó luchando en las batallas de Pantano de Vargas (25 de julio de 1819) y en la de Boyacá (7 de agosto de 1819). En 1820, realizó varias operaciones en la región del Cauca (Colombia) y obtuvo el ascenso a coronel efectivo (28 de octubre). En 1821, recibió varias heridas en el combate llevado a cabo en Quilcacé (Cauca, 15 de julio) y fue hecho prisionero por los realistas. Luego fue liberado y se residenció en Bogotá, ciudad donde en el año de 1825, fue acusado del asesinato del teniente Francisco Perdomo y, en un juicio no muy objetivo, fue sentenciado a muerte (Soto Arbeláez, 2001, tomo 1: 24-40; Vegas Rolando, 1975: 13-339).

Juan José Rondón nació en Santa Rita de Manapire (Guárico, 1790) y murió en la ciudad de Valencia (23 de julio de 1822). Se señala que sus padres fueron esclavos. En el año de 1817, abandonó las filas realistas y se incorporó al ejército patriota bajo el mando del general Pedro Zaraza. Participó en la batalla de La Hogaza (Guárico, 2 de diciembre de 1817), en la campaña del Guárico y, con el general Páez, en la batalla de las Queseras del Medio. Posteriormente, lo encontramos en la Nueva Granada donde combatió en Gámeza (11 de julio de 1819), Pantano de Vargas y Boyacá. Entre los años 1820 y 1822, operó en varias acciones bélicas en Venezuela: la Grita-Bailadores (Mérida, 1820), en la batalla de Carabobo y un año después, el 11 de agosto de 1822, fue herido mortalmente en un combate efectuado en el cerro de la Greda cerca de Naguanagua (Carabobo). Obtuvo el grado de coronel (Azpurúa, 1986: 227-229; Soto Arbeláez, 2008: 4).

José Ascensión Farreras nació en Angostura en 1785 y murió en Ciudad Bolívar (18 de enero de 1865). Se señala que sus padres fueron esclavos "traídos de las regiones del Essequibo en 1766 y bautizados en Angostura, ya adultos […] y contrajeron matrimonio el 1 de agosto de 1770 [y en dicho acto religioso aparecen los siguientes nombres] Melchor, varón negro vozal, con Juana Nepomucena, negra vozal, esclavos de Dn. Feliz Farreras" (Tavera Acosta, 1954: 454-456). Se incorporó al ejército patriota en 1817; anteriormente, había formado parte del bando realista, donde obtuvo el grado de teniente de Infantería. Siendo oficial independentista, participó en la campaña del Guárico y del centro de Venezuela. Posteriormente, estuvo en el teatro de operaciones del sur de Colombia y en el mes de agosto de 1824, obtuvo el al grado de teniente coronel. En 1861 el general Juan Crisóstomo Falcón lo ascendió a general de brigada y en 1864 a general de división.

José Joaquín Veroes nació en San Felipe (Yaracuy, 1789) y murió en su ciudad natal (3 de enero de 1855). Su madre "Antonia Veroes o Berois [fue] descendiente de negros africanos" (Pérez, 1988: 879). Desde el año de 1810, estuvo afiliado al ejército independentista, participó en la expedición militar que dirigió el brigadier Francisco Rodríguez del Toro a la ciudad de Coro y en las diferentes campañas bélicas de la Primera y la Segunda República de Venezuela (1811-1814). Durante el quinquenio 1815-1820, permaneció prisionero de los realistas en los castillos de Puerto Cabello y Cartagena de Indias. Posteriormente logró huir y se incorporó a las fuerzas que comandaba en la región del Magdalena (Colombia) el coronel Mariano Montilla, y en el trienio 1821-1823, luchó en contra de los realistas tanto en Cartagena como en Santa Marta. En 1824, estuvo en el Perú y formó parte de los oficiales patriotas que ocuparon el puerto de El Callao. Obtuvo el grado de coronel.

Juana Ramírez (la Avanzadora) nació en Chaguaramas (Guárico, 1790) y murió en Maturín (1856). Según testimonios orales, fue hija de un hacendado blanco con una negra esclavizada. Ha sido considerada como la "tropera" más destacada en la independencia de Venezuela, pues fueron múltiples sus servicios, como enfermera, cocinera, encargada de la vigilancia de los armamentos, de los prisioneros, y en muchas ocasiones participó en operaciones bélicas como ocurrió en la batalla de Alto de los Godos (25 de marzo de 1813); en 1814 se incorporó a la emigración a oriente, y llegó a Maturín, donde permaneció el resto de su vida (Soto Arbeláez, 2001, tomo 1: 8-12; Sierra Santamaría, 1975: 135-136; Revilla Pérez, 2008: 29). Además, es conveniente señalar que aunque nació esclava, logró su libertad al formar parte del ejército patriota.

José Laurencio Silva nació en El Tinaco (Cojedes, 7 de septiembre de 1791) y murió en Valencia, Carabobo (27 de noviembre de 1783). Sus padres pertenecieron al grupo de los pardos y fueron pequeños propietarios en jurisdicción de El Tinaco. Durante los años 1810-1824, vemos a nuestro personaje participando en numerosas campañas en pro de la causa independentista: Coro (1810), Valencia (1811), San Carlos (1812-1813), La Victoria, San Mateo y Carabobo (1814), en los Llanos de Apure (1816), en la batalla de Carabobo, en la batalla de Bomboná (Pasto, Colombia, 1822) y en las batallas de Junín y Ayacucho (Perú, 1824). Obtuvo el grado de general en jefe. Se casó con una sobrina de Simón Bolívar (Castillo Lara, 1973: 26-186).

José Tomás León nació en los Valles de Aragua, fue esclavo de Eustaquio Machado, propietario de una hacienda-trapiche de caña de azúcar en jurisdicción de La Victoria. En el año de 1818 se incorporó al ejército patriota y participó en las batallas de Semen (Villa de Cura), en Ortiz, en El Rincón de los Toros, junto al Libertador, donde lo hirieron y estuvo a punto de morir. Posteriormente, recuperó su salud y formó parte de los Granaderos de la Guardia en el Apure. Así mismo, lo encontramos en las campañas libertadoras del sur de Colombia, en la batalla de Carabobo, en Perú; fue licenciado de la tropa en 1831. En 1839 entabló un juicio en contra del hijo de su antiguo amo, quien quería someterlo de nuevo a la esclavitud (Botello, 2004: B-10).

José Bolívar nació en el alto llano del Guárico y falleció en Bogotá (1828). Fue esclavo de la familia Bolívar y liberado por nuestro Libertador. Participó en numerosas batallas al lado de Simón Bolívar, fue oficial de Caballería del ejército de Venezuela, en 1819, con el grado de capitán, estuvo en los llanos de Apure y participó en operaciones militares en Cartagena y en el sur de Colombia. Murió asesinado en el atentado que los enemigos del Padre de la Patria organizaron en Bogotá el 25 de septiembre del año antes mencionado (Soto Arbeláez, 2001, tomo 2: 46).

José Palacios nació en Tiznados en 1770 y murió en 1842. Fue esclavo de la familia Palacios Blanco y luego obtuvo su libertad. Según la tradición y testimonios de la época, fue mayordomo, ayudante y edecán de Simón Bolívar desde 1803 hasta el día de su muerte el 17 de diciembre de 1830. El Libertador le otorgó el grado de sargento primero del ejército de Venezuela. "En la octava cláusula de su testamento Bolívar legó 8.000 pesos a su 'fiel mayordomo José Palacios en remuneración a sus constantes servicios'" (Soto Arbeláez, 2001, tomo 2: 46)[8].

---

[8] Al respecto puede verse también "Testamento del Libertador Simón Bolívar, Libertador de Colombia, Perú y Bolivia, otorgado en la Quinta de San Pedro Alejandrino de Santa Marta, el 10 de diciembre de

Jorge Bolívar fue esclavo de la familia Bolívar en San Mateo, Valles de Aragua. Subteniente de Milicias en el bando patriota, participó en las campañas de la Nueva Granada, Ecuador y en la batalla de Ayacucho. Se retiró del ejército en el año de 1858, cuando solicitó su licencia al general Julián Castro; al respecto veamos: "Exmo. Sr. Gral. en Jefe del Ejército… Jorge Bolívar, Subteniente de la 2da. Compañía del Batallón N.º 1 de la 3ª. Brigada á ve con el acatamiento debido i por conducto regular espongo: que hallándome gravemente enfermo desde el día que llegué á esta Capital pues desde entonces me encuentro en el Hospital militar de esta plaza i aumentandose cada día mas i mas mi enfermedad me veo precisado a ocurrir á U. Suplicandole se digne concederme licencia indefinidamente para retirarme del Servicio de las armas […] en Caracas á seis de Abril de mil ochocientos cincuenta y ocho" (Siso, 1955:19)[9].

Julián Infante nació hacia 1783 en el Alto Lano del Guárico y murió en Chaguaramas (Guárico). Hijo de padres esclavos. Participó en numerosas batallas en pro de la independencia de Venezuela: La Hogaza, Calabozo, El Sombrero, Semén, Ortiz, Laguna Seca, La Cabrera, El Rastro, Rincón de los Toros y otras. "En 1827 el Libertador lo ascendió a general de brigada" (Soto Arbeláez, 2001, tomo I: 42-47).

José Antonio Andújar nació en Güiria (estado Sucre), obtuvo el grado de sargento e intervino en varias operaciones militares llevadas a cabo por el ejército patriota. Según Alberto Betancourt, nuestro personaje fue un "hombre de color", quien "estuvo en Angostura en 1817. Fue herido en Güiria, peleó en Río Caribe, Carúpano y Cantaura en 1818 y tenía 25 años cuando se retiró por [estar] inválido" (Betancourt, 1999-2005: 44).

Los esclavizados de las haciendas situadas en la costa de Carúpano se incorporaron al ejército de Simón Bolívar el 1 de junio de 1816, tal como nos los señala la *Gaceta de Caracas* del 20 de noviembre del año aludido, en la cual se informa que el Libertador tomó posesión "el 1 de junio del pequeño pueblo de Carúpano, y reunidos á su pequeña división 250 negros de las haciendas de aquella costa y forajidos que había mucho tiempo gozaban la impunidad de sus crímenes por la aspereza de las montañas que los abrigaba, se pusieron en execución los planes concebidos y designados"[10].

Los esclavizados de la obra pía de Chuao constituyen una muestra de las acciones que, en pro del ejército patriota, llevaron a cabo un grupo de personas sometidas al régimen de la esclavitud en una hacienda de cacao, Chuao, ubicada en la costa de Aragua.

1830", en Idelfonso Leal (compilación, estudios e introducción), *Ha muerto el Libertador. Homenaje de la Universidad Central de Venezuela en el sesquicentanario de su muerte*, Caracas, Universidad Central de Venezuela, 1980, pp. 63-65.

[9] Véase también "Jorge Bolívar Subteniente", en Sección Ilustres Próceres de la Independencia Suramericana y Servidores Beneméritos de la Patria, *Archivo General de la Nación*, Caracas, caja 4, n.º 5 Activo en 1858. (Se mantiene la ortografía de la época.)

[10] *Gaceta de Caracas*, Caracas, 20 de noviembre de 1816, p. 807.

En tal sentido vemos que "el Coronel Francisco Piñango, con poco más de 30 hombres se dirigió a Choroní y Chuao a reclutar gente, haciendo leer el decreto del Libertador sobre la liberación de los esclavos, aparte de que muchos de los habitantes de ambas poblaciones se sumaron a las huestes libertadoras". Una información generada en la administración de la obra pía de Chuao expresa que 27 esclavos "habían huido con los insurgentes o embarcados con Simón Bolívar" (Botello, 1995: 148).

Los esclavizados de la hacienda Tocoragua en jurisdicción de Lezama se sumaron a las filas patriotas, tal como lo podemos observar cuando el coronel Campo Elías visitó los pueblos del valle del Orituco y despertó en ellos "el entusiasmo por la causa de la libertad. Parte de su ejército realizó su expedición marchando por esta región, donde se le incorporaron muchos adeptos a su causa, contándose entre ellos la mayor parte de los esclavos de Tocoragua, de quienes hay la tradición que, con su tamboril al hombro, cantaban por el camino: 'Allá lla-lla, a buscá libertá'" (Abrizo, 2008: 28-29)[11].

Por último, advertimos que con la anterior síntesis biográfica de próceres negros, mulatos y zambos nacidos en Venezuela, no pretendemos agotar toda la información que al respecto existe sobre dicha materia; en esta ocasión solamente realizamos una muestra significativa relacionada con tan importantes personajes y hechos históricos, generalmente omitidos en nuestros anales patrios.

Consideraciones finales

A lo largo de esta investigación, observamos que el proceso de nuestra emancipación nacional, además de poseer un carácter de contienda político-militar, también presentó el estallido de innumerables conflictos étnico-sociales y económicos, entre los cuales adquirió especial resonancia el problema de la esclavitud de los africanos y sus descendientes: negros, mulatos y zambos. Estos sectores humanos, durante el período 1810-1823, tuvieron que participar en los diferentes bandos en conflicto, buscando tanto su plena libertad como también parte de los bienes muebles e inmuebles que les eran necesarios para sobrevivir en los momentos críticos de la guerra por la independencia.

Vemos que los esfuerzos abolicionistas que, con diferentes matices y dificultades, pudieron plasmar Francisco de Miranda, Simón Bolívar, los parlamentarios del Congreso de Cúcuta (1821) y del Congreso de Valencia (1830), no lograron destruir en forma definitiva la esclavitud en Venezuela, ya que fue en 1854 cuando el general José Gregorio Monagas promulgó la ley de Abolición. Sin embargo, no podemos olvidar que la mayor parte de los próceres negros, mulatos y zambos, que nacieron sometidos al régimen de la esclavitud y que hemos mencionamos en párrafos anteriores, lograron su libertad en

---

[11] Véase también Adolfo Machado, *Apuntaciones para la historia* [1875-1899], Madrid, Publicaciones Amexco, 1962, p. 53.

los campos de batalla o al incorporarse al ejército patriota, ya que la legislación emitida principalmente por el Libertador Simón Bolívar obligaba a las autoridades republicanas a indemnizar a los propietarios de esclavos y garantizarle la libertad a los antiguos esclavizados, quienes habían sido reclutados o que en forma voluntaria se habían incorporado a los diferentes batallones independentistas.

Anexo documental

Documento n.° 1

DECRETO SOBRE LIBERTAD DE LOS ESCLAVOS
REPÚBLICA DE VENEZUELA[12]

SIMÓN BOLÍVAR

Jefe Supremo, y Capitán General de los Ejércitos de Venezuela
y Nueva Granada, &., &., &.

A los habitantes de Río Caribe, Carúpano y Cariaco.

Salud.

Considerando que la justicia, la política y la Patria reclaman imperiosamente los derechos imprescriptibles de la naturaleza, he venido en decretar, como decreto, la libertad absoluta de los esclavos que han gemido bajo el yugo español en los tres siglos pasados. Considerando que la República necesita de los servicios de todos sus hijos, tenemos que imponer a los nuevos ciudadanos las condiciones siguientes:

Artículo primero. Todo hombre robusto, desde la edad de catorce hasta la de sesenta años, se presentará en la parroquia de su Distrito a alistarse en las banderas de Venezuela, veinte y cuatro horas después de publicado el presente decreto.

Artículo segundo. Los ancianos, las mujeres, los niños, y los inválidos, quedarán eximidos desde ahora para siempre del servicio militar; como

---

[12] Existente en el archivo de diego Bautista Urbaneja, y facilitado para la copia por el doctor Alberto Urbaneja. Este decreto fue derogado por otro más amplio dado en Ocumare el 6 de julio siguiente. Simón Bolívar, *Proclamas y discursos del Libertador, 1811-1830,* compilación, estudio y notas de Vicente Lecuna. Los Teques: Biblioteca de Autores y Temas Mirandinos, 1983. pp. 148-149.

igualmente del servicio doméstico y campestre en que estaban antes empleados a beneficio de sus señores.

Artículo tercero. El nuevo Ciudadano que rehuse tomar las armas para cumplir con el sagrado deber de defender su libertad, quedará sujeto a la servidumbre, no sólo él, sino también sus hijos menores de catorce años, su mujer y sus padres ancianos.

Artículo cuarto. Los parientes de los militares empleados en el ejército libertador gozarán de los derechos de Ciudadanos y de la libertad absoluta que les concede este decreto a nombre de la República de Venezuela.

El presente reglamento tendrá fuerza de ley y será fielmente cumplido por las Autoridades Republicanas de Río Caribe, Carúpano y Cariaco.

Dado en el Cuartel General de Carúpano, a 2 de junio de 1816.

Documento n.º 2

PROCLAMA DEL LIBERTADOR, OCUMARE
6 DE JULIO DE 1816[13]

SIMÓN BOLÍVAR

Jefe Supremo de la República, y Capitán General de los Ejércitos de Venezuela y de Nueva Granada, &., &., &.

A los habitantes de la provincia de Caracas.

Un ejército provisto de artillería y cantidad suficiente de fusiles y municiones está hoy a mi disposición para libertarnos. Vuestros tiranos serán destruidos, o expelidos del país, y vosotros restituidos a vuestros derechos, a vuestra patria y a la paz.

La guerra a muerte que nos han hecho nuestros enemigos cesará por nuestra parte: perdonaremos a los que se rindan, aunque sean españoles. Los que sirvan la causa de Venezuela serán considerados como amigos, y empleados según su mérito y capacidad.

---

[13] Simón Bolívar, *Proclamas y discursos…*, pp. 150-151.

Las tropas pertenecientes al enemigo que se pasen a nosotros, gozarán de todos los beneficios que la patria concede a sus bienhechores.

Ningún español sufrirá la muerte fuera del campo de batalla. Ningún americano sufrirá el menor perjuicio por haber seguido el partido del rey, o cometido actos de hostilidad contar sus conciudadanos.

Esa porción desgraciada de nuestros hermanos que ha gemido bajo las miserias de la esclavitud ya es libre, La naturaleza, la justicia y la política piden la emancipación de los esclavos: de aquí en adelante sólo habrá en Venezuela una clase de hombres, todos serán ciudadanos.

Luego que tomemos la capital convocaremos el Congreso General de los representantes del pueblo, y restableceremos el Gobierno de la República. Mientras nosotros marchamos hacia Caracas, el general Mariño a la cabeza de un cuerpo numeroso de tropas, debe atacar a Cumaná. El general Piar sostenido por los generales Rojas y Monagas ocupará los Llanos, y avanzará sobre Barcelona, mientras el general Arismendi con su ejército victorioso ocupará la Margarita.

Cuartel General de Ocumare, 6 de julio de 1816.

Simón Bolívar

CAPÍTULO **10**
Insurgencias populares y cisma oligárquico
Miquel Izard Lorens

Preliminar

La Historia Sagrada latinoamericana del período de la llamada independencia es esperpéntica, lo que dificulta en gran manera intuir lo ocurrido. Ya hace años Pierre Chaunu se maravillaba de que a una etapa tan corta se refiriera el 33% de la producción historiográfica.

Por otra parte, mientras la Historia Sagrada, y por tanto liberal europea, sostiene que las naciones, milenarias, debieron desembarazarse del feudalismo para alcanzar progreso y felicidad, igualdad y libertad, según la Historia Sagrada indiana, allí el obstáculo era la metrópoli y las naciones surgieron de forma abrupta a lo largo de la epopeya secesionista; ello confirmaría la hipótesis de Benedict Anderson de que el nacionalismo eclosionó en América antes que en Europa.

A partir de 1808 coincidieron, en ambas orillas del Atlántico, dos conflictos calificados de contiendas independentistas, secuelas ambas del rechazo al proyecto napoleónico de coronar a José Bonaparte como soberano de España y, por lo tanto, señor de las posesiones reales en ultramar. Juan Sisinio Pérez Garzón ha alertado de que otra vez el poder en España ha utilizado el pasado como barro para perpetrar su *pedrigee,* con fastos o congresos y dando al 2 de mayo el carácter de epopeya germinal de la nación española, evocando guerra, héroes, batallas o patriotismo, sacralizando violencia y ninguneando arreglos negociados; ignorando o camuflando la intervención extranjera. Además, los afrancesados son siempre presentados como traidores, aunque ambos bandos tuvieran propuestas valiosas.

Bastaría contrastar la reciente exposición monográfica sobre Goya en el Museo del Prado, centrada en *Los desastres,* que denuncia fatales secuelas del enfrentamiento civil, con el folleto editado por el ayuntamiento de la capital del reino, *Es Madrid Magazine,* que sostiene que "la historia se escribe en Madrid […] y hay fechas que se convierten en míticas".

Certezas

El continente que los europeos afirman haber "descubierto" en 1492 tenía una organización socioeconómica antagónica de la del Viejo Continente, un 85% del territorio lo señoreaba la mitad de la gente, vinculaba a comunidades autosuficientes, armónicas y libertarias, que los agresores veían formadas por salvajes "sin dios, ley, ni rey", provistas de una cultura hedonista y ociosa —gozar de los placeres derivados de los sentidos era el eje generatriz de sus vidas—; su capacidad de nomadismo les permitió salvarse de la acometida por más de tres centurias; eran, además, frugales, tenían pocas necesidades y desdeñaban lo superfluo; su ética se basaba en la solidaridad, la reciprocidad o la cooperación, y eran generosos y hospitalarios (quizás basta recordar los orígenes de la conmemoración del Thanksgiving).

Algo así como el 15% del territorio albergaba ámbitos excedentarios, donde vivía la otra mitad de la población, atrapada en sociedades de clase, que implicaban explotación, poder y represión, que habían desarrollado culturas donde la agricultura, vinculada a técnicas muy sofisticadas, era protagónica y que habían logrado notables avances en medicina, matemáticas o astronomía.

La agresión occidental, la llamo *canallada,* supuso una perturbadora alteración humana, territorial y cultural en cuatro continentes: si en Europa se consolidó una sociedad inquisitorial para deshacerse de los refractarios, para saquear América se esclavizó nativos de los centros —Tawantisuyu o mundo azteca— y de sus periferias, de mapuches a chichimecas, provocando una hecatombe demográfica, y, para solventar la penuria de mano de obra, en las minas especialmente y luego en los cultivos de plantación, se asaltó África para utilizar como siervos a millones de sus habitantes.

En este 15% del Nuevo Continente que controlaron los agresores, se organizó una sociedad brutalmente injusta y violenta en beneficio de metropolitanos u oligarcas criollos, bajo el supuesto de que un elevado porcentaje de sus víctimas buscarían huir; algunos de ellos lo lograron: entreverados con los nativos generaron el mundo cimarrón, en islas, selvas o sabanas.

A mediados del siglo XVIII se implantó de forma definitiva, tras muchos intentos y gracias a la explotación colonial, la sociedad capitalista, lo que supuso notables transformaciones mundiales derivadas del aumento de la demanda, de mano de obra esclava a plata o coloniales, de materias primas a alimentos, con el correspondiente incremento de la coerción y asonadas e insurgencias, sediciones y expansión del ámbito cimarrón. Estas subversiones coincidieron con conflictos de intereses: enfrentaron, pongo por caso, a oligarquías que controlaban las capitales, con notables que sojuzgaban las provincias desde villas menores, y con impactantes luchas de clase, que en América lo eran, además, de casta, sin olvidar la presencia de la esclavitud, pues el abuso de la vesania implicó que los beneficiarios vivieran inmersos en el pánico, en especial tras el triunfo de la revuelta de la entera esclavitud de Saint-Domingue.

Por añadidura empezó la expulsión de miles de rurales que acabaron en las ciudades sin trabajo, ni recursos, convirtiéndose, muy a pesar suyo, en lo que, además, las autoridades calificaron de "clases peligrosas", mientras los que permanecían en los ámbitos agrícolas acrecentaron su rechazo a la nueva cultura intentando conservar los pocos restos de la suya primigenia, dando lugar a revueltas impactantes como la de los comuneros del Socorro o, más conocida, la liderada por Tupac Amaru en los Andes y que, como Nuria Sala evidenció, fue seguida de un sinfín de revueltas más.

También el cimarronaje se defendió de tantos ensayos de apoderarse de su territorio y de exterminar a sus gentes; de ahí el rechazo a las Nuevas Ordenanzas de 1794 que pretendían incrementar el control mantuano en los llanos de la Nueva Granada.

Es imprescindible enfatizar que anhelos y esperanzas de los diferentes grupos sociales eran más antagónicos en América que en Europa, pues allí estaba todavía vigente la esclavitud y los notables habían elaborado un grotesco racismo buscando justificar abusos con naturales y bestialización de los africanos, suponiendo que era improbable cualquier avenencia entre unos y otros. Por otra parte las castas, víctimas de la opresión, se habían dotado de una nítida moral peculiar que prohibía cualquier asociación con los propietarios y sus correveydiles.

Crisis del cambio de siglo

La mínima parte del Nuevo Continente controlada por los europeos fue sacudida por un inesperado cataclismo a partir de 1808; pero ya desde 1776 se vislumbraron una serie de antecedentes: independencia de las trece colonias inglesas del norte, 1776; Revolución francesa, 1789, que ahora sabemos que acabaron controlando los contestados, pero en su momento pudo parecer el inicio de la implantación de una nueva sociedad, centrada en la libertad, la igualdad y la fraternidad; mentada revuelta esclava en Saint-Domingue, 1791; desastre de las flotas gala y española en Trafalgar en 1805, generando que Napoleón recurriera al bloqueo continental para arruinar la producción industrial británica, que se salvó recurriendo a nuevos mercados, el americano en primer lugar, y que Madrid, sin naves, quedara desvinculada de sus provincias ultramarinas y en ellas permanecieran autoridades de la época de Godoy, sospechosas de afrancesadas. Este panorama se agravó cuando la corona castellana reposó en la testa de José, hermano del emperador.

Las mudanzas perturbaron el ámbito indiano, y los beneficiarios de la explotación, oligarquía criolla o comerciantes peninsulares, se replantearon lo que antes no les había inquietado: quién controlaba ahora el poder, que supuestamente recaía en el monarca, y quién vencía tanta insubordinación que hacía tambalear el andamiaje que beneficiaba a tan pocos.

Luego, el embrollado panorama se complicó todavía más al votarse la Constitución gaditana de 1812, que si a unos parecía demasiado osada a otros supo a poco; con el retorno, en 1814, de Fernando VII; con la posibilidad para los secesionistas de obtener armas y "voluntarios", sin mercado o cesantes al finalizar la guerra en Europa; con el pronunciamiento de Riego, en 1820, o el restablecimiento del absolutismo efectuado por los Cien Mil hijos de San Luis.

El enmascaramiento de la Historia Sagrada

En trabajos anteriores ya pormenoricé sus modalidades cronológicas y acumulativas: mitología patria y culto a los héroes; variante positivista; ensayo materialista e interpretación académica.

La primera, que ha devenido una ortodoxia, empezó a pergeñarse durante los mismos acontecimientos y se concluyó hacia 1850, pero sigue vigente en los medios oficiales y se ha recuperado plenamente desde la llegada al poder de Hugo Chávez. Es un discurso chauvinista muy simple, novelesco, presentado como ejemplar, rebosando héroes como los de la mitología clásica. Una narración cerrada y maniquea que menciona unos endémicos excelsos que acabarán venciendo a los pérfidos forasteros. No admite ni preguntas ni cuestionamientos.

La variante positivista apareció, por doquier, a finales del siglo XIX. Se presentó como novedosa, pero no era otra cosa que la vieja trama purgada de sus elementos menos creíbles y adornada con una capa de barniz de apariencia científica.

El ensayo materialista, vinculado a profesores y políticos que se proclaman progresistas, es mecanicista, fatalista y panfletario como las dos modalidades anteriores, juega con el término revolución, que usaron y del que abusaron los coetáneos para referirse, solo, a una propuesta que sugería suplantar la monarquía por una república; inventó unos héroes que querían arrastrar a las masas brindándoles un programa burgués. Dado que debieron reconocer el fracaso de la propuesta supuestamente radical —no implicó, es un decir, una reforma agraria— echaron la culpa a la ausencia de una burguesía subversiva que debería haber actuado como vanguardia del proceso.

La interpretación académica, presentada, como la segunda modalidad, contra las variantes superadas, sigue siendo la vieja perorata, adornada con nuevos disfraces intentando aclimatar novedades importadas de Europa o los Estados Unidos.

Conjetura o presunción

Desde algún momento situado en la segunda mitad del siglo XVIII, las insurgencias populares no solo no cesaron sino que aumentaron y se regaron por todo el ámbito occidental, entre otros motivos porque la nueva cultura, que empezó ilustrada y terminó capitalista, ninguneaba la de los nativos, agravio acompañado de la desamortización de las posesiones de la Iglesia y de comunes que pretendía liquidar los escasos recursos que antes se respetaron. Esto implicó un aumento del número de quienes huían a las cimarroneras por su rechazo a la esclavitud o a la explotación; los mentados conflictos de intereses enfrentaron a grandes blancos con pequeños blancos.

Diversos grupos intentaron pilotar las mudanzas políticas materiales o ideológicas. Capaz la metrópoli equivalía al Antiguo Régimen y los realistas intentaron conservar la vieja estructura, desconfiando de los insurgentes, cuyo discurso podía parecer atrevido y peligroso; surgieron seguidores de Robespierre: Miranda, Camilo Torres, Antonio Nariño, Gaspar Rodríguez de Francia, Mario Moreno o José Artigas, que fracasaron de forma estrepitosa, excepto en Paraguay; acabarían triunfando, si bien fueron irrelevantes en una primera etapa, los liberales anglófonos, en el intento de implantar la nueva sociedad capitalista y, por lo tanto, impopular. Si los antagonismos podían hacer suponer que, de forma lateral, intervinieran terceros, los del Valle del Patía o de Pasto, en 1812, el drama terminó con liberales y realistas conquistando o recuperando, pero siempre hegemonizando —de hecho y de derecho— el poder, consiguiendo aumentar la explotación y, por lo tanto, el racismo, y heredando el antagonismo de las clases subalternas, en su mayoría de color, que después de 1820 continuarían su vieja brega, defendiendo su cultura.

Los llaneros y las contiendas

Si la conspiración mantuana, el 24 de noviembre de 1808, supuso que los pardos dieran su respaldo a las autoridades, pocos meses más tarde, el 23 de enero de 1809, Caracas fue escenario del público regocijo por el "feliz establecimiento de la Suprema Junta" en la metrópoli, con tedeums, representaciones teatrales y todo tipo de festejos, lo que la Historia Sagrada ha escamoteado. Se sucedieron más maniobras de la oligarquía temerosa de depender de un rey francés que habría podido arrebatarle el control real que no oficial de la capitanía, desde la Junta Suprema defensora de los derechos de Fernando VII, el 19 de abril de 1810, hasta el Congreso, instalado en Caracas, que proclamó la independencia ante José I, el 5 de julio de 1808. Pero diez días más tarde los notables de Valencia, tachados de realistas por la Historia Sagrada, rechazaron la pretensión caraqueña de controlar la entera colonia dando comienzo a la larga serie de enfrentamientos.

Poco después de la capitulación de los caraqueños ante Monteverde, que dirigió el rechazo provincial, este restableció los cinco juzgados en el Llano, el 1 de septiembre de 1812, igual que los anteriores, lo que también harían Bolívar en 1814 y Morillo en 1815.

Las autoridades, fueren del matiz que fuese, acusaban a los cimarrones del Llano de cuatreros y bandoleros, pero en realidad pretendían acabar con un mal ejemplo cuando querían implantar la sociedad del todo excedentaria basada en una mayor explotación laboral y el inicio de la sociedad de consumo y cuando soñaban con apoderarse de los recursos de la comarca, vacuno y caballar orejano, una vez aniquilados quienes la señoreaban.

Los centauros de la sabana, acosados, se aliaron, de forma accesoria, con los amigos de sus enemigos, fueran "realistas" o "patriotas", cuando se enfrentaban a quien controlaba Caracas; así pudieron derrotar a Bolívar y más tarde comprometerse con él para enfrentar el acoso del ejército expedicionario llegado en abril de 1815.

Pero la contienda no era cosa de los cimarrones, que solo pretendían conservar su espacio, su libertad y su cultura, abierta, alternativa y libertaria y que nunca se plantearon conquistar el poder, sino neutralizarlo, si bien eran una minoría, quizás los recién llegados menos arraigados. Esta minoría pudo ser arrastrada por los libertadores, se quedó en el ejército y jugó un destacado rol en diversos escenarios americanos.

Apéndice. Sociedades cimarronas

Dado que he señalado su notable implicación en los lances desatados en las Indias a partir de 1808, bueno sería realizar una aproximación a estas salidas forjadas en América de la amalgama de los distintos conjuntos víctimas de la represión que decidieron no consentir.

Los escurridizos incluso se emboscaron en el interior de alguna Antilla, en especial las que los castellanos calificaron de "inútiles", así Santo Domingo o Puerto Rico, donde los fugitivos no eran molestados por haber llegado a una especie de acuerdo tácito con los españoles. Pero en otras fue impensable: el sistema de plantación, basado en miles de esclavos, no podía tolerar, bajo ningún concepto, este mal ejemplo y los cazadores de evadidos se encargaban de recapturarlos y castigarlos de forma ejemplar para aterrorizar al resto.

En el continente los recalcitrantes tenían más posibilidades, y en colonias esclavistas el Brasil es paradigmático; allí la cantidad de africanos era muy elevada, la cuantía de los que conseguían huir era también notable. Peculiaridades del paisaje americano exigen hablar de dos variantes, de selva y de sabana. En unas, Amazonia pongo por caso, la frondosidad protegía pero, a la vez, aislaba de otras poblaciones, quilombolas o no, y la comunicación era en esencia fluvial y no siempre fácil. En otras, la naturaleza podía ser hostil para forasteros (perdedora, falta o exceso de agua, dificultad de sobrevivir si no se sabía cazar o recolectar) y por lo mismo excelente santuario; las mismas características, extensos pastos, tierra abierta o aislamiento, supusieron que a la vez hallase allí refugio mucho cuadrúpedo europeo también escapado de espacios controlados por los occidentales, en esencia equinos y vacunos, que recuperaron su estado natural, la libertad, y proliferaron; los castellanos los llamaron orejanos, mostrencos o mesteños, los cuales supusieron un incremento de la fauna comestible, aunque la endémica ya era variada y abundante, y la potencialidad, para los forajidos, de serlo de caballería, lo que acrecentó su movilidad y disminuyó, a la vez, su vulnerabilidad. Más tarde, este potencial pecuario supuso que los occidentales deseasen controlarlo y ensayasen liquidar a los cimarrones calificándolos de cuatreros.

Norte

Bosques entre Apalaches y Mississippi y llanuras al oeste del río, donde vivió y resistió durante centurias tanta nación nativa, fueron soberbio escondite para esclavos africanos escapados de las plantaciones, bien pronto gigantescas, del sur de las trece colonias, luego Estados Unidos. No conozco información al respecto, ello solo evidencia mi ignorancia o poco interés de investigadores; otra vez refiero mi perplejidad, los creadores saben más sobre el pasado que los historiadores: *Lone Star,* film de John Sayles, cita de pasada a los seminolas; Laura Esquivel, *Como agua para chocolate,* evoca un afromexicano descendiente de "una colonia de negros, huyendo de la guerra civil en Estados Unidos y del peligro que corrían de ser linchados", y sin duda las gentes que irrumpieron como una estampida en la historia mexicana, 1910, habiendo escogido como responsable a Pancho Villa, que el poder siempre tachó de bandoleros o cuatreros, eran cimarrones huyendo de la tiranía mexicana o gringa.

Antillas

Ya en 1493 se sembró caña en Santo Domingo (entonces La Española), y hay referencias de un primer ingenio en 1503, luego de lo cual proliferaron. El fiasco de la Invencible en 1588 es charnela que separa el control hispanoluso del continente de la avalancha de colonizadores del resto de Europa que fueron apoderándose de forma creciente de enclaves, cada vez más considerables; empezó Holanda, pronto le siguió Inglaterra, luego Francia y más tarde otros, así Dinamarca.

Hace unos 23 años Ángel Quintero Rivera desentrañó que buena parte de Puerto Rico devino una cimarronera, que él llamó pasiva, formada por desertores de embarcaciones hispanas y fugitivos de todas las etnias, afros en primer lugar, procedentes de islas vecinas. Mientras él seguía pesquisando de forma magistral, dando con información no solo en libros o archivos sino así mismo rastreándola en el folclor de la isla, yo averiguaba que Boriquén no había sido una excepción, surgieron otros núcleos resistentes en otras antillas, Santo Domingo en primer lugar, pero igual en otras y, era de maliciar, hubo solidaridad y uniones entre los evadidos. Pero, otro enigma, había memoria de un solo caso, el de los garifonas o caribes negros, incluso ellos, cómo no, envueltos en el misterio (Izard, 2000: 113-129 y 149-170).

Por supuesto debo mencionar Saint-Domingue, que devino la mayor productora de azúcar en el siglo XVIII y alcanzó una impactante concentración de siervos; los que pudieron huir, junto a marineros y soldados galos, pasaron a Santo Domingo, acrecentando aquella cimarronera (Izard 2000: 149-170). Los alzados allí en 1791 lograron lo que se proponían, rehusaron por vez primera la esclavitud a escala total y fundaron Haití, primera república afroamericana.

Costa atlántica

Era de temer que si Castilla solo controló parte del istmo, la del oeste, la otra y en especial el litoral oriental, de Belice a Panamá, selvático y a orillas del Caribe, un enorme lago azucarero fuera ámbito de entrevero de nativos americanos huyendo del acoso o la servidumbre, europeos de la inquisición y negros de la trata. Dada la fragmentación del territorio tras la llamada independencia, la investigación debe conducirse a escala estatal. He realizado una primaria aportación al caso nicaragüense (Izard, 2000: 171-198).

Llanos del Orinoco

Exterminada o ahuyentada la población nativa de las Antillas, Tierra Firme fue devastada en los primeros años de la agresión, la del despilfarro, al recorrerla castellanos cazando esclavos que casi la vaciaron y escapar los sobrevivientes al sur, uniéndose a los que ya estaban allí y recibiendo a nuevos fugitivos, de negros a blancos, dando lugar a varias cimarroneras, algunas estudiadas por mí (Izard, 1988; 1994) o que han sido tema de varias tesis y de diversos congresos.

En la Guayana holandesa, donde fue muy considerable la concentración de esclavos, de paso hacia otros destinos o para trabajar en las plantaciones, los saramakas arrancaron a los colonizadores en 1762 un tratado de paz, que les daba la libertad (Price, 1992).

Y, como veremos que ocurrió en Brasil, esclavos de Cartagena de Indias, Nuevo Reino de Granada, lograron crear un palenque estable en San Basilio.

Amazonia

Dedico más espacio a este ámbito dado que dos tesis de consulta más difícil realizaron notables aportaciones.

Comerciantes lusitanos, con capitales conseguidos en el tráfico asiático, invirtieron en plantaciones de caña a partir de 1532, en Pernambuco y Bahía, mientras empresarios holandeses controlaron la exportación a Europa. Si al principio esclavizaron nativos, su rápida extinción supuso recurrir a africanos. A mediados del siglo XVIII el auge del café, la minería o actividades vinculadas a la esclavitud (pesca, ganadería o elaboración de tasajo) se desplazaron hacia el sur, São Paulo o Minas Gerais, y la capital se mudó de Bahía a Río de Janeiro. Variante sugestiva fueron los esclavos urbanos, llamados de *ganho,* que sus propietarios podían alquilar para cualquier menester, manufacturas, acarreo o prostitución, que eran responsables de hallar trabajo y dar al patrón la cantidad predeterminada, y que gozaban de cierta autonomía. Gabriel Izard (2000) dedicó al tema buena parte de su tesis, enfatizando primero las dificultades para el investigador pues la mayoría de fuentes son informes parciales y marciales de *capitães do mato,* encargados de perseguir y acosar fugitivos. Mucho documento debería leerse como en un espejo o entre líneas y recurrir a otras fuentes desde la arqueología a la historia oral que pueden dar una visión distinta de la que tenemos. Luego pormenorizó el significado o pasado de mocambos o quilombos, desafío que durante sobrado tiempo fue ignorado o ninguneado, vinculado al menosprecio a los esclavos vistos como animales de labor. Esta óptica perduró hasta 1922 y culminó con Freyre y la leyenda apologética y legitimadora portuguesa, que surgió en la ex colonia idealizando una expansión lusitana que habría sido de forma taumatúrgica idílica y democrática gracias a la ausencia de racismo y a una mezcla con los otros sin prejuicio alguno, embeleco que adoptó el salazarismo y perdura entre algún académico, así Barbosa, esperpéntico y *chauvinista.* Pero hubo una mudanza notable hacia 1960 con trabajos antagónicos, de Carneiro y otros (incluso alguno previo y confuso), corriente consolidada en la década siguiente cuando el naciente movimiento de orgullo afrobrasileño usó el cimarronaje como bandera en su combate por la igualdad y por la defensa de su identidad, tema tratado por Nascimento (1985) y Gorender (1990). Por otro lado sobresalen trabajos, comprometidos, de Moura y su concepto de *quilombagem,* la rebeldía continua de los siervos, lo que ha provocado reacciones académicas de Flory, Ramos, Reis, Schwartz, Gomes o Silva, en nombre de la recuperación aséptica del pasado, llegando a negar el rechazo y hablando sólo de tanteos para mejorar condiciones, sin refutar un sistema que sólo podía perdurar mediante vesania propia e interna, es decir, mecanismos de natural coercitivos y relaciones de producción en las que el propietario se apoderaba de lá fuerza de trabajo pero también del mismo productor que debía bestializar. Estos productores con sus luchas probaba ser humano y devenía sujeto histórico, lo que matizan marxistas y neo-marxistas negando, faltaría más, formación de una conciencia de clase y capacidad revolucionaria para transformar la sociedad esclavista. No obstante, sus luchas erosionaron la economía y la política, y diseminarion un mal ejemplo capaz de contaminar incluso a otras etnias, a la vez que en los psicológico embruteció y aterrorizó a los plantadores. Izard reseña también debates sobre redefinición del concepto revolucionario y necesidad de un elemento externo para superar el modelo esclavista, sin olvidar que las víctimas luchaban por la libertad y una cultura que giraba alrededor del ocio.

La tesis de Ruiz-Peinado (2001) es singular gracias a su estadía de cuatro años entre descendientes de cimarrones en los ríos Trombetas y Erepecurú, que, con la consabida memoria, rememoran su pasado, en especial relaciones con el ámbito nativo, para sobrevivir en áreas que desconocían; si bien en alguna circunstancia el contacto no fue armónico. Añade que así mismo se acogieron a este espacio libertario acosados europeos tachados de bruja, hereje u homosexual o fugitivos de marina o ejército, de la llamada justicia o inquisición. Incluso en casos concretos los africanos eran minoría.

El autor menciona primero el inicio de la esclavitud africana, vinculada a la depredadora caña de azúcar, perpetrada por portugueses en islas del Atlántico, São Tomé y Príncipe, Azores y Canarias, donde, por supuesto, surgieron las primeras experiencias cimarronas, luego en Angola y Congo. Y resume características comunes a las sociedades quilombolas: usufructo comunitario de tierra y recursos, ética solidaria, inestabilidad ante lógicos intentos coloniales de destruirlos y por el desequilibrio entre sexos, redefinición de patrones de parentesco o de noción de espacio doméstico a través de cofradías, resistencia ante el afán bestializador y deculturador de burócratas, clérigos y hacendados. También al sincretismo, es decir, la mezcla de elementos afros (logística, magia, mitología, música, parentesco) con elementos nativos (adecuación al medio y tecnología) y arios (lengua franca o santos).

Ruiz-Peinado califica las sociedades cimarronas según la relación que mantenían con el universo del que escapaban. Unas se establecieron cerca e intercambiaban para conseguir herramientas, pertrechos o pólvora; otras lo hacían a notable distancia, en la selva, eran autosuficientes y el tráfico era escaso; unos terceros más recónditos producían bienes apreciados por los brasileros que comercializaban a través de intermediarios, incluso oro y diamantes en Minas Gerais. En las transacciones otro elemento esencial fue la información sobre ataques o expediciones, y podía incluso darla algún esclavo o mercaderes blancos ansiosos de ganar la confianza de los cimarrones.

Sur del sur

Grandes llanuras meridionales americanas también acogieron evadidos de colonias vecinas, dando lugar a huasos, morocuchos o gauchos que resistían junto a naciones aborígenes, ranqueles o mapuches por citar solo dos.

Acá, como en otros ámbitos, acólitos de la Historia Sagrada han perpetrado tareas de inversión cambalacheando adjetivos: si la hispania llama caníbales a los que fueron yantar de conquistadores famélicos, o bárbaros a gente con civilización más sofisticada y sensata que la occidental, algún cronista es capaz de tachar de cuatreros o depredadores a personas que de vez en cuando cazaban un caballo o asaban una res, montaraces, y eran, en y por principio, conservacionistas de la naturaleza. Richard Slatta considera a los gauchos bandidos, mientras Adelina C. Rodríguez Mirabal no consigue ponerse de acuerdo consigo misma y moteja a los llaneros, hasta en la misma página, de peones de hato, cuatreros o rebeldes. Tampoco aclara si el ganado orejano de las sabanas desciende de los que huyeron de huestes o hatos del norte o fue introducido por los que, para mí de forma abusiva, se autoproclamaban propietarios ganaderos.

Fuentes e informaciones

Rescatar el pasado de estas comunidades, neutralizar funcionarios del olvido que no son gran cosa más que la voz de su amo, implica utilizar los datos archivísticos leyéndolos, insisto, como en un espejo, para obtener una imagen invertida, con toda seguridad mucho más cercana a la realidad, y dar con nuevos informantes, creadores en primer lugar.

De lo que he venido diciendo debe desprenderse que existe abundante información jurídica. La mayoría decreta las penas en que podían incurrir los esclavos si, pongo por caso, desertaban de la plantación, parafernalia legal que puede sernos útil para pesquisar, lo hemos hecho muchos, Ruiz-Peinado o Gabriel Izard por citar solo dos, en los trabajos citados; también pueden ser de utilidad las leyes de manumisión, pero en algún caso se da lo contrario, como la constitución brasilera que reconoce la propiedad a los quilombolas.

Acabo de mencionar creadores —novelistas, pintores, poetas o fotógrafos—, sin olvidar a los viajeros o la impresionante producción propia, literatura oral a veces difícil de localizar; para el caso del Llano tenemos una obra excepcional, *Diario de un llanero* de Torrealba (1987), auténtica y útil enciclopedia del tema.

Como ocurre con machacona frecuencia, se interesan y acercan más al pasado dichos creadores que demasiado académico; la producción en el ámbito analizado es tan considerable que es imposible detallarla. Me ceñiré a algún caso de una lista que por fortuna es muy larga. Barry Unsworth, en *Hambre sagrada,* no solo detalla la caza o la dantesca travesía atlántica, además evoca sociedades del nuevo continente formadas por nativos y esclavos huidos, y la segunda parte de la novela gira alrededor de la tentativa libertaria de africanos y blancos que sobrevivieron a un motín y acogieron en Florida a un piel roja.

Barbara Smucker, en *Huida al Canadá,* alude al ferrocarril subterráneo, la trama solidaria de quienes, antes de la abolición, ayudaron a esclavos fugados a pasar al vecino del norte. Ella me refirió, la primera, cómo se daba de comer a los siervos, como a bestias en bateas sobre el piso, o el trauma de las rupturas familiares. Tony Morrison, con su especial realismo mágico, ha ambientado buena parte de su producción entre los afronorteamericanos. El film *Amistad* de Spilberg, además de recrear un hecho concreto, denuncia la trata cubana del siglo XIX, con la que se enriquecieron tantos españoles, y consigue con algunas imágenes, cadenas colgando del techo de la sentina, sobrecoger al público, lo que jamás lograremos los historiadores.

Bruce Chatwin, en *El virrey de Ouidah,* reseña la trata en la misma África, organizada por oligarcas brasileños a mediados del siglo XIX, lo que dio pie al film *Cobra verde* de Werner Herzog.

Porfío, la lista sería excesiva. Si historiadores cubanos fueron pioneros investigando sobre esclavitud, podría recordar a Miguel Barnet, *Biografía de un cimarrón* (1966), Cepero Bonilla, *Azúcar y abolición* (1976), Manuel Moreno Fraginals con el insuperable *El ingenio. Complejo económico social cubano del azúcar* (1978) o Juan Pérez de la Riva, *El barracón. Esclavitud y capitalismo en Cuba* (1978); la cuestión interesó a los creadores: tendría *La última cena* (1976) de Gutiérrez Alea como emblemática recreando la plantación.

Parte IV
Bolivia

Capítulo 11
Participación indígena en la independencia altoperuana: la región de Cochabamba

Ítala de Mamán

La situación actual por la que atraviesa la América del Sur, en donde han accedido al gobierno mandatarios provenientes de los sectores indígenas como es el caso de Bolivia, ha vuelto la mirada de los investigadores y científicos sociales a la participación de estos en los diferentes momentos históricos.

La participación de los indígenas en la independencia altoperuana ha sido analizada para el caso de Bolivia en los dos libros emblemáticos que han tratado el tema, el de Alipio Valencia Vega, que en 1962 escribiera *El indio en la independencia* con un sentido más de reflexión que de aportes historiográficos, y el de René Arze Aguirre, quien en su obra *Participación popular en la independencia* analizó la participación indígena en las sublevaciones del altiplano, particularmente la de 1811. En la literatura mencionada no se ha tocado el tema de la participación indígena en Cochabamba, siguiendo el estereotipo de que en Cochabamba, lugar de mestizaje, tuvo poca importancia la participación indígena. También se cree que en Cochabamba la participación indígena se redujo solo a la época de la gran rebelión de Tupac Amaru y Tupac Katari, y que en la siguiente fase de convulsión se mantuvieron como espectadores colaborando obligadamente en uno u otro bando. Este trabajo tiene por objeto desvirtuar este supuesto mostrando, a través de una descripción de los hechos más importantes, cómo la participación indígena tuvo una incidencia trascendental en las luchas regionales por la independencia.

En el contexto de la guerra de la independencia altoperuana, Cochabamba ocupa un lugar especial. Como diría José Luís Roca, "sin las pretensiones intelectuales de Chuquisaca, ni las riquezas de Potosí, alejada del espíritu mercantilista de La Paz, Cochabamba se convirtió en el epicentro de la revolución altoperuana en pos de la independencia" (Roca, 2007: 206). En efecto, los jefes de la Junta de Buenos Aires, a cargo de los ejércitos auxiliadores, basaron sus expectativas en el accionar de las tropas cochabambinas. Afirmaba Castelli: "las tropas de Abascal temen a porteños y cochabambinos... han sido derrotados por los nuestros en Suipacha, (sus fugitivos han ido hasta Puno, Cuzco, Arequipa) y por los cochabambinos en Aroma y Sicasica"[1]. Belgrano, jefe del segundo ejército auxiliar, calificaba a Cochabamba como "el antemural inexpugnable de la libertad de este suelo... si se pierde perderemos todos"[2]. La *Gaceta de Buenos Aires* acuñó la frase repetida luego incansablemente por los escritores cochabambinos de la primera mitad del siglo XX: "El Alto Perú será libre porque Cochabamba quiere que lo sea"[3].

Fueron varias las causas que determinaron este rol protagónico de Cochabamba en la guerra de la independencia. Por una parte, su ubicación geográfica: situada en el corazón de Charcas, entre la amazonía y el macizo del altiplano andino, las rutas que unían ambos extremos emplazaban la región en una zona militarmente estratégica y donde se libraron las batalla más importantes entre los ejércitos del rey y los ejércitos auxiliadores que subían desde las Provincias Unidas del Río de la Plata; además, la extraordinaria fertilidad de sus suelos convertía a la región en una zona vital para el control de los abastecimientos de víveres y textiles.

Por otra parte, es importante considerar las características de su población, que generó mentalidades que fueron un fermento importante para la incubación de las ideas emancipadoras. Cochabamba, a inicios del siglo XIX, era la capital de una de las cuatro intendencias de la Audiencia de Charcas, que incluía el anterior corregimiento de Mizque, el corregimiento de Cochabamba, Santa Cruz de la Sierra y las gobernaciones de Moxos y Chiquitos. A fines del siglo XVIII la población de Cochabamba era de 125.245 personas[4], y su composición era la siguiente:

Españoles (se incluía en esta categoría también a los criollos)	20.000
Mestizos	39.171
Cholos	2.883
Indígenas	56.890
Mulatos	5.974
Negros	238

---

[1] Archivo General de la Nación, Buenos Aires, S.5.1.3.T 37.

[2] En un oficio enviado por Belgrano, jefe del segundo ejército auxiliar de Buenos Aires, al gobierno de la Provincias Unidas del Río de la Plata donde le informa que remite "un cañoncito, dos granadas de mano y una bala de los arcabuces que usa el exercito de Cochabamba a falta de fusiles: todo esto prueba el ardor de aquellos patriotas, si las demás provincias hicieran otro tanto, muy pronto se acabarían los enemigos interiores y temblarían los que nos asechan". Archivo General de la Nación, Buenos Aires, S. X .6.5.

[3] *Gaceta de Buenos Aires*.

[4] Francisco de Viedma y Narváez, *Descripción de la provincia de Cochabamba*, citado en Brooke Larson, *Colonialismo y transformación agraria en Bolivia. Cochabamba, 1500-1900,* La Paz, Editorial CERES, 1992, p. 213.

Según Larson (1992: 214) la región albergaba el 7% de la población total del virreinato. Tenía una proporción de mestizos más grande que la mayoría de las provincias del Perú: casi un tercio de la población. Estos mestizos (39.171) y españoles (20.000) se hallaban mayoritariamente en las provincias de Cercado y Cliza (valles llamados bajo, central y alto que circundan la ciudad de Cochabamba), mientras que la mayoría de la población indígena se encontraba en los valles cercanos al altiplano, en los partidos de Arque, Tapacarí, aunque según Larson también en Cliza hay un gran porcentaje de indígenas, superior al que hay en Tapacarí.

En cuanto a la situación de la provincia en los años anteriores a la guerra de la independencia, Larson señala que la región tuvo que sufrir tres crisis de subsistencia: en 1781, como efecto de la gran insurrección indígena, en 1784 durante la sequía, en 1804 con otra gran sequía. Considero que estas graves crisis incidieron en los procesos económicos y sociales que ocurrieron posteriormente y que dieron lugar a los estallidos de insurrección que tuvieron lugar en los valles cochabambinos[5].

Por otra parte, con las reformas borbónicas, todos los sectores sociales de la región de Cochabamba sufrieron el impacto de los cambios. Como en otros lugares, el éxito fiscal estuvo en la mejora de la recaudación. Para el caso de Cochabamba, los ingresos totales brutos aumentaron cinco veces y medio entre 1757 y 1809 (Larson, 1992: 344). El aumento en la recaudación estuvo basado en el incremento en la recaudación de la alcabala (al 6%), los nuevos impuestos sobre las transacciones comerciales, el aumento de la recaudación del tributo con base en una efectiva sistematización y que tuvo además a su favor el aumento de la población en los valles. Es pertinente destacar que, como en otras regiones del mundo andino, la importancia del aumento total de las recaudaciones se debió en gran parte al aumento de la recaudación del tributo que constituía el 40% de los ingresos fiscales.

Respecto a este ultimo punto, el tributo aumentó de un promedio de 50.000 pesos anuales recaudados para el período 1780-1784, a un promedio anual de 100.000 pesos en el período 1800-1804. Este aumento constituyó el éxito más grande de la administración de Francisco de Viedma, producto de su participación directa en los censos de población y en los métodos de recaudación fiscal (Larson, 1992: 345).

---

[5] Nuria Sala Vila, en *Y se armó el Tole Tole. Tributo indígena y movimientos sociales en el virreinato del Perú 1784-1814* (Huamanga, Instituto de Estudios Regionales José Maria Arguedas, 1996), analiza lo que Florescano puso en evidencia, para el caso mexicano, la importancia de las crisis de subsistencias y su influencia en los ciclos de revueltas durante la época colonial, ligadas a los ciclos económicos sensibles a las sequías, malas cosechas, hambrunas y pestes; Florescano concluye que las guerras de independencia estallaron al final de una fase de precios altos a la que se sumó el efecto de diversas crisis agrícolas. Sin embargo, Tandeter y Watchtel en coincidencia con Glave y M. Remy han demostrado que la rebelión tupamarista se sitúa al final de una coyuntura de precios bajos.

En cuanto a la condición de los indígenas, como es notorio y destacado por varios investigadores que han tratado el tema (Larson, 1983, 1992; Sánchez Albornoz, 1978), Cochabamba se caracterizó por la gran presencia de indígenas forasteros en relación con los originarios. Como en ninguna de las otras provincias, la mayoría de indígenas, al ser forasteros, habían perdido el vínculo con sus comunidades originarias. Ya en el siglo XVII, en el censo del duque de La Plata, se había establecido que más de nueve de diez varones indígenas eran forasteros (Larson, 1992: 130).

Los indígenas en Cochabamba estaban distribuidos entre las comunidades indígenas y las haciendas. En cuanto a los indígenas establecidos en comunidades no existen trabajos historiográficos que nos permitan ver el cuadro completo de las etnias que ocupaban la región de Cochabamba, su ubicación, su desestructuración, los impactos concretos de las reformas borbónicas, aunque hay investigaciones muy buenas sobre algunas etnias, como las de Ana María Presta, de Mercedes del Río sobre los Soras, de Raymond Schram sobre los Churumatas. Por otra parte, las fuentes escritas generalmente por funcionarios españoles no hacían distinción entre una etnia y otra, lo cual dificulta el trabajo de investigación.

La unidad productiva predominante en los valles cochabambinos era la hacienda, trabajada en su mayoría por indígenas forasteros que habían huido de sus obligaciones comunitarias (sobre todo la asistencia a la mita) en las provincias del altiplano; por lo tanto no tenían ninguna pretensión a la legitimidad andina o colonial (Larson, 1992: 209). Estos trabajadores indígenas desposeídos de la tierra trabajaban para los hacendados a cambio de su subsistencia.

Según el análisis de Larson, la proliferación de un campesino orientado hacia las actividades comerciales en los valles centrales constituía la mayor amenaza para los terratenientes, mayor aún que los enfrentamientos políticos directos. Los campesinos entraban en el mercado como vendedores de pequeños excedentes alimenticios o bienes de consumo especializados (1992: 210-211).

En 1799, los textiles constituían el único sector de la economía que podía absorber grandes cantidades de campesinos empobrecidos, quienes fabricaban tocuyos para su uso y para el intercambio en las ferias. Viedma estimaba que en 1788, 500 cholos y mestizos producían tocuyo en Quillacollo. También los había en Cercado y Tarata. Hacia 1804, el regidor Juan Carrillo de Albornoz mencionaba la cifra de 3.000 tejedores. La escala de producción en Cochabamba era más grande que la de cualquier región del mundo andino. Viedma estimó que las exportaciones de tela de Cochabamba eran de 300.000 varas anuales, cantidad superior a la que producía Arequipa: 124.000 varas al año, siendo Arequipa el mayor productor en el Virreinato del Perú[6].

---

[6] En la década de los años 90 del siglo XVIII, afirma Brooke Larson, la producción de tejidos de Cochabamba se vio favorecida por la coyuntura internacional. En 1796 Inglaterra había declarado la guerra

Después de 1804 esta situación en Cochabamba había cambiado. Este cambio se aprecia por el informe del regidor Carrillo de Albornoz, quien afirmaba que gran parte de los 3.000 telares de la región habían enmudecido y que la industria estaba prácticamente paralizada (Larson, 1992: 329). Esta crisis de producción del rubro de tejidos, que constituía una importante fuente de trabajo también para los campesinos, fueran estos indígenas, mestizos o criollos empobrecidos, incidió en las percepciones de desencanto frente a los cambios que ofrecían las reformas borbónicas.

Cochabamba era la provincia más conflictiva para las autoridades coloniales, que, en el último período colonial, al calor de las reformas borbónicas, habían intentado reproducir el esquema toledano de exacción del excedente productivo. Las relaciones de explotación y sumisión de los indígenas que surgieron en las haciendas de los valles culminaron en varias oportunidades en focos de rebelión, como ocurrió en 1730[7], 1781, 1809, 1810, y entre 1811 y 1825.

El análisis de los sucesos ocurridos en Cochabamba durante los 15 años de guerra muestra *3 etapas*, diferenciadas por la participación de los distintos actores sociales involucrados en ellas. La primera tiene como eje de articulación al cabildo, que da lugar a la formación de juntas revolucionarias o a la intervención directa del cabildo en representación del gobernador intendente, como ocurrió en 1815 durante la gestión de Juan Antonio Álvarez de Arenales.

Durante la primera fase, 1810-1815, al grito de "¡Cabildo abierto!" se organizaron los gobiernos que se propusieron cambiar el antiguo orden colonial. Durante esta etapa, en los intermitentes períodos de gobierno "patriota" o "realista", el cabildo jugará un papel preponderante.

Desde los inicios del régimen colonial, las leyes concedieron a los cabildos amplios poderes jurisdiccionales sobre el territorio; por lo tanto, el control del cabildo implicaba también el control sobre el territorio en el cual se asentaba. Para el caso de Cochabamba, la fundación de la villa, efectuada el 15 de agosto de 1571, daba al cabildo el control sobre la "Villa de Oropesa", un territorio que comprendía importantes pueblos que serían

---

a España enviando su armada al Río de la Plata, cerrando el puerto de Buenos Aires. Por este motivo se detuvo la importación de tejidos provenientes de España (Barcelona) de calidad superior a la de Cochabamba y Arequipa, dando lugar a que como observara Tadeo Haenke, la demanda de textiles en todo el virreinato superara la oferta. En esas circunstancias aumentó el precio del tocuyo en Cochabamba. La exportación de tejidos de Cochabamba llegó incluso a Buenos Aires. Larson, sin embargo, señala también las circunstancias internacionales que implicaron la crisis de la industria textil con la paz de Amiens en 1802 y con la invasión de Buenos Aires por los ingleses en 1806, coyuntura internacional que permitió nuevamente el ingreso de textiles europeos. Broke Larson, *Colonialismo y transformación…*, pp. 312-313.

[7] Hay que agradecer a Scarlet O'Phelan (*Un siglo de rebeliones anticoloniales*, Cusco, Centro Bartolomé de las Casas, 1983) la panorámica visión de los conflictos sociales y las rebeliones ocurridas durante el siglo XVIII, que nos permite ubicar mejor las condiciones específicas de las "coyunturas rebeldes".

escenario de la lucha por la independencia, como Punata, Capinota, Tiquipaya, El Paso, Sacaba, Quillacollo.

También influyó, en el rol protagónico del cabildo, el derecho o la práctica de elegir sus propios jueces o alcaldes. Esta situación permitió la participación en la elección de la élite terrateniente y comercial, que luego de la aplicación del programa de las grandes reformas borbónicas había sentido desfavorablemente el impacto de las mismas.

La participación de los indígenas en esta primera fase está determinada por las formas de lucha que asume la región, que tiene al cabildo como eje articulador en un período en el que se involucran activamente en la insurrección amplios sectores de criollos y mestizos. Estos movimientos, como se verá después, incorporan masivamente en sus filas a amplios sectores de la población indígena.

En cuanto a esta participación, podemos diferenciar entre a) participación de los indígenas en el llamado "ejército cochabambino", y b) participación indígena en movimientos de composición predominantemente indígena en sus tropas y en su conducción.

Participación de los indígenas en el llamado "ejército cochabambino"

Acerca de la primera modalidad de participación, los indígenas constituyeron un elemento fundamental en la formación del llamado "ejército cochabambino", el cual se originó el 14 de septiembre de 1810, fecha en que se realiza la toma del cuartel realista por parte de los insurgentes liderados por criollos de Cochabamba. A partir del 18 de septiembre, los líderes del movimiento se preocupan por la organización y formación militar del grupo de voluntarios que habían sido reclutados en los pueblos y en el campo, en su mayoría trabajadores agrícolas, sin adiestramiento militar. Los documentos señalan que su líder, Francisco de Rivero, contrató los servicios de un militar graduado de Buenos Aires, Bartolomé Pizarro, para la instrucción militar de las tropas. Las prácticas se efectuaron diariamente en la plazuela San Sebastián, una de las más antiguas de la entonces Villa de Oropesa.

En el mes de octubre, unos días después de la toma de la ciudad por las tropas insurgentes, se organiza el primer regimiento de artillería. Durante este período empieza en la villa y en los partidos aledaños una febril actividad de fabricación de armas. La carencia total de ayuda externa en cuanto a armamento convirtió la región en un taller, que causaría la admiración de Manuel Belgrano, jefe del segundo ejército auxiliar porteño.

A la formación de este ejercito cochabambino contribuyó la decisión de la Junta de Buenos Aires, la cual frente a la difícil situación en que se encontraba Cochabamba, por la carencia de pertrechos militares y de personal, resolvió el 2 de noviembre de 1810 la formación de un nuevo regimiento veterano de infantería, con el nombre de Regimiento Cochabamba, cuyos oficiales fueran hijos de la provincia de Cochabamba[8].

Posteriormente, la Junta de Buenos Aires remitió un oficio a Juan José Castelli, acerca de la conveniencia de que en la provincia de Cochabamba se elevara la milicia al grado de fuerza y disciplina que corresponde para que se constituyera en una barrera inexpugnable, comunicándole además lo resuelto y referido en el parágrafo anterior[9].

El denominado "ejército cochabambino" tuvo una intensa actividad durante esta primera fase (1810-1815). Como podemos ver a partir de los datos que a continuación se detallan, aunque su conducción estaba reservada a criollos y mestizos, estas tropas estaban mayoritariamente integradas por indios.

Los documentos referentes a la toma del cuartel realista el 14 de septiembre de 1810 señalan que esta acción se vio reforzada con la llegada de Cliza de las tropas (indias y mestizas) comandadas por Esteban Arze[10]. Luego de la toma del cuartel, se organizó en las provincias y pueblos de Cochabamba una milicia de más de 11.000 hombres, de los cuales se destinaron a Oruro 1.500. Estas tropas se formaron con criollos, mestizos, indios de las haciendas de los valles[11].

El 17 de octubre de 1810 se había denunciado que el comandante de armas depuesto por la revolución del 14 de septiembre (Gerónimo Marrón y Lombera) estaba tramando una emboscada para atacar la ciudad. Con este rumor, según relata Francisco del Rivero, "se ocuparon los ánimos de un furor implacable, y la plaza, los campos" se llenaron de gente que apoyaba el nuevo gobierno instaurado en Cochabamba.

El dato más esclarecedor proviene de un informe de Mariano Antezana al general Belgrano, en el que da cuenta de manera precisa de la composición de la fuerza armada del llamado "ejército de los cochabambinos". Establece que la infantería estaba conformada por 9.800 hombres, la caballería por 12.300; los indios eran 25.900, los españoles, 200. En cuanto al armamento, tenían 1.548 fusiles, 216 arcabuces, 190 cañones, 4.240 granadas[12].

---

[8] Este regimiento tendrá una fuerza de 1.200 plazas distribuidas en 12 compañías de 100 hombres. La referida junta nombra a Rivero como coronel de ese regimiento y este propondrá a la Junta de Buenos Aires todos los demás oficiales excepto el sargento mayor. Archivo General de la Nación, Buenos Aires, S. X.2.4.4.

[9] Archivo General de la Nación, Buenos Aires, S.5.1.3.T. 37. Doc. 45.

[10] Archivo General de la Nación, Buenos Aires, S. X T. 32. Cap. Y CVI. F: 259.

[11]Aunque las fuentes no detallan quiénes organizaron esta milicia, se puede deducir que lo hicieron los caudillos de estas regiones, como Esteban Arze, Melchor de la Villa y Guzman.

[12] Estos datos transcritos exactamente como están en el documento no son claros respecto a la composición de la infantería y caballería, no se sabe si son mestizos españoles o indios. En lo que sí es contundente es en el dato de la participación de los indios. Documento publicado en la *Gaceta de Buenos Aires* el 3 de julio de 1812. Por otra parte Afirma María Luisa Soux en su trabajo "La participación indígena en el proceso de la independencia: la sublevación de 1810-1811", Ponencia presentada en la UNMSM, 2005,

El ejército de los cochabambinos participa por última vez como tal en la batalla de Viloma en noviembre de 1815, al mando de Diego de la Riva, y conforma el Regimiento N.º 12 con 700 de sus mejores combatientes, algunos de estos, luego de la derrota de Viloma, se dirigen con el ejército auxiliar a la Argentina. Otros caudillos se quedan en la región de Cochabamba participando en acciones guerrilleras de hostigamiento al ejército realista.

Participación indígena en movimientos de composición predominantemente indígena en sus tropas y en su conducción

Primera coyuntura indígena rebelde

Durante esta primera fase de la guerra de la independencia, podemos observar la *primera coyuntura indígena rebelde*. Se trata de la sublevación liderada por Andrés Jiménez de León y Manco Capac, José Manuel Cáceres y el cacique de Toledo[13] Manuel Victoriano Aguilario de Titichoca[14].

Este conflicto tuvo su inicio a fines de 1809, cuando el pueblo de San Agustín de Toledo se movilizó en apoyo al cacique Titichoca, quien fuera destituido de su cargo por orden de las autoridades españolas. La autoridad y el liderazgo del cacique se extendían hasta el valle de Sicaya en Cochabamba. El cacique optó en primera instancia por ir a La Plata a reclamar su cacicazgo. Sin embargo, ni el pedido de los indios de su comunidad, ni sus reclamos tuvieron éxito. Frente a esta situación, los indios al mando de Titichoca volvieron a levantarse en abril de 1810. Secundaron esta acción Juan Manuel Cáceres, el escribano de la Junta Tuitiva de La Paz, y Andrés Jiménez de León y Manco Cápac, canónigo prebendado de la catedral de La Plata. Y al parecer planificaron la insurrección en La Plata (hoy Sucre), donde coincidieron los tres por diferentes motivos. Los objetivos del movimiento fueron plasmados en un plan de 12 puntos que en sus partes fundamentales planteaba la abolición del tributo, la supresión de la mita de Potosí, la

---

que luego de la derrota del ejército porteño en Guaqui, surgen dos versiones contrapuestas acerca de la actuación de los indígenas. Algunos historiadores sostienen que los abusos cometidos por los miembros del ejército auxiliar provocaron la reacción del "pueblo" sin aclarar si se trata de los vecinos de los pueblos o de los indígenas de los ayllus, que los persiguieron hasta más allá de Potosí; otros autores hablan del apoyo de algunos grupos indígenas a la retirada porteña.

[13] Toledo, pueblo ubicado en la provincia de Paria, era el centro nuclear de "la red étnica sobreviviente mas fuerte de la provincia de Cochabamba que todavía ligaba a los vallunos con sus grupos de parentesco de las alturas, a pesar de las fronteras administrativas". Broke Larson, *Colonialismo y transformación...*, p. 183.

[14] Esta sublevación ha sido ampliamente estudiada por René Arze en *Participación popular...*, también analizada en José Luis Roca, *Ni con Lima ni con Buenos Aires. La formación de un estado nacional en Charcas,* La Paz, IFEA – Plural Editores, 2007; y Maria Luisa Soux, "La participación indígena...".

eliminación de las alcabalas, la supresión de las extorsiones de curas, la supresión de los cargos de subdelegados y caciques recaudadores; planteaba también que las comunidades se repartirían los bienes de los ladrones chapetones. Uno de los primeros documentos del expediente de junio de 1810 venía aparentemente de Cochabamba, dirigido a Matías Terrazas, canónigo de Chuquisaca. Este documento muestra la relación del movimiento con Buenos Aires (Soux, 2005).

Esta era una movilización de tropas indígenas. Uno de sus propósitos sería una insurrección general a favor de los porteños y un levantamiento de los pueblos de indios de Toledo. Unos 2.000 indios se alborotaron el 30 y 31 de julio de 1810. Los cabecillas de este movimiento pertenecían a diferentes capas sociales: criollos, mestizos y autoridades indígenas.

En julio, la conspiración había sido descubierta; los cabecillas, excepto Cáceres, habían escapado. La preocupación de las autoridades de la Audiencia y del Cabildo de Oruro condujo a que estas últimas pidieran auxilio a la Intendencia de Cochabamba, ofreciendo una recompensa de 500 pesos por la captura de Jiménez de Manco Capac, 100 pesos por la de Titichoca y 50 pesos por la de cualquiera de los otros cabecillas. De Cochabamba, el gobernador intendente envió tropas para auxiliar a Oruro, pero estas estaban dirigidas por Francisco del Rivero, Melchor Guzmán, Esteban Arze, quienes habían ya tomado partido por la causa de Buenos Aires. Ellos aprovecharon la oportunidad para planificar la insurrección de Cochabamba y la toma del cuartel realista, acción que efectuaron volviendo de Oruro, donde no encontraron a los sublevados.

Segunda coyuntura indígena rebelde

Un año después, en 1811, ocurrió un nuevo movimiento de indígenas de proporciones mayores que el anterior movimiento, probablemente con los mismos integrantes. De los caudillos anteriores, Cáceres destaca como conductor de las tropas indígenas con el título de "General del Ejército Restaurador de los Indios". De segundo estaba el cacique de Toledo Titichoca[15]. Menciona el documento de referencia que también los comandaba un capitán Zamudio de Buenos Aires. El espacio geográfico que abarcaba el movimiento comprendía varios partidos como Omasuyos, Pacajes, Yungas, Sicasica, Zepita, July, Oruro, Paracaya, y los partidos de Cochabamba que ocupan las cabeceras del valle.

En cuanto a la participación concreta de los cochabambinos en este movimiento, los documentos registran que luego de la derrota de Guaqui, mientras Rivero se preparaba para el enfrentamiento con Goyeneche ocurrido el 13 de agosto en Hamiraya, el 12 de agosto recibió la visita de los caciques indios que venían a pedir ayuda anunciando la conmoción general que empezaba a nacer desde la provincia de Yungas en La Paz.

---

[15] *Gaceta de Buenos Aires* del 26 de noviembre de 1811, tomo 3, pp. 25-26.

Rivero les proporcionó 300 granadas de vidrio cebadas, 1 sacerdote capellán y oficiales para que los dirigiesen en la empresa. Este movimiento adelantó sus acciones de modo que en agosto se encontraba sitiando La Paz.

Por otra parte, también se incorporaron al movimiento indígena de Cáceres las tropas cochabambinas al mando de Esteban Arze, quien después de la derrota de Hamiraya, había decidido tomar nuevamente la ciudad de Cochabamba el 28 de octubre de 1811 (Roca, 2007: 241). Padilla, en conocimiento del movimiento indígena, se unió a Esteban Arze, habiéndole conferido Esteban Arze el título de comandante de las doctrinas de Moromoro, Pitantora, Guaicoma, Pocpo, Quilaquila y los contornos.

Mientras la ciudad de La Paz se encontraba sitiada, la insurrección se había extendido al resto del país. Pese a su triunfo en Guaqui Goyeneche no pudo controlar las fuerzas de Arze en Cochabamba, las cuales dominaban todo el valle y la ruta que conducía a Oruro.

Con el apoyo venido desde el Perú, con el ejército unido de Pumacahua y Choquehuanca, además de toda la fuerza de Goyeneche dirigida hacia La Paz, las fuerzas realistas pudieron finalmente imponerse por la superioridad numérica y la organización militar.

Del "ejercito cochabambino" a la "División de los Valles". Tercera coyuntura indígena rebelde: El "estado revolucionario de Hayopaya"

La tercera coyuntura indígena rebelde corresponde a la segunda fase de las luchas por la independencia en la región de Cochabamba, caracterizada por el abandono del cabildo como eje articulador de intereses y en la que el campo es el escenario de los combates.

Con la derrota de Viloma y la salida del general patriota Álvarez de Arenales de Cochabamba se agotó la fase en la cual el cabildo revolucionario tuvo una preeminencia en la dirección general de la insurrección y en la provisión de medios para los enfrentamientos armados, para lo cual utilizó los fondos económicos de la recaudación fiscal, incluido el tributo. Como vimos anteriormente, la acción del cabildo permitió a los insurgentes no solo tener autoridad frente a las instancias del poder local, sino fundamentalmente tener los medios económicos para la provisión de alimentos, pertrechos de guerra y sobre todo municiones y armas hechas en talleres improvisados, cuya masiva producción convirtió a Cochabamba y su pueblos aledaños en el gran taller de la revolución.

En cuanto a la ciudad de Cochabamba, siguiendo los pasos del ejército realista podemos ver los avatares de un área invadida constantemente por ejércitos de ocupación.

Concluida la batalla de Viloma en la que el ejército del rey venció rotundamente a las tropas denominadas de la patria, el grueso de las fuerzas realistas se dirigió el 2 de diciembre a la ciudad de Cochabamba para recuperarse de sus fatigas y privaciones. Desde allí se envió fuerzas del ejército del rey a las distintas capitales de las intendencias de la Audiencia de Charcas. Así se envió al general Ramírez a Chuquisaca; el mismo día salió hacia Potosí el mayor general Tacón con el regimiento a tomar posesión de su gobierno. El general en jefe Pezuela se detuvo en Cochabamba para reorganizar la administración civil y militar (Mendizábal, 1997)[16].

El tercer ejército auxiliar argentino había iniciado la retirada. En enero de 1816, se supo que el general Rondeau, jefe del tercer ejército auxiliar, había reunido en Tupiza (Potosí) cerca de 1.000 hombres, y sabiendo la cercanía de las tropas ligeras del ejército del rey se retiró a Suipacha (Potosí) y posteriormente a Jujuy (hoy República Argentina).

Como dije anteriormente, el fin de la acción del cabildo insurgente implicó que las acciones se desarrollaran plenamente en el área rural, con gran preeminencia de los movimientos de indígenas. Sin embargo, por los datos consultados hasta ahora, las alianzas entre los diferentes estamentos (criollos, mestizos e indios) se mantuvieron hasta el final de la contienda.

En el período que nos ocupa, 1815-1824, los focos principales de la insurrección fueron las republiquetas[17]. En ellas la participación de los indios fue constante y persistente. Aunque por los datos que hasta ahora tengo no puedo describir el panorama completo de su accionar, siguiendo las intervenciones bélicas del ejército del rey y el relato extraordinario de José Santos Vargas (el Tambor Vargas)[18] puedo proporcionar un esbozo del importante papel que jugaron entorpeciendo el avance de las tropas realistas hacia Buenos Aires.

Aunque con la derrota del ejército de la patria en Viloma, que tuvo como consecuencia la salida del Alto Perú del tercer ejercito auxiliar argentino, quedaba aparentemente el camino libre hacia Buenos Aires, algunos jefes militares realistas, como Francisco Xavier de Mendizábal, comandante del Batallón de Ingenieros y quien como cartógrafo real participaba en las campañas del ejército, opinaban que

> El ejercito del Rey [...] no puede avanzar hacia esos puntos (hacia Buenos Aires) sin tranquilizar enteramente los partidos de su retaguardia y costados en el Alto Perú (Mendizábal, 1997: 104).

---

[16] Este autor tenía el cargo de director subinspector del Real Cuerpo de Ingenieros, y participaba en las campañas del ejército real. Gracias a esta intervención tenemos planos de las batallas mas importantes ocurridas en territorio del Alto Perú.

[17] De acuerdo con la interpretación de José Luis Roca, la denominación de "republiquetas que probablemente se deba a Mitre, ha sido adoptada para significar la existencia de territorios controlados por caudillos o montoneros que lograron imponer allí su autoridad y su ley a despecho de la dictada por las cabeceras virreinales enfrentadas en una cruenta guerra". José Luís Roca, *Ni con Lima...*, p. 333.

[18] La sugerente obra de Maria Danielle Demélas, proporciona interesantes pistas para continuar la búsqueda de fuentes primarias dado que el relato de Santos Vargas no agota los acontecimientos ocurridos en la época tratada.

Por los datos que se tiene hasta ahora se puede efectuar un análisis de las áreas geográficas de la insurrección indígena: Hayopaya, Cinti, Larecaja, La Laguna, Santa Cruz, áreas que han sido consideradas por la historiografía de esta época como republiquetas. Estas republiquetas estuvieron dirigidas por líderes locales de gran trascendencia e influencia entre los indígenas que habitaban en su espacio geográfico. Así por ejemplo la de Larecaja estuvo liderada por Ildefonso de las Muñecas, quien dirigiera junto a Angulo Pinelo Pumacagua y otros el gran movimiento indígena que tomó la ciudad de La Paz en septiembre de 1814.

Camargo tuvo su área de influencia en Cinti; en La Laguna actuó Manuel Asensio Padilla, Warnes en Santa Cruz y la republiqueta de Hayopaya tuvo varios líderes que a su turno dirigieron las acciones (Fajardo, Lira, Chinchilla, Lanza). La acción conjunta de estos líderes se evidencia por múltiples datos que aparecen en la documentación de la época. Por lo tanto coincido plenamente con María Luisa Soux, que plantea que no se trata de movimientos aislados sin ninguna conexión: "creo que hubo una planificación de sus acciones bélicas y políticas aunque no todas tuvieron éxito debido en gran parte al despliegue militar del ejército realista en los territorios de la Audiencia de Charcas". Volveremos a ver este tema más adelante.

De la republiqueta que más datos se tiene es de Hayopaya, situada en una provincia del actual departamento de Cochabamba. Es posible rastrear la estructura y funcionamiento de esta republiqueta a la que Luis Roca ha llamado "el Estado Revolucionario" de Hayopaya siguiendo la crónica extraordinaria dejada por el tambor José Santos Vargas. De ello se desprende, según esta misma fuente, que esta republiqueta nació hacia 1811 y fue la única que persistió hasta 1825, año en que se declaró la independencia de Bolivia.

Las fuerzas indígenas organizadas militarmente en Cochabamba, que constituyeron la fuerza armada de la republiqueta de Hayopaya, se concentraron en las áreas de mayor población indígena, cercanas al altiplano, donde se conservaba aún el funcionamiento de las comunidades originarias, como Ayopaya, Arque, Tapacarí (en Cochabamba) y el partido de Sicasica. Estas fuerzas militares se llamaron a sí mismas la División de los Valles.

En mayo de 1816 Mendizabal, personaje importante del ejército realista, opinaba que en el estado de continua agitación en que se encontraba el Alto Perú, las tropas del rey no podrían descansar hasta que, recibidos algunos refuerzos, pudieran destinarse dos batallones y un escuadrón a la persecución y castigo de los pueblos sublevados (Mendizábal, 1997: 91).

Esta División de los Valles tuvo que enfrentar, además de los otros focos de indígenas rebeldes desde 1815, los batallones de las tropas del rey que llegaron sucesivamente al Alto Perú, algunos provenientes de España con el objetivo de sofocar la rebelión en Charcas y así poder invadir tranquilamente al Virreinato del Río de la Plata.

Estas tropas estuvieron dirigidas por militares de gran prestigio que llegaron paulatinamente al Alto Perú[19]. Entre 1816 y 1820 esta formidable fuerza militar del ejército del rey, con sus mejores generales venidos de la península, fogueados en las guerras europeas, logró derrotar a la mayoría de los grandes caudillos que comandaban las tropas indígenas. Esta es una historia que en detalle muestra la sistemática represión de miles

---

[19] Mencionaremos a continuación los más importantes:

Comandantes: Joaquín de la Pezuela y Sánchez, mariscal de campo de los Reales Ejércitos, subinspector de Artillería del Departamento de Lima y general en jefe del Ejército del Alto Perú. Llegó al Alto Perú cuando Goyeneche se retiró al Perú en 1813. Fue nombrado virrey en abril de 1816, dejó el mando a Juan Ramírez. Fue destituido por La Serna y tomó luego el mando general del ejército por segunda vez en febrero de 1820.

El general Juan Ramírez, español, llegó al Ato Perú en 1784. Después de 1809 fue destinado como ayudante de Goyeneche. Participó en los más importantes enfrentamientos militares de la guerra de la independencia.

El general Miguel Tacón, inició su carrera en la marina participando en la guerra contra Napoleón. En 1810 fue destinado a América.

El mariscal de campo Estanislao Sánchez Salvador llega de la península con 2.000 hombres con destino al Alto Perú.

El general mariscal de campo José La Serna, español, intervino en la guerra con Francia y en la lucha por la independencia contra Napoleón. Fue destinado a hacerse cargo del Ejército del Alto Perú; llega a Potosí el 3 de noviembre de 1816, fue nombrado posteriormente virrey del Perú.

Coronel Santos de la Hera.

Coronel Gerónimo Valdez, español, vino a América en 1816 con José de La Serna. En 1822 fue ascendido a jefe de Estado Mayor del Ejército del Alto Perú.

General Mariano Ricafort, español, participó en la guerra contra Francia y posteriormente contra Napoleón en 1808. Vino a América con la expedición de Morillo en 1815.

Brigadier José de Canterac. Nació en Francia, participó en España en diversas acciones contra las fuerzas de invasión napoleónica. Llegó al Alto Perú con el grado de brigadier.

Espartero Joaquín Baldomero. Español, participó en la resistencia española a la invasión napoleónica de 1808. Destinado a América con la expedición de Morillo en 1815.

Batallones:

Batallón Voluntarios de Castro

Escuadrón San Carlos

Escuadrón Blandenguez

Batallón Granaderos de Reserva

Columna de Cazadores de Extremadura

Escuadrón Dragones de la Unión

Batallón Gerona en Oruro el 10 de octubre de 1816

Escuadrón de Húsares Partida del coronel Santos de la Hera

Divisiones de Ricafort

Batallón de Húsares de Fernando VII

Batallón de la Reina

Cuarto Escuadrón de Dragones Americanos

Batallón del Centro

Batallón Talaveras

de indios y la muerte paulatina de sus caudillos en múltiples enfrentamientos en los que a la cantidad de hombres insurgentes se opusieron la disciplina, la estrategia militar y las armas de fuego de un ejército en regla, armas de las que carecían los indios, por lo cual en cada enfrentamiento se produjo la muerte de centenares de combatientes indígenas.

Cuando los generales españoles del ejército del rey consideraban que el Alto Perú se encontraba ya pacificado, a raíz de la muerte de sus caudillos legendarios, y por lo tanto que estaban libres ya para invadir Buenos Aires, recibieron la orden de trasladarse hacia el Perú. En efecto ya desde agosto de 1820 el Ejército Real había recibido repetidas órdenes del virrey de Lima para que se destacase una fuerte división para la capital. Se recelaba la invasión de San Martín. Dejando la vanguardia compuesta de las tropas ligeras al mando del brigadier Olañeta en Tupiza, se fue replegando el grueso del ejército del rey del Alto Perú, hacia Puno y Arequipa, donde Juan Ramírez estableció su cuartel general.

En diciembre llegó a Lima el brigadier Canterac, célebre por haber firmado la paz de Ayacucho. En enero de 1821 llegó también Ricafort a Lima, con las tropas que iban bajando del Alto Perú. El año 1821 es tal vez el de mayor inflexión de la resistencia en el Alto Perú, luego de haber mantenido en jaque al ejército del rey. El escenario bélico más importante se trasladó entonces al Perú, con la presencia del ejército patriota del sur al mando de José de San Martín.

En los años subsiguientes, hasta 1825, la única fuerza patriota existente fue la de Hayopaya, que se mantuvo con los restos de la División de los Valles, la misma que, por decisión de su comandante Lanza, cambiaría de nombre a partir de 1823 por la "División de los Aguerridos", donde se habían fusionado combatientes provenientes del Perú y de La Paz.

En la tercera fase, 1825, ocurrirán en el Alto Perú nuevas sublevaciones regionales. Para el caso que nos ocupa, el 14 de enero ocurre un nuevo levantamiento en Cochabamba, la última insurrección. Un grupo de militares con una débil participación del pueblo, al mando del legendario Bartolomé Guzmán, célebre por su participación en las acciones del cabildo revolucionario, toma por última vez la ciudad. Luego de unos días, La Paz es tomada por Lanza y la División de los Aguerridos.

Los límites de la investigación

La participación indígena en la región de Cochabamba es un tema apasionante pero que tiene todavía muchos vacíos por llenar. La historiografía que trata el tema para otros contextos del mundo andino tiene varios interrogantes que son válidos para la región de Cochabamba. Me refiero a los planteamientos de Nuria Salas para el Perú, Sara Mata para Salta, Rene Arze, Alipio Valencia, María Luisa Soux para el altiplano altoperuano.

A continuación, haré una alusión a las mismas, sin pretender agotarlas, y esbozaré los primeros intentos de respuesta.

¿Si los indígenas participaron alternativamente en los dos bandos, cuál fue el móvil de su participación? En efecto las fuentes muestran la participación indígena en ambos bandos. En el caso de los indígenas que participaron en los ejércitos del rey, los llamados caciques "amedallados"[20], leales a la Corona, convocaron a su gente a defender al rey. Los móviles de esta participación se encuentran en que estos caciques gozaban de los favores de la corona, y no querían perder estas ventajas, pero los datos encontrados hasta ahora indican que esta participación fue minoritaria[21]. Durante los años 1811, 1812 y 1813 la masiva participación indígena en la represión a los indígenas rebeldes se debió a los batallones de Naturales del Rey al mando de Pumacahua y Choquehuanca, provenientes del Perú. A diferencia de la insurrección indígena de 1781-1782, en que las fuentes muestran la participación de los indígenas de los valles de Cochabamba, en la represión a los indígenas del altiplano.

Los indígenas que participaron en las tropas patriotas fueron en la primera fase integrantes de las haciendas cuyo patrón estuvo involucrado en las luchas independentistas, como fue el caso de los patrones de las haciendas del valle alto de Cochabamba (Esteban Arze, Francisco del Rivero y otros). Sin embargo la particular situación de los indígenas en Cochabamba, que formaban parte de la economía campesina y tenían una participación temprana en el mercado, que intervenían en la incipiente industria textil, que enfrentaban la presencia mayoritaria de indígenas forasteros, incidió para la conformación de un sector consistente de población indígena que participó voluntariamente porque repudiaba al gobierno español y que murió masivamente buscando un cambio favorable a sus necesidades.

Durante la primera fase en que el cabildo revolucionario tomó las riendas de la insurrección, es hasta cierto punto lógico que los indígenas se sintieran impulsados a intervenir puesto que tenían el amparo de las autoridades regionales; pero luego, en la segunda fase, cuando el cabildo no vuelve más a manos de los rebeldes, ¿qué indujo

---

[20] Se denominaba así a aquellos que fueron recompensados por el rey con medallas por su contribución a la represión del movimiento indígena en 1781-1782 que en el caso de Cochabamba también fue masivo proclamándose los rebeldes "soldados de Tupac Amaru".

[21] La *Gaceta de Buenos Aires* publicaba en 1811 dice, refiriéndose al Alto Perú, que "la aversión al tirano y el descontento de aquellas provincias con su dominación es general (Goyeneche) de Cochabamba no ha podido sacar un soldado no obstante los crecidos enganches y dinero que amontonó en su plaza Mayor... los 150 de caballería que llevo Lombera se pasaron inmediatamente a los indios...declarando que ellos presentaban bandera negra a los tabla casacas del Cuzco a los cuales profesaban odio eterno por haber venido repetidas veces a pelear contra sus hermanos de La Paz". *Gaceta de Buenos Aires*, 26 de noviembre de 1811, tomo 3, pp. 25-26.

a los indígenas a seguir a líderes que no podían utilizar en su contra coacción alguna, sobre todo en Cochabamba, donde las relaciones entre originarios y forasteros tenían particularidades diferentes a las de las demás regiones del Alto Perú?

Los indígenas en todo el Alto Perú participaron masivamente durante la guerra de la independencia. Tal vez habría que establecer algunas diferencias con respecto a las motivaciones de su participación que son comunes a las de los otros sectores sociales. En la primera fase, 1810-1815, la motivación parece ser la injusticia de unas malas autoridades que no tuvieron ninguna consideración de los efectos de las inclemencias naturales (como los de la sequía de 1804) y condujeron a la población indígena a la desesperación y a la miseria al exigirle el pago puntual del tributo[22]. En este clima de descontento e intranquilidad los ataques iban hacia los malos funcionarios que no seguían las "órdenes del Rey del España"; por lo tanto las sublevaciones a la voz de "viva el Rey, muera el mal gobierno" se inclinaron hacia la reivindicación de ciertos derechos. Por eso los líderes pudieron lograr que los siguieran indígenas de sus haciendas y los aledaños amparados además en la coyuntura del respaldo del cabildo revolucionario.

Pero en la segunda fase, 1816-1824, resulta evidente la participación de sectores indígenas que de manera voluntaria siguieron a sus líderes, como se evidencia en las proclamas y declaraciones de los indígenas trasmitidas por el Tambor Vargas; en ellas se manifiesta el repudio a los realistas, al rey de España y las alusiones a la libertad de la patria, considerada como "el lugar donde existimos".

El interrogante siguiente, planteado para otros contextos[23], es válido para Cochabamba: ¿fue la insurrección indígena una continuación de los objetivos inconclusos de la rebelión indígena de 1781-1782 o una respuesta al aumento de la presión fiscal, particularmente la referida a la recaudación del tributo a partir de la ordenanza de intendentes?

La presión fiscal que surge a raíz de las reformas borbónicas, especificadas en la ordenanza de intendentes, particularmente la referida al tema del tributo indígena, incidió en la economía de las familias indígenas en la medida en que esa reforma tenía que ver no solo con la contribución personal, sino que también intervenía en el control de la tierra

---

[22] Francisco de Viedma, gobernador intendente de Cochabamba, escribía al consulado de Buenos Aires en 1805. "Hemos tenido una seria escasez de agua durante los últimos cinco años, especialmente el año pasado. Los indios y mestizos tienen que pedir limosna para vivir... la agricultura aun no ha rendido sus frutos... el comercio de tocuyos ha decaído y las obras publicas han cesado... todo es lamentable, la gente anda vagando en masa pidiendo limosna en los pueblos y en el campo. Comen raíces de hierbas marchitas para sobrevivir... son cadáveres ambulantes y muchos se desploman muertos de hambre". AHMC LEG. 1099 (1804), citado en Brooke Larson, *Colonialismo y transformación...*, p. 347.

[23] Nuria Salas se planteó el interrogante ¿cuál fue la respuesta indígena al aumento de presión fiscal que supuso la reforma del ramo de tributos a partir de 1784? Brooke Larson, *Colonialismo y transformación...*, p. 9.

y del propio gobierno de las comunidades. La reforma en la recaudación establecía la recolección del tributo en manos de personas ajenas a la comunidad indígena, a las que llamaron también caciques, pero que eran criollos, españoles, mestizos o indios leales a la Corona, y de ese modo desplazaba a los caciques naturales de los pueblos indígenas creando un malestar que en muchos casos se tradujo en una insurrección, como fue el caso de la sublevación de Titichoca en 1809-1810. Por otra parte, los objetivos que no se cumplieron en la insurrección indígena de la época de Tupac Amaru fueron retomados en los programas de los movimientos sociales indígenas de la guerra de la independencia, como fue el caso de la propuesta presentada en los 12 puntos por los líderes del movimiento de Titichoca en 1810 y de Cáceres en 1811.

Por otra parte, dentro del mundo indígena, ¿la alianza interétnica existió realmente o fueron acuerdos coyunturales que no desembocaron en un proyecto unitario nacional? Aún no es posible responder a este interrogante. Según Larson, "la herencia pre-colonial de dominación inca y los asentamientos mitmaq en la región dificultó la habilidad de los pueblos andinos para forjar alianzas étnicas y bloquear la usurpación europea que siguió a la conquista española" (1992: 359). En ese contexto aún no existen trabajos específicos sobre el conjunto de las etnias en Cochabamba. Es necesario un trabajo minucioso que determine el mosaico de las etnias a inicios del siglo XIX. Lo que se percibe a través de las fuentes es la participación masiva de indígenas de las áreas de habla quechua, aymara y también guaraní en las luchas contra los españoles. Sin embargo, aunque no es posible determinar si la ausencia de alianzas interétnicas impidió la formación de un Estado nacional, algunos historiadores como José Luis Roca[24] pretenden ver en la republiqueta de Ayopaya, donde participaron indígenas quechuas y aymaras (hoy una de las provincias de Cochabamba), la conformación de un proto-estado nacional que sería el germen de la república boliviana.

---

[24] Según este autor este "estado revolucionario de Ayopaya" poseía los elementos básicos de un Estado moderno: territorio (una superficie de 1.400 kilómetros cuadrados), población, gobierno y reconocimiento internacional. Su capital era ambulante. Sus rentas provenían de contribuciones voluntarias o forzosas de los hacendados curas o funcionarios. A los indios se les había eximido del tributo, alcabala, y contribuían con víveres para los combatientes, Brooke Larson, *Colonialismo y transformación...*, pp. 242-253.

Capítulo 12
El mulato Francisco Ríos: líder y plebe
(25 de mayo de 1809 - noviembre de 1810)

Esther Aillón Soria

Introducción

Bolivia es uno de los países andinos con una historia milenaria de pueblos indios en su suelo. Sin embargo, la colonización incorporó a su torrente demográfico un importante grupo de población de origen africano, compuesta por negros, mulatos, zambos y pardos que vivían en la Audiencia de Charcas en la época de la guerra de independencia.

Actualmente, 25% de la población afro boliviana se concentra en algunas comunidades de Los Yungas de La Paz, vinculadas con la producción de la hoja de coca, café y frutales; y por migraciones recientes, más del 75% vive en las tres ciudades del eje troncal del país: La Paz, Cochabamba y Santa Cruz (Angola Maconde, 2003: 123-124)[1]. A diferencia del presente, en la época de estudio, a principios del siglo XIX, esta población estaba dispersa en todas las regiones de la Audiencia de Charcas, donde se la destinó, desde su llegada en la Colonia, a labores en las ciudades, en las minas y en el área rural (Crespo, 1977; Portugal, 1977). No obstante su amplia presencia, nunca fue un grupo poblacional mayoritario, y por lo tanto, sus estrategias de subsistencia y mestizaje estuvieron asociadas al torrente demográfico mayor: los indígenas, o al menor: españoles y criollos.

En los tiempos de conflicto y cambio de la guerra de la independencia, ellos junto con grandes contingentes de indios, mestizos, *cholos,* criollos y peninsulares participaron del momento político, con opciones propias o como víctimas del fuego cruzado. La población africana en Charcas estableció su presencia en el conflicto mediante relaciones políticas y alianzas, y su participación se evidenció tanto en zonas agrícolas como urbanas, lo que ha quedado registrado en algunos episodios. Quizás el más sobresaliente

---

[1] Juan Angola estima que la población negra de Bolivia en 2003 era de 6.000 habitantes. De ellos 23% vivían en las provincias Nor y Sud Yungas e Inquisivi (La Paz) y el resto en las capitales de departamento: 30% en Santa Cruz, 25% en La Paz y 22% en Cochabamba. En el conjunto de la población boliviana de más de 9 millones, son aproximadamente el 0,07%.

es la rebelión de esclavos de Santa Cruz de agosto de 1810 (Vázquez-Machicado, 1987), en cuyo estudio aún no se ha profundizado.

De esta presencia difundida territorialmente en toda la audiencia, nacen a su vez, como veremos, las estrategias políticas que se hacen visibles en mayo de 1809. El escenario en el que el mulato Francisco Ríos ejerce su liderazgo es la ciudad de La Plata (hoy Sucre), sede de la Audiencia de Charcas.

Para indagar las estrategias de la población africana en el conflicto y, en particular, la participación del mulato Francisco Ríos, desarrollamos esta ponencia en dos partes. En la primera parte, más corta, realizamos una exploración demográfica y social de la población negra y de ascendencia africana en Charcas y en la ciudad de La Plata. En la segunda parte, luego de haber constatado el tamaño y la diversidad de esta población, pasamos a explorar el papel de la plebe en los acontecimientos del 25 de mayo de 1809 y de noviembre de 1810, vistos desde el liderazgo del mulato Francisco Ríos. Veremos cómo su mundo social y su modo de vida están indisolublemente ligados a su estrategia política que remite a una larga historia de convivencia y mestizaje con otros sectores de la sociedad colonial en Charcas.

La ponencia está basada fundamentalmente en el documento titulado "Causa criminal contra Francisco Ríos *el Quitacapas*. Años 1809-1811" que corresponde al Archivo de la Presidencia y la Gobernación de La Plata[2]. El documento fue ubicado por el historiador boliviano Gunnar Mendoza Loza, cuando era director del Archivo y Biblioteca Nacionales de Bolivia, quien lo publicó en 1963.

El valor fundamental de este expediente es que trata de un juicio entablado a un sujeto subalterno, por una causa criminal. Es un documento que pone en primera plana la participación del pueblo, de los sectores populares, y aun de los sectores marginales de la ciudad de La Plata en los eventos del 25 de mayo, que no han recibido la atención correspondiente. Como afirmó Gunnar Mendoza, la historiografía se detuvo ante todo en el papel que entonces desempeñaron

> [...] las instituciones principales del gobierno colonial y sus cabezas —audiencia, cabildo secular, arzobispado, universidad— amén del gremio de doctores y algunos vecinos principales de la ciudad: dígase la esfera más o menos encumbrada del gobierno y de la opinión pública ilustrada local (Mendoza Loza, 1963: vi).

El prólogo al documento, escrito por el historiador citado, es una invitación a continuar el estudio "en las aguas profundas de un sector social menos prominente, no ya

---

[2] ANB-Presidencia e Intendencia de la Provincia de La Plata, n.º 30. *Año 1809-1811. Causa criminal seguida de oficio por el alcalde ordinario de la villa de Oruro contra Francisco Ríos, alias el Quitacapas. Por vago, malentretenido y otros crímenes.* 87 fs. Edición preparada y prologada por Gunnar Mendoza Loza, Sucre, Universidad San Francisco Xavier de Chuquisaca, 1963.

siquiera el pueblo, sino la plebe, y menos aún que eso, el populacho, en aquella noche célebre y en algunas de sus incidencias inmediatas" (Mendoza Loza, 1963: vi). Nuestro estudio se concentrará en escudriñar la participación de Ríos en los hechos del 25 de mayo de 1809 y los meses sucesivos.

La población de negros, mulatos, pardos y zambos en La Plata (Charcas) a inicios del siglo XIX

Es importante caracterizar a la población africana en Charcas, en particular a los mulatos de la ciudad de La Plata, para avanzar en la argumentación sobre la actuación de un mulato como líder de una población mayormente mestiza e indígena. Como veremos, el lugar de los mulatos en la sociedad colonial y la composición social de la ciudad adelantan algunas respuestas sobre la participación del mulato Ríos.

Como se ha mencionado, a principios del siglo XIX el tejido social de las ciudades y pueblos de Charcas contaba con la presencia de negros, zambos, pardos y mulatos. Su existencia se remonta al siglo XVI, cuando fueron destinados como esclavos en el área rural y urbana. Fueron situados en labores de haciendas de frutales, cocales, olivares, viñas, y en la elaboración de vino y aguardiente (Aillón, 1996). En las ciudades, generalmente estaban destinados al servicio doméstico. Muy pocos se encontraban relacionados con la actividad minera en Potosí aunque existía un pequeño contingente permanente en la Casa de Moneda de Potosí (Bridikhina, 2007).

Por su parte, los mulatos, libres o esclavos, compartían casi el mismo bagaje de actividades, y por lo tanto también estaban distribuidos en diferentes regiones, ciudades y pueblos de la Audiencia de Charcas. En la ciudad de La Plata ejercían varias actividades dentro del pequeño comercio y los oficios artesanales. Se encontraban también en actividades de extracción minera en el centro minero de Porco[3] y en el de Ubica, que no gozaban de mita, donde se contrataban como mano de obra libre (Tandeter, 1992: 113)[4]. También residían en los pueblos y las cercanías de las comunidades indígenas[5].

---

[3] "De las diez partes de la gente de Oruro, juzgo yo prudente y por experiencia que las nueve están arrimadas a las haciendas y estancias de aquel Partido, y la una en el laboreo de minas e ingenios, porque en éste además se emplean *zambos, mulatos*, cholos y aún españoles que no pagan tributo". ANB.EC.65 (1790) "La Real Hacienda de Oruro sobre lo que por razón de tributo de indios y venta de azogues". El énfasis es mío.

[4] Los no indios "eran una proporción importante de los reclutados, pues a Ubica iban *cholos, mulatos y aun negros,* con escasos antecedentes en la minería y con ocupaciones previas tan poco afines como la sastrería o la sombrerería". El énfasis es mío.

[5] Por ejemplo véase ANB.EC.1790.84. "José Novoa, mulato, vecino del pueblo de Yamparaez (La Plata) sobre que sus tres hijos deben estar exentos del tributo de indios porque siendo él mulato y su mujer mestiza, ellos no son indios y ni siquiera zambaigos".

En suma, prácticamente toda actividad económica y ámbito de la sociedad de Charcas contaba con la presencia de población africana en sus diferentes condiciones y calidades étnicas: esclavos y libertos; negros, zambos, pardos y mulatos. Estas últimas eran las categorías utilizadas entre 1800 y 1830, en la ciudad de La Plata, tal como se observa en el siguiente cuadro.

Cuadro n.º 1
La Plata: Parroquia Santo Domingo (Sagrario de Guadalupe)
Categorías registradas por origen étnico de los padres
Comparación con el *Diccionario* de Alcedo (1783)

Categoría	Descripción de la categoría en el registro	Descripción de la categoría según Alcedo
Negro (a)	Hijo de negros Esclava de nación Mozambique Negra, natural de Guinea Negra bozal, esclava	[esclavo de origen africano]
Mulato (a)	Hijo de negra libre y padre n.n Mulato expuesto Hijo de mulata esclava y de padre n.n	"Hijo o hija de blanco y de negra, o al contrario, luego que nacen se conoce en una manchita que sacan en las partes de la generación, porque entonces todos salen blancos amoratados"
Pardo (a)	Hijo de Negro y mestiza Hijo de esclavo y mestiza Hijo de parda	[Hijo de negro y mestiza o hijo de parda]
Zambo (a)	Padre mestizo y mulata Hijo de mulatos Zambo o zambaigo	"Hijo de negro y mulata, o al contrario: es la casta más despreciada de todas por sus perversas costumbres cuando la mezcla es de indio y negra, o de Negro i india se llama zambo de india. En Nueva España llaman a éste, cambujo"

Fuente: ABAS-Parroquia de Santo Domingo, Libro de bautizos de negros y mulatos, 1805-1830; Alcedo, 1783.

Si bien estas categorías señalan una diferenciación dentro de esta población, hay que señalar también que las mismas tenían fronteras elásticas, toda vez que estos individuos o las mismas autoridades utilizaban más de una categoría de identificación para la misma persona.

Por otro lado, el porcentaje de población indígena era abrumador. Si a esto sumamos la presencia de un incesante proceso de mestizaje de los africanos que llegaban y se mezclaban en una o más generaciones con españoles, criollos, mestizos o indígenas, podemos entender cómo esta población contraía permanentemente lazos de unión o parentesco con otros sectores de la población.

Pero si bien, en promedio, el número de negros y mulatos fue modesto con relación al conjunto mayor de la población en Charcas, esta población estaba distribuida en forma desigual dentro de su territorio. Fue la ciudad de La Plata la que albergó la mayor cantidad de población de origen africano, según se observa en el siguiente cuadro demográfico de fines del siglo XVIII.

Cuadro n.º 2
Población de negros y mulatos en la Audiencia de Charcas (siglo XVIII)

Categorías	La Plata 1783		Potosí 1779		Cochabamba* 1778		Vallegrande** 1788	
Blancos	4.000	30,8	3.502	15	32.529	19,5	2.995	35,5
Mestizos	3.000	23,1	4.902	22	54.062	32,5	1.918	22,7
Indios	4.500	34,6	12.886	57	64.647	38,8	217	2,6
Negros y mulatos	1.500	11,5	982	4	15.285	9,2	3.243	38,5
Eclesiásticos	--	--	350	2	---	---	---	---
Total	13.000	100%	22.622	100%	166.523	100%	8.427	100%

Fuente: Mendoza, 1963; Chao, 1965; Viedma, 1969. *Intendencia de Santa Cruz, incluye las áreas urbanas y rurales. ** Población dentro de la Intendencia de Santa Cruz

En este cuadro se observa que en la zona oriental agrícola de Vallegrande existía la más alta concentración de población de origen africano. Hay que tomar en cuenta que allí, muchos provenían del Brasil (habían huido de la esclavitud) y es posible que varios declarasen ser mulatos (Arze, 1987: 32). Del cuadro se desprende también que el promedio de población africana en Charcas a fines del siglo XVIII era de aproximadamente 15,8%, tomando en cuenta a Vallegrande, y de un 8,2% sin tomar en cuenta esta última región. Entre ambas cifras resulta un promedio del 12%, que representa un porcentaje minoritario pero no ínfimo. Este porcentaje de población es 12 veces mayor que el actual.

No es posible extraer de este cuadro los porcentes de población africana esclava y liberta, aunque se sabe que en la América española continental, en esta época, la población de color libre era casi el 70% (Klein, 1986)[6].

---

[6] A fines del siglo XVIII, la América española continental era la región que tenía el porcentaje más alto de población de color libre (70%). El promedio continental era del 45% (incluyendo Brasil, las Antillas y Estados Unidos). En esta época, el Río de la Plata (incluida Charcas) era una región con porcentajes modestos de población africana, menor con relación a Perú, Venezuela y Nueva Granada.

Entre los centros urbanos de Charcas, la ciudad de La Plata registra un alto porcentaje de negros y mulatos en las cifras presentadas. El porcentaje es más alto que el de Cochabamba y mucho más alto que el de Potosí, ambas ciudades importantes[7]. Esto está relacionado con el carácter de esta ciudad, que tenía la más alta densidad de españoles y criollos ocupados en cargos burocráticos de instituciones de gobierno, justicia y letras por ser la sede de la audiencia.

Las instituciones que albergaba la ciudad como el asiento de la Audiencia de Charcas eran la Presidencia de la Audiencia, sus oidores y funcionarios que se multiplicaban en una cantidad importante de reparticiones. Como sede del Tribunal de la Audiencia la ciudad albergaba varios juzgados; como sede episcopal funcionaban en la ciudad la sede del Arzobispado, el Cabildo Metropolitano, el Juzgado de Diezmos, la Real Junta de Diezmos y otros. En cuanto a la enseñanza, La Plata era el asiento de la única universidad colonial en Charcas, la Real y Pontificia Universidad San Francisco Xavier, de la Real Academia Carolina y de los seminarios San Cristóbal y San Juan Bautista de enseñanza media.

Los más altos funcionarios de todas estas instituciones sumaban por lo menos 200 personas, que junto con sus familias residían en el primer anillo de la ciudad, donde se ubicaban los símbolos arquitectónicos del poder: universidad, catedral, cabildo, y muy próxima, la audiencia, que ocupaba casi una manzana donde funcionaban el tribunal, el domicilio del presidente y la Real Cárcel de Corte. Adicionalmente vivían en La Plata grandes comerciantes de efectos de ultramar, hacendados y empresarios mineros, a menudo parientes de esos funcionarios.

De modo que La Plata reunía la mayor cantidad de "autoridad y Cuerpos" en Charcas (Aillón, 2007) y era la sede de una "corte compuesta" (Bridikhina, 2007a). Al albergar un elevado número de familias poderosas vinculadas al funcionamiento del aparato

---

[7] Según un recuento de 1610, en La Plata vivían:

Cuadro n.° 3
Población La Plata, 1610

Categoría	N.°	%
Españoles, criollos y mestizos	2.600	37, 02
Indios	3.100	44, 14
Negros de todos los matices	1.300	18, 51
Extranjeros	23	0, 33
Total	7.023	100, 00

Fuente: Gunnar Mendoza, "Monografía de Chuquisaca", en *Obras Completas,* Sucre, Fundación Cultural del Banco Central de Bolivia, Archivo y Biblioteca Nacionales de Bolivia, 2005, p. 222.

administrativo colonial, la ciudad tenía un número de esclavos superior a cualquier otra ciudad de Charcas. La posesión de esclavos afirmaba de otra manera la configuración de la ciudad como una urbe acartonada, burocrática, católica, aristocrática, letrada; es decir, una ciudad que concentraba todas las funciones políticas que requerían un séquito de hombres y mujeres de servicio, entre ellos negros y mulatos.

Como afirmó Mendoza: "A diferencia del indio, el negro puede también constituir para el español un objeto de presunción y lujo social, como pajes, sirvientes" (2005a: 244), o como sostiene otra autora: "Los esclavos formaban una parte indispensable del servicio de la administración colonial… La presencia de los esclavos negros como lacayos investía a las autoridades coloniales de un mayor reconocimiento social. El afán de distinguirse del resto de la sociedad provocaba reclamos por parte de aquellos que se consideraban dignos de honores y reconocimientos como el rector de la Universidad de La Plata, quien exigió el derecho para traer dos negros lacayos con espada" (Bridikhina, 2007a: 270).

De ahí que el contingente de esclavos en la ciudad era permanentemente nutrido a través de la ruta comercial Buenos Aires-Potosí-La Plata, y también por el crecimiento natural de la población esclava, cuya descendencia se registraba como negra, mulata, zamba y parda. Una de las familias dedicadas al tráfico negrero en La Plata fueron los Lemoine[8], uno de cuyos miembros, Joaquín Lemoine, español americano y vecino principal de la ciudad (patricio), fue uno de los protagonistas de mayo de 1809.

Para tener una idea del número de población africana (esclava y liberta) que existía en La Plata en la época de estudio, analizamos el registro de negros y mulatos en la parroquia de Santo Domingo (Sagrario de Guadalupe), anexa a la Catedral Metropolitana. Allí se inscribía a los hijos, a los esclavos y a la servidumbre de las familias españolas y criollas más ricas de la ciudad, puesto que el Sagrario estaba ubicado en la plaza de armas. De acuerdo con el cuadro n.° 7 (Anexo), entre 1800 y 1830 se inscribieron en esta parroquia casi 400 esclavos, libertos y sus descendientes, incluyendo 30 mulatos, que representaban casi el 10% de la población afro de esa parroquia. En ella se registra un número mayor de negros y de mezclas con blancos, mestizos e indios, que en cualquier otra parroquia de la ciudad.

Pero no solo era parte de La Plata el conglomerado de africanos introducidos como esclavos a la ciudad, o los nacidos allí, sino una cantidad de población de raíz africana

---

[8] Al respecto véase ANB-Escrituras Públicas (EP) de La Plata. Años 1800-1805. Durante esos años Joseph Joaquín de Lemoine o sus hermanos suscribieron varios contratos de compra-venta de esclavos y esclavas, negros, zambos y mulatos. Por ejemplo, ANB-EP-331 (1804) "Juan Manuel Lemoine, vecino y del comercio de esta ciudad como apoderado y con bastante poder, tiene dada orden de venta y enajenación de varias piezas de esclavos que le remitió de la Villa de Potosí con guía de 3 de noviembre del año próximo pasado de 1803", fs. 796.

que ingresaba libremente para actividades económicas o de otra índole. Tal es el caso de Francisco Ríos, cuyos orígenes remiten al Brasil, de donde se habría fugado con dirección a Santa Cruz, región de Charcas limítrofe con esa posesión portuguesa, donde existían importantes contingentes de negros fugados, de Mizque y del Brasil.

¿Cuál era el grado de convivencia de esta población dentro de la ciudad y sus alrededores? En los expedientes coloniales encontramos algunas variantes de esta coexistencia.

En el centro de la ciudad, escenario importante de los acontecimientos de mayo de 1809, los negros esclavos estaban concentrados en el área de la parroquia de Guadalupe, aledaña a la Catedral Metropolitana, en la plaza principal, asociada a los rituales de prestigio y presunción. Era cotidiano ver a las autoridades de todas las instituciones de la administración colonial aparecer acompañadas de uno o más esclavos. Según René-Moreno, "generalmente los negros esclavos tiraban las calesas de sus amos en Chuquisaca y servían además a la mesa y para los mandados" (1905: 119). Por ejemplo, el presidente de la audiencia, Ramón García Pizarro, "iba casi todas las mañanas a oír misa de 9 a la Catedral, acompañado de su mayordomo mayor Bernardo o de su esclavo de servicio manual, el negro Silvestre, o también en veces de los dos" (Luis Paz en Santos Taborga, 1908: xvii). "Se hacía preceder de dos alguaciles o lictores en traje talar y con golilla, llevando altas varas en señal de autoridad y mando. Solía también salir en calesa. Pero la calesa la usaban más a menudo los Oidores, que eran muy orgullosos y se daban un tono de grandes señores"[9]. La posesión de esclavos estaba limitada a cuatro para los oidores.

En otro ámbito de la convivencia, en los expedientes revisados entre 1800 y 1830 se advierte la frecuencia con que los mulatos libres se veían en dificultades con la justicia, debido a que les era difícil encontrar espacio para las ocupaciones u oficios con que se sustentaban, y por lo tanto, muchos se dedicaban al robo, a las diversiones y a la bebida. Por ejemplo, Pablo Argote, mulato, fue preso acusado de "robar una mula en el pueblo de Yotala (La Plata) para venderla en dos pesos y emborracharse en una chichería del barrio de San Roque en dicha ciudad"[10]; aunque era vecino de Arque (Cochabamba) estaba por La Plata "separado [de su esposa], y de mala vida que no tiene otro oficio que el de gañán en la labranza y el de harriero". El juez condenó a Pablo "al servicio personal de un año en la panadería de don Manuel Morales a ración y sin sueldo". De modo similar, el mulato Vicente Mamani fue acusado del robo de un macho y recibió rápida sentencia para trabajar en la panadería de Manuel Mostajo, donde ya había estado en otras oportunidades. Ese fue su destino "por no tener ningún bien para embargarle y poder pagar los 35 pesos del hecho".

---

[9] Entrevista a doña Martina en Gabriel René-Moreno, *Bolivia y Perú*, Santiago de Chile, s.e, 1905, p. 119.
[10] ANB-EC-1790.50.

Las mujeres también aparecen en los expedientes asociadas a "causas criminales", como el "Criminal contra Bartola Díaz, Manuela León, mestizas; y Juana Quespi, samba, por hechiceras"[11]. En este expediente Juana Quespi aparece asociada a dos mestizas. Bartola Díaz declaró que "estuvo en ilícita amistad con Pedro Flores, el espacio de quatro años, al cabo de los que la abandonó por otra mujer…, Juana Quespi la persuadió de no dejarse con la picardía de haberle abandonado, y en castigo le hiciese hechicería, valiéndose para ello de la india Teresa Martínez que era diestra en el arte" (f. 2). Luego de hacerle hechizo con algunas prendas íntimas de "su amasio", lo enterraron en un ojo de agua y se fueron (Teresa Martínez aclaró en el juicio que no la llamasen como india porque era zamba, aunque en el título del expediente aparece como mestiza). El juez dictó su sentencia en sentido de que "los crímenes de la hechicera no merecían sino el desprecio porque no había daño", y pidió al párroco de San Roque que les enseñara la doctrina cristiana.

Los niños también tienen historias que contar, como la del "negrito liberto" Isidro Villalobos, de nueve años, huérfano y abandonado a su suerte a cargo de un panadero que fue acusado y apresado por maltratarlo físicamente. La autoridad falló enviándolo con cuatro tutores sucesivamente, el último de los cuales se quejó de no poder tenerlo más bajo su tuición por ser incorregible y porque solo pensaba en huir. Al final del juicio, que duró cuatro años, Isidro desapareció[12].

Isabel López, negra libre, ex esclava del oidor Joseph López Lisperguer, crió a "las niñas con gran amor", por lo que recibió un trato preferente: le permitían realizar ventas de las masas y bordados que realizaba. Logró comprar su libertad, y con las "continuas dádivas" que le daban "la Condesa Nicolasa y las otras niñas" compró una casa en la parroquia de San Roque. Isabel entabló un juicio contra Mateo Arizmendi, negro libre que la pidió en matrimonio y quien vendió la casa de Isabel a un cacique indio. Dado que la familia que protegía a Isabel era descendiente del oidor Joseph López Lisperguer, la ex esclava recuperó la casa en un tiempo corto, pagando al cacique la suma que había perdido[13].

De los casos presentados y otros revisados se advierte que la convivencia de la población de origen africano con indios y mestizos es estrecha, en las buenas y en las malas. En ninguno de los casos los acusados (zambos, mulatos, negros) actúan solos, sino siempre en compañía o en grupo con indígenas o mestizos, o de algún modo aparecen

---

[11] ANB-EC-1824.35.

[12] ANB-EC-1811.70. "Expediente en que consta la dimisión hecha por don Manuel Guerra de un negrito nombrado Isidro Villalba a quien lo tenía para su educación y alimento".

[13] ANB-EC-1791.13. "Isabel López, negra libre de la ciudad de La Plata, contra la casa que Joaquín Andrade, negro así mismo libre, vendió a Manuel Medrano, indio cacique de la doctrina de San Lázaro (Yamparaez)".

asociados a ellos. Este proceso de convivencia se manifestó también como mestizaje, con su permanente absorción en otros grupos étnicos, fenómeno generalizado en la Charcas colonial.

En el caso de la ciudad de La Paz, "tomando en cuenta que la masa negra era pequeña, el proceso terminó en un proceso de *afroandinización"* (Bridikhina, 1995: 27)[14]. Este se habría originado (en esa ciudad) en el siglo XVII cuando "los negros vivían en el mundo indígena donde ya no eran raros los matrimonios entre indios y negros". Además, no vivían separados sino en los barrios de indios e incluso en las casas de estos. En otras regiones de Charcas, como Cinti, también se evidencian matrimonios interétnicos, entre mulatos e indios. Por ejemplo, una mulata ingresó a una comunidad como esposa del cacique y alcalde del ayllu de Río Grande (Aillón, 1996: 142)[15].

Es por este grado de convivencia y mestizaje que las autoridades revelan una confusión conceptual en el uso de las categorías étnicas, pues en los juicios, una misma persona podía ser calificada con más de una categoría. De otro lado, se advierte que gran parte de esta población había migrado a La Plata o sus alrededores, desde corta o larga distancia. Sus problemas con la justicia se debían a que muchos estaban en lugares marginales de la sociedad y en situaciones de pobreza, salvo el caso excepcional de Isabel López, quien tenía una estrecha relación de convivencia con una familia poderosa, tenía su confianza, y llegado el momento, tenía la justicia a su favor. Los libertos que no tenían estos vínculos caían en la pobreza y elaboraban otras estrategias de supervivencia.

Todas estas características muestran que los negros, mulatos, zambos y pardos formaban parte de una comunidad internamente diferenciada, primero por su condición de esclavos o libertos, segundo por su condición o adscripción étnica (en las cuatro categorías); luego, por situaciones de habitación, de relación con otros sectores sociales y étnicos no africanos, y por su condición económica que se relacionaba con el ejercicio de oficios urbanos y ocupaciones rurales.

En este contexto, pasemos ahora a la segunda parte, que iniciamos con un retrato del mulato Francisco Ríos, líder de la plebe en Chuquisaca el 25 de mayo de 1809 y en noviembre de 1810.

Retrato de Francisco Ríos

¿Quién era Francisco Ríos? En el juicio que se le entabló en la ciudad de Oruro, por ser "un hombre vago, de notoria mala fama, por haber estado en consorcio de otros

---

[14] El énfasis es mío.

[15] En la visita a Pilaya y Paspaya en 1787, se encontró, por ejemplo, que la mulata Jacinta Barrios era esposa del cacique Martín Lanza, de oficio zapatero y alcalde del ayllu del Río Grande (Cinti).

ladrones famosos", declaró ser natural de Río de Janeiro, "estado de la potencia de Portugal…, de treinta y ocho años". Cumplió 39 años el día 2 de abril en la Real Cárcel de Corte de La Plata. Habría nacido en 1771. Si efectivamente era de Río de Janeiro, como declaró, no sabemos cómo llegó hasta Los Andes, posiblemente por Santa Cruz. Era de oficio peluquero y barbero, de calidad mulato (dice pardo libre en el f. 85v). Declaró que estaba casado con María Antonia Saavedra, a quien trató de ubicar en varias ciudades, y que finalmente descubrió que había fallecido de disentería en el Hospital San Juan de Dios de La Plata, en 1809. Aunque dijo que no sabía firmar, su firma está estampada en el documento. No se menciona si tuvo hijos.

Más conocido como el Quitacapas, su sobrenombre provenía de su especialidad, que era robar capas a los caballeros: "estando en La Paz le quitó a horas ocho de la noche la capa a un caballero nombrado Larramendi, sobrino del finado Gobernador Antonio Burgunyó… que la vendió a Tomás Palma en veinte y seis pesos" (f. 35). Como lo retrató Gunnar Mendoza, "ni en los momentos graves olvidaba el oficio que le había dado renombre y sobrenombre: en lo más enconado del alboroto popular del 25 de mayo recogió una capa de grana para que quedase el dueño de ella con libertad para tirar piedras a la presidencia" (1963: ix).

Ríos tenía una personalidad carismática. Era un mujeriego impenitente, apostador y bebedor, guitarrero, pícaro. Rodeado de amigos por donde iba era muy querido o muy temido. En el juicio lo acusaron de ser "un ladrón famoso, atrevido y descarado, sólo ha confesado el robo de una capa en La Paz, y en Potosí del de dos mulas y un caballo a Solares [Tambero], ha perpetrado muchas muertes, heridas, fracturas de puertas, forados y otros insultos nocturnos" (f. 56v). Ríos corrigió a la autoridad manifestando que "por su genio divertido dirán que es perturbador de la paz pero que en su clase ha sido hombre verídico, compasivo y humano con los indios" (f. 57). Estuvo preso al menos en las cárceles de La Paz, Oruro, Potosí y La Plata, y por eso su ingreso a cualquier ciudad era registrado con alarma por las autoridades.

Los primeros pasajes sobre su vida, en el documento, lo sitúan en La Paz, donde estaba en búsqueda de su esposa. Allí fue preso por robo junto con otros dos ladrones, pero recibió indulto y se fue a Coroico "a cobrar algunas deudas" (f. 86). Partió luego a Cochabamba a buscar a su esposa, y al no encontrarla volvió a Los Yungas, donde entró a trabajar a una plantación de tabacal.

Luego viajó a Potosí y al no tener dinero oyó a un conocido "Matías de Tal, conocido por Jucucha", que "le aconsejó se viniese a esta ciudad [Chuquisaca] en donde le sería más fácil ganar dinero para sus alimentos". Con ese propósito, Ríos robó dos mulas para el viaje (f. 36v).

Llegaron a Chuquisaca después de siete días que "anduvieron divertidos en Turuchipa"[16]. A los tres o cuatro días fueron a la casa de una mujer por la calle de San Francisco donde "se pusieron a jugar varias personas y también el confesante con los diez pesos…, y que estando entretenidos en esta diversión tomando chicha, a las ave-marías, entró una mujer y a los circunstantes los hizo salir de su casa expresándoles que había novedad en la plaza, y que todos los cholos se hallaban alborotados" (f. 8). Era la noche del 25 de mayo. Ríos se dirigió a la plaza con otras dos personas y allí se inició su liderazgo, que ejerció, como veremos, por su carisma, su arrojo y su vínculo natural sobre todo con los sectores populares.

Mundo social de Francisco Ríos

El mulato Ríos pertenecía a un mundo social del ámbito urbano-popular y en menor medida rural. Su mundo comprende una amplia gama de figuras populares que incluye a ladrones amigos suyos, gariteros, anónimos, el Jucucha o "las coheteras" que dan aloja-miento a Ríos y al Jucucha en Chuquisaca, el soldado veterano Contreras, su amigo de la prisión en el cuartel de La Paz, con quien luego celebrarán la *cacharpaya* (despedida) en la garita de Oruro aunque su tarea era detenerlo, y su esposa, María Antonia Saavedra, de quien no hay mayores datos, quien forma parte de su mundo mental.

Como se aprecia, Francisco Ríos pertenecía al mundo social urbano-popular, que incluía a artesanos, gente de oficios varios y pequeños asalariados que se sostenían con actividades diversas, como gariteros, soldados, barberos, coheteras, chicheras e indias tributarias, así como gente de los márgenes, como los delincuentes. Todos ellos lo conocían muy bien y lo recibían o lo despedían en cada ciudad. En todos sus recorridos: viajes, tambos, destinos y prisiones, siempre estaba acompañado por un pequeño mundo de mujeres: amigas, amantes, víctimas y salvadoras. A pesar de la estrechez económica que le era frecuente, disfrutaba de los golpes de suerte, que dilapidaba inmediatamente en la rutina de su vida, que era la diversión. Su hábitat era compartir con sus amigos en el juego, la apuesta, la fiesta, la guitarra, la chicha, el aguardiente y las mujeres.

A partir de ese mundo de vida construye su estrategia de supervivencia: "divertido" y siempre en grupo, y esa es la base que le permite desplegar su capacidad como líder a partir del 25 de mayo con los sectores sociales urbano-populares y marginales.

---

[16] Turuchipa es un valle potosino famoso por sus viñas y aguardientes. Para llegar a él hay que desviar del camino principal de Potosí a La Plata.

Cuadro n.º 4
Mundo social de Francisco Ríos

Lugar	Nombre	Ocupación/relación	Edad	Firma
La Paz	Rudesindo Ortuño, Lorenzo Coronado y José, alias *el Ancu*	Ladrones – amigos de Ríos "contra quienes se siguen procesos criminales, por los robos calificados perpetrados a Doña Manuela Téllez y Francisco Montaño"	--	--
La Plata	María Antonia Saavedra	Esposa de Francisco Ríos, fallecida en el Hospital San Juan de Dios en La Plata. Pide su certificado de defunción, por disentería	Difunta 1809	--
Oruro	Calisto Sotomayor	Garitero Oruro	18	No
Oruro	"Su amasia"	Amante de Francisco Ríos	s.d	---
Oruro	Bartolomé Contreras	Soldado veterano – amigo, a quien conoció cuando estaba preso en el cuartel de La Paz	20	No
Oruro	Antonia Choque	Natural de Sicasica, india tributaria, amante de Francisco Ríos	Mayor de 25	No
Oruro	Ignacia Arce	Natural de Cochabamba, residente en Oruro	18 ó 19	No
Oruro	Pedro Córdova Fermín Dolla	Cabo de Betanzos Soldado Ambos trasladan a Ríos de la cárcel de Oruro a la Cárcel de Corte en La Plata	----	---
Potosí	Matías de Tal, el Jucucha	Un chuquisaqueño conocido suyo, que lo invita a ganarse la vida en su ciudad	----	---
La Plata	"Las coheteras"	Se alojó en su casa, cerca del Prado, junto con su amigo Jucucha	--	--
La Plata	"El Apretado"	Barbero – amigo de Ríos	--	--
La Plata	"Una mujer"	Chichera quien le advierte a Ríos y otros parroquianos del tumulto en la plaza la noche del 25 de mayo	---	---

Fuente: Elaboración propia con base en la "Causa criminal contra Francisco Ríos, 1809-1811".

La plebe y su animador el 25 de mayo de 1809: 7 días de liderazgo, unos días de viaje y 16 meses de prisión

De acuerdo con Stanislao Just, en la noche del 25 de mayo, los oidores de la audiencia, universitarios y vecinos prominentes de la ciudad depusieron al presidente de la audiencia por considerarlo traidor a Fernando VII y querer entregar el territorio a Carlota Joaquina, del Imperio portugués, y hermana del rey preso. El movimiento tuvo respaldo del pueblo y sostuvo a la audiencia en el gobierno durante siete meses (mayo a diciembre de 1809), se desarticuló por la intervención desde el Virreinato del Perú y del Virreinato del Río de la Plata, pero se reinició en 1810, con el triunfo del 25 de mayo en Buenos Aires. Fue el primer movimiento en Hispanoamérica de este tipo, que no gobernó con junta sino con la audiencia (Just Lleó, 1994).

En la historiografía del 25 de mayo todavía prevalece una visión de este evento circunscrita a los sectores "acartonados" de la ciudad, que da la impresión de que se trató de un movimiento centrado en el ámbito de la audiencia, de los oidores, del arzobispo, de los sectores letrados, burocráticos y universitarios. No se ha observado con igual atención las complejas alianzas políticas que entroncaron a esos sectores sociales con el pueblo y la "plebe". Si bien fue muy importante la participación de los oidores, los universitarios y los vecinos notables, queda por analizar con detenimiento la participación de los sectores urbano-populares en esos acontecimientos, las estrategias y perspectivas con las que se produjo su ingreso a la arena política y el carácter de las alianzas que se tejieron[17].

La causa criminal contra Francisco Ríos es una fuente excepcional para avanzar en este cometido porque despliega, a través de un fino entramado, la trayectoria de un sujeto subalterno y el funcionamiento de la ley colonial. A través de las versiones de los testigos, se establece una imagen muy rica de las relaciones entre grupos sociales, de los patrones que cruzan las mismas, y la secuencia de los acontecimientos que unen a todos los que aparecen a favor o en contra del mulato Ríos. Este tuvo dos momentos de liderazgo: el primero entre el 25 y el 31 de mayo de 1809, y el segundo, en noviembre de 1810, con el ingreso de Castelli a La Plata. Pasemos a analizar el primer liderazgo que se inicia cuando Ríos ingresa a la plaza principal el día 25 por la noche.

Día 25: Puerta del palacio del arzobispado. Ríos afirmó que "en el tumulto habían más de quinientas personas que gritaban que el excelentísimo señor Pizarro [presidente de la audiencia] era traidor, y quería coronar en estos dominios a la señora Carlota, Princesa del Brasil; que el señor arzobispo salió con muchos sujetos y se vino a la presidencia

---

[17] Los acontecimientos de la noche del 25 de mayo de 1809 han sido abordados por la historiografía del siglo XIX, por autores como Miguel de los Santos Taborga y Gabriel René-Moreno. En el siglo XX han contribuido Valentín Abecia, Gunnar Mendoza, Javier Mendoza, y principalmente Stanislao Just Lleó. Aún quedan muchos puntos por esclarecerse.

[de la audiencia] salió con Zudáñez lo que supo por haber el pueblo gritado 'ya salió Zudáñez'" (f. 38). Pizarro salió de la casa de la audiencia, bajó por esa misma calle y llegó a una casa de la plazuela San Agustín donde "predicó que se sosegase el pueblo".

En el juicio no se establece en qué momento Ríos fue nombrado capitán de la plebe. Lo cierto es que esa noche, afirmó un testigo, al bajar por la esquina de Rumicruz (en la plaza) se encontraron con don Ramón García Pérez a quien acusaron los cholos, diciendo: "Aquí está el mayor traidor que fue a prender a los señores oidores". Ríos le quitó su sable "queriendo los cholos llevarle a la cárcel, para lo que lo derribaron de un garrotazo en el suelo, el confesante le dio la mano y le levantó". Y a continuación afirma: *"Como ya le nombrasen su capitán y le obedeciesen* lo llevó resguardado hasta la casa del señor Iglesia… allí le dijo el señor Iglesia: 'Este ya está seguro y mañana se lo entregará, y ahora vayan a buscar al señor fiscal'" (f. 38v).

Ríos salió a la plaza con los cholos y "todos dijeron que había que dar soltura a los presos de la cárcel, resistiéndolo… tuvo que convenir con ellos y pasar a la cárcel en la que puso en orden a los reos y les advirtió que su libertad era para defender al señor don Fernando Séptimo y que cuidado como cometían alguna picardía, que de allí salió con toda la cholada" (f. 38v).

Cuando el alcalde de segundo voto lo increpó en el juicio en Oruro, porque había soltado a los presos el 25 de mayo, respondió "que la causa de la excarcelación de los presos de la cárcel pública fue con el objeto de aumentar la gente en la ciudad, en atención a la escasez que se experimentaba de ella para defender los derechos de nuestro soberano el señor don Fernando 7°" (f. 18v).

La cholada fue a la casa de García Pizarro "para dar fuego y romper la puerta, y sacar unos papeles… referentes a la traición, cuando se le acercó el que cuidaba la cárcel y le dijo: *'una vez que esta gente te obedece*, no hay que permitirla que quemen la puerta de García, porque no los lleva el interés de los papeles sino el de robarle sus efectos, y no está bien que se echen encima un borrón tan detestable, con lo que los hizo regresar a la plaza'" (f. 39). A pesar de la contención, "el destrozo causado en las habitaciones de la Presidencia no fue pequeño. Los muebles de Pizarro y los jardines del Palacio fueron pisoteados y arrancados por el populacho" (René-Moreno, 1905: 130).

En estas acciones, Ríos se cruza varias veces con Antonio Paredes, alcalde del Cusco, que "gobernaba el tumulto, y al confesante lo abrazó y le dijo 'Ya tenemos lo cañones para defendernos contra los traidores'" (f. 39v). Paredes envió a Ríos por pólvora y le dio "frascos de aguardiente cuyo costo lo pagaba con generosidad" mostrándole un pañuelo y bolsillos de plata, diciéndole que "todo era para sus hijos los cholos y demás gente" (f. 39v.).

Según el juicio, Ríos fue nombrado capitán de la plebe por Paredes, alcalde del Cusco, quien también habría nombrado a otras tres personas para cada una de las esquinas de la plaza. Allí se disparaban tiros, y se les dio la orden de no echar a perder la pólvora, además de que "Paredes iba distribuyendo continuamente aguardiente, cigarros y coca" (f. 40). Paredes encargaba a cada momento, a la cholada, que el nombramiento de comandante de la plaza no recayese en el subdelegado Álvarez Arenales, sino en su persona, "y mandó a que se levantase una horca… porque luego debían ser ahorcados todos los traidores" (f. 40v).

El levantamiento incluyó una rápida reorganización de la fuerza militar de la ciudad. El 25 de mayo y los días siguientes se disolvió la fuerza veterana y se organizaron nuevas tropas con patrullas "encargadas de sostener permanentemente los hechos consumados. Se formaron compañías de negros, llamados los terrores, y otras de diversos gremios de artesanos, encabezadas por jefes improvisados, pero de toda confianza. Las Cajas Reales estaban llenas y pudieron atender puntual y pródigamente a estos gastos" (René-Moreno, 1905: 130).

Día 26: En horas de la madrugada "queriendo la plebe retirarse a descansar no lo permitió Paredes diciendo que no se retirasen de sus puestos y les volvió a repartir aguardiente y cigarros, y estando en esta distribución les repetía con encargo positivo que lo pidiesen por comandante de armas" (f. 40v).

A primera hora de la mañana los ministros publicaron un bando "noticiando al pueblo que el mando del gobierno queda reasumido en la Real Audiencia, y que cumpliendo con la prevención de Antonio Paredes le pidieron por comandante algunos de los cholos con bastante frialdad porque también ya se hallaban muy cargados de aguardientes" (f. 40v).

A eso de las nueve o diez de la mañana "llevaron el retrato del rey a los altos del cabildo, y el alcalde provincial Paredes, el real estandarte", al paso vio a Ríos, con un gesto lo llamó y le dijo en voz baja que "advirtiese a los cholos que lo pidiesen por comandante" (f. 41). En la puerta del cabildo, la plebe acometió contra el cabo Poroto para matarlo "expresando haber sido quien baleó a sus compañeros [la noche anterior]". Ríos lo liberó, lo llevó a un cuarto del cabildo y lo ocultó. La cholada manifestó que se debía registrar la presidencia para recoger a los muertos. Cuando ingresaron, la huerta ya estaba "llena de gente destrozando el jardín y demás berzas, *y Ríos los contuvo haciéndolos salir*, en cuyo tiempo vino el caballero Arenales con otros… y le mandó cerrar la puerta falsa con adobes para lo que le dio cuatro reales" (f. 41v).

Ríos se retiró a descansar a su casa y volvió en la tarde. Cuando llegó a la plaza estaba vacía y tras preguntar por la razón le dijeron que la gente estaba en El Tejar esperando por la llegada de tropas del gobernador de Potosí. Arenales le dijo que habían esparcido esa noticia como rumor para permitir la fuga del señor Pizarro. "Se regresaron a la ciudad *y el confesante dio sus órdenes preventivas de que no ofendiesen, robasen ni cometiesen excesos*, advirtiendo en las pulperías que si alguno o algunos insultasen tomándoles las especies con violencia, que conociesen los sujetos para castigarlos" (f. 42).

Esta conducta de Ríos parece haber sido una especie de norma en el movimiento. Si bien se produjeron saqueos y destrozos, especialmente en la casa del Presidente de la Audiencia, no fueron de gran magnitud. La pregunta es si Ríos comprometió su "buen comportamiento" a cambio de unas monedas o era una característica del movimiento no llegar a excesos.

Así se entiende de la declaración de Francisco Ríos en Oruro ante Juan Bautista Tedesqui, vecino y alcalde de segundo voto de esa ciudad, sobre los siete días de su liderazgo en La Plata. Tedesqui "le amonestó para que en lo sucesivo procurase manejarse con honradez sin inferir perjuicio a nadie en sus intereses olvidando el vicio de que estaba poseído, a lo que repuso Francisco Ríos haber extinguido éste hace muchos años" y que el mayor comprobante era haber "*gobernado la plebe por el espacio de siete días*, sin que en este intermedio haya padecido ningún vecino el menor quebranto en sus comodidades a pesar del desorden que se advertía en ella, *por su especial vigilancia en impedir que el pueblo bajo se abstuviese de robar ni hacer otras extorsiones*" (f. 17v).

Día 27: Estando Ríos en la plaza "entraron muchas personas en bulla, le dijeron que llegaba el señor fiscal (que había sido dado por desaparecido)". Cuando este personaje apareció alguien lo presentó ante Ríos, quien lo abrazó y se subió al balcón del cabildo "donde explicó al pueblo el motivo de su fuga… y su destino a Cochabamba para pedir auxilio". Los cholos le pidieron soltar a los presos destinados a las panaderías… "y Ríos fue con el tumulto a ponerlos en libertad a nombre del señor fiscal". Arenales le pidió a Ríos que los presos con oficio se fuesen a trabajar, lo que Ríos dijo haber cumplido. Y "libertó al público de día y de noche de robos y otros insultos" (f. 42v).

Día 28: En la mañana salió de su casa a la barbería de el Apretado para afeitarse y peinarse, oyó repique de campanas y fue a la plaza que ya estaba llena de "gentes de a pie y a caballo, y los señores ministros en los altos del cabildo, los colegiales armados, Joaquín Lemoine repartiendo en el cuartel fusiles y lanzas, y a los que no alcanzasen estas armas se repartieron cinco cajones de cuchillos de los que el confesante distribuyó un cajón" (f. 43).

Todo sucedía porque corría la noticia de que el gobernador de Potosí venía con tropas a la ciudad "a favorecer al Presidente, señor Pizarro, y sacarlo de la prisión". Estuvieron armados hasta las dos de la tarde, cuando se les ordenó retirarse y dejar las armas en la Presidencia "y coger su paga, y en efecto se les dio a dos reales a cada uno". "Y el Comandante Arenales le ordenó a Ríos" que bajase a recoger los cañones. Así lo hizo y "todo lo aseguró en la presidencia, lo que Arenales le agradeció" (f. 43v). Efectivamente, ese día está registrada la noticia oficial de que el virrey Cisneros ordenó a Vicente Nieto, en Buenos Aires, partir con una división a Charcas.

Como "caudillo de los cholos" preguntaron a Ríos cómo y por qué los mantuvo "alarmados e inquietos, hasta que le dieron pasaporte para que saliera de la ciudad, por la tranquilidad pública". Ríos respondió que "es falso que alarmase a los cholos y de contrario, muy cierto *que cumpliendo órdenes del comandante Arenales siempre los dispersaba y no permitía que se formasen gavillas*, los aconsejaba que trabajasen en sosiego" (f. 44).

Día 29: Francisco de Paula Sanz, gobernador intendente de Potosí, llega a La Plata, se apea del caballo y entra al cabildo. Ríos manifestó no saber "lo que trató con dichos señores", que los señores que estaban con dicho sujeto presentaron a Ríos diciendo: "Este es el capitán de los cholos". Sanz respondió: "Los chuquisaqueños y potosino son uno, y yo no he venido contra los primeros sino solo a procurar la quietud pública, lo que tú les has de advertir para que vivan sosegados y sin formar alborotos". Ríos le dijo que "ya no había novedad en el público".

Acto seguido, Ríos salió del cabildo, "buscó músicos y le llevó música, y mandó su señoría que solo el confesante entrase con los músicos… quedando los cholos en la calle, que al despedirse le dio una onza de oro para refrescar previniéndole nuevamente la quietud con vivas a Fernando Séptimo".

Cuando salió con su música por la plaza lo llamó un mozo llamado Bartolomé Mejía diciéndole que cuando trajeran al arzobispo, los cholos lo recibieran con su música, para lo que dio ocho pesos a Ríos. Lo previno también de que "el cura [de Challapata] tenía dispuesto tres mil pesos para dar a peso a cada cholo y si faltase tenía ánimo de gastar hasta diez mil pesos en obsequio de su prelado por redimirle de la vejación de ponerle preso" (f. 46v). El cura le dijo a Ríos: "'*Di a los cholos que mañana a las ocho concurran* todos a recibir en este palacio el peso ofrecido'… lo que se cumplió entregándole por el mayordomo de su ilustrísima tres talegas de a mil pesos, y viendo la confusión que la codicia causaba no solo en los cholos sino también en muchos de capa de grana, incomodado el confesante salió con la plata en la copa de su sombrero botándola en la plaza para que lo siguieran y dejasen de incomodar con su petulancia al señor arzobispo" (f. 46v).

Entre copas (en Oruro), Ríos contó a sus compañeros este hecho del día 29: "que el ilustrísimo señor arzobispo de aquella diócesis, doctor don Benito María Moxó y Francolí, puso a disposición suya cuatro mil pesos fuertes para que como caudillo principal distribuyeses a su gente" (f. 11v). Ríos distribuyó solo 2.000 pesos y fue perseguido por la plebe acusado de haberse quedado con una parte del dinero. Ese fue el motivo inmediato por el cual solicitó salir de la ciudad; para ello le dieron un pasaporte con el fin de que llegase a la ciudad de La Paz sin impedimentos.

Aunque declaró que su objetivo era llegar a La Paz para "inquirir la existencia de su mujer y su familia y conducirla a La Plata", en realidad buscaba "dar tiempo a que la gente de dicha ciudad de La Plata se sosegase pues estaba alterada… por suponer que éste no activaba se les auxiliase con dineros". Ríos efectivamente se quedó con una parte del dinero. Lanzándolas al aire, solo distribuyó la mitad de las monedas, y en medio del tumulto y la confusión que provocó su gesto, desapareció con el resto. En los siguientes pasos de su periplo, Ríos fue despilfarrando ese dinero.

Día 30: Las autoridades concluyeron de la declaración de Ríos que el alcalde provincial del Cusco, Antonio Paredes, "fue el que fomentó el bullicio y alborotos ocurridos en esta ciudad la noche del 25 de mayo último" (f. 50), y ordenaron arrestarlo y ponerlo en la cárcel de corte de la audiencia.

El liderazgo de Ríos quedó establecido por voz propia y por los testigos: "único que le oyó decir que cuando estuvo la última vez en la ciudad de La Plata *había estado capitaneando a la plebe de aquel pueblo* en el acaecimiento de la noche del veinte y cinco de mayo último" (f. 8v). Otro testigo dijo que "el mismo Ríos publicaba dicen, *haber capitaneado al populacho de la ciudad de La Plata* en los alborotos de la noche del veinte y cinco de mayo último" (f. 15v). El primer testigo era amigo de Ríos, el segundo era José Posada Rubín, español, vecino de Oruro. Otro testigo afirmó que "estuvo de jefe de la plebe mandando la ciudad por el espacio de siete días" (f. 11v).

Su liderazgo no era, sin embargo, autónomo sino que estaba subordinado a un mando superior. Primero al alcalde de segundo voto del Cusco, luego al comandante Arenales, y también al arzobispo. Según él manifestó: "que no tenía representación, dinero ni reconocimiento alguno por ser forastero para convocar al tumulto… que le parecía buena causa defender al Rey… y de que debía ser premiado, lo mismo que le decían… el fiscal y Zudáñez,… de que su nombre ha de quedar en el tribunal para memoria de sus servicios". Cuando los cholos lo pidieron vivo o muerto por el asunto de las monedas, "se fue por la noche a casa del señor fiscal en la que estaban los Zudañéz, y los tres al verle lo abrazaron diciéndole que se alegraban de verle, pues estaban temerosos de que los cholos le hubiesen muerto porque suponían que se había quedado con la plata que recibió para repartirles" (f. 45). Continuaremos analizando la naturaleza de su liderazgo.

Composición social de la plebe del 25 de mayo de 1809

Como hemos visto, Ríos fue uno de los capitanes de la plebe entre el 25 y el 31 de mayo de 1809, primero nombrado por el alcalde del Cusco, y luego bajo las órdenes del comandante de Armas, Juan Antonio Álvarez de Arenales, nombrado por la audiencia. ¿Cuál fue la composición social de la plebe del 25 de mayo de 1809?

Entre los documentos publicados los días previos al movimiento[18], se menciona la posibilidad de un estallido popular en la ciudad como respuesta al clima de tensión provocado entre las autoridades de los principales cuerpos de la ciudad. Efectivamente, los

---

[18] Mendoza reproduce un fragmento del documento que procede del Archivo General de Indias. Mendoza, 2005, p. 515 *passim*. No se conserva en Bolivia casi ningún documento del proceso que sobrevino al 25 de mayo de 1809.

hechos de esa noche, los días y meses subsiguientes el pueblo, la plebe y los marginales o todos ellos participaron activamente. La plebe urbana estuvo en permanente relación con la audiencia a través de acciones callejeras. El juicio contra Francisco Ríos muestra que mayo de 1809 fue un momento de convergencia de ambos sectores, que participaron en la misma acción política uniéndose circunstancialmente. Veamos el siguiente cuadro:

Cuadro n.º 5
Composición social de la plebe el 25 de mayo de 1809

Lugar	Nombre	Ocupación/relación	Edad	Firma
La Plata	Francisco Ríos, *el Quitacapas*, natural de Río de Janeiro "De calidad mulato", pardo libre (f. 85v)	Peluquero, barbero casado con María Antonia Saavedra, "ladrón público y perturbador del sosiego y tranquilidad de los pueblos" (f. 15v) "Capitán nombrado para la parte inferior del vecindario de esta corte" (f. 25)	38	Sí
La Plata (plaza principal)	"Mujeres y muchachos de que constaba la asonada"	No se menciona nombres	Mujeres: ¿jóvenes, señoras? Muchachos	--
La Plata (plaza principal)	Un zambito	"A quien Ríos le dio a guardar un sable y una capa de grana"	Niño	--
En toda la ciudad	Los "cholos"	Que aparecen genéricamente en todo el documento	Mujeres Hombres	--
En toda la ciudad	Los presos de la cárcel	Sacados por Ríos y la plebe a pedido de ésta y con autorización oficial	Hombres	--
Plaza principal	"Gente de capa de grana"	Aparecen en la distribución de monedas que realizó Ríos	Hombres	--
Plaza principal	Colegiales armados	Con armas que son distribuidas por Joaquín de Lemoine	Muchachos	--
La Plata	Chenquetire	Preso en la panadería de Manuel Chacón, liberado por Ríos por su cuenta, el 10 de diciembre de 1810	Delincuente	--

Fuente: Elaboración propia con base en la "Causa criminal contra Francisco Ríos, 1809-1811".

Maestros artesanos, artesanos, tenderos, pequeños comerciantes, jornaleros, indíge-nas, mujeres, negros, ¿junto con otros mulatos? No podemos desprender del documento la constitución precisa de la plebe aunque ciertamente el cuadro da un perfil, una silueta de esa presencia popular. La plebe estuvo compuesta de hombres, mujeres, muchachos y niños. Cholos y también gente de "capa de grana", colegiales y "un zambito", presos liberados de la cárcel con el objeto "de aumentar la gente en la ciudad". Es decir, la plebe estaba conformada por una muy amplia gama de pobladores, de sectores más o menos acomodados, una gran parte de sectores populares, y sectores marginales.

Si en un principio la multitud estaba constituida por 500 personas, en los últimos días de su liderazgo, cuando el arzobispo Moxó pagó 4.000 pesos para que distribuyeran a cada uno de los participantes, la cifra pudo haber llegado hasta ese número. Esta muchedumbre no pertenecía al mismo perfil social, y muchos diferían del de Francisco Ríos.

Ahora bien, ¿qué motivos pudieron haber provocado la participación de la plebe en mayo de 1809? Para que se desatara la asonada, existían varios móviles que se conjugaron, y también el grupo líder ejerció su propio liderazgo. No se advierte en el juicio proposiciones explícitas de la plebe. Esos elementos eran:

1. Los hechos circunstanciales que detonaron el 25 de mayo, particularmente el 1808 napoleónico en la península, que provocó una crisis política en las colonias.

2. Un grupo social capaz de involucrar a su alrededor a los sectores subalternos con los que logran circunstancialmente coincidir en la acción política.

3. Un fermento ideológico que estaba concentrado en sectores letrados de la sociedad, que tenían acceso a lecturas prohibidas o legales, varios con formación universitaria y cuya composición social se extendía a los mestizos que asistían a la Real Academia Carolina.

4. Un móvil económico que quizás hizo de detonante para los sectores populares que aún vivían la crisis económica de 1805 del Alto Perú, que dejó a los sectores populares en una "crisis de subsistencia", en especial al distrito minero de Potosí y a La Plata (Tandeter, 1991). Para el efecto, se decretó en 1805, la prohibición de extracción de trigo de la ciudad de La Plata, y las persecuciones de García Pizarro a los panaderos de la ciudad fueron famosas.

En ese contexto, Ríos es líder de la plebe. Por la prontitud con que se refieren a él como "capitán de los cholos", es posible que haya sido recibido de una forma natural o que, aunque era forastero, ya era conocido en la ciudad y tenía ascendiente sobre la multitud. Ríos es nombrado capitán de la plebe por esta y capitán "de una de las esquinas de la plaza" por el alcalde del Cusco, lo que quiere decir que había otros tres capitanes además de él. La audiencia, en el gobierno, nombró a Álvarez de Arenales como comandante de Armas de la ciudad, y este ratificó a Ríos.

La multitud se organizó rápidamente bajo su mando, lo proclamó su líder y le obedeció. Ríos manejaba con facilidad las partidas de esta población urbana heterogénea y era capaz de conducir acciones políticas pequeñas que iban en un mismo sentido: el propuesto por el grupo líder. No sabemos si el mulato Ríos fue el líder prototípico de la multitud del 25 de mayo. Sabemos que era un hombre de edad madura y un hombre del pueblo, que actuaba con varios sectores de este e incluía a sectores marginales.

El grupo líder que se hizo del gobierno de la audiencia pedía a Francisco Ríos no permitir saquear a la multitud. Paradójicamente, el Quitacapas, un ladrón consumado, no estaba autorizado a ello sino debía prevenir a la multitud de "no ofender", y detenerla si era preciso. En este sentido, la violencia que se podía desatar fue controlada por el grupo líder a través de una red de relaciones y prebendas. Así, la multitud estaba provista de un poder sujeto a control, a través del líder Ríos, aunque a veces desborda a las autoridades o al líder.

Así podemos aproximarnos al carácter de las acciones de Francisco Ríos como líder de la plebe y, sobre todo, a su nexo con los sectores burocrático-letrados de La Plata, en una relación líder-plebe y líder-grupo líder. Estos nexos se ven con mayor claridad en la relación de Ríos con las autoridades involucradas en su juicio.

Autoridades involucradas en el juicio contra Francisco Ríos

Como afirmó Paz, el movimiento del 25 de mayo tuvo como centro a la audiencia, que

> [...] supo captar la voluntad de la plebe, siempre poderosa en aquella ciudad, y halagando las tendencias de los criollos, puso de su parte al elemento americano, acusando al Presidente, que lo era el general Pizarro, que los quería entregar a Carlota de Portugal, y que para sustraerse de ese destino era indispensable deponer a la autoridad que los traicionaba. El tumulto popular estalló al fin y el Presidente atacado en su Palacio, fue obligado a abdicar y encerrado en un calabozo, constituyéndose en gobierno independiente de hecho, presidido por la misma Audiencia. Aunque esta corporación se declaraba dependiente del Virrey de Buenos Aires y protestaba de su adhesión a Fernando VII, la circunstancia de ser americanos los que habían tomado parte en el movimiento, le imprimían un carácter distinto (Paz en Santos Taborga, 1908: XV).

A partir de su ingreso a la plaza de Armas la noche del 25 de mayo y los días sucesivos, el liderazgo de Ríos revela alianzas que teje en el camino o que ha tejido previamente con los sectores burocráticos y eclesiásticos, que están interesados en conquistar a la plebe para sus fines. Ríos aparece en la palestra política demostrando autoridad y decisión. Posiblemente este era el líder que necesitaban en ese momento estos sectores, a través del cual lograron capturar el control y la conducción de la plebe ofreciéndole unas monedas.

Cuadro n.º 6
Autoridades involucradas en el juicio a Francisco Ríos

Lugar	Nombre	Ocupación/relación
La Plata	Benito María Moxó	Arzobispo de La Plata. Paga 4.000 pesos a la plebe a través de Ríos.
La Plata	Ramón García Pizarro	Presidente de la Audiencia de Charcas, es apresado. Su casa es saqueada, Ríos controla a la plebe del desborde.
La Plata	Francisco de Paula Sanz	Gobernador de Potosí, ingresa a Potosí para conversar con las autoridades de la audiencia.
La Plata	Juan Antonio Álvarez de Arenales	Subdelegado de Yamparaez, nombrado comandante de Armas de La Plata. Héroe militar del 25 de mayo.
La Plata	Antonio Paredes	Alcalde de segundo voto del Cusco, caballero de la Orden de Carlos III, buscaba ser nombrado comandante de Armas de La Plata seduciendo a los cholos con aguardiente, para que no elijan a Álvarez de Arenales.
La Plata	José de la Iglesia	Oidor de la Real Audiencia de Charcas. Firmó el pasaporte de Francisco Ríos para que pasara a La Paz.
La Plata	Joaquín Lemoine	Importante comerciante de La Plata. Distribuyó armas y cuchillos el 26 de mayo para la defensa de la ciudad.

Fuente: Elaboración propia con base en la "Causa criminal contra Francisco Ríos, 1809-1811".

Entre las autoridades descritas en el cuadro se encuentran criollos, comerciantes, peninsulares de larga trayectoria y formación académica como el presidente de la audiencia o el militar Juan Antonio Álvarez de Arenales. Se encuentra también el Arzobispo de la ciudad. No figuran en la lista, pero fueron protagonistas importantes, los Zudáñez y Monteagudo (a quien llamaban *el Asambado*), jóvenes con formación universitaria. De modo que en el levantamiento del 25 de mayo participaron, como conductores intelectuales, criollos o americanos junto con peninsulares que pasaron a las filas patriotas. El gobierno autónomo dirigido por la audiencia fue sostenido por la fuerza armada de las partidas del pueblo que suplieron a las milicias regulares, y que fueron dirigidas por Álvarez de Arenales.

La base del movimiento estuvo conformada por la plebe, que, como hemos descrito, incluía a sectores muy variados de la sociedad de La Plata. No creemos que las prebendas que Ríos y otras personas recibieron fueran el único móvil o incentivo para su participación. Lo cierto es que estas son mencionadas en varias circunstancias. En los momentos iniciales, Ríos fue pagado —como todos los que están en su entorno— con aguardiente, cigarros y coca que distribuía Antonio Paredes, alcalde de segundo voto del Cusco. Este individuo buscaba hacerse proclamar por la muchedumbre como comandante de Armas de La Plata. Competía con el subdelegado de Yamparáez, Juan Antonio Álvarez de Arenales, y no fue nombrado comandante, lo fue Arenales, quien es considerado el héroe militar del levantamiento del 25 de mayo.

La segunda autoridad que pagó a Ríos fue el arzobispo Benito María Moxó y Francolí, quien mostraba un interés evidente por controlar a la plebe, que fue muy efectiva al empujar al apresamiento del presidente de la audiencia, Ramón García Pizarro, considerado traidor. Su aliado, el arzobispo, salió de la ciudad para ponerse a salvo, aunque retornó días después y entregó a Ríos 4.000 pesos, por interpósita persona, con el objetivo de calmar a la plebe.

Los vínculos entre las autoridades de La Plata y el pueblo fueron fluidos esa semana. Quizá mediaban lazos de parentesco, de unión, de compadrazgo o de vecindad con los miembros más importantes del grupo-líder de La Plata. Como hemos visto en la primera parte, estas relaciones cotidianas, aunque muy jerarquizadas, incluían compartir los mismos espacios urbanos, incluso las mismas casas. Los contactos cotidianos, se puede pensar, podrían reproducirse con naturalidad a un nivel político.

Ríos salió de la ciudad de La Plata al octavo día, el 1 de junio, con el compromiso de llevar unos pliegos a la ciudad de La Paz de parte de las autoridades de la audiencia, con el encargo de volver a ella lo antes posible. En el juicio abierto en Oruro, "su amasia", Antonia Choque, declaró que a fines de julio, Ríos se hallaba de paso en Oruro; retornaba a La Plata "conduciendo las contestaciones que traía de La Paz" (f. 9.). Empero, no pudo llegar a La Plata.

El viaje: los papeles y los tambos

El mulato partió de La Plata hacia Potosí, Oruro y llegó a La Paz. Para el efecto, contaba con un pasaporte firmado por uno de los oidores. Ríos enseñó en el juicio un papel que, según expresó a sus amigos en Oruro, era un "pasaporte para que todos los señores jueces por donde transitase le facilitasen los auxilios de gente, víveres y demás que necesitare para su pronta y cómoda marcha, igualmente se le franquease el dinero necesario por todas las cajas para soportar los gastos de su viaje por los extraordinarios progresos ejecutados en la ciudad de La Plata la noche del veinte y cinco de mayo último" (f. 11v). José Gabino Ruiz de Soriano, síndico procurador general, declaró por su parte que Ríos le exhibió (en la cárcel) el pasaporte firmado por el oidor José de la Iglesia "para que las instituciones de la carrera no le embarazasen su marcha, en cuya vista ordenó incontinenti su relajación, y en su virtud pasó libremente a La Paz" (f. 14v).

A fines de julio, al retornar de La Paz a La Plata, Ríos llegó a Oruro y se quedó a compartir con sus amigos, los gariteros, y con algunas mujeres. Allí determinó no seguir su viaje y "se quedó en una de las garitas… con motivo de que el garitero era su conocido, donde pasó el segundo día en su compañía y en la de dos mujeres más" (f. 4), "con el objeto de hacer su cacharpaya [despedida], lo que efectuó con dicha su amasia, Bartolomé Contreras, soldado veterano de esta guarnición, una mujer nombrada Ignacia de Tal y el declarante" (f. 6).

Anoticiadas las autoridades de la permanencia prolongada de Ríos por varios días, la guarnición de la ciudad envió al soldado a Bartolomé Contreras, para que diera un informe. Este relató que Ríos "estaba en compañía de su amasia tomando aguardiente… a las seis de la mañana la mujer se internó a esta Villa a comprar pan y algunas cabezas de cordero" para aviarle, pues había de viajar a La Plata. Esta mujer era una indígena de Sicasica con la que Ríos "entabló una relación íntima", Antonia Choque, quien declaró que en la cacharpaya organizada en la garita de sepulturas participaron "Ignacia de Tal, Vicente de Tal, el garitero Matías Delgadilo, un sastre y el soldado Bartolomé Contreras" (f. 9v.).

Tras el festejo, en la madrugada, Antonia Choque declaró que Ríos la obligó a intimar: "la amagó con un puñal protestando que le quitaría la vida si no se aviniese a su intento, y por el temor que le infundió la presencia de este hombre se rindió al fin" (f. 9). Más adelante la misma declaró ser "su amasia" porque Ríos le ofreció "darle la mano luego" (f. 9v) de volver de su viaje a La Paz y a La Plata. También se sostuvo que en la garita de las sepulturas, y en otras postas, Ríos hacía "varias extorsiones a los indios de las postas" (f. 15v), lo que fue rotundamente negado por este.

El administrador de la Real Renta de Correos de Oruro declaró que las autoridades sospechaban de la conducta de Ríos, tanto "por los recelos de su antigua fama" como porque constaba que "a pocos días de su regreso de la nominada ciudad de La Paz trajo el correo la infausta noticia del movimiento de ella como por el antecedente de Chuquisaca que él mismo se lisonjeaba…, [del que] expresó públicamente haber sido el principal caudillo del movimiento popular de ella" (f. 13v). Querían que saliese lo más pronto de la ciudad para que "su corazón corrompido no estimulase a ejecutar en este lugar [Oruro] algún exceso" (f. 14v). Empero, su despedida en la garita de las sepulturas, según ellos, no mostraba ninguna voluntad de dejar la ciudad, y entonces decidieron tomarlo preso.

Estuvo en la cárcel de Oruro ocho meses. Ríos se quejó al Tribunal de la Real Audiencia de que el alcalde de segundo voto de Oruro lo puso "en el calabozo más fuerte, bajo de seis puertas, cargado de una barra de platino la más cruel, con el que me mantengo el espacio de ocho meses, quitándome la manutención natural que una piadosa mujer me lo daba" (f. 22).

En suma, Ríos hizo de emisario de las autoridades de La Plata llevando los pliegos a La Paz, aunque no se explicita de qué trataban los mismos, a quiénes los entregó ni cuáles fueron las respuestas. Cumplió bien su papel de emisario, porque los caminos eran uno de sus escenarios favoritos, eran parte de su dominio. Se congregaba con sus amigos en las garitas, a la entrada y salida de las ciudades y pueblos. Los puntos intermedios, como los tambos, también debieron ser un lugar preferido de Ríos. Aparentemente, el espacio rural y los caminos eran para él territorio del descanso, de la diversión, del relajamiento; en tanto que la ciudad era sobre todo territorio de la autoridad. Allí se reencontraba con el "lumpen" urbano[19].

El 12 de febrero de 1810 Francisco Ríos continuaba en la cárcel. Ese día, el Juzgado Ordinario de segundo voto de Oruro decidió —habiendo realizado la causa sumaria y siendo el "cuerpo del delito enteramente forastero"— remitir la causa al Tribunal de la Real Audiencia en La Plata. El caso fue aceptado en La Plata el 14 de marzo de 1810. El 20 de marzo, el tribunal ordenó el traslado del reo a La Plata "en buena guarda y custodia a costa de sus propios bienes" (f. 24v), por Pedro Córdova, cabo de Betanzos, y Fermín Dolla, soldado.

Así se inicia el último momento de este análisis: su segundo liderazgo.

Segundo liderazgo de Francisco Ríos: la plaza y la cárcel

Ríos llegó a La Plata y fue trasladado a la Real Cárcel de Corte. Allí estuvo otros ocho meses hasta fines de 1810. Fue liberado tras la noticia del triunfo de Suipacha por las armas patriotas del primer ejército de los porteños en noviembre de ese año. Festejando este hecho, "a cosa de las doce de la noche una multitud considerable se acercó a la audiencia pidiendo a la guardia, le soltase al preso Francisco Ríos. Ésta cerró la puerta, ellos golpeaban la puerta dicha y gritaban: '¡Que se suelte al Quitacapas!' Fuimos a hablar a vuestra señoría y convino en darle soltura" (f. 75v.).

El hecho era que la plebe estaba alborotada porque pensaron inicialmente que Suipacha había dado un resultado contrario a los patriotas:

> [...] con gritos y lloros como padres, parientes y demás interesados que hacían sentimiento por sus hijos y deudos que suponían muertos en ese lugar…, pero a la hora de la retreta fue ya mayor la multitud que se agolpó en la plaza y en las calles por trozos, manifestando de una vez notable satisfacción en la gloria de las armas de Buenos Aires…, aclamaron a voces a la Junta de Buenos Aires, diciendo 'Viva la Junta de Buenos Aires', y habiéndose tocado la campana grande de la torre de la catedral con desorden…, encontrando porción de gente al pie procuré deshacerla…, aún antes traté de apaciguarlas…, la plebe que comenzó a tocar las puertas de calle, rompiendo las vidrieras de algunas casas, inclusive

---

[19] Entre Chuquisaca y Potosí había 2 tambos "buenos" y 25 leguas. De Potosí a Oruro, 9 postas y 57 leguas. De Oruro a La Paz, 7 postas y 44 leguas. Ríos recorrió 326 leguas para llegar a La Paz. En el trayecto La Plata-La Paz existían, en la época, una cantidad importante de tambos y tambillos, estos últimos destinados a "hombres de baja esfera o que manifiestan pocos modales", donde era costumbre inscribir "deshonestidades que con carbones imprimen en las paredes. No hay mesa ni banca en que no esté esculpido el apellido y nombre a golpe de hierro". Concolcorvo, *El Lazarillo de los ciegos caminantes desde Buenos Aires hasta Lima*, París, Desclée de Brouwer, 1938, p. 18.

la del señor regente…, y los cuarteles, y la casa del armero Ayllón queriendo sacar las armas que tenía a componer… que a las doce y media de la noche fue preciso dar soltura al mulato conocido por Quitacapas en beneficio de la quietud pública (f. 66).

Los tumultos de la plebe en la plaza, en este y otros pasajes, manifiestan parte del lenguaje político de la multitud. Tanto en mayo de 1825 como en noviembre de 1810, este se mostró en múltiples momentos y comportamientos colectivos en la plaza principal.

Tanto en la semana del 25 de mayo de 1809, como en noviembre de 1810, el escenario favorito de la multitud, donde se multiplican sus voces y se concretan acciones importantes, es la plaza principal. Francisco Ríos está en el centro de la plaza desde el primer momento cuando le informan que "los cholos están alborotados", está allí en la distribución de armas, allí lanza las monedas al aire. Los grupos politizados ingresan y reingresan ella, y demuestran su adhesión a Fernando VII. Allí se cuelga el retrato de Fernando VII, allí se congregan para pedir su liberación.

Estas acciones reciben por parte de las autoridades diferentes interpretaciones que se plasman en denominaciones asociadas al comportamiento político del pueblo. Por ejemplo, las autoridades se dirigían al *pueblo* desde los balcones, a la *plebe* y a la *turba,* había que controlarla, el *populacho* se insubordinaba. Estas diversas denominaciones intentan describir los diversos procedimientos políticos de un pueblo también diverso.

Una vez liberado por la muchedumbre en noviembre de 1810, y con "el pueblo embriagado", Ríos fue llevado a casa del regente "en que me ordenó este señor de que aquietase al pueblo porque éstos me profesaron mucho amor. Así lo cumplí… y al día siguiente aclamamos para que se hiciese la jura debida a la Junta de Buenos Aires [en f. 73v, agrega "a nombre del señor don Fernando 7º y para guarda de sus augustos derechos"] *a pesar de la repugnancia de los señores del tribunal y cabildo"* (f. 70v).

A diferencia de su primer liderazgo, en el segundo momento Ríos comenzó a tomar decisiones por su cuenta, que disgustaron a las autoridades. Los problemas con la justicia no terminaban para Ríos. Después de lograr la calma pública, hizo la jura a la Junta de Buenos Aires por iniciativa propia ante el malestar de las autoridades. Luego, vinieron otros actos más. El 13 de diciembre fue a la panadería de Manuel Chacón "y sacó de ella de propia autoridad al reo Chenquetire y dado orden para que se fuesen quitando las prisiones de otros dos, siendo estos unos hombres criminales cargados de delitos…, con cuyo exceso en ultraje de la real jurisdicción dio a conocer que para con él las justicias ordinarias estaban por demás" (f. 74).

El oidor José Félix de Campoblanco interpretó las acciones de Ríos como rebeldes, desproporcionadas y propias de un "vago, de espíritu sedicioso y turbulento, que *valido de cierto predominio que llegó a alcanzar en la plebe en esta ciudad* después de la forzada soltura que logró, se había propuesto mantenerse dentrando en las casas que quería exigir con arrogancia con falsas promesas de defender a este o al otro vecino el numerario que quería, por lo cual, de que se me informó menudamente pidiéndome remedio".

La solución fue hacerlo trasladar "con engaños y cautela", a solicitud y propuesta del comandante de Armas, fuera de la ciudad, a la cárcel de Potosí: "como único arbitrio para quitarlo de este pueblo y no corrompiese con su mal manejo a la plebe por él subyugada en perjuicio de la tranquilidad pública" (f. 77). Diciéndole que debía acompañar a buscar a Nieto, presidente de la audiencia, quien andaba fugado, condujeron a Ríos a la región de Oroncota, cercana a Potosí, "en compañía de muchos soldados patriados de la ciudad de Cochabamba, los cuales me apresaron a mí lejos de buscar a dicho señor Nieto, y me condujeron a Potosí" (f. 80v).

Esto quiere decir que cuando la plebe reclama y logra la liberación de Ríos después del triunfo de Suipacha, en noviembre de 1810, él la conduce en una segunda etapa de liderazgo. Pero ya no es el mismo. Toma decisiones por sí mismo, aprovecha esa corta etapa como líder para liberar a sus amigos, para cobrar cuentas a algunos vecinos, para hacer promesas. Se excede. Podría pensarse que está resentido con sus aliados circunstanciales de 1809, que no hicieron nada para excarcelarlo en Oruro. Lo dejaron preso ocho meses en Oruro y otros ocho en La Plata. En el juicio Ríos afirmó que "sólo por su embriaguez" lo confunden y lo encarcelan, aludiendo a una especie de pacto incumplido.

La justicia colonial

¿Cómo actuó la justicia colonial con el mulato Ríos? Logró salir de la cárcel de Potosí cuando "el señor gobernador de Potosí me dio la soltura y pasaporte para venir a esta ciudad y presentarme ante vuestra excelencia" (f. 80v). Reclamando "piedad a vuestra excelencia darme soltura con la protesta de que no volverá juez alguno a recibir queja contra mi persona", aceptando su gusto por el licor, se excusó de haber pedido unos pesos "para reemplazar con ellos los prejuicios que sufrí en mi destierro a Potosí por causa suya, y sin ningún motivo".

Pide que se le devuelva "con sus soldados toda mi ropita que esa noche me quitaron, y me dieron de palos por traidor al rey, cuando es constante mi lealtad y que en premio de ella he tolerado trabajos, cárceles, hambre y necesidades después de haber expuesto mi vida en su defensa" (f. 83), y finalmente, ayuda "al ilustrísimo señor arzobispo, cuya esquela tiene presentada en autos" (f. 86v).

La audiencia llamó a testigos para verificar los excesos de Ríos y todos declararon que no cometió exceso alguno contra bienes ni propiedades. De modo que a la audiencia no le quedó más remedio que fallar su libertad: "con la prevención de que se agregue a la Compañía de Pardos que tiene que salir de esta ciudad en alcance del ejército auxiliar de

Buenos Aires" (f. 87v)[20]. Ahí concluye el periplo de Francisco Ríos en este documento. Era el 11 de abril de 1811.

En este último pasaje se advierte que las autoridades fracasaron una vez más en su intento de condenarlo y alejarlo del escenario político. Por su parte, hasta el último momento se evidencia el apoyo popular del que gozaba.

La justicia colonial solo veía en Ríos un delincuente común. Hizo caso omiso de los oficios, recomendaciones, esquelas y cartas que portaba. La justicia actuaba por desconfianza, lo que lo llevó a sufrir ocho meses de cárcel en Oruro, otros ocho en La Plata y alrededor de cuatro meses en Potosí.

Ríos sufrió estas penas con el conocimiento y el silencio de sus circunstanciales aliados políticos. Mientras otros de los levantados el 25 de mayo de 1809 sufrieron igual persecución, la diferencia es que a Ríos lo perseguían por mala conducta, como vago, malentretenido, ladrón y sujeto peligroso. Solamente al final le agregan el cargo de sedicioso y de comportamiento tumultuoso. Ríos no figura en la lista de emigrados a las Provincias del Río de la Plata o de los recluidos en el Perú. Es un reo que debió pagar su participación en mayo como "delincuente común" aunque su comportamiento haya sido enteramente político. Su figura personal, su marginalidad pesó más para la autoridad que su liderazgo y su cercanía con la plebe urbana. Por eso no se hace acreedor al indulto político de las Cortes de Cádiz (de mediados de 1810) para los presos políticos de América. No fue considerado preso político. Su alejamiento de La Plata y su apresamiento en Potosí como consecuencia de su segundo liderazgo ponen de manifiesto el temor que las autoridades sentían por su ascendencia entre la plebe.

En cambio, el movimiento de 1809 fue desarticulado por la represión política, primero por el envío de tropas de la Intendencia de Potosí con Francisco de Paula Sanz a la cabeza. Luego con el envío de tropas del Perú y finalmente de Vicente Nieto, desde Buenos Aires, que tomó medidas definitivas contra los cabecillas alzados contra la Presidencia de la Audiencia de Charcas: Fernández, Toro, Gutiérrez, Aníbarro y Anaya, confinó al fiscal y los oidores al punto del Perú que ellos eligiesen, y despachó a Arenales, Monteagudo y Jaime Zudáñez a Lima, a disposición del virrey Abascal, quien los pasó al presidio de Casas-Matas de la fortaleza del Callao, de donde salieron a los pocos meses, en virtud del decreto de las Cortes de Cádiz que concedía indulto general

---

[20] Al término del conflicto las fuerzas militares formadas desde el 26 de mayo fueron reestructuradas en La Plata, y solo volvieron a reorganizarse vinculadas con los ejércitos porteños con el ingreso de Juan José Castelli en 1810 hasta 1811. En esa oportunidad se formaron, por ejemplo, la Compañía de Pardos y Morenos de La Plata, a la que se destinaron 2.017 pesos con 5 reales para uniformarla, con recaudaciones hechas con contribuciones voluntarias y la renta de un ramo económico; la Compañía de Granaderos y Patricios de línea formada por Joaquín Lemoine, la Compañía Patriótica de Castas de La Plata y la Compañía de Pardos y Patricios.

a los reos políticos de América. El mayor de los Zudáñez (Manuel) murió en la prisión. Lemoine, Miranda y Sivilat fueron extrañados del país mucho antes como extranjeros (Santos Taborga, 1908: 69) y vivieron en Buenos Aires formando parte del famoso grupo de los emigrados de Charcas.

El movimiento revivió con el 25 de mayo de 1810, en Buenos Aires, y luego con el triunfo de Suipacha, en noviembre de ese año, que trajo a Castelli con sus tropas hasta la ciudad. En ese momento se dio el segundo liderazgo de Ríos a solicitud del pueblo.

Un último punto nos ha llamado la atención. Este se refiere a uno de los contenidos más claros del 25 de mayo de 1809 y de noviembre de 1810, que aparecen en el juicio, que pasamos a analizar.

La fidelidad del movimiento con Fernando VII

El movimiento del 25 de mayo de 1809 inicia aquellos movimientos que se organizaron en juntas de gobierno en América (aunque aquel gobernó con la audiencia), frente a la crisis política y el vacío de poder creado en la península. La historiografía boliviana enfatiza la existencia de dos importantes movimientos en 1809, que son el de La Plata o Chuquisaca del 25 de mayo y el de La Paz del 16 de julio, a los que se añade un tercero en Quito, el 10 de agosto.

Los escándalos, chismes y malos entendidos entre los miembros de los cuerpos condujeron, días antes del 25 de mayo, a "exitar una general murmuración hasta en el pueblo baxo tanto que al siguiente día han aparecido en la ciudad pasquines gravemente sediciosos, haciendo uso de las voces de independencia y amenazando de muerte a todos los europeos"[21]. A pesar de esa "constitución peligrosa" en que se hallaba la ciudad, García Pizarro afirmó que "la masa del pueblo es fidelísima y muy subordinada. Pero las ruidosas discordias entre las autoridades… se han dejado apercibir del pueblo contra las disposiciones sabias de las Leyes de Indias"[22].

En todas las declaraciones el reo Francisco Ríos aseguró que fue un movimiento fiel a Fernando VII. Esto respondía al ambiente que vivía la ciudad en la que se daban expresiones oficiales y populares en pro del rey, con el uso de símbolos de adhesión. Después de la noticia del destierro en Bayona, afirmó el presidente de la audiencia: "Yo fui el primero que hice uso de ella, aconsejando a todo el vecindario que la usase… El Muy Reverendo Arzobispo hizo otro tanto por su parte trayendo la escarapela [nacional] en su sombrero… No había en esta ciudad una sola persona que no se dejase ver con este

---

[21] Ibídem, p. 643.
[22] Ibídem.

glorioso distintivo de fidelidad y amor patriótico"[23]. Así, en la noche del 25 de mayo, según la declaración de Ramón García Pérez, comandante de Granaderos de la ciudad, se encontró con un tumulto en la esquina de la Rumicruz de la plaza y saludó al grupo con "Ea!, hijos viva Fernando Séptimo", a lo que respondieron con igual expresión (f. 53). En estos momentos se advierte un comportamiento muy específico de la multitud: pequeños grupos de personas, como los de la esquina de la catedral, politizan el momento, a su paso, utilizando estribillos o contestando consignas políticas como la defensa de Fernando VII. El día 26 de mayo, a eso de las nueve o diez de la mañana, también "llevaron el retrato del rey a los altos del cabildo, y el alcalde provincial Paredes, el real estandarte" (f. 41).

La única excepción a este ambiente fernandino, durante los acontecimientos del 25 de mayo de 1809, fue en el instante en que se producía el apresamiento del presidente de la audiencia, cuando por un momento se rechazó y atentó contra la imagen de Fernando VII, dándole golpes a la voz de "¡Toma Fernando!". Esa misma noche del 25 se procedió a ahorcar el retrato del presidente de la audiencia, Ramón García Pizarro, junto a un perro muerto (f. 56). Como afirmó Francisco Ríos: "después de haber conseguido la prisión del excelentísimo señor presidente, cuyo retrato mandó se ahorcase en la plaza pública, poniendo [él] al pie del lienzo un perro muerto de color blanco (f. 11v).

¿Cómo entender este doble mensaje de la multitud? Por un lado se manifiesta fidelidad a Fernando VII y por otro, se ataca el retrato del presidente de la audiencia. En rango, después del virrey seguía el presidente de la audiencia, y ambos, en retrato, representaban al rey. Hubo entonces acato a la figura de Fernando VII y rechazo a la figura del presidente de la audiencia, aunque esto con el fin de exaltar la autoridad del órgano institucional que fue tomado por los levantados y que por esa razón no formaron junta.

Meses después, en septiembre de 1809, Julián Baltasar Álvarez, a nombre de la Real Academia Carolina, publicó un testimonio de "amor y fidelidad" a Fernando VII: "Los americanos os aman, os aclaman los Académicos, y os ofrecen sus vidas gloriosos de ser vasallos vuestros, y de haber sido los primeros que llevaron en triunfo nuestra efigie respetable"[24]. En esto no fue diferente el movimiento de mayo de 1809 con relación a los siguientes más próximos en La Paz y Quito, lo que expresa en parte el carácter del mismo.

La jura se volvió a repetir en noviembre de 1810, luego del triunfo de Suipacha, cuando Ríos, recuperado de la cárcel por "el pueblo embriagado", fue llevado a casa del

---

[23] "Informe del Presidente García Pizarro al Rey dándole cuenta del estado de la ciudad de La Plata". La Plata, 26 de abril de 1809. Publicado en Stanislao Just Llleó, *Comienzo de la independencia en el Alto Perú: Los sucesos de Chuquisaca, 1809*, Sucre, Editorial Judicial, 1994, pp. 633-644.

[24] Julián Baltasar Álvarez. Testimonio de fidelidad y amor a nuestro monarca augusto Sr. Dn. Fernando VII, en la solemne pompa que consagró a S.M. la Real Academia Carolina de la ciudad de la Plata el día 19 de septiembre de 1808. Por J.B.A., comisionado y alumno de la Academia. Lima, s.p.i.

Regente "y al día siguiente aclamamos para que se hiciese la jura debida a la Junta de Buenos Aires [en f. 73 v. agrega "a nombre del señor don Fernando 7° y para guarda de sus augustos derechos"] a pesar de la repugnancia de los señores del tribunal y cabildo" (f. 70v). Dos años más tarde, en 1812, Juan Manuel Pueyrredón dirigió unas palabras al militar español Goyeneche, sobre el carácter de ese movimiento: "no trata de independencia [el gobierno revolucionario de Buenos Aires] cuando protesta reconocer su integridad con el todo de la monarquía española y restaurado en su proclamado soberano" (Paz en Santos Taborga, 1908: xii).

De aquí se desprende que el 25 de mayo de 1809 tuvo como objetivo la búsqueda "total" de autogobierno de la audiencia frente al vacío de poder. Como dijo Mendoza, la Audiencia de Charcas se puso del lado revolucionario, lo que fue una contradicción porque "se puso contra ella misma", pues era una representación institucional del monarca. ¿Qué buscaba? De acuerdo con el documento dirigido por la audiencia al rey: "que las provincias de su jurisdicción fuesen segregadas completamente del virrey, aún en lo militar y lo hacendario, y puestas bajo inmediata administración de la audiencia y su presidente. En otras palabras, la audiencia quería, si no la independencia total, la autonomía dentro de la estructura colonial" (Mendoza, 2005a: 516).

El movimiento de La Plata puso énfasis en el protagonismo de la audiencia, lo que tenía una raíz más o menos inmediata en la fundación del Virreinato del Río de la Plata en 1776. Santos Taborga apreció bien este contenido: "Chuquisaca se enorgullecía de su antigüedad y con la preeminencia que había logrado: era la ciudad universitaria, el pueblo doctoral, el asiento de la ilustración, la metrópoli eclesiástica, la sede de la Audiencia que había ejercido jurisdicción sobre el mismo Buenos Aires, y la capital del emporio de las riquezas. Se creía con bastantes títulos para ser la metrópoli del virreinato que se establecía y lo había solicitado del Monarca en premio a su nobleza y lealtad, sin lograr más gracia sino que su Ayuntamiento se sentara en bancos forrados de damasco, aun en presencia de la Real Audiencia. La ventajosa situación y razones políticas de gran peso establecieron la metrópoli del Virreinato en Buenos Aires; pero Charcas no cultivaba con ellos sino escasas relaciones de comercio ni se sentía obligada más que a la muy precisa dependencia oficial" (Santos Taborga, 1908: 52).

A manera de conclusión

En promedio, más del 10% de la población que vivía en las ciudades de Charcas en el tiempo de la independencia era de origen africano. La Plata, la "ciudad letrada" de Charcas, tenía la mayor o una de las mayores poblaciones de origen africano, y aunque la cantidad no era grande, su presencia en la ciudad era importante. Se ocupaba en una amplia gama de actividades urbano-populares. Tenía una presencia urbana importante en el tejido social, lo que daba la apertura para tejer relaciones y alianzas políticas. Fuera de las ciudades se ocupaba incluso en la minería en centros sin mita, aunque siempre se ha dicho que era una población no apta para la explotación minera de montaña.

La casi total ausencia de esta población en la historiografía sobre la Independencia revela que se ha soslayado a este importante sector de la población, considerándolo ínfimo o convirtiéndolo en invisible cuando no fue así. Dentro de los sectores subalternos de la sociedad, paralelamente, esto querría decir que se ha sobredimensionado la participación de los indígenas, que sin duda son muy importantes, pero subvalorado la participación de este otro componente de la población y de los sectores urbano-populares en los acontecimientos de 1809. Quizás se ha partido, erróneamente, de una visión indiferenciada de esta población, o se la recluido estrictamente a la esclavitud. Aún más, quizá se ha partido de la importancia numérica actual de los afrobolivianos que son una de las minorías más pequeñas del país (0,06%), una cifra que no guarda relación con los porcentajes coloniales.

El liderazgo de Francisco Ríos debe ser entendido en el contexto de la vida de negros, mulatos, pardos y zambos en La Plata y en Charcas. En este sentido, su vida y su liderazgo echan luces sobre la participación de los sectores urbano-populares en ese movimiento.

De acuerdo con el cuadro social provisional que hemos logrado, sabemos que el Quitacapas tenía una familia disuelta; otras personas de su condición étnica pasaban por lo mismo, las relaciones furtivas y las parejas de hecho fueron muchas. Para Francisco Ríos la promesa del matrimonio fue frecuente y también las relaciones mediadas incluso por la violencia. Aparentemente, muchos mulatos y ex esclavos no tenían la estructura de la familia como parte de su tejido social. En esas condiciones, la supervivencia guardaba mucha relación con la construcción de una red social alternativa, y con el valor de uno, con el arrojo individual, con lo que cada uno podía hacer para sobrevivir. Ríos muestra cómo los mulatos, entre la población africana, tenían dotes como la audacia y el valor, claves para el liderazgo.

Ríos tenía una red social que, hasta donde se sabe, no guardaba relación con estructuras tradicionales (familiares o comunitarias). Eso debió de haberlo empujado a tejer relaciones con diferentes sectores sociales, que incluyen desde autoridades de la ciudad y una amplia red de figuras urbano-populares, hasta sectores marginales. Esto refuerza la idea de que los mulatos y la población de raíz africana eran parte de la plebe en la vida cotidiana, y eso dio el espacio para poner en contacto a diferentes sectores sociales a un nivel político.

El líder de la plebe se relacionó de forma horizontal con las más altas autoridades de la ciudad, un aspecto sobresaliente. Con ello, produjo un efecto de igualación en esa jerárquica sociedad. Lograba, en ese momento político, poner el mundo "de cabeza", su presencia subalterna lograba dar un giro momentáneo a la sociedad. Además, su participación contribuye a esclarecer las relaciones de los actores letrados con el pueblo, en este movimiento. Tanto los alzados como el arzobispo pagaron para ganarse la adhesión del pueblo, sin la cual, como en el caso del alcalde del Cusco, no podían lograr legitimidad.

Francisco Ríos, y otros líderes de la plebe, no están debidamente integrados en el relato del 25 de mayo de 1809 y los meses sucesivos. Opera en este aspecto el olvido historiográfico, cuando, como afirmó Gunnar Mendoza, "los populachos y los Quitacapas [no pueden ser] impedidos de entrar en el 25 de mayo de 1809 ni en ningún episodio de la historia de Bolivia, por lo que representan… en el proceso de nuestra experiencia colectiva" (Mendoza, 1963: xi). El mulato Francisco Ríos entró a la historia la noche del 25 de mayo cuando ingresó a la plaza de Armas de La Plata. Merece ser recuperado como líder popular de ese movimiento y de la independencia.

No hemos abordado varios temas, como el programa del movimiento del 25 de mayo que se desprende de las ideas que se plantean tímidamente en el documento. Esto es algo que merece más investigación con base en otras fuentes. Esto podría profundizar el análisis de las tramas y los significados de las relaciones de un Ríos con el poder colonial. No sabemos si él y sus dirigidos estaban dentro de un programa político, aunque sí eran una fuerza política tomada en cuenta.

Finalmente, ignoramos cuándo y dónde murió Francisco Ríos, quizá en algún combate con los ejércitos porteños, o quizá decidió quedarse en algún paraje "divertido" con sus amigos de siempre. Dado que en el segundo momento de su liderazgo se mostró más autónomo políticamente, quizás participó en una guerrilla, no sabemos en qué derivó. Tampoco se sabe aún cuántas decenas o cientos de mulatos, zambos, pardos o negros fueron protagonistas y testigos, a veces obligados y a veces por iniciativa propia, en los años cambiantes de la guerra de independencia.

Mientras Ríos fue muy posiblemente hacia el sur, al Río de la Plata, en la Compañía de Pardos, otros llegarían del norte, años más tarde, con los libertadores. Cuando Antonio José de Sucre cruzó el río Desaguadero y llegó al Alto Perú en febrero de 1825, llegó con él Nicolás Sucre, negro, su sirviente, que vio el final de su camino en la ciudad de La Plata. Así se anuncia en la partida de entierros de negros y mulatos de 1827:

> Murió en la comunión de Nuestra Santa Madre Iglesia, Nicolás Sucre, negro, sirviente del Gran Mariscal, de quarenta y cinco años: recibió todos los sacramentos que se le administraron en esta Iglesia en la que se hizo un funeral con oficio rezado, y cruz baja, y fue sepultado en el Panteón en sitio de Cementerio de ciudad, para que conste lo firmé. Yo el Ttte. del Señor Cura Rector de este Sagrario de Guadalupe, Manuel Pablo Domínguez. La Plata, 28 de enero de 1827.

Anexo

Cuadro n.º 7
La Plata: Parroquia Santo Domingo (Sagrario de Guadalupe)
Bautizos de negros y mulatos, 1805-1830

Categoría	Hombre	Mujer	Categoría	Hombre	Mujer
Esclavo(a)	60	86	Hijo de esclava y negro libre	0	1
Esclavo(a) negro(a)	3	8	Hijo de negra	0	1
Negro(a) libre	3	1	Hija de negro esclavo y mestiza libre	0	1
Negro(a)	1	2	Hijo de negra libre	1	2
Zambo(a)	10	9	Hijo de negros	1	0
Zambo(a) libre	3	0	Hijo de negra y padre n.n.	1	0
Pardo(a)	16	14	Hijo de negro y madre s/categoría	1	0
Pardo(a) libre	18	13	De padre negro y madre n.n	0	1
Pardo(a) esclavo(a)	6	6	Hijo de samba esclava y padre s/categoría	3	0
Mulato(a)	9	2	Hijo de parda	1	0
Mulato(a) libre	6	4	Hija de pardo y madre s/categoría	0	1
Subtotal 1	132	145	Hijo de pardo esclavo y madre n.n	0	1
			Hijo de parda esclava	3	1
No figura	37	36	Hijo de pardos esclavos	0	0
Subtotal 2	169	181	Hijo de pardo libre y mestiza	1	1
Subtotal 3	27	18	Hijo de pardos esclavos	1	0
			Hijo de pardos libres	0	2
			Hijo de pardo libre y n.n	1	2
			Hijo de parda libre y n.n	5	1
			Hijo de pardo libre con india	1	0
			Hijo de mulato libre y mestiza	1	0
			Hijo de mulata y padre n.n	2	1
			Hijo de mulata esclava	2	0
			Hijo de mulato libre y madre s/categoría	1	1
			Hijo de mulata libre y padre s/categoría	0	1
Total	196	199	De padres libres	1	0
Total general	395		Subtotal 3	27	18

Nota: Total expósitos: 9.

Fuente: Elaboración propia con base en ABAS-La Plata: Parroquia Santo Domingo (Sagrario de Guadalupe). Bautizos de negros y mulatos, 1805-1830.

CAPÍTULO 13

Esclavitud, percepciones raciales y lo político: la población negra en la era independentista en Hispanoamérica

Christine Hünefeldt

La pregunta que nos planteamos es simple; las respuestas no lo son tanto: ¿bajo qué condiciones, quiénes y por qué optaron por incluirse en los respectivos proyectos independentistas? O, dicho de otra manera, ¿cuándo y por qué el mismo personaje histórico es soldado del rey, o es un soldado esclavo en busca de la libertad o es "prestado" por un amo, o es un soldado artesano? El trato que recibiría el soldado en las contiendas militares durante el período de las luchas por la independencia dependía de cómo el soldado se catalogaba o era catalogado, a qué cuerpos militares pertenecería, e incluso el tipo de trabajo que ejecutaría durante las luchas (desde pertenecer a la caballería y usar armas de fuego, hasta cocinar para la tropa o llevar sobre sus hombros las piezas de artillería). Ciertamente, el trato recibido durante la contienda también influiría en su destino post-bélico, el eventual acceso a la libertad para él y su familia, y también la intensidad de un sentimiento de pertenencia a un lugar y un destino común. Todo ello, en un momento histórico en el que para la gran mayoría residente en territorio colonial palabras como Estado-nación o patria no tenían un referente real.

Si observamos las experiencias vividas en el espacio hispanoamericano, notamos que hubo experiencias regionales altamente diferenciadas, tanto en términos de las percepciones vigentes, como en términos de las percepciones construidas durante el proceso independentista, justamente como resultado de la manera en que en cada lugar había evolucionado el "sistema esclavista". Y tales experiencias fueron tanto individuales como colectivas. El propio proceso de mestizaje, el mecanismo oficialmente instituido de la limpieza de sangre "comprada" (las gracias al sacar), así como la permeabilidad del sistema esclavista (la existencia de jornales y la posibilidad de autocompra, sobre todo en el contexto de la esclavitud urbana) describen procesos sociales de gran envergadura que solo parcialmente estuvieron y pudieron ser controlados por los amos, el Estado colonial y la Iglesia, y se dieron con mayor o menor intensidad a lo largo del territorio colonial.

Adicionalmente, la trata de esclavos o mejor dicho, el ritmo de la trata de esclavos, fue un marcador importante. La pregunta de qué grupo africano llegó de dónde y a dónde ha sido crecientemente reconocida como un marcador tanto de la identidad africana como de la capacidad de resistir (social y políticamente) más o menos efectivamente en el contexto esclavista hispanoamericano. A partir de la convergencia de lo ocurrido en las colonias (mestizaje, gracias al sacar, jornales, esclavitud urbana), y del ritmo de la trata de esclavos, surgen nuevas preguntas acerca de los orígenes y el devenir de las opciones políticas posibles en el contexto de las luchas por la independencia, así como nuevas preguntas en cuanto a la posibilidad y la viabilidad de la participación política de la población negra y esclava. ¿Qué fue, a fin de cuentas, un elemento "político" más aglutinador, el origen común africano, el origen africano más reciente, las experiencias sociales históricamente acumuladas en las colonias, el reconocerse como "negros", o la convergencia ocasional de todo lo anterior?

Responder a estos interrogantes es, por decir lo menos, una nueva tesis doctoral. Sin embargo, me atrevería (basándome en indagaciones anteriores) a sugerir que los soldados del rey fueron, sobre todo, los más recientemente llegados "súbditos" del África, mientras que los que reconocieron "la libertad" y "la ciudadanía" como ideas interesantes y defendibles fueron aquellos esclavos y negros libres que habían tenido experiencias de artesanos, de cofrades, incluso experiencias gremiales, y eventualmente habían convivido largo tiempo como sirvientes domésticos con amos que durante la cena y en sus dormitorios habían comenzado a murmurar el ideario liberal.

Desde los inicios de la trata de esclavos destinados a las Américas, las poblaciones negras africanas tuvieron un lugar muy particular en el andamiaje ideológico, filosófico y social en las metrópolis y en las colonias. Antes de ser embarcados a América, los nuevos esclavos debían ser bautizados y mínimamente haber sido expuestos a una (usualmente) superficial catequización. Si bien no todos los grupos sociales africanos eran musulmanes, incluso quienes no lo eran, eran considerados paganos, razón por la cual el papado admitió la esclavización de estos paganos porque el objetivo último sería su conversión al cristianismo y la salvación de sus almas. Sin embargo, desde muy temprano, Portugal, de donde provenían los mayores comerciantes esclavistas, prohibió esclavizar a aquellos individuos que eran reconocidos como vasallos de un rey africano, más si era un rey convertido al cristianismo. Los que eran esclavos estaban definidos como pertenecientes a "Estados acéfalos". Una vez convertidos en esclavos, estos hombres, mujeres y niños africanos debían reconocer a un nuevo señor, o ser vasallos de un nuevo rey, y este vasallaje lo llevaban impreso en sus cuerpos, con las marcas respectivas del nuevo señor. Es decir, la lealtad a un rey les fue impuesta con un hierro candente, en África, en Sao Tome y en las Américas.

Empero, la posibilidad de ser vasallos y además cristianos estaba atravesada por su condición de esclavos. Servían a un señor antes de ser vasallos del rey, y su inclusión en la fe católica estaba en manos de señores y no de curas. El razonamiento así esbozado dejaba de lado el voluntarismo tan caro al pensamiento legal vigente. Después de todo, los esclavos no eran esclavos, ni vasallos, ni católicos por su propia iniciativa o decisión. Consecuentemente, la población negra tuvo que negociar su inclusión en el paisaje social colonial a título individual y casi siempre como caso excepcional desmarcando su origen (Ciriaco de Urtecho), y definiéndose como "merecedora" en el marco de los códigos coloniales vigentes. Si bien es cierto que la aglomeración de casos excepcionales puede ser leída como "tendencia" más generalizada, en términos del reconocimiento del potencial político de esta tendencia, la reivindicación fue y siguió siendo en el marco de las luchas independentistas, y más allá, fundamentalmente individual, a pesar de la retórica oficial en contra.

La posibilidad de "negociarse como grupo" frente a la sociedad y el Estado colonial era solo posible justamente acentuando la diferencia racial, volviéndose más negro. Esclavos y ex esclavos podían reunirse (y eran reunidos) ya sea como soldados (milicias de pardos y mulatos) o como artesanos y proveedores de servicios (gremio de carpinteros, o gremio de aguadores), o como cofrades (cofradías). Es a través de estas formas organizativas (cuerpos militares, gremios, cofradías), que esclavos y ex esclavos podían colectivamente negociar su incorporación a la sociedad colonial. Para incluirse y ser incluidos a la vez que reclamar su pertenencia tuvieron que acentuar el ser negros. Fue a nombre de su ser negro que pudieron negociar los privilegios del fuero que los podía eximir del pago de tributos y otorgarles inmunidad en los fueros civiles. A tal punto estuvo divulgada la asociación entre lo negro y las ventajas derivadas de serlo, que el entorno social llegó a pensar que todos los negros y sus descendientes gozaban de las mismas prerrogativas que los milicianos (Vinson, 2001), los artesanos o los cofrades.

Una parte importante de los argumentos vertidos en estas negociaciones tenía que ver con la reiteración y exaltación de su lealtad y buenos servicios al poder establecido, es decir, las demostraciones del buen vasallo y del buen católico. Como individuos agregados bajo una definición racial reconocible y explícita no solo se solidifica la pertenencia (identidad) a un grupo, sino que esta identidad se transfería en términos ocupacionales y raciales a todo aquel del mismo color o la misma ocupación, tanto en términos de autopercepción como de percepciones colectivas. Así, mientras que en el caso de sor Juana y sor Antoinette (como individuas descritas por Jaffari) lo racial tiende a desaparecer y a ser reemplazado por la belleza del alma y la alta moral, en el caso de los soldados, artesanos y cofrades, lo racial sale a relucir y se afirma la pertenencia a un grupo racial definido como negro[1].

---

[1] Aqui es interesante resaltar que alrededor de fines del siglo XIX y comienzos del siglo XX, en pleno apogeo de Jim Crow, el ejército norteamericano enviaba dos "colored divisions" (n.os 92 y 93) a Europa.

Paradójicamente, fue lo "más negro" —y no el individuo negro (buen vasallo, buen católico), y justamente la capacidad de negociar organizadamente— lo que hizo posible el temor a "lo negro". Las percepciones sobre el peligro de "lo negro" dejaron de lado lo que fue el conjunto de las diferenciadas experiencias cotidianas compartidas entre indios, negros, mestizos y blancos.

Fue sobre todo a partir de la masificacion de la trata de esclavos desde el siglo XVII, y más aun a lo largo del siglo XVIII, que la población negra en su conjunto fue vista como una amenaza para la población no negra, particularmente en áreas donde la cantidad de población negra excedía el número de individuos no negros (Caribe, noreste de Brasil). Un componente importante de estos temores fue el hecho de que los pobladores negros en la colonia no eran considerados "nativos" del lugar, a diferencia de las poblaciones indígenas. Por esta razón, el jucio corriente que se forjó al ritmo del aumento de la trata de esclavos era que negros y esclavos tenían pocas razones para cuidar y defender el lugar de su forzada residencia o a quien controlaba ese mismo lugar de residencia (rey). Este tipo de argumento solo es posible cuando "lo negro" se colectiviza y se "olvida" que muchos negros habían visto nacer a sus bisnietos, nietos e hijos en Caracas, Bogotá, Lima, Guayaquil... Abundan en la documentación existente los clamores en torno al carácter esencialmente hostil y traicionero de negros y mulatos justamente como resultado de su supuesta alineación territorial[2]. Fueron constantes, además, los temores albergados y fantaseados sobre un posible alzamiento de negros y esclavos. Las fortalezas de los puertos permanentemente vigilaban la eventual llegada de un rey africano que amotinara a los esclavos. Seguramente estos vigilantes duplicaron sus miradas hacia el mar después de la revolución haitiana de 1792, momento a partir del cual no solo se buscaba con largavistas a un posible rey africano, sino también las noticias sobre los éxitos logrados en Haití que, a pesar de toda la vigilancia, corrieron por el continente, paralelamente a los cambios producidos por la Revolución francesa. Temores acumulados durante largo tiempo, y reforzados hacia fines del siglo XVIII, generaron una cultura de terror, que afectó la manera como se trataba a los esclavos y a la población negra en general. Es más, esta ideología del miedo vino acompañada de reiterados intentos de controlar y organizar mejor a las milicias, los gremios y las cofradías (García-Bryce, 2004).

Mientras los franceses condecoraban a los soldados negros, el gobierno y los militares norteamericanos hicieron todo lo posible por desalentar este homenaje a los soldados negros del ejército norteamericano. Lo que fue una realidad colonial, todavía lo era un siglo mas tarde en los Estados Unidos. Peor aún, los soldados negros norteamericanos fueron a luchar por la democracia que les era negada en su propia casa.

[2] Es cierto, sin duda, que las poblaciones indígenas merecieron acusaciones similares, pero difícilmente —en el caso indígena— podía relacionarse el argumento ideológico con el argumento material. Los indígenas trabajaban sus tierras, los negros (con algunas excepciones) no poseían tierras.

Los cambios descritos no solo afectaron de manera directa a la población negra, sino que también tuvieron repercusiones sobre lo que personas no negras pensaban sobre sí mismas y sobre quienes eran diferentes. En las mentes de estas personas, existía un estado de alerta y zozobra permanente: la posible reversión del orden jerárquico establecido a través del cual los blancos (sobre todo las mujeres) estarían subordinados a los negros. La imagen de una monarquía africana con hombres negros con derechos económicos, políticos y patriarcales aterrorizó a más de una generación de esclavistas en muchas partes del continente. La existencia conocida de palenques (incluso de los no tan grandes como en Surinam y Brasil) que pocas veces pudieron ser combatidos por el poder virreinal dio un toque adicional a estos miedos porque eran evidencia de la capacidad de acción, organización y resistencia de los pobladores negros. Es más, en los casos de Surinam y Brasil, se trataba de poblaciones que representaban un cuestionamiento y un reto al orden colonial establecido.

En su conjunto, estas visiones dicotómicas de las relaciones negros-no negros perpetuadas por el poder colonial ofuscan más de lo que explican, en parte porque reducen el universo de percepciones mutuas en muchos ámbitos de la vida colonial, y en parte porque no admiten el reconocimiento de las interacciones posibles y reales entre varios segmentos de la sociedad colonial. Existen muchos espacios de la vida real que hubieran servido a los contemporáneos para enderezar o incluso corregir sus opiniones sobre sus esclavos y la población negra en general, reemplazando lo ideológicamente construido por una mirada histórica. ¿Acaso no era cierto que señoras de la nobleza prestaban sus joyas a una esclava elegida como reina de una cofradía? ¿O que un ama dotaba a su esclava para que pudiera casarse? ¿O que esclavos podían cambiar de amo presentando un caso de redhibitoria? ¿O que un número considerable de esclavos compraba su propia libertad? Es más, al igual que la existencia de temores estuvo reforzada por el afianzamiento de milicias, cofradías y gremios, también es cierto que paralelamente el "ser soldado", el "ser artesano" o el "ser cofrade" fueron ocupaciones que ganaron "prestigio" a pesar de ser ejercidas por negros y castas, en un contexto en que crecientemente sus servicios se hicieron más necesarios. Más de una vez, los habitantes coloniales observaron la conversión de palenques en pueblos por obra del Estado colonial, muchas veces después de reiteradas derrotas militares de las fuerzas reales. Mientras que generalmente se ha asumido temores blancos frente a la "hechicería y magia" negra, hemos visto muchas instancias en las que los blancos, más que temer, aprendían y se incorporaban[3].

En parte como resultado de esta visión "más real" de la vida colonial, estudios más recientes han ayudado a rellenar una laguna de nuestro saber histórico importante: la

---

[3] Un ejemplo muchas veces citado es el presidente argentino Rosas, quien con su familia participaba regularmente en los *candombles* afro argentinos.

multiplicidad de relaciones entre los grupos subalternos, en contraste con la simple dicotomía blanco-negro o negro-blanco, además de reconocer que dentro de lo blanco y lo negro hay una gran variedad de relaciones posibles entre los diferentes subgrupos. Se han analizado instancias en las que soldados negros e indios luchaban juntos, a la vez que unos contra otros; otras veces ser indio era una forma de escapar de ser negro; en otras trabajaban en el mismo lugar e incluso se casaban entre ellos, y hasta se inventaron nuevas categorías como "rojos" (Restall, 2005). En la misma línea de reflexión, hoy tenemos una idea más clara de cómo diferentes instancias judiciales, de acuerdo con su proximidad a las experiencias históricas vividas, veían el accionar negro de manera diferenciada. Los jueces más cercanos a la vida de la población negra con mayores niveles de interacción tendieron a suavizar los castigos a esclavos supuestamente revoltosos; los jueces en las cortes superiores y más lejanos respondían más a la imagen de miedo generada que a un conocimiento de las relaciones de la población negra, y tendían a imponer castigos drásticos (Rodríguez, 2007: 87). Es más, la ejemplaridad del castigo impuesto, en este caso por la Audiencia de Santa Fe, desarticuló las relaciones entre amos y esclavos a nivel local (en Cartago), lugar en el que (al igual que en La Habana) incluso se permitían los cabildos de esclavos. Era la mano fuerte (central) que imponía su visión a nivel de la localidad.

La pregunta que surge de este recuento es ¿cuál de las opiniones-opciones fue la que se cristalizó en el marco de las luchas independentistas y por qué? ¿Cuál sería la opinión y las decisiones tomadas para incluir o no a las poblaciones negras? Dependería, en esencia, de quién era y qué experiencias tenía con relación a la población negra. Solo así, podemos entender los múltiples vaivenes del accionar político en relación con la población negra durante las luchas independentistas.

Fue sobre este trasfondo de las experiencias reales e ideológicas vividas que, en los albores de las luchas independentistas, las poblaciones criollas paulatinamente pudieron cristalizar su propia identidad con el nuevo mundo, primero a través del debate urgido en torno a la Constitución de Cádiz desde la invasión napoleónica a la península ibérica, y luego durante la lucha armada. Parte del reconocimiento de esta identidad implicaba repensar la relación y las vías de inclusión de personas indígenas, negras, mestizas y de castas (Schwartz, 1987; Canizares-Esguerra, 2007), es decir refinar los mecanismos de inclusión o exclusión en un paisaje social crecientemente difuso. Las fórmulas de inclusión o exclusión incluían lo moral (buen comportamiento), lo material (ingresos), y lo institucional (organizaciones).

Los soldados negros del rey

Parafraseando el reciente libro de María Elena Díaz sobre los mineros del cobre en Cuba, en esta segunda parte de mis reflexiones quisiera incluir algunas ideas sobre el significado de ser y sentirse como soldado del rey. Ser soldado del rey era recorrer la misma vía de lealtades que los mineros cubanos, buscando un contacto directo con la máxima autoridad política y escabullendo, por tanto, la intermediación del "señor"; era la transformación de esclavo a vasallo, por iniciativa de los esclavos-vasallos.

Desde los albores del proceso de conquista y los primeros intentos de organizar las instituciones militares hasta fines del siglo XVIII, la Corona española se esmeró por mantener a un ejército de españoles, simplemente porque tenía escasa confianza en fuerzas militares criollas (de cualquier color que fuesen). Sin embargo, en el transcurso del tiempo, los cuerpos militares adquirieron crecientemente las características de lo que vino a llamarse el Ejército de América, y cuyo embrión fueron las compañías de presidio, en cuyas filas fueron enlistados soldados españoles y profesionales pagados. Era un ejército formado por "consulta" que autorizaba a un capitán a reunir gente en la península, y comprendía de 120 a 160 hombres (Marchena, 1983: 60). A medida que el número de plazas se multiplicaba y se requería de una mayor cantidad de individuos permanentemente enlistados, se hizo más necesaria la leva local, primero de manera provisional, luego de forma institucionalizada. Semejante tendencia vino acompañada de reiteradas reales órdenes (1643, 1648, 1649, 1652, 1654, Felipe V) que prohibían la leva de soldados mulatos, mestizos, morenos.

En 1753, se estableció el reglamento para la plaza del Real Felipe del Callao, y se creó un batallón de siete compañías y una escuadra de artillería, cuyo situado anual era de 123.408 pesos anuales en el Callao. Después de Panamá, Veracruz, Santo Domingo, y La Habana, el situado del Callao era uno de los más elevados de todas las plazas reglamentadas entre 1719 y 1799.

Con el visitador José de Gálvez en la década de 1780 cambia la imagen del soldado no blanco, paralelamente a la imagen del artesano y el cofrade. En 1784, Anastasio Cejudo, el encargado de reorganizar las tropas en el Virreinato de Santa Fe, escribía a Gálvez:

> [...] se ha producido un nuevo arreglo propuesto por el virrey y aprobado por s.m. Ahora se hace la recluta en Indias, nada inferior en talla, color, y robustez a la de España, de fácil conducción y corto costo (citado en Marchena, 1983: 62).

En algunos lugares de América, habían élites militares que, a pesar de los cambios introducidos de manera cada vez más rápida a partir de la derrota española en La Habana en 1762, lograron retener las posiciones de mando, e incluso explícitamente se postulaban a los altos cargos militares, muchas veces a pesar de tener —como se señalaba en los pliegos— la salud "quebrantada".

Hacia fines del siglo XVIII, salvo algunos altos cargos de oficiales, el ejército era criollo, lo que llevó a la creación de ejércitos "nacionales" entre 1810 y 1815, a pesar de que, intermitentemente, en las décadas precedentes España en más de una ocasión tuvo que enviar un "ejército de refuerzo" compuesto por peninsulares para defender una plaza, sobre todo, de los ataques británicos[4]. Estos cambios alentaron las subdivisiones nacionales que continuarían perfilándose a lo largo del siglo XIX. La organización militar tuvo mucho que ver con el proceso de formación de los nuevos Estados nacionales, así como también el hecho de que en América Latina nunca se estableció un Estado mayor que integrara política y militarmente a todos los Estados menores. El rol "integrador" lo cumplió Madrid, la Junta de Guerra y la Secretaría de Indias, y lo hizo más en términos administrativos que militares. Las nuevas repúblicas nacieron desde las experiencias militares sub-regionales, y los oficiales y jefes del Estado Mayor de la plaza fueron los de más prestigio dentro de la organización militar indiana al ostentar poderes políticos y poderes militares (usualmente también económicos).

A la vez que el ejército fue cada vez más americano, la estructura militar se hizo más rígida. En el transcurso del siglo XVIII, se estableció el escalafón de grados y empleos militares que delimitaba y claramente definía la cadena de mando y las responsabilidades, lo que condujo a evitar pleitos y roces jurisdiccionales como los precedentes. Por otro lado, sin embargo, el aumento de las milicias hizo menos rígida la organización militar en conjunto, a la vez que —hacia adentro de los cuerpos militares— se crearon batallones y milicias, definidos por el rol de las armas, el origen geográfico y el color de la piel.

Para crear las nuevas milicias, un oficial del ejército regular viajaba a las villas y pueblos, empadronaba y clasificaba a los habitantes del lugar como "blancos", pardos, indios, todos los colores (!), morenos o negros; hablaba con hacendados y comerciantes y les ofrecía los cargos de oficiales. Incluso se crearon "milicias de nobles" y regimientos y milicias del rey. Todos los cargos se ejercían sin sueldo. A cambio de su participación se les otorgó el fuero militar (exenciones y beneficios). En cuanto a los soldados, hasta comienzos del siglo XIX, hubo un reclutamiento forzado de todos los hombres entre los 16 y los 45 años, que solo eran llamados en caso de emergencia, y a quienes únicamente se les pagaba cuando entraban en acción. Ninguno de estos cuerpos militares recibió mucho entrenamiento. Algunas veces, los cuerpos milicianos fueron organizados desde los gremios de artesanos.

Otro factor que determinó la participación negra en las aventuras militares americanas fue la inmovilidad del ejército de América (y las milicias). Del total de los criollos enlistados, en 1800 el 65,7% había nacido, trabajaba y vivía en la misma plaza. Este porcentaje aumenta a 71,3 si se promedia este indicador para las décadas comprendidas entre 1740 y 1800 (Marchena, 1983: 120). La típica táctica de "sitio" que esta inmovi-

---

[4] Una plaza grande en América típicamente albergaba de 1.000 a 1.500 soldados, que era largamente insuficiente para defender un ataque de la escuadra inglesa, como sucedió en 1741 en Cartagena de Indias cuando desembarcaron 15.000 soldados británicos.

lidad reflejaba también obligaba a un estado de alerta permanente ante el más mínimo rumor de un posible ataque. Dadas las distancias y la falta de recursos, esta situación muchas veces llevó al tácito abandono de la plaza aun cuando finalmente un ataque no se materializaba. El centro de las acciones bélicas estuvo en el Caribe, mientras que la mayoría de las otras unidades tuvieron poca o ninguna actividad militar. Por razones obvias, el ejército de refuerzo tuvo experiencias militares mucho más concentradas y mayores que el propio ejército de dotación.

El ejército realista, mayormente formado por criollos, en la batalla de Carabobo contaba con 10.835 soldados y oficiales, de los cuales, 134 eran oficiales españoles, 3.471 eran soldados españoles, 843 eran soldados criollos blancos, 1.000 eran indios, y nada menos que 5.397 eran soldados "pardos", es decir cerca del 50% (Marchena, 1983: 305-306). El ejército de dotación, de acuerdo con un muestreo realizado por Marchena (1983: 309), contaba con un 52% de "oficios del campo" (labradores, jornaleros, pastores, etc.); un 11% de "oficios artesanos" (zapateros, carpinteros, sastres, etc.); un 30% caracterizado como "sin oficio", y el porcentaje remanente se repartía entre "oficios de servicio" (sirvientes, barberos, peluqueros, etc., con un 5%) y "otros oficios" (estudiantes, músicos, escribientes, etc., con un aproximado 2%). En vista de que la mayoría de las fortificaciones estaban ubicadas en las ciudades-puertos, en las que se concentraba la población artesana, básicamente negra y de castas, a veces libre, a veces esclava, y de que en la muestra recogida por Marchena cerca de un 25% de la tropa estaba conformado por mulatos, es de suponer que una gran mayoría de los artesanos registrados pertenecían a la categoría de "mulatos".

Es decir, desde antes del inicio de las guerras por la independencia, muchos de los pobladores negros y sus descendientes ya habían vivido una suerte de vida militar en las fortificaciones que hacia fines del siglo XVIII fueron expandiéndose y creciendo masivamente, así como a través de la formación de las milicias. Del lado patriota, la participación negra no fue menor, aunque fue bastante más espontánea, es decir, con menos antecedentes y menos entrenamiento (tanto militar como ideológico).

Los soldados esclavos de los amos

De acuerdo con Peter Blanchard (2008), entre 1807 y 1825, miles de esclavos se encontraban en los campos de batalla, en la movilización de esclavos negros para fines militares más vasta de todo el período colonial, abarcando los tres virreinatos del sur de América. Hasta que aparecieron los trabajos de Reid Andrews (1980, 2004), Nuria Sales de Bohiga (1974), Peter Voelz (1993), y más recientemente el mencionado libro de Blanchard (2008), esta masiva participación en las luchas independentistas estuvo opacada por ocasionales historias heroicas particulares de algunos negros esclavos ("el negro Falucho", pintura de la batalla de Chacabuco). Convenientemente al incrementarse las acciones militares, todas las preocupaciones y temores frente a un levantamiento negro se fueron diluyendo, o por lo menos fueron minimizados. Su participación en las luchas excedía por mucho su peso demográfico en el total de la población sudamericana[5]. Es cierto también que la cantidad de soldados en general era bastante menor que —comparativamente en las mismas fechas— en Europa[6]. Ello aumentaba su peso relativo en las tropas, inicialmente sobre todo en las tropas realistas, y luego en las tropas patriotas.

Desde 1789, se abrió la trata de esclavos a todas las naciones, y se llegó a importar desde entonces a un aproximado 20% de todos los esclavos importados durante el período colonial[7]. El número total de esclavos en el continente hispano-sudamericano en los albores de la independencia llegó aproximadamente a 250.000. De estos, dada la concentrada importación en las últimas décadas del siglo XVIII muchos aún recordaban lo que significaba vivir en una sociedad (libre) africana, pero en sí eran "bozales" bastante diferentes (tanto por origen como por su propio sentido histórico) a aquellos pobladores africanos importados en los primeros dos siglos de la era colonial.

Para sofocar las rebeliones en las colonias, España envió a un total de 41.000 soldados, un contingente largamente insuficiente para controlar un territorio colonial tan vasto. Además, los soldados (y oficiales) europeos no conocían el terreno. Los generales criollos pronto aprendieron a reconocer que los esclavos negros, si bien no podían ser considerados "veteranos de la guerra", tenían habilidades que favorecían a sus tropas, como era el simple hecho de que estaban al alcance de la mano, que había una cantidad suficiente y en la edad buscada, y que además, muchos de ellos no habían olvidado sus capacidades bélicas traídas del África, incluyendo el uso de armas de fuego suministradas por comerciantes europeos. Ciertamente, como esclavos habían interiorizado otra característica esencial del "buen soldado", la disciplina. Frente a estas acrobacias mentales de autoconvencimiento, los reclutadores sabían que ofreciéndoles la libertad a cambio de su participación, no solo podían atraerlos a sus filas, sino eventualmente también crear un sentido de lealtad a la respectiva causa.

---

[5] En el Ecuador, el 30% de los soldados reclutados eran esclavos. Nuria Sales de Bohigas, *Sobre esclavos, reclutas y mercaderes de quintos*, Barcelona, Editorial Ariel, 1974.

[6] En la batalla de Waterloo, en 1815, participaron alrededor de 250.000 soldados; en la batalla de Boyacá, que selló el destino de Colombia, los tropas reales contaban con 2.700 hombres, y los patriotas con 2.800; en la batalla de Ayacucho que concluyó las luchas por la independencia en el continente, los patriotas contaron con 6.000 soldados y los realistas con 9.300.

[7] Se ha estimado que por Buenos Aires ingresaron 45.000 esclavos entre 1750 y 1810; otros 15.000 entraron por Montevideo después de 1770; al Perú ingresaron unos 1.000 esclavos anualmente entre 1799 y 1810 procedentes de Chile y Argentina; a Venezuela llegaron legal e ilegalmente más de 26.000 esclavos después de 1770.

Y, efectivamente, muchos esclavos respondieron al llamado: algunos huyeron de las plantaciones y casas de sus amos, otros de hecho asumieron que eran libres al integrarse a uno de los batallones, otros optaron por rebelarse, otros iniciaron negociaciones con sus superiores para lograr ventajas (incluyendo la manumisión) de miembros familiares que habían dejado atrás. Como señala Blanchard (2008: 5): "el demonio de la guerra ayudó a socavar el demonio de la esclavitud".

Sin embargo, sería equivocado pensar que siempre era el esclavo quien decidía alistarse en las filas militares para conseguir su libertad. De por medio estaba el amo, que muchas veces solicitaba compensaciones pecuniarias presentes y futuras a cambio de "prestar" a su esclavo para una determinada campaña o por un período determinado para el servicio militar. Ello fue la base de la "confusión" que más adelante haría posible denegar la libertad inicialmente prometida en nombre de la protección a la propiedad privada (incluyendo a los esclavos). La lucha por la independencia estuvo lejos de cristalizar las implicancias sociales de la libertad y se quedó fundamentalmente en el ámbito de las libertades económicas. Ello no excluyó el hecho de que la esclavitud fuera atacada por algunos sectores sociales más "ilustrados".

Parafraseando a Blanchard, cabría agregar que las reacciones a las maldades esclavistas terminaron asustando a los beneficiarios de la guerra: los amos. Y ello llevó al reafianzamiento del control, al apoyo a hacendados y propietarios de plantaciones, y a la continuada lucha por la libertad por parte de los esclavos, que fue probablemente la razón más importante por la cual los esclavos estuvieron en ambas tiendas de la contienda independentista.

Para los habitantes coloniales, el "Rey" era parte insustituible de la red pública y, por tanto, parte de un discurso legible. Todo lo demás (conceptos como "independencia", "autogobierno", "república", "nación", "libertad") era ajeno a la mayoría de los pobladores en Hispanoamérica; se aprendió a través de la experiencia en la contienda, y el aprendizaje fue, por decir lo menos, colorido, contradictorio, fluido, y con variaciones locales acentuadas.

En los albores de la independencia, y particularmente en el Virreinato de Nueva Granada y la Capitanía General de Venezuela, la participación esclava fue decisiva para mantener la supremacía realista. Sucesos en la ciudad de Quito fueron, empero, tal vez el primer momento que deshizo la lealtad esclava hacia la causa realista. En agosto de 1809, los aristocráticos criollos quiteños establecieron —a imitación de España— una junta, que proclamaba su lealtad a la Corona española. El virrey Abascal, desde Lima, envió sus tropas a Quito; la junta quiteña renunció. El ejército de Lima encarceló y ejecutó a los líderes de la junta. Parte importante de las tropas de Lima que participó en la represión fue un batallón de pardos; un batallón que participó en la masacre de los líderes y luego en el saqueo de la ciudad el 2 de agosto de 1810. Como resultado del saqueo, el batallón de pardos fue "retirado" de la ciudad tres días más tarde y reemplazado por unidades militares compuestas de voluntarios negros locales para mantener el "orden monárquico". Paralelamente, en la ciudad de Bogotá, en julio de 1810, los criollos citadinos depusieron al virrey y establecieron la "República de Cundinamarca". La intranquilidad rápidamente se generalizó, y muchas ciudades y pueblos estuvieron menos que dispuestos a aceptar el liderazgo de Bogotá. En Cartagena, en particular, los pardos, mulatos y negros libres jugaron un rol protagónico en afirmar el autogobierno de la ciudad-puerto. Fueron ellos quienes respaldaron la declaración de independencia del nuevo régimen el 11 de noviembre de 1811.

En Caracas, los criollos establecieron una junta en abril de 1810. La junta se declaró leal al rey, pero tomó algunas medidas liberales, entre ellas, una ley que abolía la trata de esclavos. Entre los más radicales de la Junta de Caracas estaban Simón Bolívar, que buscaba abiertamente la separación de España, y Francisco de Miranda. Gradualmente las voces más radicales fueron aumentando, y en julio de 1811 se declaró la primera república. El radicalismo que terminó imponiéndose no incluía cambios en las relaciones raciales. Todo lo contrario, las tensiones fueron aumentando. Mientras por un lado llegaban noticias de los sucesos de Quito que provocaron un alzamiento entre la población negra y parda de Caracas (octubre de 1810), por el otro lado, los líderes de la junta después de declarar la independencia invocaron el apoyo de los pobladores caraqueños para enfrentar la probable represalia por parte de las fuerzas realistas. Empero, seguidamente reforzaron la organización racial de las milicias, y pusieron a oficiales blancos al frente de los batallones negros. Así mismo, la junta ordenó que los esclavos se mantuvieran en poder de sus amos. Como consecuencia, muchos pardos se opusieron a la república, y algunos llegaron a expresar odio contra los líderes criollos.

Sobre todo en el Virreinato de Nueva Granada, entre 1809 y 1815, las acciones de los pobladores negros fueron incrementando las filas monárquicas, a la vez que radicalizando su participación en las luchas. "La lucha a muerte" y "la revolución de los negros" fueron expresiones usadas por Simón Bolívar, y ciertamente indicaban menos la confrontación entre criollos y peninsulares que la confrontación con la población negra dentro del territorio colonial. Tal vez el punto culminante estuvo en las varias incursiones militares perpetradas por José Tomas Boves y "sus" llaneros. Las acciones descritas escandalizaron a los propios realistas, forzados a reconocer que acciones como las de Boves largamente excedían un estilo de guerra que ellos podrían aceptar. Las fuerzas de Boves fueron desmanteladas por el propio ejército realista, Boves murió en la batalla que derrocó a la segunda república, se desarmó y despidió a muchos de los pardos del ejército establecido, y a quienes se quedaron en las filas del ejército se les redujo sus rangos. Únicamente a los esclavos que se pasaban de las filas patriotas eventualmente obtuvieron el reconocimiento de su libertad; para los esclavos que ya militaban en las filas realistas no había dinero con el cual pagar el precio de su libertad a los amos. Un decreto real que anunciaba la posibilidad de acceder a la ciudadanía (ya no se hablaba de vasallos) española por haber defendido la causa real (abril de 1815), siempre y cuando pudieran presentar una constancia de haber servido y el tiempo servido, firmada por el respectivo comandante, estuvo seguida de 3.000 solicitudes pidiendo la ciudadanía española (Blanchard, 2008: 30-31). Hay evidencias de que efectivamente en algunos casos, la promesa se hizo realidad. A pesar de que el cabildo caraqueño reclamaba y aducía que tales acciones ponían en peligro la tranquilidad pública, el propio Consejo de Indias (en 1818) respondía que los reclamos eran injustificados, que el otorgamiento de la libertad estaba justificada y que los propietarios habían sido adecuadamente compensados.

A pesar de ello, la represión instalada por el recientemente llegado desde España general Morillo hizo que también se entibiara el apoyo de los pobladores negros a la causa realista, sobre todo entre aquellos que habían sido dados de alta después de haber sido parte del ejército regular. Poco a poco, después de las continuadas derrotas de los patriotas, incluso Bolívar y Miranda comenzaron a aceptar la presencia negra en sus tropas. Después de la caída de la segunda república, Bolívar tuvo que huir primero a Nueva Granada, y luego a Jamaica y Haití, en mayo de 1815; estando en Haití prometió al presidente Alexandre Pétion liberar a todos los esclavos en todos los territorios conquistados a cambio de los suministros y las armas entregadas por Pétion. Tales acuerdos, al igual que la propia revolución haitiana anteriormente, circularon rápidamente por el resto del espacio americano, y de hecho abrían la posibilidad de una mayor participación negra en las filas patriotas.

Los soldados artesanos esclavos

Otra fue la historia en el Río de la Plata. Después de 1810, más de 2.000 esclavos se unieron —oficial o no oficialmente— al ejército patriota, la mayoría de ellos de origen urbano, y por tanto, dedicados al servicio doméstico y a las labores artesanas de la ciudad. Rápidamente los pedidos de ser enlistados desde otras partes del territorio que más adelante fuera Argentina aumentaron, más allá de las propias expectativas de los criollos de Buenos Aires. Durante las batallas, estos esclavos —algunos reclutados por la fuerza, y algunos también donados por sus amos para la contienda— pronto se distinguieron por sus habilidades militares, a tal punto que cuando José de San Martín se disponía a cruzar los Andes hacia Chile, decidió convertir a los esclavos en la parte central de su tropa. El bastión realista era Montevideo, y muchos esclavos fueron reconocidos —incluyendo la concesión de su libertad— por las varias incursiones en las que participaron en la Banda Oriental.

Sin embargo, todo ello no significó una abierta veta abolicionista. Con una estrategia paulatina se evitó el enfrentamiento con los propietarios de esclavos y la conservación de la propiedad privada. A tal extremo, que algunos amos "donaban" los salarios ("jornales") que ellos no cobraban a cambio del trabajo de sus esclavos a la causa patriota. Lo que aparece como un gesto humanitario y pro patriotas, era muy obviamente una forma de asegurar la propiedad de los esclavos. Era, después de todo, una donación hasta ganar la batalla. Aun así, se declaró la libertad de vientres en Buenos Aires en 1813, dos años después de que Santiago hiciera lo mismo. Muchas veces, los amos eran inmediatamente compensados por la entrega de sus esclavos, o al menos se prometía un pago futuro. Se llegó a formar un batallón de esclavos, reclutando a esclavos de acuerdo con la ocupación que ejercían, y aduciendo que el reclutamiento de esclavos solo significaría un pequeño sacrificio para los amos. Según un decreto fechado el 31 de mayo de 1813 por la Asamblea Constituyente de Buenos Aires, los propietarios de esclavos domésticos perderían a uno de tres sirvientes; uno de cada cinco que trabajaran en una industria, una casa comercial o en panaderías; uno de cada ocho que trabajaban en la agricultura. Los esclavos así reclutados recibirían un pago de seis pesos mensuales, igual que todos los otros soldados.

Los desastres militares sufridos por las tropas de Belgrano en el Alto Perú llevaron al recrudecimiento de los esfuerzos de reclutamiento de esclavos, y se llegó a que únicamente los esclavos pertenecientes a las panaderías, a mujeres y a aquellos calificados de "pobres" se vieron exonerados, a la vez que se decretaba el reclutamiento de absolutamente todos los esclavos pertenecientes a realistas en las Provincias Unidas. Poco después, el decreto se hizo extensivo a todos ante lo que se pensaba iba a ser un eminente ataque de tropas españolas (10.000 hombres), que nunca se materializó.

Con la declaración de la independencia política de España en 1816, poco a poco el reclutamiento esclavo disminuyó, aunque se siguió reclutando en Mendoza en el curso de los preparativos para cruzar los Andes. Para San Martín, Mendoza fue el lugar elegido como la base de sus operaciones, lejos de las turbulencias políticas bonaerenses, un lugar en el que trabajaban unos 4.200 esclavos en el cultivo de frutales y la ganadería. San Martín buscaba reclutar unos 10.000 esclavos para su tropa, con 1.190 de Mendoza, San Juan y San Luís, 5.000 de la provincia de Buenos Aires, 2.600 de Córdoba, y 1.000 del resto del territorio argentino. Es más, Mendoza mantenía estrechas relaciones comerciales con Chile. Cuando fueron derrotadas las fuerzas patriotas en Chile en 1814, muchos patriotas llegaron a refugiarse a Mendoza, reforzando por tanto la presencia patriota en Mendoza (Blanchard, 2008: 59). Su llamado tuvo pocas respuestas, sin embargo. Incluso tuvo que abrir una fábrica local para producir el armamento que necesitaba.

Después de una histórica conversación con el supremo director del nuevo país, Juan Martín de Pueyrredón, donde se hizo vislumbrar la posibilidad de un proceso de manumisión, San Martín pudo convencer a los propietarios de Cuyo de entregar las dos terceras partes de sus esclavos a cambio de ser compensados más adelante. En esta segunda vuelta, los representantes locales aceptaron las condiciones unánimemente.

Hacia fines de 1816, San Martín emprendía la larga trayectoria a Chile; contaba con 4.000 soldados y 1.000 auxiliares, incluyendo a 1.554 ex esclavos, quienes conjuntamente con libertos y milicianos, ascendían a más de la mitad del ejército libertador.

Los soldados negros esclavos de Bolívar y San Martín

Después de su exilio en Haití, Bolívar estuvo crecientemente convencido de que si alguna vez su empresa podría ser exitosa, ello involucraba tomar una actitud más firme de convencimiento para que las poblaciones locales, incluyendo a los esclavos, se unieran a sus fuerzas. Comenzó a convencerse de que la esclavitud no era compatible con la idea de crear una república libre, pero no por ello dejó de poseer esclavos. Bolívar ganó mucho gracias al desprestigio que fue rodeando la reconquista por las tropas realistas, y poco a poco pudo saborear victorias en los campos de batalla, y ver a más esclavos que se unían a sus filas a cambio del ofrecimiento de libertad, a la par con el hecho de que los amos realistas crecientemente abandonaron sus tierras de cultivo y sus menesteres urbanos. Como jefe supremo de la república y capitán general de los ejércitos de Venezuela y Nueva Granada, Bolívar, desde la isla Margarita (23 de mayo, 1816) declaraba que a partir de ese momento solo habría una clase de hombres (presumiblemente también mujeres) en Venezuela: ciudadanos. Pero antes, todos los hombres comprendidos entre los 14 y los 60 años tenían que defender sus "sagrados derechos". Y, en caso de resistirse a defender su libertad, quedarían sujetos a esclavitud, ellos, sus padres e hijos.

El lado realista estaba perdiendo rápidamente el terreno, tanto es así que hacia fines de 1818, el propio rey autorizó la formación de un batallón de 1.000 esclavos bajo el mando de Morillo, y en oposición a las protestas de la Audiencia de Caracas. Esclavos agregados a las filas realistas eran esclavos-soldados perdidos para la causa patriota. La consecuencia fue una competencia entre ambos ejércitos por incorporar a más y más esclavos, a la par que los casos de deserción asustaron a ambos líderes. Bolívar, cuando fue derrotado en Ocumare, había perdido a 200 soldados, y adicionalmente 500 de sus hombres —todos reclutados en la costa— habían desertado. Como consecuencia, se recrudecieron las medidas de reclutamiento. Bolívar amenazó con ejecutar in situ a todo aquel que no se enlistara, o a quien escondiera a un esclavo.

Dentro de las filas patriotas, un incidente llamativo señalaba que la población negra iba desarrollando su propia agenda en esta contienda. El general mulato Manuel Piar, en 1817, con el probable apoyo de Pétion desconocía el mando supremo de Bolívar, y proclamaba crear un movimiento separatista autónomo en Guayana que serviría como plataforma para establecer varias repúblicas negras en el Caribe. Bolívar mandó apresar a Piar. Sometido a juicio fue declarado culpable y fue fusilado el 16 de octubre de 1817. Para Bolívar la abolición (individual) de la esclavitud (y no la esclavitud per se) fue un mecanismo para lograr la independencia.

En agosto de 1819, Bolívar cruzaba los Andes y se enrumbaba a Bogotá, y derrotaba a las tropas realistas de manera definitiva en Boyacá el 7 de agosto del mismo año. Acto seguido exigió que de cada una de las provincias liberadas en Nueva Granada, se le remitieran 1.000 esclavos, particularmente de las provincias de Antioquia y Chocó. De Popayán exigió 2.000. Sus exigencias continuaron en aumento hasta incluir a todos los esclavos, especialmente los más fuertes y mejor acostumbrados a los climas costeños existentes en los territorios de sus próximas incursiones, Ecuador y Perú (Blanchard, 2008: 74). Lo que Bolívar pensaba de sus soldados esclavos está resumido en una pregunta que él mismo no hizo esfuerzo en ocultar: "¿No sería útil que ellos consigan sus derechos en los campos de batalla y de que la peligrosa cantidad de ellos se disminuya a través de un método necesario y legítimo?" (citado en Blanchard, 2008: 76). A pesar de esta fatídica pregunta, una vez ganada la batalla de Carabobo (24 de junio, 1821) y después de la primera reunión de delegados en Cúcuta (21 de julio, 1821), el propio Bolívar autorizó la libertad de los últimos seis esclavos que había en su hacienda de San Mateo.

Con más soldados-esclavos reclutados y soldados-esclavos voluntarios incorporados a su tropa después de la victoria en Pichincha (24 de mayo, 1822), Bolívar se alistaba para un encuentro con San Martín, quien desde el sur había comprometido a las fuerzas realistas, pero estaba aún lejos de derrotarlas.

Los esclavos-soldados en tierras de nadie

Cuando ambos ejércitos se disponían para enrumbarse en la recta final de las luchas por la independencia, el reclutamiento de esclavos para engrosar las filas del ejército persistía como meta, en parte para evitar que fueran reclutados por las fuerzas contrarias, pero sin la vehemencia con la que habían sido reclutados anteriormente en Venezuela, Colombia y Argentina. Santiago de Chile fue el primer lugar en el que se abolió la trata de esclavos y se introdujo la libertad de vientres (15 de octubre, 1811). Apenas aprobadas estas leyes, 300 esclavos armados de cuchillos marcharon por las calles de Santiago demandando su libertad y ofreciendo defender "el sistema de la patria" (Blanchard, 2008: 87). En Chile, la mayoría de los pocos esclavos existentes estaban atareados en el servicio doméstico y en actividades artesanales. San Martín tuvo que pedir renovados refuerzos del Río de la Plata, para completar el número de soldados que él creía eran necesarios para embarcarse al Perú. Hacia finales de agosto de 1820, San Martín se embarcaba hacia el norte con unos 4.500 hombres, de los cuales alrededor de la mitad eran esclavos manumitidos (Sales de Bohigas, citada en Blanchard, 2008: 92).

El Perú, el baluarte de la causa realista, contaba con una masiva presencia de tropas regulares de España, además de 40.000 soldados y oficiales locales. El gobierno virreinal de Lima no tomó ninguna medida antiesclavista. Todo lo contrario, los precios de los esclavos aumentaron, se pusieron trabas al proceso de automanumisión, e incluso se alentó la traída de esclavos de lugares del continente que aún permanecían bajo la égida realista. Paralelamente se dieron alas a las historias de insurgencia negra (e indígena), que en realidad tenían poco sustento ya que una buena mayoría de esclavos permanecían fieles al rey en los cuerpos militares creados mucho antes. A todos los contemporáneos les constaba que las milicias negras del Perú habían ayudado a sofocar los primeros brotes independentistas tanto en Ecuador como en el Alto Perú. En 1818, el propio virrey aseguraba que las cinco sextas partes de los soldados estacionados en la guarnición de Lima eran negros, mulatos y zambos.

Ya antes del embarco de San Martín, lord Thomas Cochrane había hecho incursiones por el mar, atacando buques españoles, y aumentando la cantidad de esclavos para la causa patriota, esclavos que fueron extraídos de plantaciones locales en los valles costeños del sur y norte de Lima. A pesar de sus temores sobre un sangriento levantamiento en Lima, poco a poco cientos de esclavos de las plantaciones costeñas se unieron a las fuerzas patriotas, confiando en que su participación en la contienda les diera la libertad. Los realistas en Lima pronto se dieron cuenta de que debían comenzar también a reclutar a los esclavos, en parte para compensar por la creciente deserción en sus filas. El virrey La Serna, recientemente en el poder por un golpe de Estado, invocó el apoyo de los propietarios agrarios con esclavos para que enviaran a sus esclavos a las filas del ejército, pero con poco éxito. En julio de 1821 se vio obligado a evacuar Lima. En septiembre del mismo año, San Martín se vio obligado a encerrar a 1.300 españoles en el convento de La Merced para evitar que pudieran planear estrategias en contra de las tropas patriotas. Encerrados en el convento, la población negra de la ciudad y "elementos de la clase baja" se congregaron en la plaza del convento exigiendo las vidas de las personas encerradas en el convento. Las autoridades lograron parar lo que parecía una eminente masacre. San Martín continuó con su accionar reconciliatorio, invitando a los esclavos cimarrones a retornar con sus amos, declarando la libertad de vientre, la abolición de la trata de esclavos, la libertad para los esclavos pertenecientes a amos realistas que se enlistaran en las tropas patriotas. La oposición de los amos fue incrementándose, y cuando San Martín regresó de Guayaquil tras sus negociaciones con Bolívar, la oposición que encontró en Lima lo convenció de que él no sería quien estaba llamado a cumplir la campaña independentista. San Martín abandonó la empresa físicamente el 21 de septiembre de 1822, entregando el supremo poder al congreso peruano.

A pesar de que hubo tibios intentos de reclutar a esclavos a partir de aquí, respondiendo a volubles noticias sobre una posible retaliación realista, la mayor parte de los esclavos retornaron a manos de los amos o continuaron merodeando como guerrilleros y montoneros en los valles cercanos a Lima, asaltando y ahuyentando a pequeños y grandes comerciantes, y ocasionalmente sirviendo de portavoces sobre posibles avances realistas.

Bolívar, por su parte, básicamente había decidido apoyarse en su tropa colombiana para dar la última batalla en el Perú. Confiaba más en su lealtad y su capacidad militar. A pesar de que los esclavos y reclutas locales conocían mejor el terreno, eran más difíciles de comandar. El ejército de los Andes (San Martín) prácticamente se había diluido. Mientras pedía más tropas a Santander, envió a Antonio José de Sucre con 4.000 hombres al sur. Cuando Bolívar llego a Lima, los chilenos y argentinos habían declarado que no intervendrían en las luchas peruanas, y que se restringirían a conservar lo conquistado. De los contingentes enviados desde Colombia, aproximadamente la mitad seguían siendo negros. Bolívar dejó de lado a Lima y Callao (amotinado recientemente por falta de comida y pagos). Desde Trujillo congregó a un ejército formado por 7.000 colombianos, a los que agregó 5.000 peruanos, que incluían a muchos montoneros.

En general, tanto el ejército realista como el patriota fueron menos negros al final de la contienda que en sus inicios. Y los soldados negros esclavos que continuaban en ambos ejércitos estuvieron diluidos entre lo que ahora eran ejércitos multiétnicos americanos. Como señala Blanchard (2008: 112), el término "esclavitud" llegó a ser equivalente a colonialismo español, habiendo perdido sus connotaciones sociales y raciales. Para Bolívar, el ejército estaba llamado a liberar al mundo entero de la esclavitud, no a liberar a los esclavos de la esclavitud. De alguna manera, como resultado de estos procesos, los soldados negros esclavos regresaron a la tierra de nadie, o si se quiere, a su propia tierra, a su propia inventiva, a su propia forma de entender la libertad.

Los soldados esclavos y sus mujeres

Es un hecho bastante bien documentado, el que fueron sobre todo las mujeres esclavas quienes con mayor habilidad negociaron su salida de la esclavitud. Su sexualidad, su capacidad reproductiva, su cercanía a los apetitos de amos, su capacidad de reproducir esclavos hijos de amos, y su menor valor como trabajadores del campo, explican este mayor éxito, conjuntamente con su activa participación en las tareas artesanales y comerciales citadinas. Empero, también para ellas, las luchas independentistas fueron un nuevo mecanismo de aprendizaje, de victorias y traiciones. No hace demasiado tiempo ha reconocido la historiografía que en cualquier guerra las víctimas más afectadas son las mujeres, y las mujeres esclavas y las mujeres de soldados esclavos no son una excepción, siempre y cuando comprendamos lo específico de su participación, tanto política, como emocional y física. Estas mujeres tenían en su poder largos relatos sobre sus experiencias de una o de otra forma ligadas a la guerra en curso.

Si bien seguían haciendo lo que habían hecho antes del inicio de las hostilidades bélicas, la ausencia de los maridos no hizo sino incrementar la cantidad de trabajo que debían suplir, en el campo y en la ciudad. Además, con la libertad de vientres dictaminada en diferentes momentos a lo largo del territorio colonial, no solo se daba un paso importante hacia la gradual abolición de la esclavitud, sino que además se transfería la obligación de manutención de los amos a las madres esclavas. La escasez de mano de obra producida por el reclutamiento de esclavos llevó incluso a un aumento del precio de las mujeres esclavas, lo que hizo menos viable su autocompra, a pesar de que algunos maridos-esclavos-soldados asignaban una parte de los sueldos percibidos para ir cancelando el precio de compra de sus mujeres. Muchas veces —ya sea por muerte del marido en los campos de batalla o por la simple falta de recursos— los pagos mensuales destinados a comprar la libertad de sus mujeres tuvieron que ser exigidos por escrito, la mayoría de ellas con poco éxito. Si finalmente una esposa-esclava conseguía obtener su documento de libertad, la misma situación de guerra hizo que muchas veces el documento se perdiera, se quemara, o simplemente nunca fuera aceptado como prueba de libertad por parte de los amos.

Físicamente, muchas mujeres esclavas siguieron a sus maridos como parte de la tropa, a veces incluso llevando armas o disfrazadas de hombres. Mayormente, empero, se dedicaban a cocinar, enmendar uniformes, y a cuidar de los enfermos y heridos, tanto del lado patriota como del lado realista. Si los maridos sobrevivían las arduas peripecias de los combates, muchas veces después de poco tiempo estaban incapacitados, y las mujeres tenían que asumir el doble rol familiar, sin contar con el apoyo del marido para mantener a la familia a la vez que tenían que seguir cuidando de la salud de los maridos-soldados, sobre todo, si estos a través de las promesas independentistas habían conseguido su libertad y por tanto ya no era responsabilidad del amo el cuidar del esclavo. En realidad, ofrecer la manumisión a los soldados-esclavos fue una forma de abaratar el costo de la mano de obra para los amos una vez que habían sido obligados a donar o entregar a sus esclavos para la guerra. De alguna manera, también así se cumplió el designio bolivariano en cuanto a "disminuir" la cantidad de "ellos". Una forma era usar a los esclavos (hombres y mujeres) como carne de cañón, otra era invalidarlos a través de sus heridas y darles la libertad.

Muchas esposas-esclavas construyeron argumentos legales específicamente referidos a la situación de guerra para obtener su propia libertad, la de sus hijos, la de sus maridos. Encontraron argumento tras argumento para probar su participación y su dedicación, asumiendo el vocabulario liberal vigente, hasta llegar a convertir a los españoles colonizadores en los culpables de su esclavitud y la falta de libertad. Ellas demostraban a diario lo que Bolívar reconoció como aberración a regañadientes, que la libertad solo podía ser conseguida en su integridad si todos los habitantes coloniales eran ciudadanos libres.

Empero, lo vivido por hombres y mujeres era parte de un bagaje nuevo de experiencias e ideas, a veces compartidas sobre un espacio geográfico y político muy amplio. Las percepciones construidas convirtieron la esclavitud y la percepción de "lo negro" en algo bastante distinto de lo que había sido previamente. Viejas y nuevas formas de autonomía y de conquista de la libertad fueron enseñanzas para los colectivos y los individuos negros en Sudamérica que en su conjunto hicieron inevitable la abolición de la esclavitud. También es cierto, empero, que la esclavitud no se eliminó únicamente por cambios en el ideario de los actores históricos; físicamente, la guerra aniquiló o hirió a miles de esclavos, y reubicó a otros miles más siguiendo una ruta signada por la fuerza y la presencia de los amos. Muchos de los esclavos de Hispanoamérica fueron a dar a los centros donde la esclavitud continuó siendo predominante y arduamente defendida por los propietarios de esclavos, incluyendo las áreas del Caribe, Brasil y los Estados Unidos. Esta transferencia fue la respuesta final de los amos, durante y después de las luchas por la independencia. Del ejército de San Martín, solo aproximadamente 150 regresaron a Buenos Aires; la población esclava de Caracas se redujo a la tercera parte después de las luchas por la independencia (Blanchard, 2008: 166-167).

Es tal vez sintomático, que sea justamente en el Brasil (que no tuvo luchas por la independencia) y en Cuba (donde la lucha por la independencia coincidió con la abolición de la esclavitud) donde la esclavitud perduró hasta fines del siglo XIX, mientras que en el resto de América la abolición de la esclavitud se dio mucho antes. En los Estados Unidos, es sorprendente que el lapso de tiempo transcurrido entre independencia y abolición haya sido un siglo, y el resultado fuera una cruenta guerra civil.

Ello no significa, sin embargo, que los esclavos no continuaran resistiendo, argumentando con palabras en las cortes, y a veces con machetes en las plantaciones, su derecho a la libertad. Sin embargo, su lucha continuó siendo básicamente una lucha por derechos individuales. Las luchas por la independencia —aparte de debilitar la estructura esclavista— no produjeron un liderazgo antiesclavista, ni entre hombres ni entre mujeres. De hecho, no habían forjado un frente común durante las luchas independistas. Todo lo contrario, participaron en todos los frentes que se fueron forjando. Después de la contienda, disminuidos significativamente en número, muchos tuvieron problemas para encontrar una forma de subsistencia. La gradual abolición de la esclavitud no vino acompañada de una redistribución de tierras y en algunos casos la única forma de seguir subsistiendo era retornar con los amos o continuar batallando —ahora, por uno de los tantos bandos que se forjaron a continuación de la separación política de España—. Es más, muchos esclavos veteranos que habían luchado por Bolívar, ahora se veían reclutados para combatirlo, lo que generó nuevos frentes en las filas de los esclavos-soldados.

De muchas maneras, las contribuciones de los soldados del rey, de los soldados-esclavos de los amos, de los maridos-esclavos-soldados fueron decisivas en la ruptura del lazo colonial. Sin embargo, ser soldado disminuyó las posibilidades de dejar de ser esclavo y de ser marido y líder.

CAPÍTULO 14
Las formas cambiantes de la participación indígena en la independencia del Perú

Heraclio Bonilla

En 1964, el historiador francés Pierre Chaunú (1964) señalaba que un balance cuantitativo de la historiografía latinoamericana revelaba que el tema más tratado era el de la independencia política del continente frente a España, y concluía que era necesario averiguar las razones de esta obsesión, habida cuenta de que una parte importante de esa misma historiografía concluía que la ruptura del control ejercido por la metrópoli española era fundamentalmente política, y había dejado por lo mismo completamente intacta la matriz económica y social de ese ordenamiento. El juicio de Chaunú podía ejemplificarse, por otra parte, con el encandilamiento con que eran celebradas de manera rotativa en cada país las efemérides de la independencia nacional por parte de sus instituciones oficiales, y de manera particular en aquellos en que la independencia fue impuesta por la fuerza de las armas de los ejércitos "extranjeros" liderados por don José de San Martín o Simón Bolívar, como fue el caso de los países andinos centrales.

La situación de la historiografía de estos países cuatro décadas después es por cierto muy diferente. No solo porque la obsesión por demostrar que "peruanos", "ecuatorianos" y "bolivianos" quisieron ser libres de la subordinación colonial desde el día siguiente de la conquista se ha atenuado, sino porque ahora esa historiografía cuenta con instrumentos de análisis más refinados, al mismo tiempo que las preguntas que guían el escrutinio de los documentos son cada vez más pertinentes, tanto empírica como teóricamente. Pero no obstante este desarrollo, persisten algunas zonas de sombra en este conocimiento y una de ellas se refiere al papel y al sentido que tuvieron las movilizaciones indígenas que se produjeron en el contexto de la crisis colonial. Estas rebeliones, en efecto, fueron estudiadas en función de si sus objetivos tenían que ver o no con la independencia de España, de manera aislada a las otras turbulencias que agitaban el sistema colonial, y básicamente en función de los objetivos explícitos que sus líderes decían que querían alcanzar. Si se alteran estas coordenadas de análisis, la visión de las protestas de la población indígena cambiaría de manera significativa.

El análisis que aquí se intenta, por lo mismo, busca la comprensión de las razones de esa movilización, y se apoya tanto en las investigaciones propias del autor como en el resultado de las investigaciones recientes sobre este problema. Y si bien la ambición fue tomar como referencia el conjunto de la región andina, desafortunadamente esto no fue posible como consecuencia del carácter profundamente desigual de esos resultados. Esta simple constatación tal vez pueda servir para motivar la realización de investigaciones urgentes que corrijan esta situación.

Para el caso de la Charcas colonial, es decir la actual república de Bolivia, se cuenta con el trabajo pionero de René Arze (1971), cuyo mérito fue el haber llamado la atención en torno a un problema fundamental. Pero la brevedad del libro impidió ir más allá de la constatación de la participación "popular" en las guerras de la independencia. Lo mismo ocurre con la antigua Audiencia de Quito, convertida desde 1830 en la actual república del Ecuador. En 1982, Carlos Landázuri escribía: "Por lo que se sabe de la participación popular en la independencia de otros países de Hispanoamérica, sospechamos que en el Ecuador el papel de los indios y la plebe urbana también tendría su propia dinámica y sus propios objetivos, bastante independientes, en el fondo, del conflicto de criollos contra peninsulares, por mas que ambas luchas se entrecrucen, con las correspondientes alianzas, etc. La historiografía sobre la independencia ha prescindido de estos temas entre nosotros". Este juicio lo reitera 21 años más tarde Guillermo Bustos (2004: 33) al hacer un balance de la historiografía sobre la independencia: "Una de las limitaciones más significativas en la historiografía de la independencia ecuatoriana radica en el gran desconocimiento que tenemos sobre la participación de los sectores subalternos durante el proceso independentista: plebe, indígenas, esclavos".

El caso del Perú, por cierto, es distinto pese a que el más reciente libro sobre el problema registra "algunos temas de interés, como la participación popular en la independencia, el papel que jugó la mujer en esta coyuntura o la comprobada actuación de peruanos en las tempranas juntas de gobierno de 1809 en La Paz y Quito, solo [...] tangencialmente abordados en el libro". Y es que, no siempre los colegas a los que se les solicitó cubrir estos aspectos estuvieron en condiciones de poder colaborar con el proyecto (O'Phelan, 2001: 4). Sin embargo, los resultados con los que ahora se cuenta permiten señalar que las movilizaciones que contaron con una significativa participación indígena hacen parte de tres coyunturas: 1) las grandes rebeliones del sur andino de 1780-1781; 2) las rebeliones en ese mismo espacio entre 1812 y 1815; 3) las revueltas entre 1821 y 1827.

Las primeras son las mejor conocidas de todas, gracias a los trabajos clásicos de Boleslao Lewin, Carlos Daniel Valcárcel, Scarlett O'Phelan, entre muchos otros, aunque las razones últimas de Tupac Amaru y la de los hermanos Katari son todavía motivo de controversia. Más allá de esta controversia, Tupac Amaru, en una carta fechada el 15 de noviembre de 1780 y dirigida al cacique Diego Chuquiguanca, anunciaba los objetivos que perseguía su rebelión:

> Muy Sr. Mío pariente de mi mayor consideración: Por esta orden superior doy parte a usted, tengo comisión para extinguir corregidores en beneficio del bien público: en esta forma que no haya más corregidores en adelante, como también con totalidad se quiten mitas en Potosí, alcabalas, aduanas y muchas introducciones perniciosas (Lewin 1943: 410).

El abuso de los corregidores y el *reparto* de mercancías que realizaban, así como el funcionamiento del sistema de la *mita* eran las expresiones más visibles de la explotación colonial impuesta a los indios. Por consiguiente, buscar su supresión era un objetivo que por sí solo explica el enrolamiento de la población nativa.

Pero el programa de Tupac Amaru incorporaba también la supresión de rasgos adicionales de la explotación colonial, que afectaban a otras capas de la población nativa. La cancelación de las *alcabalas* era, por ejemplo, una demanda particularmente sensible a la población criolla y mestiza, mientras que tratar de suprimir la *numeración* podía garantizar que los *indios forasteros* continuasen exentos de la extorsión colonial. A medida que la rebelión se desarrolla puede observarse que el deseo de Tupac Amaru de incorporar a los criollos en el movimiento se hace más explícito, como se traduce en el nombramiento del cusqueño Miguel Bermúdez en la junta privada establecida por Tupac Amaru (Lewin, 1943: 399).

Conocido es el hecho de que pese a sus esfuerzos no logró articularse dentro del movimiento una alianza significativa entre la población indígena y la criolla. Más que las promesas fueron los hechos los que contaron en la conciencia de los criollos. La manumisión de los esclavos negros en Tungasuca, la destrucción de los obrajes de los criollos en el curso de la rebelión y, sobre todo, la peligrosidad potencial que revestía la movilización independiente de la población india fueron razones más que suficientes para separar y, más tarde, volver a los criollos en contra de los indios. Finalmente, anatemas y excomuniones lanzados por la autoridad eclesiástica apuntaron también a separar a criollos y mestizos de la masa de los rebeldes.

No menos graves fueron las tensiones existentes dentro de la misma población indígena. A las brechas sociales se yuxtapusieron las tensiones étnicas. Cerca de 20 caciques, en efecto, entre quienes se contaban los de Chinchero, Anta, Umachiri, Santa Rosa, Azángaro, Achalla, Samán, Coporaque, Yauri, Sicuani, Checacupe, Carabaya, Paruro, Calca, Taraco, Quispicanchis, garantizaron la lealtad de sus indios a la Corona. La tradicional segmentación étnica, a la que probablemente se agregaron las rivalidades comerciales entre diferentes grupos, jugaba también en contra de una eficiente fusión interna de la población india. En este sentido, es la rebelión de Tupac Katari la que ejemplifica mejor esta situación.

Tupac Katari fue el conocido líder aymara que condujo, a la vez que Tupac Amaru, la rebelión de los indios del altiplano. Su temprano asesinato probablemente evitó un grave cisma dentro de la gran revuelta andina de 1780, pues se sabe que Tupac Amaru "también le daría la guerra (a Katari) si este buenamente no quisiese partir el reyno con él" (Lewin, 1943: 829). Estas tensiones interétnicas dentro del movimiento indio se agravan después del apresamiento de Tupac Amaru. Quechuas y aymaras, entonces, al mismo tiempo que enfrentaban por un lado al ejército del virrey, empezaron a desarrollar abiertos conflictos recíprocos. Cuando el indio Julián Apaza asumió el mando de la rebelión india bajo el nombre de Tupac Katari y procedió al primer sitio de La Paz, tomó un conjunto de medidas dirigidas tanto en contra de los españoles como de los quechuas. Momentos antes del sitio habría declarado: "Ya vencimos, ya estamos bien y ahora sí he de procurar hacerle guerra a Tupac Amaru para constituirme yo solo en el monarca de estos reinos". Desafortunadamente, las fuentes disponibles no permiten un examen más preciso de las bases reales de este conflicto. Por el momento es suficiente constatar que la precaria unidad entre grupos étnicos distintos, que momentáneamente lograra Tupac Amaru, dio paso a una ruptura y a una pugna más o menos abierta, debilitando probablemente la organización y la resistencia de los indios. Fue necesario que Andrés Tupac Amaru, el hijo del cacique, usara de toda su autoridad, e incluso apresara momentáneamente a Tupac Katari, para que este y sus huestes quedaran nuevamente subordinados a los líderes del Cusco (Lewin, 1943: 512). Oposiciones entre criollos e indios, entre mestizos e indios, entre indios en función de su pertenencia étnica, fueron erosionando internamente el movimiento encabezado por Tupac Amaru hasta su derrota definitiva.

Un tema que fue central en la historiografía tradicional sobre Tupac Amaru, y cuyos ecos todavía aparecen de tiempo en tiempo, es si el cacique quería o no separarse del dominio español. Su grito de guerra: *Viva el rey, abajo el mal gobierno*, al igual que lemas de combate similares escuchados, por ejemplo, entre los rebeldes del Socorro colombiano en 1781, nunca fueron tomados en serio, y se pensó más bien que era una coartada usada por el rebelde para ocultar su deseo de independencia de España. Han sido preocupaciones como esta las que impidieron en el pasado examinar con mayor cuidado cuestiones más centrales de estas movilizaciones, las que se soslayan cuando la única preocupación se limita a saber si eran o no precursoras de la independencia. Pero si se atiende, al menos por un momento, a estas preocupaciones añejas es muy elocuente el hecho de que Tupac Amaru, pese a toda la radicalidad de su agenda, nunca buscó la cancelación del *tributo* pagado por los indios, es decir la expresión más fehaciente de su condición colonial. Aún más, no sería extraño que si don Carlos III hubiese visitado sus dominios americanos con la frecuencia con la que lo hace el actual rey don Juan Carlos, esas rebeliones tal vez no se hubieran producido. Pero con la derrota de Tupac Amaru, las movilizaciones indígenas que surgieron más tarde no contaron con una agenda de rebelión propia a su condición, como tampoco con un auténtico liderazgo indígena. Todavía se debate si estos resultados fueron la consecuencia de la brutal represión, tanto física como simbólica, que fue necesaria para erradicar de raíz la osadía de los indios.

La segunda coyuntura la constituyen las rebeliones de Huánuco, en 1812, y del Cusco, en 1814. En Huánuco, la decisión de suprimir el control clandestino del tabaco y controlar mejor su comercialización fue el detonante de una movilización liderada por una minoría criolla, en un contexto de crisis del propio sistema imperial como consecuencia del derrocamiento del rey Fernando VII. Pero si bien los criollos constituyeron la vanguardia del movimiento, apoyados e incitados por el clero local, no era menos cierto que percibieron muy claramente que el éxito de su levantamiento dependía del respaldo que pudieran obtener de la población india de los alrededores de Huánuco. Que esta movilización fue decisiva, lo prueba la presencia masiva de los indios en la ocupación de Huánuco y en el posterior desalojo de los españoles. Pero, por otra parte, los criollos fueron también conscientes, y desde sus mismos inicios, de los límites que pensaron otorgar a sus indispensables, pero incómodos, aliados. Como diría el líder Crespo y Castillo en su confesión, "solo se oponían a que los europeos no residiesen en esta ciudad".

Crespo y Castillo, como jefe político, orientó sus actividades iniciales en un doble frente: por una parte, procuró extender el radio de la rebelión, a través del convencimiento o del sometimiento de los reticentes pueblos de indios, y, por otra, trató de conseguir una victoria definitiva sobre los españoles. Estos, luego de la fuga de Huánuco, se habían establecido en el pueblo de Ambo, donde contaron además con el auxilio de 70 españoles que pertenecían al "gremio de europeos" de la ciudad de Cerro de Pasco. El 5 de marzo, finalmente, cerca de 2.000 indios convocados por Crespo y Castillo vencieron la resistencia española, tomaron Ambo y la sometieron a un saqueo similar al de Huánuco.

En los días siguientes y en la medida en que paralelamente se daba una extensión de la rebelión hacia los pueblos del corregimiento de Tarma, en el sur, y un resquebrajamiento muy sensible en la alianza de criollos e indios, estos últimos terminaron expresando en sus movilizaciones reivindicaciones inherentes a su condición. Es el caso del obraje de San Rafael, cuyo propietario debió enfrentarse a los comuneros de Chacos (Huariaca), quienes reclamaban las tierras que le habían cedido. Esta reivindicación de la tierra y el ataque a las propiedades de los criollos se realizó también en Caima, donde saquearon las haciendas de "don Santiago el Gallego" y de Domingo Miranda, así como las propiedades de Domingo Belliza en Pallanchacra (Varallanos, 1959: 474).

En la medida en que se extendía la rebelión, el resquebrajamiento de la solidaridad inicial de criollos e indios estuvo acompañado por la emergencia de un nuevo tipo de conflicto. Esta vez se trató de enfrentamientos entre los mismos indios, en función de su pertenencia a diferentes grupos étnicos. Este conflicto no era evidentemente nuevo. Como la casi secular querella entre Ñaupa y Pillao lo demuestra, la historia de estos pueblos rurales se caracterizaba por múltiples conflictos recíprocos (Hünefeldt, 1981). Lo nuevo era el entorno donde ahora se expresaban. Y esto es particularmente nítido en el caso de los Huamalíes. Aquí también la venta forzada de mulas y mercancías, llevada a cabo por el subdelegado Manuel del Real y el coronel Martín Bengochea, creó condiciones favorables a la rebelión, particularmente en los pueblos de Marías, Chuquis y Chupan, donde las extorsiones eran aún mayores (Varallanos, 1959: 458). Estas fisuras internas prepararon la derrota definitiva de la rebelión que se produjo en Ambo el 18 de marzo de 1812.

En el caso del Cusco, la elección en agosto de 1814 de una junta de gobierno dirigida por José Angulo culmina un conjunto de procesos que se habían venido desarrollando desde fines de 1812 y cuyo objetivo fundamental era el desplazamiento de las autoridades de los puestos de mando del gobierno local. Si bien la estructura de esta rebelión, como en el caso de Huánuco, es de naturaleza casi secular, la coyuntura que provoca su estallido está íntimamente ligada a la promulgación y a las garantías incorporadas en la Constitución de 1812 que las Cortes de Cádiz habían redactado. Los ejemplares de la Constitución de 1812 llegaron al Cusco a comienzos de diciembre del mismo año, y el solo conocimiento de su arribo actuó como un detonante en la movilización de los criollos. Cuatro días después de su llegada, el presidente interino de la audiencia, Mateo García Pumacahua, recibió una comunicación redactada por el abogado Rafael Ramírez de Arellano, y avalada por más de 30 firmas, en la que se le exigía la pronta promulgación del texto constitucional. La posición de Pumacahua, por otra parte, era muy precaria como presidente de la audiencia. No solo por su condición de interino, sino por otra razón más profunda. Pumacahua era el cacique indio que en 1780 había prestado un servicio notable a la Corona española al enrolarse activamente en la supresión del movimiento de Tupac Amaru. Como recompensa a su actuación, no solo recibió honores militares, sino que incluso accedió al más alto cargo de la Audiencia del Cusco. Pero esta era una posición muy poco envidiable por la profunda hostilidad que encontraba entre los criollos.

Luego de tensiones iniciales, las autoridades del nuevo ayuntamiento fueron elegidas el 7 de febrero de 1813, y de esa manera contaban ahora los criollos con el instrumento para enfrentar a las autoridades virreinales y cuyo foco de poder era la audiencia. Ese conflicto culmina con la destitución de las autoridades de la audiencia, el nombramiento de José Angulo como la primera autoridad política de la ciudad el 2 de agosto de 1814, y la posterior elección de una junta protectora, a la que se integra Mateo García Pumacahua por su ascendiente sobre la población indígena, y por la necesidad de extender el radio de la rebelión captando la adhesión de la población indígena a las demandas de los criollos. Dada la debilidad numérica de los criollos, el éxito de su movilización dependía estrechamente de su capacidad de despertar y mantener el apoyo activo de la población

india. Ese fue el fin explícitamente perseguido con la incorporación del cacique Pumacahua al comando de la rebelión, decisión esencialmente correcta, como lo prueban la
masiva incorporación de la población india en las tropas que Pumacahua conduce hacia
Arequipa, y, en el otro extremo, la rápida ejecución del cacique de Chincheros ante "la
poderosa ascendencia que tiene sobre los vastísimos pueblos de indios de esta provincia".
Pero eso no era todo. La dispersión de la población india a que dio lugar la feroz represión
del movimiento encabezado por Tupac Amaru, al igual que la ausencia de toda referencia
significativa a la condición indígena en los objetivos de la rebelión de 1814, impidieron
una revuelta similar a la de 1780. Por el contrario, es necesario señalar que las tropas
realistas del general Ramírez "casi en su totalidad se componían de naturales de las mismas provincias que se hallaban en sublevación", del mismo modo que la presencia de la
población indígena fue significativa en los tumultos que celebraron la caída del gobierno
de José Angulo. En suma, se trató de una alianza contradictoria entre blancos e indios,
forjada en virtud de la manipulación de un cacique indio por los primeros, y de la parcial
utilización de las fragmentadas huestes indias en incursiones y en expediciones militares
que obedecían a objetivos precisos de los criollos. De ahí su profunda precariedad. Aun
así, y es esto lo que importa retener, de la misma manera como en 1780 se cancela definitivamente la movilización independiente de la población nativa, en 1814 se retira en
adelante también a los criollos toda iniciativa de movilización autónoma. Cusco, hasta
1824, será no solo el bastión del orden colonial, sino que de su región saldrán hombres
y recursos para defender en Junín y Ayacucho el orden establecido.

   Nuria Sala i Vila (1996) añade otras coordenadas que debieran tenerse en cuenta para
una comprensión más adecuada de estas movilizaciones. Señala que la adhesión de los
indios del sur andino a la protesta liderada por Pumacahua traduce el fin de las vacilaciones
indígenas en 1814, tras el agotamiento del discurso liberal luego de que el tributo indígena fuera reimplantado en 1811 y que el apoyo fuera mayoritario en las intendencias de
Huamanga y de Huancavelica; mientras que en zonas de dominio de las haciendas, como
Huanta, Lauricocha y Huamanguilla, la población indígena apoyó a las fuerzas realistas.
Afirma también que no es posible hablar de un frente único en estas movilizaciones, en
la medida que el proyecto de las jefaturas étnicas era muy distinto al de la masa indígena.
Los primeros, casi todos fervientes realistas en 1780, se sublevaron en 1814 para recuperar
el poder en las comunidades, socavado por la pérdida de la recaudación fiscal y ante el
avance de las masas campesinas indígenas y de los rebeldes (Sala i Vila, 1996: p. 235).

   La tercera coyuntura corresponde a las guerras internacionales que entre 1821 y 1827
terminaron por imponer la independencia. Charles F. Walker, en un libro dedicado al Cusco
y a la creación de la república, afirma que "con la derrota del levantamiento de Pumacahua,
el centro de la guerra se desplazó del sur de los Andes a la costa, lo cual no fue solamente
un desplazamiento radical, sino también un cambio completo en el liderazgo, la militan-

cia y la agenda de la rebelión... la ausencia de una participación indígena a gran escala en las guerras de la independencia después de 1815 no significa que se abstuvieron por una ideología atrasada o que fueran apolíticos o incluso realistas... Más que la reticencia de los criollos en movilizar a la masa indígena, o la ideología atrasada de los indios, o su indiferencia, fue la ausencia de un grupo que pudiera movilizar de manera efectiva la sociedad rural, lo que explica la desintegración de la insurgencia política durante las guerras por la independencia" (Walter, 1999: 118). Tal vez, aunque el silencio no siempre es el resultado de una ausencia, ni las existencias son repentinas e inexplicables. Lo que en cambio es necesario tener en cuenta es que, en las postrimerías del régimen colonial, el Cusco se convirtió en el epicentro de su defensa, albergando a nadie menos que al virrey y a sus tropas en la ciudad sagrada de los incas para asegurarse de ese cometido.

Con el ingreso de San Martín al Perú, algunos cambios importantes se dieron en el proceso en curso. San Martín no quiso que la independencia del Perú fuese una solución militar externa, sino más bien el resultado de la decisión de los peruanos. Al logro de este consenso estuvieron orientadas sus acciones. La persuasión y la inexistencia de otra alternativa viable llevaron a muchos pueblos a sumarse al coro de la independencia, mientras que en la sierra central montoneras nativas apoyaban con sus armas la consecución de ese objetivo. Pero este fue solo uno de los aspectos del proceso, tal vez el más reconfortante. El más sombrío, por el contrario, fue la persistente indecisión de algunos criollos, alentada por la lejana esperanza de que la metrópoli volviera a encarnar sus ideales, y cuya conducta obligó a Bolívar (quien no tenía los escrúpulos de San Martín) a optar por la solución de las armas con un ejército traído desde fuera. No todos los criollos ciertamente asumieron el comportamiento aberrante de un Riva Agüero o de un Torre Tagle, pero tampoco fueron pocos quienes decidieron, al igual que el último, "ser más españoles que don Fernando".

Finalmente, apenas unos meses después de la batalla de Ayacucho, en diciembre de 1824, la que supuestamente sellaba la independencia del continente, los campesinos de Iquicha iniciaban una nueva movilización para pedir el retorno de Fernando VII y en contra de la "patria traidora". Bajo el mando de Antonio Huachaca y de Nicolás Zoregui, un ex oficial del ejército español, los avances y los retrocesos militares de los rebeldes concluyeron con su derrota el 8 de junio de 1828 en la selva adyacente. Su rebelión, decía Huachaca, buscaba que

> [...] salgan los señores militares que se hallan en ese depósito robando, forzando a mujeres casadas, doncellas, violando hasta templos, a más los mandones, como son el señor Intendente, nos quiere acabar con contribuciones y tributos [...] y de lo contrario será preciso de acabar con la vida por defender la religión y nuestras familias e intereses.

Expulsar a los opresores, rechazar el tributo y defender a la religión católica suponían mucho más que el coraje y la decisión de un jefe, tanto más que esta movilización de la población indígena se hacía contra las nuevas autoridades de una naciente república, aquella que precisamente llevaba en vilo la liberación de los indios y su conversión en "peruanos". Los indígenas declinaron estas ofertas y levantaron la rebelión en respuesta a las promesas incumplidas de abolir el tributo que pagaban a las autoridades coloniales. Decidieron defender al rey por su significación en su cultura y memoria política, y porque el nuevo Estado desplazaba a sus autoridades tradicionales, reemplazándolas con otras nombradas desde Lima, y por los abusos y atropellos cometidos por las tropas patriotas. Aludieron a la religión católica, finalmente, en respuesta a la violación de templos y saqueos de sus propiedades, y porque el componente religioso fue también importante en la construcción de su cultura política.

Cecilia Méndez cuestiona estas afirmaciones y más bien afirma:

> [...] la trayectoria política de los campesinos de Huanta muestra numerosos rasgos excepcionales. Su naturaleza excepcional tiene menos que ver con su fidelismo al rey —una actitud compartida con muchos otros campesinos (y no campesinos)— que con el hecho de que expresaron esto a través de una rebelión después de la independencia; una rebelión que si bien abrazaba una ideología monárquica, se la arregló para socavar las bases fiscales y legales del orden colonial y lo que quedaba de ellos en la república. (Mendes, 1996: 469)

A lo mejor, pero nada de estas consideraciones cuestiona la clara decisión de los rebeldes por el rey, y su defensa de lo que significaba el sistema colonial, y su claro rechazo a la república. Que al final los resultados de sus acciones terminaron siendo distintos a los que inicialmente buscaron de manera explícita, todo estudioso de esas formas de protesta lo sabe muy bien y desde hace mucho tiempo.

Eric Van Young, en un importante libro dedicado a la experiencia de México con la independencia, escribe al final:

> La principal conclusión de esta investigación es que la insurgencia popular en Nueva España en los años entre 1810 y 1821, hasta el grado en que pueda ser tratado como una unidad singular, es que buscó principalmente realizar una suerte de repliegue en el marco de un proceso prolongado de resistencia cultural por parte de las comunidades ante fuerzas de cambio tanto internas como externas, más que alcanzar el resultado observado de toda guerra política y militar, es decir la consolidación de la independencia frente a España [...] El análisis de la ideología popular insurgente ofrecida en el capítulo 18 apoya una interpretación de la rebelión rural como una de origen comunitario y localista en sus objetivos. La excepción a la agresión al rey español surgió de una combinación entre la postura protectora y paternalista de larga data de la monarquía —frente a sus vasallos indios— con las tradiciones nativas y creencias mesiánicas. Al final, por consiguiente, la insurrección significó una cosa para los protonacionalistas criollos que nominalmente dirigían el ataque contra el régimen colonial, y otra bastante distinta para el pueblo común del campo mexicano. (Van Young, 2001: 496, 503)

Estas conclusiones pueden legítimamente aplicarse a la experiencia de los Andes peruanos, y las evidencias pueden encontrarse más detalladamente en un trabajo previo de quien esto escribe (Bonilla, 2001).

Relatoría general

Georges Lomné

En un reciente compendio sobre la historiografía de las independencias iberoamericanas, Manuel Chust y José Antonio Serrano señalaron el auge, en las últimas dos décadas, del "tema de las clases populares y su condición social, étnica y racial"[1]. Cabe recalcar, en pos de estos dos autores, que los trabajos de Eric Van Young y de Alfonso Múnera[2] dieron paso a numerosas publicaciones en el deslinde de la historia del género, abriendo nuevas perspectivas sobre la participación de las comunidades étnicas en la *gesta magna* del continente.

Por lo tanto, la novedad del presente libro no radica en su enfoque historiográfico sino más bien en la interpretación que es conveniente darle. De cierta manera, su idea directriz fue formulada en 1972 con motivo del sesquicentenario de la independencia del Perú[3]. En un famoso artículo, Heraclio Bonilla y Karen Spalding habían tratado de echar abajo los ídolos de la historia oficial, plasmando la idea de "una independencia concedida" o sea un afán de libertad que hubiera venido de afuera con los ejércitos de San Martín y Bolívar. Pero una de las ideas más provocadoras del texto era que el movimiento de emancipación, si bien pudo provocar cierta respuesta positiva por parte de los negros, no había despertado sino reticencia por parte de los grupos indígenas. Este sentir aflora en la última parte, hasta hoy inédita, de las famosas memorias de don Justo

---

[1] Manuel Chust y José Antonio Serrano (eds.), *Debates sobre las independencias iberoamericanas*, Estudios AHILA de Historia Latinoamericana n.º 3, Madrid, Frankfurt am Main, AHILA, Iberoamericana y Vervuert, 2007, p. 24.

[2] Alfonso Múnera, *El fracaso de la nación. Región, clase y raza en el Caribe colombiano (1717-1810)*, Banco de la República, Bogotá, El Áncora Editores, 1998; Eric Van Young, *The Other Rebellion. Popular Violence, Ideology, and the Mexican Struggle for Independence, 1810-1821* (Stanford University Press, 2001), ed. española: *La otra rebelión. La lucha por la independencia de México, 1810-1821*, México, FCE, 2006.

[3] Heraclio Bonilla y Karen Spalding, "La independencia en el Perú: las palabras y los hechos" (1972), reed. en Heraclio Bonilla, *Metáfora y realidad de la independencia en el Perú*, Lima, Fondo Editorial del Pedagógico San Marcos, 2007, pp. 39-73.

Apu Sahuaraura: este curaca indígena, que abrazó la causa independentista poco antes de Ayacucho, expresó luego su desengaño frente al naufragio del quehacer republicano y terminó haciéndose el apólogo de la nobleza y la fidelidad[4].

Estas actas se proponen entonces esclarecer la problemática de la adhesión del *común*, considerado en sus distintos segmentos, a la causa independentista. Y esto, dentro de un marco geográfico amplio que autorice las comparaciones. Tres puntos nos han parecido relevantes al respecto: 1) la vigencia del debate historiográfico; 2) el problema de la definición de los actores de la "nueva historia" que se pretende elaborar; 3) los nudos paradójicos que aparecen. En forma de epílogo, se planteará una posible geopolítica de la independencia o, mejor dicho, de "los procesos de la Independencia" y se sugerirá la urgente necesidad de pensarlos en vez de conmemorarlos.

La cuestión historiográfica de los sin nombre

Todos los capítulos enfatizan la importancia del debate historiográfico planteado de forma muy provocadora en el título mismo de la obra al agrupar las voces "etnia, color y clase". Tal formulación introduce varios *a priori* con respecto a la sociedad colonial, que la mayoría de los textos presentados no nos parecen corroborar.

En vez de la voz *etnia*, un hombre del siglo XVIII hubiera preferido la de "nación" o la de "raza". Por una parte, huelga decir que el uso de estos dos términos requiere mayor cautela y hubiera resultado algo engañoso para el lector contemporáneo. Por otra parte, hace falta considerar los límites conceptuales que acarrea la voz *etnia* ya que remite a un grupo humano que goza de cierta homogeneidad biológica y cultural. En este sentido, los textos de Germán Peralta y de Christine Hünefeldt enseñan que no se puede hablar de una etnia negra en América, ya que está demostrada la procedencia muy heterogénea de los esclavos, fruto de las necesidades del empleo al cual se les destinaba y de las disponibilidades fluctuantes del comercio triangular. Obviamente hay señales de que varias naciones africanas pasaron a América como tales: el solo uso de la palabra *mandingas* apunta a una etnia precisa oriunda del Senegal, pero la de *Congo* apunta a una infinita complejidad, ¡hecha de hasta 300 etnias diferentes! Podría parecer quizás más legítimo aplicar la voz *etnia* a los grupos indígenas ya que se les denominaba a menudo bajo la categoría de naciones: chimila, otavalo o aymara, entre tantas. Pero ¿qué hacer entonces con los indígenas *forasteros,* que Itala de Mamán nos describe tan numerosos en

---

[4] Véase "Don Justo Apu Sahuaraura y sus recuerdos de la monarquía peruana", comunicación inédita de Javier Flores Espinoza durante el coloquio dirigido por Ullrich Mücke y Cristóbal Aljovín (Universidad de Hamburgo; Universidad de San Marcos e Instituto Francés de Estudios Andinos, UMIFRE 17 CNRS-MAEE), "Escribir de sí mismo. Historia y autodocumentos en los Andes", Instituto Raúl Porras Barrenechea, Lima, 26-27 febrero de 2009.

Cochabamba? No remitían a una comunidad originaria. Lo gracioso es que la voz *etnia* corresponde mejor a grupos ajenos a la temática de este libro: los gremios de vascos, aragoneses, catalanes, o gallegos, tan importantes dentro de la sociedad criolla. Es que la sociedad "blanca" ¡tampoco debe ser considerada como un bloque!

A estas alturas, conviene observar que los matices del *color* autorizaban una fluidez interpretativa que trataban de contener las famosas categorías definidas en la Colonia. ¿Quién no ha visto algún cuadro de castas de postrimerías del siglo XVIII con sus 16 tipos raciales? Pero en la práctica cotidiana, como lo recuerda Alfonso Múnera, las simplificaciones estaban vigentes, y son de difícil entendimiento para nosotros: *negro* o *mulato*; *moreno* o *pardo*. En esta misma vena, Esther Aillón nos advierte de la "confusión conceptual de las categorías étnicas" en la ciudad de La Plata ya que una misma persona podía ser calificada de manera distinta en un mismo proceso. El otro peligro interpretativo que trae consigo la voz de *color* es que parece designar solamente a negros y mulatos cuando sabemos bien que la "cascada étnica y social de los desprecios" ("*la cascade ethnique et sociale des mépris*"), definida por Pierre Chaunu[5], remitía al conjunto de la sociedad colonial. Un marqués criollo hasta podía considerarse menos blanco que estos "súperblancos" (otra expresión de Pierre Chaunu) que llegaron por miles a América en las tres últimas décadas del siglo XVIII. Chaunu veía en esto una de las razones obvias del proceso de emancipación: los "dueños de la tierra" no hubieran aceptado que apareciera de repente un numeroso gentío cuyo único talento era el de tener una tez más blanca que la suya.

La voz *clase* es también muy problemática. Remite de manera explícita al concepto de las "revoluciones inconclusas" tan querido por Orlando Fals Borda. En otros términos, la idea de que el proceso de independencia, bajo el antifaz del discurso republicano, hizo caso omiso de un verdadero reordenamiento social. Cabe señalar que la voz *clase* apunta a una visión estratigráfica de la sociedad, una visión horizontal, hecha de dominantes y dominados, que corresponde muy mal a una sociedad gremial en la cual actuaban varias estructuras verticales. En muchos libros de colegio se representa a la sociedad del Antiguo Régimen como una pirámide. Más atinado sería representarla como un templo griego en el cual cada columna representaría a una corporación: la audiencia de justicia, el "cuerpo de ciudad", el consulado de comercio, un gremio de artesanos, una cofradía religiosa o una orden regular. Encima, figuraría el frontis piramidal que los últimos Borbones intentaron asentar con la irrupción de las intendencias, de nuevos poderes militares y de un rey que practicaba el absolutismo ilustrado. Por ende, la lógica gremial[6] es esencial para quien quiere entender los mecanismos de movilización de la plebe contra el "mal

---

[5] Pierre Chaunu, *L'Amérique et les Amériques*, París, Armand Colin, 1964, pp. 197-198.

[6] Véase al respecto Annick Lempérière, *Entre Dieu et le Roi, la République. Mexico, XVIe-XIXe siècles*, París, Les Belles Lettres, 2004.

gobierno". Baste un famoso ejemplo: en Quito, los capitanes criollos de los barrios que alzaron a la plebe, de manera muy racional, ostentaban títulos de Castilla.

La vigencia de este debate enseña sobremanera que la temática propuesta por este libro remite a "uno de los tantos campos en los que se libran viejos y renovados combates por la Historia", como lo señala Óscar Almario apelando a Lucien Febvre[7]. Pero por esta misma razón habría que advertir que no hay "mayor crimen" para el historiador sino el de "filosofar"[8]. Y el concepto de *clase* se atiene a una filosofía de la historia bien identificada. En nítida oposición a esta, Marc Bloch[9] y luego Febvre militaron por el ejercicio de "la historia regresiva". Un concepto querido por Heraclio Bonilla: ya que de manera opuesta al sentido común el pasado puede ser interrogado a la luz del presente, debemos historiar de manera empírica sin modelos artificiales previos. Agreguemos a esto una acotación de Georges Duby: no conviene la metáfora geológica de una sociedad hecha de capas superpuestas, que inducen los conceptos de cultura de élites y de cultura popular. Una sociedad se parece más a una cordillera que a una planicie sedimentaria, y va combinando estructuras "tanto verticales como horizontales" y zonas de contacto con formas residuales o resurgencias. Por lo tanto, "las divisiones entre las culturas enfrentadas o combinadas no pasan, en realidad, a través del cuerpo social, sino más bien a través de las actitudes y el comportamiento de cada individuo"[10]. Los distintos textos de este libro, excepto el provocativo ensayo de Miguel Izard, apuntan al hecho de que ya está en marcha una revolución historiográfica, propiciando cierto "desvelo" de la realidad considerada. Comienzan a existir actores colectivos que había negado o menospreciado la historiografía del siglo XIX por ser prisionera de las "convenciones contra la cultura" descritas por Germán Colmenares[11]. Actores que habían sido identificados por los historiadores de los años 60 y 70 del siglo XX pero sin atribuirles cierta autonomía política. Ahora bien, ¿de qué actores colectivos hablamos?

¿Nuevos actores colectivos?

Cuando el historiador habla de "actores colectivos" debe, como el sociólogo, identificarlos de manera escrupulosa. A este respecto, la primera tarea que incumbe consiste en rescatar lo que François-Xavier Guerra llamaba "los imaginarios perdidos". En otros términos, urge deshacerse de nuestras propias categorías, ya que el siglo XX también ha

---

[7] Lucien Febvre, *Combats pour l'Histoire* (1952), reed.: París, Armand Colin, 1992.

[8] Ibídem, p. 433.

[9] Marc Bloch, *Apologie pour l'histoire ou métier d'historien*, París, Armand Colin, 1974, pp. 47-50.

[10] Georges Duby, "Problèmes et méthodes en histoire culturelle", en Jacques Le Goff y Béla Köpeczi (dirs.), *Objet et méthodes de l'histoire de la culture*. Actas del coloquio franco-húngaro de Tihany (10-14 de octubre, 1977), París, CNRS, 1982, p. 16.

[11] Germán Colmenares, *Las convenciones contra la cultura*, Bogotá, Tercer Mundo Editores, 1987.

inventado "convenciones contra la cultura", y volver a interrogar los significados del propio léxico colonial. ¿Cuales serían entonces las categorías operativas? Como escribe Germán Peralta, hablar de negros remite en cierta manera a un discurso racialista del siglo XIX. Resulta más provechoso volver a distinguir a los *esclavos negros* de los *libres de color* y de los *cimarrones*. También debemos distinguir *mestizaje* y *mulataje*, tal como lo pide Óscar Almario, y desconfiar de la categoría anacrónica de "afrodescendientes". De igual manera debemos preguntarnos sobre los matices que expresan las voces *república de indios*, o *indios de Real Corona* como en Coro, e *indios forasteros*. *Común*, *plebe* o *vecinos* tampoco remitían a categorías sinónimas bajo el concepto de pueblo[12].

La segunda tarea, correlativa de la primera, es la de censar a los individuos sin prescindir de las nomenclaturas complejas que acabamos de evocar. La primera dificultad que surge entonces radica en que las autoridades coloniales habían perdido progresivamente la capacidad operativa de censar. El virrey Abascal, en 1812, tuvo que acudir al censo de 1793 hecho por su antecesor Gil de Taboada y Lemos. Y la segunda dificultad consiste en que muchos censos reducían la sociedad a pocas categorías: *esclavos*, *pardos*, *indios*, *criollos*, *españoles europeos*. De mayor utilidad para el historiador de la independencia son los censos que introducen la categoría de *negros libres* o la de *libres de todos los colores* frente a la de *esclavos*. En cuanto al elemento indígena, Jairo Gutiérrez nos brinda un concepto certero de su porcentaje en la Nueva Granada a partir del censo general de 1778-1780 y plantea que las regiones del Caribe y de Pasto, por ser "alejadas y heterogéneas", fueron el escenario principal de la actuación indígena en los procesos de la Independencia. Los propios libertadores se mostraron muy atentos al equilibrio demográfico y Christine Hünefeldt nos muestra que, con deliberada voluntad, integraron a numerosos esclavos en sus ejércitos y los sacrificaron en el altar de la causa independentista. A finales de 1816, el ejército de 5.000 hombres que se movió hacia Chile bajo el mando de San Martín estaba compuesto en su mitad por pardos, de los cuales 1.500 eran ex esclavos. De igual manera, Bolívar exigió en 1819 el alistamiento de 1.000 esclavos a cada una de las provincias neogranadinas que liberaba. ¿No estimaba el propio Bolívar que su "peligrosa cantidad" encontraría de esta manera un "método necesario y legítimo" de disminuir?[13]

La tercera tarea, y muy provechosa, consiste en identificar los espacios de movilización ya que estos tienden a conformar la identidad de los actores colectivos que los ocupan. Por lo tanto, es imprescindible identificar a los gremios y cofradías que definen actores colectivos, sean de color o no. Y en esta vena, es importante recalcar la

---

[12] Véase al respecto la síntesis reciente de Fatima Sá e Melo Ferreira, "Entre velhos e novos sentidos: 'povo' e 'povos' no mundo ibero-americano, 1750-1850", en *Jahrbuch für Geschichte Lateinamerikas*, 45/2008, Köln, Weimar, Wien, Bölhau Verlag, 2008, pp. 245-273.

[13] Véase a Peter Blanchard, *Under the Flags of Freedom. Slave Soldiers & the Wars of Independence in Spanish South America*, Pittsburg, PA, University of Pittsburg Press, 2008, p. 76.

importancia de las milicias a finales del siglo XVIII y, muy en particular, de las milicias de pardos. Preguntaba Fabián Sanabria durante la sesión inaugural del congreso que dio origen a este libro el porqué del apego al sistema colonial de los propios "dominados". Pues la adhesión gremial al rey es un elemento clave de respuesta. María Eugenia Chaves muestra cómo logró constituirse en comunidad un grupo de familias esclavizadas de las haciendas jesuitas del valle de Chota-Mira. Una comunidad que defendió sus libertades de 1780 a 1800, reconociendo sujeción únicamente al rey. La "guerra de los marqueses" (1810-1812) introdujo aquí una ruptura de equilibrio y la irrupción de otro concepto de libertad. De igual manera, Tatiana Hidrovo enseña cómo pudo actuar en los pueblos indígenas del partido de Puerto Viejo "una cultura política de tipo comunitaria que no era nueva" y que había sido nutrida por la especificidad de una "zona fronteriza, portuaria y periférica". Esta misma cultura se mostraría fiel a la Constitución de Cádiz frente al retorno del absolutismo de Fernando VII. Añadamos que habría que interrogar otro espacio de movilización esencial en 1809-1810, aunque efímero e impalpable por antonomasia: el *cabildo abierto*. En él podían juntarse diversas comunidades según lógicas e intenciones poco estudiadas ya que la historia oficial se dedicó ante todo a identificar a quienes ocupaban los balcones, o en el mejor de los casos, a algunos *chisperos* del público.

Los nudos paradójicos del "momento independencia"

Varias paradojas se desprenden de este libro conformando una serie de nudos problemáticos. El primero y más importante reside en la contradicción que resulta de los dos conceptos de libertad. Recordemos que Bolívar poco después de haber enviado a Sucre su ejemplar de *Los incas* de Marmontel con la famosa dedicatoria: "(al) vengador de los Incas, restaurador de sus hijos, libertador del Perú"[14], expresó en varias cartas su desengaño acerca de indios que lo consideraban al final como un nuevo conquistador. No cabe duda de que la emancipación de España remitía a representaciones abstractas en las cuales el criollo figuraba como el esclavo que rompía sus cadenas. Por ende, en sus albores, la invención del hombre americano no se hizo sino dentro del género de los descendientes de Pelayo, conformando un *commonwealth* hispánico ajeno a otras humanidades. El americano no era sino un criollo disfrazado de indio, como lo habían sido los patriotas disfrazados de mohawks que actuaron durante la Boston Tea Party, y huelga decir que el negro no podía ser americano. El segundo concepto de libertad tenía que ver con la igualdad proclamada como principio intangible pero tan poco aplicada en el orbe de las primeras repúblicas por ser estas de corte aristocrático. En un mundo habitado

---

[14] Véase Bernard Lavallé, "Bolivar et les indiens", en *Bolivar et les Peuples de Nuestra América,* Bordeaux, PUB, 1990, pp. 101-110.

por las referencias de Grecia y de Roma, el temor a la plebe formaba parte del sentido común. La república debía ser conducida por la minoría selecta de los hombres de bien y huir de la democracia absoluta. Este era un viejo tópico que había cobrado fortuna en el corazón mismo de la Revolución francesa cuando Robespierre quiso imponer la idea frente a los *Sans-culottes* (los "sin calzones") de que si la libertad fuera "la independencia" se convertiría en libertinaje y arruinaría la república. De una misma índole podía ser el temor de los patriotas frente a los "cimarrones del llano" descritos por Miquel Izard como arraigados en su cultura "libertaria y alternativa", o frente a los libres de color que se inspirarán en los ecos de la revolución haitiana. Anotemos al respecto que los sermones monárquicos de pacificación utilizaron sobremanera el concepto de san Agustín según el cual un esclavo devuelto a la libertad no podía adquirir la virtud de los hombres que habían crecido con ella[15]. Este argumento nutriría cierto pesimismo decimonónico sobre la imposibilidad de América.

Otro nudo radica en la articulación entre *pueblo* y *plebe*, o sea entre una minoría que conformaba el núcleo activo de los patriotas esclarecidos, fueran chisperos, juntistas, tribunos o publicistas republicanos, y el *común* de los *barrios* urbanos, de las *repúblicas de indios* o, sencillamente, de *los pueblos*. Esta articulación resultó esencial a partir del otoño de 1808 frente a la acefalía monárquica. Ninguna movilización que apelase a la reafirmación de la soberanía podía hacer caso omiso de la adhesión del común. Esther Aillón nos muestra cómo Francisco Ríos fue nombrado capitán de la plebe en La Plata por un alcalde de segundo voto del Cusco y recibió apoyo del arzobispo de Charcas en contra del propio presidente de la audiencia. El Quitacapas aparece luego como un extraordinario intermediario entre la élite mestiza egresada de la Real Academia Carolina y una "turba" muy heterogénea de 500 personas. Este tipo de nexo se volvió una necesidad absoluta cuando las élites patricias empezaron a pagar el duro tributo de la sangre a partir de 1810. Por lo tanto, las ciudades de Venezuela tuvieron que alistar a numerosos soldados de color.

Tocamos aquí a la cuestión esencial de la adhesión política, el tercer nudo problemático. ¿Ser soldado en un ejercito significa o no la adhesión a una causa política? Con mucho tino, Elina Lovera propone distinguir los conceptos de *lealtad* y de *fidelidad* para sondear este tipo de dificultad interpretativa. La lealtad remitiría a "un pacto voluntario" entre iguales; la *fidelidad*, de corte más inmanente y religioso, sería el signo de una subordinación personal. En este sentido, los indios caquetíos expresaron su fidelidad al rey ya que desde la conquista habían gozado del fuero de hombres libres y habían sido exonerados del tributo. Y por ende, se erigieron en baluarte de la monarquía, y de Dios, frente a la sublevación de los negros de Coro en 1795, así como frente a la expe-

---

[15] San Agustín, *La ciudad de Dios*, libro IV-4 y 5.

dición de Miranda en 1806. Los patriotas de la Suprema Junta de Caracas perdieron su primer ejército frente a tal cohesión anímica. En la misma vena, José Marcial Ramos Guédez nos habla de la debilidad del ejército mirandino en 1812: no era fácil proceder a la conscripción de 1.000 esclavos negros con la vaga promesa de ser libres a los 4 años. Christine Hünefeldt nos habla de igual manera de la fragilidad del ejército de San Martín por estar compuesto en gran parte de esclavos entregados por sus amos. Frente a ellos se presentaba un ejército realista de estructura gremial. Los cuerpos militares españoles eran organizados por naciones: los regimientos y batallones de línea eran de reclutamiento local, como los Voluntarios de Aragón, de Castilla o de Cataluña y las milicias americanas de pardos lo eran también siendo de Cartagena, Guayaquil o Lima. La apuesta del Antiguo Régimen era que uno muere por su comunidad o por fidelidad personal (como los Húsares de la Reina) y no por ideas abstractas[16]. Quizás tengamos aquí una de las claves del decreto de "guerra a muerte" de 1813. Bolívar quiso afianzar una solidaridad anímica fundamentada en lo americano —una *fidelidad* hacia la patria y su alférez— más allá del mero ideal republicano: "Españoles y Canarios, contad con la muerte, aun siendo indiferentes, si no obráis activamente en obsequio de la libertad de América. Americanos, contad con la vida, aun cuando seáis culpables". Es obvio que los patriotas anhelaban la posibilidad de un "Grito de Valmy" frente a realistas unidos precisamente por su fidelidad a Dios y al rey. Lo que nos enseña Jairo Gutiérrez en Pasto: indios, negros y criollos fueron capaces de unirse en un mismo combate afincando su esperanza en la preservación de la monarquía.

Queda por evocar un último nudo paradójico: el rechazo de *la libertad* en nombre de *las libertades*. Hay un horizonte de nostalgia, muy presente en la época, y que Heraclio Bonilla subraya con tino: la América desvanecida de los Habsburgos. Varios autores han enfatizado esta idealización hacia un tipo de funcionamiento de los dominios de ultramar que aseguraba cierto equilibrio entre los dueños de la tierra, la república de indios y la Madre Patria. En el caso neogranadino, Phelan lo formuló bajo el lema de la "constitución no escrita" del reino[17]. En el caso peruano, Scarlett O'Phelan destacó el papel que pudo tener este anhelo en la rebelión de Tupac Amaru, ampliando el registro a una nostalgia por la religiosidad de corte jesuítico frente a la depuración neoclásica de los

---

[16] Lo que subraya Marie-Danielle Demélas a propósito de los indios realistas que "habían escogido su campo porque se hallaban en condiciones de dar una imagen a una forma de poder y que, a la inversa, se negaban a adherirse a la causa patriótica porque nadie la encarnaba". En *Nacimiento de la guerra de guerrilla. El Diario de José Santos Vargas (1814-1825)*, La Paz, IFEA-Plural, 2007, p. 347.

[17] John Leddy Phelan, *The People and the King: The Comunero Revolution in Colombia (1781)*, Madison, Wisconsin Université Press, 1978. Versión española: *El pueblo y el rey. La revolución comunera en Colombia*, 1781, Bogotá, Carlos Valencia Editores, 1980, pp. 87-99.

Borbones[18]. Todos apelaban a las *libertades españolas* en contra del modelo absolutista de corte francés y de la maquinaria fiscal militar y religiosa que Carlos III trataba de implantar bajo el consejo de ministros fascinados por las colonias de Francia e Inglaterra. Es probable que esta nostalgia explique la fidelidad de los indios y de muchos criollos después de los compromisos que pusieron fin a las conmociones andinas de los años 1780. Cierto *statu quo* había sido encontrado que podía dar a unos y otros la ilusión de haber recobrado sus *libertades*. Paradójicamente, la *libertad* propuesta por los patriotas no parecía encubrir tantas promesas sino quizás para los negros y mulatos que festejaron tanto a San Martín el día de la proclamación de la independencia en Lima.

Epílogo

De todo lo anterior se desprende una geopolítica de los procesos de independencia. Catalina Reyes nos ha descrito cómo participó la plebe, hasta alentando rivalidades seculares entre villas y ciudades neogranadinas una vez proclamadas sus respectivas juntas de gobierno. De igual manera, aparece una geopolítica de la participación indígena en la emancipación. Jairo Rodríguez la dibuja con nitidez en la Nueva Granada: a la pasividad del altiplano cundiboyacense se opone una defensa acérrima de la monarquía en Santa Marta y Pasto. En cuanto a la participación negra, Óscar Almario distingue un modelo específico de la costa pacífica avanzando la hipótesis de un cambio radical de sociedad que contradice el lugar común de una independencia que no hubiera sido acompañada por una revolución social. Los textos de Tatiana Hidrovo y de María Eugenia Chaves señalan más bien la supervivencia de comunidades ya constituidas, los indios de Puerto Viejo y los libres de color del Chota, gracias a conductas pragmáticas frente a la tormenta política. La singularidad peruana sigue siendo innegable y sorprendente en muchos aspectos que la historiografía deberá seguir indagando. De igual manera, conviene destacar una singularidad caribeña tomando en cuenta la proximidad del modelo haitiano[19] y del foco republicano de la isla Guadalupe[20]. Pero, obviamente, ciudades como Cartagena y Coro funcionaron en sentido opuesto la una con respecto a la otra. Al gentío mulato seducido por los vientos de la libertad de Filadelfia se opone la fidelidad

---

[18] Véase Scarlett O'Phelan Godoy, *Un siglo de rebeliones anticoloniales. Perú y Bolivia 1700-1783*, Cusco, CBC-IFEA, 1988.

[19] Véase el artículo sintético de Clément Thibaut, "Coupé têtes, brûlé cazes. Temores y deseos de Haití en el Caribe hispánico", en Izaskun Álvarez Cuartero y Julio Sánchez Gómez (eds.), *Visiones y revisiones de la Independencia americana*, México, Centroamérica y Haití, Ediciones Universidad Salamanca, 2005, pp. 107-133.

[20] Véase Alejandro Enrique Gómez Pernía, "Entre résistance, piraterie et républicanisme. Mouvements insurrectionnels d'inspiration révolutionnaire franco-antillaise sur la Côte de Caracas, 1794-1800", *Travaux et Recherches de l'UMLV*, n.º 11. Marne-la-Vallée: Université de Marne-la-Vallée (Francia), pp. 91-120.

inquebrantable de los indios de la Corona. Bolivia tampoco carece de casos singulares, como la "republiqueta" de Hayopaya donde participaron indígenas quechuas y aymaras.

No terminaremos sin emitir algunas sugerencias. Primero, convendría poner un término a la contienda historiográfica que opone a los partidarios de una independencia concedida y a los de una independencia endógena[21]. Parece innegable hoy en día que la crisis abierta en 1808 por la invasión napoleónica agudizó una serie de tensiones inscritas en la larga duración. Recordemos por ejemplo cómo los planes de 12 puntos del movimiento de Titococha (1810) y de Cáceres (1811) retomaron los objectivos de Tupac Amaru. Segundo, hay que estudiar el desliz progresivo de los negros hacia el campo patriota. Christine Hünefeldt habla al respecto de una "lógica inercial" que no tuvo forzosamente razones políticas. Lo mismo se podría decir de los negros de Esmeraldas estudiados por Rocío Rueda. Por fin, parece imprescindible estudiar las supervivencias o las remanencias de la fidelidad monárquica. Uno de los casos más polémicos en la materia sigue siendo quizás el sublevamiento de los indios de Iquicha, cerca de Ayacucho, de 1825 a 1827, apelando al retorno de Fernando VII. Todo parece indicar en la materia que, siguiendo las pautas de Eric Van Young para el caso del campesinado mexicano, se trataba de un "proceso prolongado de resistencia cultural por parte de las comunidades ante fuerzas de cambio tanto internas como externas"[22].

Sospecho que el estudio de este caso asentó la convicción de Heraclio Bonilla de la necesidad de convocar al congreso que dio lugar a estas actas. Le recordaré que cuando Bolívar fue enterrado en Santa Marta le pusieron la camisa que el cacique de Mamatoco había utilizado para ostentar el busto de Fernando VII, recibido en julio de 1815 de manos de Morillo, en recompensa por su fidelidad al rey[23].

---

[21] Veáse al respecto el famoso artículo de Scarlett O'Phelan Godoy, "El mito de la 'independencia concedida': Los programas políticos del siglo XVIII y del temprano XIX en el Perú y Alto Perú (1730-1814)". En *Independencia y revolución, 1780-1840*, 2 vols., ed. Alberto Flores Galindo, vol. 2, Lima, INC, 1987, pp. 145-199.

[22] Eric Van Young citado en Heraclio Bonilla, "La oposición de los campesinos indios a la República: Iquicha, 1827", en Bonilla, *op. cit.*, pp. 133-149.

[23] "Bolívar y el último cacique", en *Papel Periódico Ilustrado*, n.°103, 28 de octubre de 1886, p. 98.

Bibliografía

CAPÍTULO 1

Fuentes primarias manuscritas

Archivo Central del Cauca, Popayán.

    Sala: Independencia. Carácter: Civil.

    Signatura: 1520 (Indepcia. CI-15cp). Fol.1-3. Guapi, 7-XI-1822; 21-XI-1823.

    Signatura: 2727 (Indepcia. CI-1cp). Fol.1-6. Barbacoas, sin fecha (1827).

    Sala Arboleda.

    Signatura: 229. Fol.1-2. Panamá, abril 28 de 1829.

    Signatura: 453. Fol.1-2. Hacienda Japio. Marzo 4 de 1845.

    Sala Mosquera.

    Año: 1829. Carpeta n.° 17-L. D.5513. Fol. 1-3. Santa María de Timbiquí, 6-VI-1829.

    Año: 1827. Carpeta n.° 15-L. D.3607. Fol. 1-4. Mina de Santa María-Mina de San Vicente, 27-VII/20-VIII/26-X-1827.

Archivo Nacional del Ecuador, Quito.

    Fondo: Popayán

    Caja n.° 272, exp. 13, fol. 1-7, Timbiquí, 6-IX-1802.

    Caja n.° 305, exp. 4, fol. 1-4, Barbacoas, 24-VIII-1823.

Bibliografía general

ALMARIO G., Óscar.

    2007 "Ay mi bello puerto del mar, mi Buenaventura", en *Posiciones. Revista de la Universidad del Valle*, n.° 1., julio, Cali, pp. 8-19.

    2005a *La invención del suroccidente colombiano. Historiografía de la Gobernación de Popayán y el Gran Cauca, siglos XVIII y XIX* (Medellín: Universidad Pontificia Bolivariana, Concejo de Medellín, Corporación Instituto Colombiano de Estudios Estratégicos), Colección Pensamiento Político Contemporáneo, 2 tomos, n.° 12.

    2005b "Etnias, regiones y Estado nacional en Colombia. Resistencias y etnogénesis en el Gran Cauca", en Francisco Colom González (ed.), *Relatos de Nación. La construcción de las identidades nacionales en el mundo hispánico* (Frankfurt am Main: Iberoamericana, Vervuert), vol. 2, pp. 801-820.

ALMARIO G., Óscar y Edgardo PÉREZ MORALES.

    2006 "Negros en tierra de 'blancos'", en Michel Hermelin (ed.), *Geografía de Antioquia* (Medellín: Universidad EAFIT), pp. 223-236.

ALMARZA VILLALOBOS, Ángel y Armando MARTÍNEZ GARNICA (eds.).

    2008 *Instrucciones para los diputados del Nuevo Reino de Granada y Venezuela ante la Junta Central Gubernativa de España y las Indias* (Bucaramanga: Universidad Industrial de Santander), Colección Bicentenario.

ANDERSON, Benedict.
1993   *Comunidades Imaginadas. Reflexiones sobre el origen y la difusión del nacionalismo* (México: Fondo de Cultura Económica).
ARENDT, Hannah.
1982   *Los orígenes del totalitarismo* (Madrid: Alianza), 3 tomos.
BERNAL, Antonio Miguel.
2005   *España, proyecto inacabado. Los costes/beneficios del Imperio* (Madrid: Fundación Carolina-Centro de Estudios Hispánicos e Iberoamericanos-Marcial Pons Historia).
BERNAND, Carmen.
2001   "Mestizos, mulatos y ladinos en Hispanoamérica: un enfoque antropológico de un proceso histórico", en Miguel León-Portilla (coord.), *Motivos de la antropología americanista. Indagaciones en la diferencia* (México: Fondo de Cultura Económica), pp. 105-133.
BERNAND, Carmen y Serge GRUZINSKI.
1996   *Historia del nuevo mundo. Del descubrimiento a la conquista. La experiencia europea, 1492-1550* (México: Fondo de Cultura Económica).
BOCCARA, Guillaume.
2002   "Colonización, resistencia y etnogénesis en las fronteras americanas", en Guillaume Boccara (ed.), *Colonización, resistencia y mestizaje en las Américas (siglos XVI-XX)* (Quito: IFEA, Ediciones Abya-Yala), pp. 47-82.
BOLÍVAR, Simón.
1983   *Escritos políticos* (Bogotá: El Áncora Editores).
BULNES, Gonzalo.
1974   "Bolívar en el Perú". En *Antología de la batalla de Ayacucho*, selección de Alberto Montezuma Hurtado (Bogotá: Editorial Andes).
CASTRO-GÓMEZ, Santiago.
2005   *La hybris del Punto Cero. Ciencia, raza e ilustración (1750-1816)* (Bogotá: Editorial Pontificia Universidad Javeriana).
CHUST, Manuel (coord.).
2007   *1808. La eclosión juntera en el mundo hispano* (México: Fondo de Cultura Económica-Fideicomiso Historia de las Américas, El Colegio de México).
2004   "Rey, soberanía y nación. Las cortes doceañistas hispanas, 1810-1814", en Manuel Chust e Ivana Frasquet (coords.), *La trascendencia del liberalismo doceañista en España y en América* (Valencia: Generalitat Valenciana), pp. 51-76.
CHUST, Manuel e Ivana FRASQUET (eds.).
2004   *La trascendencia del liberalismo doceañista en España y en América* (Valencia: Generalitat Valenciana).
COLMENARES, Germán.
1989   Informe del Área de Historia para la Misión de Ciencias y Tecnología de Colciencias. Bogotá
1987   *Las convenciones contra la cultura. Ensayos sobre la historiografía latinoamericana del siglo XIX* (Bogotá: Tercer Mundo Editores).
1979   *Historia económica y social de Colombia*, tomo 2: *Popayán: una sociedad esclavista. 1680-1800* (Bogotá: La Carreta).
CURTIN, Philip D.
1969   *The Atlantic Slave Trade. A Census* (Madison, Wis: The University of Wisconsin Press).
DÍAZ RETG, Enrique.
1928   *Simon Bolívar. La vida del Libertador narrada a la juventud* (Barcelona: Araluce).
DOMÍNGUEZ, Camilo y Augusto GÓMEZ.
1994   *Nación y etnias. Los conflictos territoriales en la Amazonia. 1750-1933* (Santafé de Bogotá: Coama, Gaia, Fundación Puerto Rastrojo, Disloque Editores).
DUBE, Saurabh.
2001   *Sujetos subalternos. Capítulos de una historia antropológica* (México: El Colegio de México).

DUBE, Saurabh (ed.).
1999   *Pasados poscoloniales. Colección de ensayos sobre la nueva historia y etnografía de la India* (México: El Colegio de México).
ELLIOT, John H.
2006   *Imperios del mundo atlántico. España y Gran Bretaña en América (1492-1830)* (Madrid: Taurus).
FERRO, Marc (dir.).
2005   *El libro negro del colonialismo. Siglos XVI al XXI: del exterminio al arrepentimiento* (Madrid: La Esfera de los Libros).
FINESTRAD, Fray Joaquín de.
2000   *El vasallo instruido en el estado del Nuevo Reino de Granada y en sus respectivas obligaciones* [1789], introducción y trascripción de Margarita González (Bogotá: Universidad Nacional de Colombia).
FLORESCANO, Enrique.
2003   *Etnia, Estado y nación. Ensayo sobre las identidades colectivas en México* (México: Taurus).
2001   "Un conflicto de hoy y del futuro: las relaciones entre las Etnias, el Estado y la Nación en México", en Julio Labastida Martín del Campo y Antonio Camou (coords.), *Globalización y Democracia. México y América Latina* (México: Siglo XXI Editores), pp. 394-405.
1991   *El nuevo pasado mexicano* (México: Editorial Cal y Arena).
GARCÍA VÁZQUEZ, Demetrio.
1925a   *Revaluaciones históricas. Para la ciudad de Cali* (Cali, Editorial América, T. J. Martínez y Cía. S.A.), tomo 2.
1925b   "La génesis del Cauca heroico", en *Santafé y Bogotá. Revista Mensual*, directores: Víctor E. Caro y Daniel Samper Ortega, año 3, tomo 5, n.º 25, enero, pp. 35-50.
1925 c   "La génesis del Cauca heroico. Conclusión", en *Santafé y Bogotá. Revista mensual,* Bogotá, vol. 3, n.º 26 (febrero), pp. 91-102.
GARRIDO, Margarita.
1997   "Propuestas de identidad política para los colombianos en el primer siglo de la República", en Rossana Barragán, Dora Cajías y Seemin Qayum (comps.), *El siglo XIX. Bolivia y América Latina* (La Paz: IFEA, Embajada de Francia, Historias-Coordinadora de Historias), pp. 607-618.
GENOVESE, Eugene D.
1981   *From Rebellion to Revolution. Afro-American Slave Revolts in the Making of the New World* (Nueva York: Vintage Books).
1976   *Roll Jordan, Roll: The World the Slave Made* (Nueva York: Random House).
GRUZINSKI, Serge.
2000   *El pensamiento mestizo* (Barcelona: Paidós).
GUHA, Ranajit.
1999   *Elementary Aspects of Peasant Insurgency in Colonial India* (Durham and Londres: Duke University Press).
GUIBERNAU, Montserrat.
1996   *Los nacionalismos* (Barcelona: Ariel).
GUTIÉRREZ RAMOS, Jairo.
2007   *Los indios de Pasto contra la República (1809-1824)* (Bogotá: Instituto Colombiano de Antropología e Historia).
HALL, Stuart y Paul du GAY (comps.).
2003   *Cuestiones de identidad cultural* (Buenos Aires: Amorrortu).
HALL, Stuart.
2005   "La importancia de Gramsci para el estudio de la raza y la identidad", en *Revista Colombiana de Antropología*, vol. 41, enero-diciembre, pp. 219-257.
HELLER, Ágnes y Ferenc FEHÉR.
1995   *Biopolítica. La modernidad y la liberación del cuerpo* (Barcelona: Península).

JIMÉNEZ MENESES, Orián y Óscar ALMARIO G.
2005   "Geografía y paisaje en Antioquia, 1750-1850. De los retos de la provincia interna al espejo externo del progreso", en *Geografía física y política de la Confederación Granadina. Volumen IV. Estado de Antioquia. Antiguas provincias de Medellín, Antioquia y Córdova*. Obra dirigida por el general Agustín Codazzi. Edición, análisis y comentarios de Guido Barona Becerra, Augusto J. Gómez López, Camilo Domínguez Ossa. Investigadores invitados: Andrés Guhl Corpas, Óscar Almario García, Orián Jiménez Meneses (Medellín: Universidad Nacional de Colombia, Universidad EAFIT, Universidad del Cauca), pp. 43-64.

KÖNIG, Hans-Joachim.
1994   *En el camino hacia la nación. Nacionalismo en el proceso de formación del Estado y de la nación de la Nueva Granada 1750-1856* (Bogotá: Banco de la República).

KRAUSE, Enrique.
2005   *La presencia del pasado. La huella indígena, mestiza y española de México* (Barcelona: Tusquets).

LANGEBAEK, Carl Henrik.
2003   *Arqueología colombiana. Ciencia, pasado y exclusión* (Bogotá: Colciencias).

LISÓN DE TOLOSANA, Carmelo (ed.).
2007   *Introducción a la antropología social y cultural. Teoría, método y práctica* (Madrid: Akal).

LOFSTROM, William.
1996   *La vida íntima de Tomás Cipriano de Mosquera (1798-1830)* (Bogotá: Banco de la República, El Áncora Editores).

LÓPEZ-ALVES, Fernando.
2003   *La formación del Estado y la democracia en América Latina. 1810-1900* (Bogotá: Editorial Norma).

LYNCH, John.
2006   *Simon Bolívar* (Barcelona: Crítica).

MALLON, Florencia E.
2003   *Campesino y nación: La construcción de México y Perú poscoloniales* (México: Ciesas, El Colegio de San Luis, El Colegio de Michoacán).

MARCHENA, Juan y Manuel CHUST (eds.).
2008   *Por la fuerza de las armas: ejército e independencias en Iberoamérica* (Castelló de la Plana: Universitat Jaume I).

MENAND, Louis.
2002   *El club de los metafísicos. Historia de las ideas en América* (Barcelona: Ediciones Destino).

MINAUDIER, Jean Pierre.
1988   "Une région miniére de la colonie á l'indépendance: Barbacoas 1750-1830. (Économie. société. vie politique locale)", en *Bulletin du Institut Frances de Études Andines*, vol. 17, n.º 2, pp. 81-104.
1987   "Pequeñas patrias en la tormenta: Pasto y Barbacoas a finales de la Colonia y en la Independencia", en *Revista Historia y Espacio*, vol. 3, n.ºs 11-12, enero-diciembre, pp. 129-165.

MINTZ, Sydney W. y Richard PRICE.
1980   *An Anthropological Approach to the Afro-American Past* (Filadelfia: ISHI).

MONTEZUMA HURTADO, Alberto (selección).
1974   *Antología de la batalla de Ayacucho* (Bogotá: Caja de Crédito Agrario, Industrial y Minero).

MÚNERA, Alfonso.
2005   *Fronteras imaginadas. La construcción de las razas en el siglo XIX colombiano* (Bogotá: Planeta).

PINEDA CAMACHO, Roberto.
2000   *Holocausto en el Amazonas. Una historia social de la Casa Arana* (Bogotá: Planeta, Espasa-Forum).

POVEDA RAMOS, Gabriel.
1984   "Propuesta de un plan indicativo de la industria forestal", en *Revista ANDI*, n.º 68, pp. 41-52.

QUIJADA, Mónica, Carmen BERNAND y Arnd SCHNEIDER.
2000   *Homogeneidad y nación. Con un estudio de caso: Argentina, siglos XIX y XX* (Madrid: Consejo Superior de investigaciones Científicas).

QUINTERO MONTIEL, Inés y Armando MARTÍNEZ GARNICA (eds.).
2008   *Actas de formación de juntas y declaraciones de independencia (1809-1822). Reales audiencias de Quito, Caracas y Santa Fe* (Bucaramanga: Universidad Industrial de Santander), Colección Bicentenario, 2 tomos.

RENÁN, Ernest.
1987   *¿Qué es una nación? Cartas a Strauss* [1882], estudio preliminar y notas de Andrés de Blas Guerrero (Madrid: Alianza Editorial).

RESTREPO, Eduardo.
2004   *Teorías contemporáneas de la etnicidad. Stuart Hall y Michel Foucault* (Popayán: Universidad del Cauca).

RESTREPO PIEDRAHÍTA, Carlos.
1993   *Primeras Constituciones de Colombia y Venezuela. 1811-1830* (Bogotá: Universidad Externado de Colombia).

REYES, Catalina.
2005   "La fragmentación étnica y política y su incidencia en la independencia de la Nueva Granada, 1750-1815", en Armando Martínez Garnica (ed.), *Independencia y transición a los Estados nacionales en los países andinos: nuevas perspectivas*. Memorias del Segundo Módulo Itinerante de la Cátedra de Historia de Iberoamérica, Cartagena de Indias, agosto 10 a 13 de 2004 (Bucaramanga: Universidad Industrial de Santander, Organización de Estados Iberoamericanos-OEI), pp. 281-315.

RIVERA CUSICANQUI, Silvia y Rossana BARRAGÁN ROMANO (comps.).
1997   *Debates postcoloniales: Una introducción a los Estudios de la subalternidad* (La Paz: Historias, SEPHIS, Aruwiyuri).

RODRÍGUEZ ZEPEDA, Jesús.
2006   *Un marco teórico para la discriminación* (México: Consejo Nacional para Prevenir la Discriminación), Colección Estudios, n.º 2.

ROSE, Arnold.
1965   *El negro en América* (Barcelona: Ediciones Ariel).

SAETHER, Steiner A.
2005   *Identidades e independencia en Santa Marta y Rioacha, 1750-1850* (Bogotá: Instituto Colombiano de Antropología e Historia).

SAMPER, José María.
1861   *Ensayo sobre las revoluciones políticas y la condición social de las Repúblicas Colombianas (Hispano-Americanas); con un apéndice sobre la orografía y la población de la Confederación Granadina* (París: Imprenta de Thumot y Cía.).

SCHNAPPER, Dominique.
2001   *La comunidad de los ciudadanos. Acerca de la idea moderna de nación* (Madrid: Alianza Editorial).

SERJE, Margarita.
2005   *El revés de la nación: Territorios salvajes, fronteras y tierras de nadie* (Bogotá: Universidad de los Andes, Facultad de Ciencias Sociales, Departamento de Antropología, Centro de Estudios Socioculturales e Internacionales, Ediciones Uniandes).

SPIVAK, Gayatri.
2003   "¿Puede al subalterno hablar?", en *Revista Colombiana de Antropología,* vol. 39.

TOVAR PINZÓN, Hermes *et al*.
1994   *Convocatoria al poder del número. Censos y estadísticas de la Nueva Granda, 1750-1830* (Santafé de Bogotá: Archivo General de la Nación).

UPRIMNY, Leopoldo.
1971   *El pensamiento filosófico y político en el Congreso de Cúcuta* (Bogotá: Instituto Caro y Cuervo).

VALENCIA LLANO, Alonso.
2003   "Integración de la población negra en las sociedades andinas, 1830-1880", en Juan Maiguashca (ed.), *Historia de América Andina,* vol. 5: *Creación de las repúblicas y formación de la Nación* (Quito: Universidad andina Simón Bolívar, Sede Ecuador), pp. 141-172.

VARIOS AUTORES.
1996   *Informes de Cali y sus Alcaldías Pedáneas en 1808* [1808], recopilación, selección y notas de Víctor Manuel Patiño (Cali: Centro de Estudios Históricos y Sociales Santiago de Cali -Gerencia Cultural de la Gobernación del Valle).
VARIOS AUTORES.
2007   "Debate: Aproximaciones a los estudios de razas y racismos en Colombia", en *Revista de Estudios Sociales*, n.º 27, Bogotá, Universidad de los Andes, agosto, pp.184-193.
VARGAS, Pedro Fermín de.
1986   *Pensamientos políticos, siglos XVII-siglo XVIII* (Bogotá: Procultura).
WALLERSTEIN, Immanuel (coord.).
1999   *Abrir las ciencias sociales. Informe de la Comisión Gulbenkian para la reestructuración de las ciencias sociales* (México: Siglo XXI Editores, Centro de Investigaciones Interdisciplinarias en Ciencias y Humanidades, UNAM).
WHITTEN, Norman E.
1992   *Pioneros negros. La cultura afro-latinoamericana del Ecuador y Colombia* (Quito: Centro Cultural Afro-Ecuatoriano).
WHITTEN, Norman E. y J. F. SZWED (eds.).
1970   *Afro-American Anthropology* (Nueva York: The Free Press).
ZULUAGA, Francisco.
2001   "El proyecto de indianidad", en Guido Barona y Cristóbal Gnecco, *Historia, geografía y cultura del Cauca. Territorios posibles* (Popayán: Corporación Autónoma Regional del Cauca, CRC), tomo 2, pp. 153-168.

CAPÍTULO 2

ALMARIO GARCÍA, Óscar.
2005   "Racialización, etnicidad y ciudadanía en el Pacífico neogranadino. 1780-1830", en *Independencia y transición a los Estados nacionales en los países andinos* (Bucaramanga: UIS, OEI).
2001   "Anotaciones sobre las provincias del Pacífico sur durante la construcción temprana de la república de la Nueva Granada, 1823-1857", en *Anuario de Historia Regional y de las Fronteras*, n.º 6, Bucaramanga, septiembre.
ARRÁZOLA, Roberto.
1970   *Palenque, primer pueblo libre de América. Historia de las sublevaciones de los esclavos en Cartagena* (Cartagena: Ediciones Hernández).
BORREGO PLA, Carmen.
1973   *Palenques negros en Cartagena de Indias fines del siglo XVII* (Sevilla: Escuela de Estudios Hispanoamericanos).
CABALLERO, José María.
1974   *Diario de la independencia* (Bogotá: Banco de la República).
CASTRO, Pedro.
1979   *Culturas aborígenes cesarenses e Independencia Valle de Upar* (Bogotá: Gobernación del Cesar, Sociedad Bolivariana).
COLMENARES, Germán.
1986   *La independencia. Ensayos de historia social* (Bogotá: Colcultura).
1979   *Historia económica y social de Colombia*, tomo 2: *Popayán una sociedad esclavista, 1680-1800* (Bogotá: La Carreta).
CONDE CALDERÓN, Jorge.
1999   *Espacio, sociedad y conflictos en la provincia de Cartagena, 1740-1815* (Barranquilla: Fondo de Publicaciones de la Universidad del Atlántico).
1995   "Reformas borbónicas y reordenamiento del espacio en el Nuevo Reino de Granada: El caso de la provincia de Cartagena en el siglo XVIII", en *Historia Caribe*, vol. 1.

Documentos para la historia de la insurrección comunera en la provincia de Antioquia. 1765-1785, Medellín, Universidad de Antioquia, 1982

EARLE, Rebeca.

1999   "Popular Participation in the Wars of Independence in New Granada", en *Independence and Revolution in Spanish America* (University of London).

1993   "Indian Rebelion and Bourbon Reform in New Granada. Riots in Pasto, 1780, 1800", en *Hispanic American Historical Review*, vol. 72, n.º 4, noviembre, pp. 99-124.

1989   *Regional Revolt and Local Politics in the Province of Pasto. 1750-1850*. M. A. Dissertation University of Warwick.

GARRIDO, Margarita.

1993   *Reclamos y representaciones: Variaciones sobre la política en el Nuevo Reino de Granada, 1770-1815* (Bogotá: Banco de la República).

GONZÁLEZ, Margarita.

1970   *El resguardo en el Nuevo Reino de Granada* (Bogota: Universidad Nacional de Colombia).

GUTIÉRREZ DE PINEDA, Virginia y Roberto PINEDA.

1999   *Miscegenación y cultura en la Colombia colonial. 1750-1810* (Bogota: Uniandes, Colciencias).

GUTIÉRREZ RAMOS, Jairo.

2007a   *Los indios de Pasto contra la república, 1809 1824* (Bogotá: Instituto Colombiano de Antropología e Historia)

2007b   "Acción política y redes de solidaridad étnica entre los indios de Pasto en tiempos de la Independencia", en *Historia Crítica*, n.º 33.

s.f.   *Los estudios sobre la independencia en Colombia* (Bucaramanga: UIS).

HELG, Aline.

2004   *Liberty and Equality in Caribbean Colombia, 1770-1835* (Chapel Hill y Londres: The University of North Carolina Press).

2000   "Raíces de la invisibilidad del afrocaribe en la imagen de la nación colombiana. Independencia y sociedad, 1800 1821", en Gonzalo Sánchez y María Emma Wills (comps.), *Museo, memoria y nación. Misión de los museos nacionales para los ciudadanos del futuro* (Bogotá: Instituto Colombiano de Antropología e Historia, Museo Nacional de Colombia), pp. 221-251.

HERRERA ÁNGEL, Marta.

2002   *Ordenar para controlar. Ordenamiento espacial y control político en las llanuras del Caribe y en los Andes centrales neogranadinos. Siglo XVIII* (Bogotá: Instituto Colombiano de Antropología e Historia, Academia Colombiana de Historia).

1996   *Poder local, población y ordenamiento territorial en la Nueva Granada. Siglo XVIII* (Bogotá: Archivo General de la Nación).

LASSO, Marixa.

2008   "El día de la independencia: una revisión necesaria", n.º 8, *Nuevo Mundo Mundos Nuevos*, puesto en línea el 17 de enero de 2008, referencia del 22 de enero de 2008, disponible en: http://nuevomundo.revues.org/document13523.html

2007   *Myths of Harmony: Race and Republicanism During the Age of Revolution, Colombia 1795-1831*. (Pittsburgh University Press).

2006   "Race War and Nation in the Caribbean Gran Colombia, Cartagena 1810-1832", en *Hispanic American Historical Review*, vol. 11.

LOMNÉ, Georges.

1993   "Las ciudades de la Nueva Granada: teatro y objeto de los conflictos de la memoria política (1810-1830)", en *Anuario Colombiano de Historia Social y de la Cultura*, n.º 21, Bogotá, pp. 114-135.

MARTÍNEZ GARNICA, Armando.

2004   "El de la representación política en el primer Congreso General del Nuevo Reino de Granada. (Enero de 1811)", en *Boletín de Historia y Antigüedades*, vol. 91, n.º 824, Bogotá, Academia Colombiana de Historia, enero-marzo, pp. 3-16.

MARTÍNEZ GARNICA, Armando (ed.).

2004   *Las juntas neogranadinas de 1810 en la independencia en los países Andinos: Nuevas perspectivas* (Quito: Universidad Andina Simón Bolívar, OEI).

McFARLANE, Anthony.

1999   "Desórdenes civiles y protestas populares", en Germán Mejía, Michel Larosa y Mauricio Nieto (comps.), *Colombia en el siglo XIX* (Bogotá: Editorial Planeta), pp. 21-65.

1991   "Cimarrones y palenques en Colombia. Siglo XVIII", en *Historia y Espacio. Revista de Estudios Históricos Regionales*, n.º 14, Cali, Universidad del Valle, junio, pp. 53-78.

MEISEL ROCA, Adolfo.

1980   "Esclavitud, mestizaje y haciendas en la provincia de Cartagena, 1533-1851", en *Desarrollo y sociedad*, n.º 5, Bogotá, Universidad de los Andes, pp. 229-277.

MÖRNER, Magnus.

1992   *Ensayos sobre historia latinoamericana. Enfoques, conceptos y métodos* (Quito: Universidad Andina Simón Bolívar, Corporación Editora Nacional).

MÚNERA, Alfonso.

1998   *El fracaso de la nación. Región, clase y raza en el Caribe colombiano (1717-1810)* (Bogotá: Banco del República, El Áncora Editores).

OCAMPO LÓPEZ, Javier.

1974   *El proceso ideológico de la emancipación: Independencia, futuro e integración en los orígenes de Colombia* (Tunja: Universidad Pedagógica y Tecnológica de Colombia).

POSADA, Eduardo.

1914   *El veinte de julio* (Bogotá: Imprenta Arboleda y Valencia).

PROCESO HISTÓRICO DEL 20 DE JULIO DE 1810. DOCUMENTOS.

1960   Bogotá, Banco de la República.

RELACIONES E INFORMES DE LOS GOBERNANTES DE LA NUEVA GRANADA.

1989   3 tomos, introducción y transcripción de Germán Colmenares (Bogotá: Biblioteca Banco Popular).

RESTREPO, José Manuel.

1827   *Historia de la Revolución de la República de Colombia* (Paris: Librería Americana), 10 tomos.

1969   *Documentos importantes de la Nueva Granada, Venezuela y Colombia* (Bogotá: Imprenta Nacional), 2 tomos.

REYES CÁRDENAS, Catalina.

2007   "Ordenamiento territorial en el Nuevo Reino de Granada, 1750-1810", en Catalina Reyes y Juan David Montoya (eds.), *Poblamiento y movilidad social en la historia de Colombia* (Medellín: Universidad Nacional de Colombia).

2007   "La explosión de soberanías: ¿Nuevo orden republicano o viejos conflictos coloniales?", en *Anuario de Historia Regional y de las Fronteras*. vol. 12, Bucaramanga, septiembre.

2005   "Fragmentación étnica y política y su incidencia en la Independencia", en *Independencia y transición de los Estados nacionales en los países andinos* (Bucaramanga: Universidad Industrial de Santander).

ROBLEDO, Emilio.

1954   *Bosquejo biográfico del señor oidor Juan Antonio Mon y Velarde, visitador de Antioquia, 1785-1788* (Bogotá: Publicaciones del Banco de la República, Archivo de la Economía Nacional), 2 tomos.

RODRÍGUEZ PLATA, Horacio.

1963   *La antigua provincia del Socorro y la Independencia* (Bogotá: Publicaciones Editoriales).

SAETHER, Steiner A.

2005   *Identidades e Independencia en Santa Marta y Riohacha, 1750-1850* (Bogotá: Instituto Colombiano de Antropología e Historia).

SOULODRE-LA FRANCE, Renèe.

2004   *Región e imperio. El Tolima Grande y las reformas borbónicas en el siglo XVIII* (Bogotá: Instituto Colombiano de Antropología e Historia).

TOVAR PINZÓN, Hermes.
  1992   *De una Chispa se forma la hoguera. Esclavitud, insubordinación y liberación* (Tunja: Universidad Pedagógica y Tecnológica de Colombia).
TOVAR PINZÓN, Hermes *et al*.
  1994   *Convocatoria al poder del número. Censos y estadísticas de la Nueva Granada (1750-1830)* (Bogotá: Archivo General de la Nación).
TWINAM, Ann.
  1985   *Mineros, comerciantes y labradores: Las raíces del espíritu empresarial en Antioquia. 1763-1810* (Medellín: FAES).
URIBE URÁN, Víctor Manuel.
  2000   "¡Muerte a los abogados! Los abogados y el movimiento de independencia en la Nueva Granada, 1809-1820", en *Historia y sociedad*, n.º 7, Medellín, Universidad Nacional de Colombia, pp. 7-48.
ZADAWSKY, Alfonso.
  1943   *Las ciudades confederadas del Valle del Cauca en 1811* (Bogotá: Academia Colombiana de Historia).
ZULUAGA, Francisco.
  1998   "Los hombres históricos del Patía o los héroes del tiempo encantado", en Adriana Maya (ed.), *Geografía humana de Colombia* (Santafé de Bogotá: Instituto Colombiano de Cultura Hispánica), tomo 4: *Los afrocolombianos*, pp. 167-190.
  1993   "Cimarronismo en el suroccidente del antiguo Virreinato de Santafé", en Pablo Leyva (ed.), *Colombia Pacífico* (Bogotá: FEN-Biopacifíco), tomo 2.

CAPÍTULO 3

ARRAZOLA, Roberto.
  1973   *Los mártires responden* (Cartagena: Ediciones Hernández).
  1970   *Palenque, primer pueblo libre de América* (Cartagena: Ediciones Hernández).
BORREGO PLA, María del Carmen.
  1973   *Palenque de negros en Cartagena de Indias a fines del siglo XVII* (Sevilla: Escuela de Estudios Hispanoamericanos).
BUSHNELL, David.
  1985   "The Independence of Spanish South America", en Leslie Bethel (ed.), *The Cambridge History of Latin America,* vol. III (Cambridge: Cambridge University Press).
  1954   *The Santander Regime in Gran Colombia* (Newark: University of Delaware Press).
CORRALES, Manuel Ezequiel.
  1886   *Los mártires de Cartagena* (Cartagena: Tipografía de Antonio Araujo).
CORRALES, Manuel Ezequiel (comp.).
  1883   *Documentos para la historia de la provincia de Cartagena de Indias, hoy Estado Soberano de Bolívar en la Unión Colombiana* (Bogotá: Imprenta de Medardo Rivas), 2 vols.
GRAHAM, Richard.
  1994   *Independencce in Latin America. A Comparative Approach* (Nueva York: McGraw-Hill), 2.ª ed.
HELG, Aline.
  2004   *Liberty and Equality in Caribbean Colombia, 1770-1835* (Chapel Hill: The University of Carolina Press).
  2002   "El general José Padilla en su laberinto: Cartagena en el decenio de 1820", en Haroldo Calvo y Adolfo Meisel, *Cartagena de Indias en el siglo XIX* (Cartagena: Banco de la República).
JIMÉNEZ MOLINARES, Gabriel.
1948-1950 *Los mártires de Cartagena de 1816 ante el consejo de guerra y ante la historia* (Cartagena: Imprenta Departamental), 2 vols.
LASSO, Marixa.
  2002   *From Racial Fear to Racial Harmony: Race and Republicanism in Colombia, Cartagena, 1795-1831*, Ph.D. Diss., The University of Florida.

LEMAITRE, Eduardo.
    1983   *Historia general de Cartagena de Indias* (Bogotá: Banco de la República), 4 vols.
LIÉVANO AGUIRRE, Indalecio.
    1964   *Grandes conflictos sociales y económicos de nuestra historia* (Bogotá: Tercer Mundo).
LYNCH, John.
    1973   *The Spanish-American Revolutions, 1808-1826* (Nueva York: W.W. Norton and Company).
MÚNERA, Alfonso.
    2005   *Fronteras imaginadas. La construcción de las razas y de la geografía en el siglo xix colombiano* (Bogotá: Editorial Planeta).
    1998   *El fracaso de la nación. Región, clase y raza en el Caribe colombiano, 1717-1810*, (Bogotá: Banco de la República, El Áncora Editores).
    1995   *Failing to Construct the Colombian Nation: Race and Class in the Andean-Caribbean Conflict, 1717-1816*, Ph.D. Diss., University of Connecticut.
OCAMPO LÓPEZ, Javier.
    1974   *El proceso ideológico de la emancipación* (Tunja: Universidad Pedagógica y Tecnológica de Colombia).
POSADA GUTIÉRREZ, Joaquín.
    1951   *Memorias histórico-políticas* [1865] (Bogotá: Biblioteca Popular de Cultura Colombiana).
RESTREPO, José Manuel.
    1942-1950 *Historia de la revolución de la República de Colombia* (Bogotá: Talleres Gráficos), 3.ª ed., 8 vols.
TORRES ALMEIDA, Jesús C.
    1983   *El almirante José Padilla: epopeya y martirio* (Bogotá: El Tiempo).

CAPÍTULO 4

Fuentes primarias

Archivo Central del Cauca, *Independencia* ci-10t, signaturas 279, 562, 563 y 622.
Archivo General de la Nación (Bogotá), Archivo Anexo, *Historia* 11.
Archivo General de la Nación (Bogotá), sección República, *Indios*.
Archivo General de Indias (Sevilla), *Santa Fe*, 623; *Santa Fe* 1201.
Archivo José Manuel Restrepo (Bogotá), vol. 8.
Archivo Nacional de Historia (Quito), *Popayán*, caja 295, carpeta 2; *Popayán*, caja 303, carpeta 6.
Gaceta de la Ciudad de Bogotá, Capital del Departamento de Cundinamarca, n.º 51, 1820.

Bibliografía general

BASTIDAS URRESTY, Edgar.
    1979   *Las guerras de Pasto* (Bogotá: Testimonio).
BONNETT VÉLEZ, Diana.
    2002   *Tierra y comunidad. El caso del altiplano cundiboyacense (Virreinato de la Nueva Granada) 1750-1800* (Bogotá: Instituto Colombiano de Antropología e Historia, Universidad de los Andes).
CABALLERO, José María.
    1990   *Diario* (Bogotá: Villegas Editores).
EARLE, Rebecca A.
    1989   *Regional Revolt and Local Politics in the Province of Pasto (Colombia), 1780-1850*. M. A. Dissertation, University of Warwick.
FRIEDE, Juan.
    1972   *El indio en lucha por la tierra. Historia de los resguardos del Macizo Central Colombiano* (Bogotá: La Chispa).
FUNDACIÓN FRANCISCO DE PAULA SANTANDER.
    1990   *Cartas Santander - Bolívar (1813-1830)* (Bogotá: Biblioteca de la Presidencia de la República), 6 vols.
GARRIDO, Margarita.
    1993   *Reclamos y representaciones. Variaciones sobre la política en el Nuevo Reino de Granada* (Bogotá: Banco de la República).

GUERRERO, Gustavo S.
   1912   *Documentos históricos de los hechos ocurridos en Pasto en la guerra de Independencia* (Pasto: Imprenta del Departamento).
GUERRERO VINUEZA, Gerardo León.
   1994   *Pasto en la guerra de Independencia, 1809-1824* (Bogotá: Tecnoimpresores).
GUTIÉRREZ RAMOS, Jairo.
   2007   *Los indios de Pasto contra la República (1809-1824)* (Bogotá: Instituto Colombiano de Antropología e Historia).
   2000   "La voz de los indios de la Nueva Granada frente al proyecto criollo de nación, 1820-1830", en *Anuario de Historia Regional y de las Fronteras*, n.º 5, Universidad Industrial de Santander, pp. 51-80.
GROOT, José Manuel.
   1953   *Historia eclesiástica y civil de la Nueva Granada* (Bogotá: Biblioteca de Autores Colombianos).
HAMNETT, Brian.
   1990   "Popular Insurrection and Royalist Reaction: Colombian Regions, 1810-1823", en John R. Fisher *et al*. (eds.). *Reform and Insurrection in Bourbon New Granada and Peru* (Baton Rouge: Londres, Louisiana State University), pp. 292-326.
HELG, Aline.
   2004   *Liberty & Equality in Caribbean Colombia, 1770-1835* (Chapel Hill: University of North Carolina Press).
HERRERA ÁNGEL, Marta.
   2002   *Ordenar para controlar. Ordenamiento espacial y control político en las llanuras del Caribe y en los Andes centrales neogranadinos. Siglo xviii* (Bogotá: Academia Colombiana de Historia, Instituto Colombiano de Antropología e Historia).
JIMENO, Myriam y Adolfo TRIANA ANTORVEZA.
   1985   *Estado y minorías étnicas en Colombia* (Bogotá: Cuadernos del Jaguar, Fundación para las Comunidades Colombiana).
LÓPEZ, José Hilario.
   1975   *Memorias* (Medellín: Bedout).
LÓPEZ DOMÍNGUEZ, Luis Horacio (comp.).
   1990   *De Boyacá a Cúcuta. Memoria administrativa 1819-1821* (Bogotá: Biblioteca de la Presidencia de la República).
McFARLANE, Anthony.
   1997   *Colombia antes de la Independencia. Economía, sociedad y política bajo el dominio Borbón* (Bogotá: Banco de la República, El Áncora).
MEISEL ROCA, Adolfo (ed.).
   1994   *Historia económica y social del Caribe colombiano* (Bogotá: Uninorte, Ecoe).
MONTENEGRO, Armando.
   2002   *Una historia en contravía: Pasto y Colombia* (Bogotá: El Malpensante).
MÚNERA, Alfonso.
   1998   *El fracaso de la nación. Región, clase y raza en el Caribe colombiano (1717-1810)* (Bogotá: Banco de la República, El Áncora).
ORTIZ, Sergio Elías.
   1987   *Agustín Agualongo y su tiempo* (Bogotá: Cámara de Representantes).
REPÚBLICA DE COLOMBIA.
   1924   *Codificación Nacional de todas las leyes de Colombia desde el año de 1821* (Bogotá: Imprenta Nacional).
RESTREPO, José Manuel.
   1969   *Historia de la revolución de Colombia* (Medellín: Bedout), 6 vols.
RESTREPO TIRADO, Ernesto.
   1953   *Historia de la provincia de Santa Marta* (Bogotá: Ministerio de Educación Nacional), 2 vols.

RIEU-MILLAN, Marie Laure.
   1990   *Los diputados americanos en las Cortes de Cádiz* (Madrid: CSIC).
RINCÓN, Nemesiano.
   1973   *El Libertador Simón Bolívar presidente de la república de Colombia, en la campaña de Pasto (1819-1822)* (Bogotá: Banco de la República).
SAETHER, Steiner.
   2005   *Identidades e independencia en Santa Marta y Riohacha, 1750-1850* (Bogotá: Instituto Colombiano de Antropología e Historia).
VEJARANO, Jorge Ricardo.
   1978   *Nariño* (Bogotá: Instituto Colombiano de Cultura), 2.ª ed.
ZULUAGA, Francisco.
   1993   *Guerrilla y sociedad en el Patía* (Cali: Universidad del Valle).
   1985   *José María Obando. De soldado realista a caudillo republicano* (Bogotá: Banco Popular).
ZÚÑIGA ERASO, Eduardo.
   2002   *Nariño, cultura e ideología* (Pasto: Universidad de Nariño, Gobernación de Nariño, Alcaldía de Pasto, Fundación Finmil).

CAPÍTULO 5

AGUIRRE, Carlos.
   2005   *Breve historia de la esclavitud en el Perú. Una herida que no deja de sangrar* (Lima: Fondo Editorial del Congreso del Perú).
ALMARIO GARCÍA, Óscar.
   2003   *Los renacientes y su territorio. Ensayos sobre la etnicidad negra en el Pacífico sur colombiano* (Medellín: Editorial Fundación Ciudad Don Bosco).
APRILE-GNISET, Jaques.
   1993   *Poblamiento, hábitats y pueblos del Pacífico* (Cali: Universidad del Valle).
COSTALES, Alfredo y Piedad.
   1987   *Los Maldonado en la Real Audiencia de Quito* (Quito: Banco Central del Ecuador).
FERNÁNDEZ-RASINES, Paloma.
   2001   *Afrodescendencia en el Ecuador. Raza y género desde los tiempos de la colonia* (Quito: Ediciones Abya-Yala).
FERMÍN CEVALLOS, Pedro.
   1986   *Historia del Ecuador* (Quito: Biblioteca Letras de Tungurahua), tomo 3.
GUTIÉRREZ ARDILA, Daniel.
   2007   "Revolución y diplomacia: el caso de la primera Junta de Quito (1809)", en *Fronteras de la Historia*, n.º 12, ICANH, pp. 341-370.
JURADO NOBOA, Fernando.
   1990   *Esclavitud en la costa pacífica. Iscuandé, Tumaco, Barbacoas y Esmeraldas. Siglos XVI al XIX* (Quito: Ediciones Abya Yala).
LARREA, Carlos Manuel.
   1969   *El barón de Carondelet XXIX presidente de la Audiencia de Quito* (Quito: Corporación de Estudios Panamericanos, Editorial Fray Jodoco Ricke).
RAMOS PÉREZ, Demetrio.
   1978   *Entre el Plata y el Bogotá. Cuatro claves de la emancipación ecuatoriana* (Madrid: Centro Iberoamericano de Cooperación).
ROMERO, Mario Diego.
   1995   *Poblamiento y sociedad en el Pacífico colombiano, siglos XVI al XVIII* (Santiago de Cali: Universidad del Valle, Editorial Facultad de Humanidades, Historia y Sociedad).
RUEDA NOVOA, Rocío.
   2001   "Esclavos y negros libres en Esmeraldas, s. XVIII-XIX", en *Procesos. Revista Ecuatoriana de Historia*, n.º 16, primer semestre.

RUMAZO GONZÁLEZ, José (comp.).

1948   *Documentos para la historia de la Audiencia de Quito* (Madrid: Afrodisio Aguado S.A), tomo 6.

RESTREPO, José Manuel.

1858   *Historia de la revolución de la República de Colombia en la América Meridional* (Bogotá: Imprenta de José Joaquin), tomo 1.

TERÁN NAJAS, Rosemarie.

1989   "Sinópsis histórica del siglo XVIII", en Enrique Ayala (ed.), *Nueva historia del Ecuador* (Quito: Corporación Editora Nacional-Grijalvo), vol. 4.

WERNER CANTOR, Erik.

2000   *Ni aniquilados, ni vencidos. Los emberá y la gente negra del Atrato bajo el dominio español. Siglo XVIII* (Bogotá: Instituto Colombiano de Antropología e Historia).

WEST, Robert.

2000   *Las tierras bajas del Pacífico colombiano* (Bogotá: Imprenta Nacional de Colombia).

VALENCIA LLANO, Alonso.

2008   "Los traidores quiteños. La Gobernación de Popayán frente al gobierno autonomista de Quito", ponencia presentada en el coloquio internacional El Bicentenario de América Andina: Las primeras juntas doscientos años después, Quito, 21 al 23 de julio de 2008.

CAPÍTULO 6

ANRUP, Roland.

2000-2001 "Conceptos socio-político fundamentales en América Latina: Una invitación a un nuevo campo de investigación", en *Annales. Revista del Instituto Iberoamericano de la Universidad de Gotemburgo*, n.º 34, pp. 271-282.

CHAVES, María Eugenia.

2004   "Los sectores subalternos y la retórica libertaria. Esclavitud e inferioridad racial en la gesta independentista", en Armando Martínez Garnica (ed.), *La Independencia en los países andinos: nuevas perspectivas* (Quito: Universidad Andina Simón Bolívar), pp. 209-222.

2001   *Honor y Libertad. Discursos y recursos en la estrategia de libertad de una mujer esclava (Guayaquil a fines del período colonial)* (Gotemburgo: Elanders).

CORONEL, Rosario.

1993   *El valle sangriento. De los indígenas de la coca y el algodón a la hacienda cañera jesuita: 1580-1700* (Quito: Abya-Yala).

GARCÍA GALLO, Concepción.

1980   "Sobre el ordenamiento jurídico de la esclavitud en las Indias españolas", en *Anuario de Historia del Derecho Español*, serie 1, n.º 1, tomo 50.

GUERRA, François-Xavier.

1992   *Modernidades e independencias. Ensayos sobre las revoluciones hispánicas* (Madrid: Mapfre).

LAS SIETE PARTIDAS.

1974   Gregorio López (glosador). Madrid: Boletín Oficial del Estado (Salamanca: Andrea de Portonariis, 1555).

KOSELLECK, Reinhart.

1993   *Futuro pasado. Para una semiótica de los tiempos históricos* (Barcelona: Paidós).

LASSO, Marixa.

2003   "Haití como símbolo republicano popular en el Caribe colombiano: provincia de Cartagena (1811-1828)", en *Historia Caribe*, vol. 3, n.º 8, pp. 15-18.

MARCHENA, Juan.

2002   "El día que los negros cantaron las Marsellesa. El fracaso del liberalismo español en América, 1790-1823", en *Historia Caribe*, vol. 2, n.º 7, pp. 53-75.

MELISH, Joanne Pope.

1998   *Disowning Slavery. Gradual Emancipation and "Race" in New England, 1780-1860* (Ithaca y Londres: Cornell University Press).

PEABODY, Sue.
1996   *"There Are No Slaves in France". The Political Culture of Race and Slavery in the Ancien Régime* (Nueva York: Oxford University Press).
ROMERO JARAMILLO, Dolcey.
2003   "El fantasma de la revolución ahitiana. Esclavitud y libertad en Cartagena de Indias 1812-1815", en *Historia Caribe*, vol. 3, n.º 8, pp. 19-33.
RUEDA, Rocío.
2001   *Zambaje y autonomía. Historia de la gente negra de la provincia de Esmeraldas, siglos XVI-XVIII* (Quito: Abya-Yala).
WATSON, Alan.
1987   *Roman Slave Law* (Baltimore y Londres: The John Hopins University Press).
ZULUAGA, Francisco.
1986   "Clientelismo y guerrillas en el Valle del Patía, 1536-1811", en Germán Colmenares et. al., *La Independencia. Ensayos de historia social* (Bogotá: Instituto Colombiano de Cultura), pp.113-136.

CAPÍTULO 7

ALMER, Carl.
2005   "La confianza que han puesto en mí. La participación local en el establecimiento de los ayuntamientos constitucionales en Venezuela, 1820-1821", en Jaime E. Rodríguez (coord.), *Revolución, independencia y las nuevas naciones de América* (Madrid: Mapfre), pp. 365-396.
ÁLVAREZ, Junco José.
2004   "En torno al concepto de 'pueblo'. De las diversas encarnaciones de la colectividad como sujeto político en la cultura política española contenporánea", en *Historia Contemporánea*, n.º 28, pp. 83-94.
ÁLVAREZ LITBEN, Silvia.
2001   *De Huancavilcas a comuneros. Relaciones interétnicas en la península de Santa Elena* (Quito: Abya-Yala).
DUEÑAS DE ANHALZER, Carmen.
2003   "De vasallos del rey a ciudadanos libres: los indios de Jipijapa y Montecristi en la Gobernación de Guayaquil", en David Cahill y Blanca Tovías (eds.), *Élites indígenas en los Andes. Nobles, caciques y cabildantes bajo el yugo colonial* (Quito: Abya-Yula).
1997   *Marqueses, cacaoteros y vecinos de Portoviejo. Cultura política en la Presidencia de Quito* (Quito: USFQ, Abya-Yala).
ESTRADA, Temístocles.
1934   *Narraciones históricas de Manabí* (Quito: Editorial Ecuatoriana), tomo 1.
GUERRA, François-Xavier.
1999   "El soberano y su reino. Reflexiones sobre la génesis del ciudadano en América Latina", en Sabato Hilda (coord.), *Ciudadanía política y formación de las naciones. Perspectivas históricas de América Latina* (México: Fideicomiso Historia de las Américas, Fondo de Cultura Económica).
HAMBERLY, Michael.
1987   *Historia social y económica de la antigua provincia de Guayaquil* (Guayaquil: Banco Central), 2.ª ed.
LOOR MOREIRA, Wilfrido.
1976   *Guayaquil y Manabí en 1820* (Editorial Gregorio).
MOLINA GARCÍA, Alberto.
1981   *Crónicas del ayer Manabitas* (Portoviejo: Imprenta Ramírez), tomo 1.
MORELLI, Federica.
2005   *Territorio o nación. Reforma y disolución del espacio imperial en Ecuador. 1765-1830* (Madrid: Centro de Estudios Políticos Constitucionales).

MORSE M., Richard.
  1995   *Resonancias del nuevo mundo. Cultura e ideología en el Nuevo Mundo* (México: Editorial Vuelta).
PEYROU, Florencia.
  2004   "Discursos concurrentes de la ciudadanía: del doceañismo al republicanismo. (1808 - 1843)", en *Historia Contemporánea*, n.º 28, pp. 267-284.
RODRÍGUEZ O., Jaime E.
  2006   *La revolución política durante la época de la independencia. El Reino de Quito. 1808 -1822* (Quito: Universidad Andina Simón Bolívar, Corporación Editora Nacional).
SUCRE, Antonio José de.
  1973   *Archivo de Sucre* (Caracas: Fundación Vicente Lecuma, Banco de Venezuela), tomo 1.
WIARDA, Howard J.
  2001   *The Soul of Latin America. The Cultural and Political Tradition* (Yale: Yale University Press).

CAPÍTULO 8

Archivo Arzobispal de Caracas. Sección Episcopales.
Archivo General de la Nación. La Colonia. Sección Diversos.
Registro Principal de Caracas. Sección Tierras.
Archivo Nacional de Madrid. Sección Estado.
ARCAYA, Pedro Manuel.
  1974   *La guerra de independencia en Coro y Paraguaná* (Caracas: Cromotip).
CARRERA DAMAS, Germán.
  1996   *La disputa por la Independencia* (Caracas: Editorial Melvin).
CHARTIER, Roger.
  1995   *Espacio público, crítica y desacralización en el siglo XVIII (Los orígenes culturales de la Revolución francesa)* (Barcelona: Editorial Gedisa).
GUERRA, François-Xavier.
  1992   *Modernidad e independencia* (Madrid: Editorial Mapfre).
LOVERA REYES, Elina.
  2007   *De leales monárquicos a ciudadanos republicanos. Coro 1810-1858* (Caracas: Academia Nacional de Historia), Colección Fuentes para la Historia Republicana de Venezuela, vol. 87.
MAGALLANES, Manuel Vicente.
  1977   "La Provincia de Coro em las elegias de Juan de Castellanos", en *La fundación de Coro y sus correlatos. 450 años de la fundación de Coro* (Caracas: Centro de Historia del Estado Falcón, Tipografia de Miguel A. García e Hijo), pp. 227-262.
MALDONADO, Francisco Armando (monseñor).
  1973   *Seis primeros obispos de la Iglesia venezolana en la época hispánica. 1532-1600* (Caracas: Academia Nacional de Historia), Fuentes para la Historia Colonial de Venezuela, vol. 117.
RAMOS, Demetrio.
  1978   *La fundación de Venezuela. Ampíes y Coro. Una singularidad histórica* (Valladolid-Coro: Gráficas 66).
REAL ACADEMIA ESPAÑOLA
  1803   *Diccionario de la lengua española. Compuesto por la Real Academia de la Lengua Española* (Madrid: Impresora de la Real Academia).
RIES, Julien.
  1995   *Tratado de antropología de lo sagrado* (Madrid: Editorial Trotta).
SISO, Carlos.
  1982   *La formación del pueblo venezolano* (Madrid: Escritorio Siso Editorial), tomo 2, 6.ª ed.
VOVELLE, Michel.
  1985   *Ideologías y mentalidades* (Barcelona: Editorial Ariel).
VELÁSQUEZ, Ramón José.
  1962   *Coro, raíz de Venezuela* (Coro, Estado Falcón).

CAPÍTULO 9

Archivo del General Francisco de Miranda.
Archivo General de la Nación. Caracas, 1858.
Decretos y proclamas del Libertador Simón Bolívar.
Diario Vea. Caracas, 2008.
El Nacional. Caracas, 1950.
El Siglo. Maracay (Estado Aragua), 2004.
Gaceta de Caracas. Caracas, 1814 y 1816.
Humania del Sur. Revista de Estudios Latinoamericanos, Africanos y Asiaticos. Mérida, 2007.
Jornada. Valle de la Pascua (Estado Guárico), 2008.
Revista de historia de América. Instituto Panamericano de Geografía e Historia. México, 1999.
Todos adentro. Semanario cultural del Poder Popular de la República Bolivaria de Venezuela. Caracas, 2008.
ABRIZO, Manuel.
2008   "Al sur de Altagracia de Orituco: San Juan retumba en Lezamó", en *Todos Adentro. Seminario Cultural del Poder Popular de la República Bolivariana de Venezuela*, vol. 5, n.º 230, 13 de septiembre, pp. 28-29.
AZPURÚA, Ramón.
1986   *Biografías de hombres notables de Hispano-América* (Caracas: Ediciones Mario González), tomo 3.
BETANCOURT, Alberto.
1999-2005 *Güiria: historia, su gente y costumbres* (Güiria: Alcaldía Municipio Valdez, Asamblea de Planificación Proparia Tercer Milenio).
BOLÍVAR, Simón.
1983   *Proclamas y discursos del Libertador, 1811-1830,* compilación, estudio y notas de Vicente Lecuna (Los Teques: Biblioteca de Autores y Temas Mirandinos), Biblioteca de Autores y Temas Mirandinos, n.º 13.
1976   *Doctrina del Libertador*, prólogo de Augusto Mijares; compilación, notas y cronología de Manuel Pérez Vila (Caracas: Biblioteca Ayacucho).
1967   *Escritos del Libertador III. Documentos particulares* (Caracas: Sociedad Bolivariana de Venezuela), tomo 2.
1961   *Decretos del Libertador* (Caracas: Publicaciones de la Sociedad Bolivariana de Venezuela), 3 tomos.
BOTELLO, Oldman.
2004   "Un negro prócer reclama su libertad", en *El Siglo*, Macai, 11 de abril.
1995   *Historia regional del estado Aragua* (Caracas: Academia Nacional de la Historia), Biblioteca de la Academia Nacional de la Historia, Colección Historia Regionales.
BRITO FIGUEROA, Federico.
1973   *Historia económica y social de Venezuela* (Caracas: Universidad Central de Venezuela, Ediciones de la Biblioteca), tomo 1.
1950   "Boves, la rebelión de los pardos", en *El Nacional*, Caracas, 11 de diciembre.
CAMACHO, Antonieta (compilación y estudio preliminar).
1979   *Materiales para el estudio de la cuestión agraria en Venezuela (1810-1865). Mano de obra: legislación y administración* (Caracas: Universidad Central de Venezuela, Facultad de Humanidades y Educación), tomo 4, vol. 1.
CARRERA DAMAS, Germán.
1991   *Boves: aspectos socioeconómicos de la guerra de independencia* (Caracas: Monte Ávila Editores).
CASTILLO LARA, Lucas G.
1973   *José Laurencio Silva: viaje alrededor de una lealtad* (Caracas: Archivo General de la Nación), Biblioteca Venezolana de Historia, n.º 18.
LEAL, Ildefonso (compilación, estudios e introducción).
1980   *Ha muerto el Libertador: Homenaje de la Universidad Central de Venezuela en el sesquicentenario de su muerte* (Caracas: Universidad Central de Venezuela, Ediciones del Rectorado).

LÓPEZ SANDOVAL, Eduardo.
  2008   "¿Dónde nació Pedro Camejo, el Negro Primero?", en *Diaro Vea - Galería Alternativa*, Caracas, 28 de mayo.
MACHADO, Adolfo A.
  1962   *Apuntaciones para la historia (Obra escrita entre 1875 y 1899)* (Madrid: Publicaciones Amexco).
MARTÍNEZ, Ricardo A.
  1963   *A partir de Boves: revisión de los principales elementos de nuestra historia, desde la sociedad pre-colombina, hasta la independencia* (Caracas: Ediciones Cibema).
MIRANDA, Francisco de.
  1950   *Archivo del general Miranda. Campaña de Venezuela, prisión y muerte del general Miranda 1811-1816* (La Habana: Editorial Lex), tomo 24.
MONDOLFI GUDAT, Edgardo.
  2005   *José Tomás Boves (1782-1814)* (Caracas: Editora El Nacional), Biblioteca Biográfica Venezolana, vol. 6.
O'LEARY, Daniel Florencio.
  1981   *Memorias del general O'Leary* (Barcelona: Ministerio de la Defensa), tomo 1.
PÁEZ, José Antonio.
  1973   *Autobiografía del general José Antonio Páez* (Caracas: Academia Nacional de la Historia), tomo 1.
PÉREZ, Omar Alberto *et al.*
  1988   *Diccionario de historia de Venezuela* (Caracas: Fundación Polar), tomo 3.
RAMOS GUÉDEZ, José Marcial.
  2008   "José Antonio Páez: esclavitud y abolición en Venezuela, 1830-1854", en Hernán Lucena M. y Julio C. Tallaferro (comps.), *1854-2004: 150 años de la abolición de la esclavitud en Venezuela ¿Presente y pasado de una misma realidad?* (Mérida: Universidad de Los Andes, Consejo de Desarrollo Científico, Humanístico y Tecnológico).
  2007   "Francisco de Miranda y el problema de la esclavitud en Venezuela: nuevas ideas e inquietudes", en *Humanice del Sur. Revista de Estudios Latinoamericanos, Africanos y Asiáticos*, vol. 2, n.º 3, diciembre, Universidad de Los Andes, pp. 103-114.
  2001   *Contribución a la historia de las culturas negras en Venezuela colonial* (Caracas: Instituto Municipal de Publicaciones, Alcaldía de Caracas).
RAMOS GUÉDEZ, José Marcial *et al.*
  2005   *Resonancias de la africanidad* (Caracas: Fondo Editorial Ipasme).
REVILLA PÉREZ, Gladys.
  2008   "Juana Ramírez, la Avanzadora" en *Diario Vea - Galería Alternativa*, Caracas, 2 de junio.
ROJAS, Reinaldo.
  1986   *Historiografía y política sobre el tema bolivariano* (Barquisimeto: Fondo Editorial Buría).
RONDÓN MÁRQUEZ, R. A.
  1954   *La esclavitud en Venezuela: El proceso de su abolición y las personalidades de sus decisivos propulsores* (Caracas: Tipografía Garrido).
RUGGERI PARRA, Pablo.
  1961   *Documentos constitucionales americanos* (Maracaibo: Publicaciones de la Universidad del Zulia).
SIERRA SANTAMARÍA, Tito.
  1975   *Sitios históricos del estado Guárico* (San Juan de los Morros: Talleres de la C.T.P.).
SISO, Carlos.
  1955   *Estudios históricos venezolanos* (Caracas: Editorial Rex).
SOTO ARBELÁEZ, Manuel.
  2008   "Espino, Juan José Rendón y otros datos comentados", en *Jornadas*, Estado de Guárico, 11 de abril.
  2001   *El Guárico oriental* (Caracas: Miguel Angel García e Hijo), 2 tomos.
SUBIETA SAGÁRNAGA, Luis.
  1975   *Bolívar y Bolivia* (Potosí: Universidad Boliviana Tomás Frías, Publicaciones del Departamento de Extensión Universitaria).

TAVERA-ACOSTA, Bartolomé.
  1954   *Anales de Guayana* (Caracas: Gráfica Armitano).
VEGAS ROLANDO, Nicolás (recop.).
  1975   *Dr. Miguel Peña. Coronel Leonardo Infante. Dos procesos célebres* (Caracas: Ediciones Vega Rolando).
VERNA, Paul.
  1980   *Pétion y Bolívar: una etapa decisiva en la emancipación de Hispanoamérica (1790-1830)* (Caracas: Publicaciones de la Presidencia de la República).

CAPÍTULO 10

ACOSTA SAIGNES, Miguel.
  1967   *Vida de los esclavos negros en Venezuela* (Caracas: Hespérides).
AGORSAH, Kofi E. (ed.).
  1994   *Maroon Heritage: Archeological, Ethnograpich and Historical Perspectives* (Kingston: Canoe Press).
AGUIRRE BELTRÁN, G.
  1989   *La población negra de México. Estudio etnohistórico* (México: FCE).
ALVES FILHO, Ivan.
  1988   *Memorial dos Palmares* (Rio de Janeiro: Xenon).
ANDRADE, C. O. y S. NEME.
  1987   "Quilombo: Forma de Resistência. Proposta Histórica-Arqueológica", en VVAA, *Insurreição Negra e Justiçã* (Rio de Janeiro: Expressão e Cultura, Ordem dos Advogados do Brasil).
ARRAZOLA, Roberto.
  1970   *Palenque, primer pueblo libre de América* (Cartagena: Ediciones Hernández).
ARRUTI, J. M. A.
  1996   "Por uma história à contraluz: as sombras historiográficas, as paisagens etnográficas e o mocambo", en *Palmares em revista*, n.º 1.
BASTIDE, Roger.
  1981   "Los otros quilombos", en Richard Pricev (comp.), *Sociedades cimarronas* (México: Siglo XXI).
  1979   "Historia del papel desempeñado por los africanos y sus descendientes en la evolución socio-cultural de América Latina", en Unesco, *Introducción a la cultura africana en América Latina* (París: Unesco).
  1960   *Las Américas negras. Las civilizaciones africanas en el Nuevo Mundo* (Madrid: Alianza Editorial).
BENCI, Jorge.
  1977   *Economia cristã dos senhores no goberno dos escravos* (São Paulo: Grijalbo).
BLACKBURN, Robin
  1997   *The Making of New World Slavery: From de Baroque to the Modern* (Londres: Verso).
BOWSER, Federico.
  1977   *El esclavo africano en el Perú colonial. 1524-1650* (México: Siglo XXI).
CARNEIRO, Edson.
  1958   *O quilombo de Palmares* (São Paulo: Cia. Editora Nacional).
CARROLL, P. J.
  1991   *Blacks in Colonial Veracruz. Race, Etnicity and Regional Development* (Austin: University of Texas Press).
CARVALHO, Marcus J. M. de.
  1994   "A utopia da libertade (nem quilombola, nem acomodado: casos de resistência escrava em Pernambuco novecentista)", en A. Sobreira de Moura, *Utopias e formaçoes sociais* (Nabuco Recife: Massangana & Fundação J).
CURTIN, Phillip.
  1969   *The Atlantic Slave Trade: A Census* (Madison: University of Wisconsin Press).

CHACÓN, Alfredo.
1983   *Poblaciones y culturas negras de Venezuela* (Caracas: Biblioteca Nacional).
CHIAVENATO, Julio J.
1984   *Cabanagem: o povo no poder* (São Paulo: Brasiliense).
DALLAS, R.
1980   *Historia de los cimarrones* (La Habana: Casa de las Américas).
DEBBASCH, Yvan.
1961-1962 "Le marronage: essai sur la désertion de l'esclavage antillaise", en *L'année sociologique*, pp. 1-112 y 117-195.
DEIVE, Carlos E.
1989   *Los guerrilleros negros. Esclavos fugitivos y cimarrones en Santo Domingo* (Santo Domingo: Fundación de Cultura).
DEMAZIÈRE, Eve.
1994   *Les cultures noires d'Amérique Centrale* (Paris: Karthala).
DÍEZ CASTILLO, Luis A.
1968   *Los cimarrones y la esclavitud en Panamá* (Panamá: Litográfica).
ESCALANTE, Aquiles.
1979   *El palenque de San Basilio* (Barranquilla: Sociedad de Mejoras).
FRANCO, José Luciano.
1981   "Rebeliones cimarronas y esclavas en los territorios españoles", en Richard Price (comp.), *Sociedades cimarronas* (México: Siglo XXI).
1980   *Comercio clandestino de esclavos* (La Habana: Editorial de Ciencias Sociales).
1973   *Los palenques de negros cimarrones* (La Habana: Editorial de Ciencias Sociales).
FREITAS, Décio.
1990   *Palmares: a guerra dos escravo* (Río de Janeiro: Graal).
FRIEDEMANN, Nina S.
1987   *Ma Ngombe. Gerreros y ganaderos en Palenque* (Bogotá: Carlos Valencia Editores).
FUNARI, Pedro P. A.
1996   "A arqueologia de Palmares-Sua contribução para o conhecimiento da história da cultura afro-americana", en J. J. Reis y F. dos S. Gomes (eds.), *Liberdade por um fio. História dos quilombos no Brasil* (São Paulo: Companhia das Letras).
FUNES, Eurípides A.
1996   "Nasci nas matas, nunca tive senhor", en Reis J. J. y Gomes F. dos S. (eds.), *Liberdade por um fio. História dos quilombos no Brasil* (São Paulo: Companhia das Letras).
GARCÍA, Jesús.
1989   *Contra el cepo: Barlovento tiempo de cimarrones* (Caracas: Lucas y Trina).
GENOVESE, Eugene.
1971   *Esclavitud y capitalismo* (Barcelona: Ariel).
GORENDER, Jacob.
1990   *A escravidão Reabilitada* (São Paulo: Editora Atica).
1978   *O escravismo colonial* (São Paulo: Editora Atica).
GOULART, José A.
1972   *Da fuga ao suicídio. Aspectos da rebeldia dos escravos no Brasil* (Río de Janeiro: Conquista).
GUTIÉRREZ ÁVILA, M. A.
1993   *La conjura de los negros. Cuentos de la tradición afromestiza de la Costa Chica de Guerrero y Oaxaca* (Chilpancingo: Universidad Autónoma de Guerrero).
HEUMAN, Gad (ed.).
1986   *Out of the House of Bondage: Runaways, Resistance and Maroonage in Africa and the New World* (Londres: Frank Cass).
IZARD, Gabriel.
2000   *Aproximación crítica al cimarronaje en Brasil* (Barcelona: Universitat de Barcelona).

IZARD, Gabriel y José Luis RUÍZ-PEINADO.
1992   "Jauary. Els cimarrons de l'Amazònia", en *L'Avenç,* n.º 155, Barcelona, pp. 26-29.
IZARD, Miquel.
2003   "Un ámbito libertario llamado Javarí", en *Boletín Americanista,* n.º 53, en prensa.
2000   *El rechazo a la civilización. Sobre quienes no se tragaron que las Indias fueron esa maravilla* (Barcelona: Península).
1994a "Cimarrones, gauchos y cuatreros", en *Boletín Americanista,* n.º 44, pp. 137-154.
1994b "Pensando en el sur. El Llano en el siglo XVII", en *Anuario de Estudios Americanos,* Sevilla, LI-1, pp. 65-89.
1989-1990 "Los de a caballo", en *Boletín Americanista,* n.ᵒˢ 39-40, pp. 107-124.
1988   *Orejanos, cimarrones y arrochelados. Los llaneros del Apure* (Barcelona: Sendai).
JHAN, Jhanheinz.
1978   *Muntú. Las culturas neoafricanas* (México: FCE).
KLEIN, Herbert S.
1998   "Middle Passage", en S. Drescher y S. L. Engerman (eds.), *A Historical Guide to World Slavery* (Nueva York y Oxford: Oxford University Press).
1986   *La esclavitud africana en América Latina y el Caribe* (Madrid: Alianza).
KRUEGER, Robert.
1990   "Milhoes da vozes, umas páginas preciosas. As narrativas dos escravos brasileiros", en Roger Zapata (ed.), *Imágemes de la resistencia esclava* (Lima: Wari).
LA ROSA, Gabino.
1988   *Los cimarrones de Cuba* (La Habana: Editorial de Ciencias Sociales).
LAVIÑA, Javier.
1995   "Tambores y cimarrones en el Caribe", en *África negra. Expedición humana a la zaga de la América oculta,* n.º 9, Bogotá, pp 95-106.
1989   *Doctrina para negros* (Barcelona: Sendai).
LIMA, Lana L. de G.
1981   *Rebeldia Negra e Abolicionismo* (Río de Janeiro: Aciamé).
MACHADO, Maria H. P. T.
1987   *Crime e escravidão* (São Paulo: Brasiliense).
MAESTRI, Mário
1984   *O escravo gaúcho: resistência e trabalho* (São Paulo: Brasiliense).
1979   *Quilombos e quilombolas em terras gaúchas* (Porto Alegre: T. São Lourenço de Brindes y Univ. de Caixas do Sul).
MARTÍNEZ MONTIEL, Luz M.
1995   *Presencia africana en Sudamérica* (México: Conacyt).
1993   *Presencia africana en Centroamérica* (México: Conacyt).
1992   *Negros en América* (Madrid: Mapfre).
1992   *Presencia africana en México* (México: Conacyt).
MATTOSO, Katia M. de Q.
1990   *Ser Escravo no Brasil* (São Paulo: Brasiliense).
MORENO FRAGINALS, M. (relator).
1987   *África en América Latina* (México: Siglo XXI, Unesco).
MOURA, Clóvis.
1989   *História do negro brasileiro* (São Paulo: Atica).
NASCIMENTO, Abdias do.
1985   *Povo Negro: A Sucessão e a Nova República* (Río de Janeiro: Ipeafro).
NGOU-MVE, Nicolás.
1994   *El África Bantú en la colonización de México (1595-1640)* (Madrid: CSIC).

PRICE, Richard.

1996 "Palmares como poderia ter sido", en J. J. Reis y F. dos S. Gomes (eds.), *Liberdade por um fio. História dos quilombos no Brasil* (São Paulo: Companhia das Letras).

1992 "Encuentros dialógicos en un espacio de muerte", en *De palabra y obra en el Nuevo Mundo* (Madrid: Siglo XXI), II, pp. 33-62.

1990 *Alabi's world* (Baltimore: The Johns Hopkins University Press).

1983 *First-Time. The Historical Vision of an Afro-american People* (Baltimore: The John Hopkins University Press).

PRICE, Richard (comp.).

1981 *Sociedades cimarronas* (México: Siglo XXI).

QUEIROZ, Suely R. R. de.

1977 *Escravidão negra em São Paulo: um estudo das tensões provocadas pelo escravismo no século XIX* (Río de Janeiro: J. Olympio- Nacional do Livro).

QUINTERO RIVERA, Ángel.

1998 *Salsa, sabor y control. Sociología de la música tropical* (México: Siglo XXI).

1998 *Vírgenes, magos y escapularios. Imaginería, etnicidad y religiosidad popular en Puerto Rico* (San Juan: Universidad de Puerto Rico, Universidad del Sagrado Corazón y Fundación Puertorriqueña de las Humanidades).

1985 "La cimarronería como herencia y utopía", en *David y Goliath*, n.º 48, Buenos Aires, noviembre.

RAMOS, Arthur.

1937 *O Negro Brasileiro* (Río de Janeiro: Civilizaçao Brasileira).

REIS, J. J. y GOMES, F. dos S. (eds.).

1996 *Liberdade por um fio, história dos quilombos no Brasil* (São Paulo: Companhia das Letras).

REIS, J. J. y SILVA, E.

1989 *Negociação e Conflito. A resistência negra no Brasil escravista* (São Paulo: Companhia das Letras).

RODRÍGUES, Nina.

1922 *Os africanos no Brasil* (São Paulo: Cia. Editora Nl).

ROUT, Leslie B.

1976 *The African Experience in Spanish America: 1502 to the Present Day* (Cambridge y Nueva York: Cambridge University Press).

RUIZ-PEINADO ALONSO, José Luis.

2001 *Resistencia y cimarronaje en Brasil: Mocambos del Trombetas* (Barcelona: Universitat de Barcelona).

1996 "Mocambos rebeldes: de la diferencia a la indiferencia", en García, P. *et al, Las raíces de la memoria* (Barcelona: Universitat de Barcelona).

SALINAS, Maximiliano.

1987 "Presença africana na religiosidade colonial do Chile", en CEHILA, *Escravidão negra e História da Igreja na América Latina e no Caribe* (Petrópolis: Vozes).

SALLES, Vicente.

1988 *O Negro no Pará: sob o regime da escravidão* (Brasilia: Ministerio da Cultura).

SANTOS, Maria J.V.

1983 *A balaiada e a insurreição de escravos no Maranhão* (São Paulo: Atica).

SOARES, Carlos E. y Flávio GOMES.

2002 "Sedições, haitianismo e conexões no Brasil escravista. Outras margens do Atlântico negro", en *Novos Estudos* CEBRAP, n.º 63, julio, pp. 131-144.

SWEET, David G.

1978 "Black Robes and 'Black Destiny': Jesuit Views of American Slavery in 17th-century", en *Revista de Historia de América*, n.º 86, pp. 87-134.

TAYLOR, Douglas M.

1951 *The Black Caribs of British Honduras* (Nueva York: Viking Fund Publications in Anthropology).

THOMAS, Hugo.
  1998   *La trata de esclavos: Historia del tráfico de seres humanos de 1440 a 1870* (Barcelona: Planeta).
THORNTON, John.
  1992   *Africa and Africans in the Making of the Atlantic World, 1400-1680* (Cambridge y Nueva York: Cambridge University Press).
TORREALBA OSTOS, Antonio José.
  1987   *Diario de un llanero* (Caracas: Universidad Central de Venezuela, Gobernación del Estado Apure), 6 vols.
WILLIAMS, Eric.
  1975   *Capitalismo y esclavitud* (La Habana: Editorial de Ciencias Sociales).
ZAPATA, Roger (ed.).
  1990   *Imágenes de la resistencia indígena y esclava* (Lima: Wari).
Páginas Web:
  Universitat de Barcelona, www.ub.es/afroamérica
  Benson Library, Austin, Texas, www.lib.utexas.edu/benson

CAPÍTULO 11

ARZE, René.
  1979   *Participación popular en la independencia* (La Paz: Editorial Don Bosco).
CASTRO, Carlos.
  1984   *Don Juan Antonio Álvarez de Arenales* (Sucre: Editorial Judicial).
DEMELAS, Marie-Danielle.
  2007   *Nacimiento de la guerra de guerrilla. El diario de José Santos Vargas (1814-1825)* (La Paz: IFEA, Plural Editores).
GLAVE, Luis Miguel.
  2003   "Una perspectiva histórico-cultural de la revolución del Cusco en 1814", en *Revista de las Américas Historia y Presente*, n.º 1, pp. 11-38.
GUZMÁN, Augusto.
  1972   *Cochabamba, panorama geográfico, proceso histórico, vida institucional, instrucción pública, reseña cultural* (Cochabamba: Editorial Los Amigos del Libro).
GUZMÁN, Humberto.
  1984   *El caudillo de los valles* (Cochabamba: Publicaciones del Gobierno Municipal de la Ciudad de Cochabamba).
JUAN, Jorge y Antonio de ULLOA.
  1982   *Noticias secretas de América* (Quito: Ediciones Librimundi), tomos l y ll.
JUST LLEO, Estanislao.
  1984   *Comienzo de la independencia en el Alto Perú* (Sucre: Editorial Judicial).
LARSON, Brooke.
  1992   *Colonialismo y transformación agraria en Bolivia. Cochabamba, 1500-1900* (La Paz: Editorial CERES).
  1983   *Explotación agraria y resistencia campesina en Cochabamba* (Cochabamba: CERES).
LARSON, Brooke y Robert WASSERTON.
  1987   "Consumo forzoso en Cochabamba y Chiapa durante la época colonial", en *Historia Mexicana*, pp. 361-408.
LÓPEZ MATA, Sara de.
  1999   *"Tierra en armas", Salta en la Revolución* (Rosario: Suárez Editor).
MENDIZABAL, Francisco Javier.
  1997   *La guerra de la América del sur* [1824] (Buenos Aires: Academia Nacional de la Historia).
MITRE, Bartolomé.
  1965   *Las guerrillas en la lucha por la independencia nacional* (Buenos Aires: Editorial Lautaro).
O'PHELAN, Scarlett.

1983   *Un siglo de rebeliones anticoloniales* (Cusco: Centro Bartolomé de las Casas).
REAL ORDENANZA PARA EL ESTABLECIMIENTO E INSTRUCCIÓN DE INTENDENTES DE EXERCITO Y PROVINCIA EN EL VIRREINATO DE BUENOS AIRES.
    1782   Madrid. Imprenta Real.
RECOPILACIÓN GENERAL DE LEYES DE INDIAS.
    1781 Madrid: Julian Paredes, tomo 2.
ROCA, José Luis.
    2007   *Ni con Lima ni con Buenos Aires. La formación de un Estado nacional en Charcas* (La Paz: IFEA, Plural Editores).
    2007   "Las masas irrumpen en la guerra", en *Separata de Revista Historia y Cultura*, n.º 6.
SALAS VILA, Nuria.
    1996   *Y se armó el tole tole. Tributo Indígena y movimientos sociales en el virreinato del Perú 1784-1814* (Huamanga: Instituto de Estudios Regionales José María Arguedas).
SÁNCHEZ ALBORNOZ, Nicolás.
    1978   *Indios y tributos en el Alto Perú* (Lima: Instituto de Estudios Peruanos).
SOUX, María Luisa.
    2005   *La participación indígena en los procesos de la independencia: la sublevación de 1810-1811* Ponencia Universidad Nacional Mayor de San Marcos, Lima.
VARGAS, José Santos.
    1982   *Diario de un comandante de la independencia americana* (Siglo XXI Editores).
VESPA, Ingrid.
    1984a   *Ignacio Warnes y la Florida* (Santa Cruz: Impresiones Serrano).
    1984b   *José Manuel Mercado, el colorao* (Santa Cruz: Editorial Sirena).
VALENCIA VEGA, Alipio.
    1962   *El indio en la independencia* (La Paz: Editorial El Progreso).
VIEDMA, Francisco de.
    1969   *Descripción geográfica y estadística de la provincia de Santa Cruz de la Sierra* (Buenos Aires: s.e.).

CAPÍTULO 12

Fuentes

Archivo Nacional de Bolivia (ANB)
PI - Presidencia e Intendencia de la Provincia de La Plata, 30. 1809-1811. "Causa criminal seguida de oficio por el alcalde ordinario de la villa de Oruro contra Francisco Ríos, alias *el Quitacapas*. Por vago, mal entretenido y otros crímenes". 87 fs.
EC - Expedientes Coloniales.
EP - Escrituras Públicas.
Archivo y Biblioteca Arquidiocesano Mons. Miguel de los Santos Taborga.
Parroquia de Santo Domingo, Libro de bautizos de negros y mulatos, 1805-1830.
Parroquia de Santo Domingo, Libro de entierros de negros y mulatos, 1805-1830.

Bibliografía secundaria
AILLÓN SORIA, Esther.
    2007   "Sucre: ¿la ciudad letrada? Ensayo sobre la experiencia social del espacio urbano", en *Estudios Bolivianos*, n.º 13: "El espacio urbano andino: escenario de reversiones y reinversiones del orden simbólico colonial", Rosario Rodríguez y Marcelo Villena (coords.), pp. 17-94, La Paz.
    2005   "La afro-andinización de los esclavos negros en las viñas de Cinti, siglos XVIII-XIX", en *Raíces. Revista de los Afro-descendientes Bolivianos*, n.º 2, La Paz.
    1996   *Vida, pasión y negocios: El propietario de la Viña San Pedro Mártir en los últimos días de la colonia y durante la guerra de independencia. Indalecio González de Socasa (1755-1820)*. Tesis de Licenciatura. Universidad Mayor de San Andrés, Carrera de Historia. Inédita. La Paz.

ALCEDO, Antonio de.
  1783   *Diccionario geográfico-histórico de las Indias Occidentales o América* (Madrid: Manuel González), 4 vols.
ANGOLA MACONDE, Juan.
  2003   *Raíces de un pueblo. Cultura afroboliviana* (La Paz: CIMA), 2.ª ed.
ARNADE, Charles.
  2004   *La dramática insurgencia de Bolivia* (La Paz: Urquizo).
ARZE AGUIRRE, René Danilo.
  1987   *Participación popular en la Independencia de Bolivia* (La Paz: Quipus), 2ª ed.
BRIDIKHINA, Eugenia.
  2007   *Theatrum mundi. Entramados del poder en Charcas colonial* (La Paz: Plural, IFEA).
  2007   "Desafiando los límites del espacio colonial: la población negra en Potosí", en *Estudios bolivianos,* n.º 13: "El espacio urbano andino: escenario de reversiones y reinversiones del orden simbólico colonial". Rosario Rodríguez y Marcelo Villena (coords), pp. 169-216, La Paz.
  1995   *La mujer negra en Bolivia* (La Paz: Ministerio Desarrollo Humano).
  1994   "La vida urbana de los negros en La Paz, en el siglo XVIII", en *Actas de la Reunión Anual de Etnología*, 23-26 de agosto, La Paz, pp. 24-28.
CHAO, María del Pilar.
  1965   "La población de Potosí en 1779", en *Anuario del Instituto de Investigaciones Históricas*, VIII, Universidad del Rosario, pp. 171-180.
CONCOLORCORVO.
  1938   *El lazarillo de los ciegos caminantes desde Buenos Aires hasta Lima* (París: Desclée de Brouwer).
CRESPO, Alberto.
  1977   *Esclavos negros en Bolivia* (La Paz: Academia Nacional de Ciencias de Bolivia).
DEMÉLAS, Marie-Danielle.
  2007   *Nacimiento de la guerra de guerrilla. El diario de José Santos Vargas (1814-1825)* (La Paz: IFEA, Plural).
JUST LLEÓ, Stanislao.
  1994   *Comienzo de la independencia en el Alto Perú: Los sucesos de Chuquisaca, 1809* (Sucre: Editorial Judicial).
KLEIN S., Herbert.
  1986   *La esclavitud africana en América Latina y el Caribe* (Madrid: Alianza).
MENDOZA LOZA, Gunnar.
  2005   "Monografía de Chuquisaca", en *Obras completas* (Sucre: Fundación Cultural del Banco Central de Bolivia, Archivo y Biblioteca Nacionales de Bolivia), I, pp. 211-247.
  2005   "Historia de la independencia", en *Obras completas* (Sucre: Fundación Cultural del Banco Central de Bolivia, Archivo y Biblioteca Nacionales de Bolivia), I, pp. 249-265.
  2005   "Un documento inédito sobre la Audiencia de Charcas y el 25 de mayo de 1809", en *Obras completas* (Sucre: Fundación Cultural del Banco Central de Bolivia/Archivo y Biblioteca Nacionales de Bolivia), I, pp. 515-524.
MENDOZA LOZA, Gunnar (trascripción y prólogo).
  1963   *Causa criminal contra Francisco Ríos el Quitacapas. Años 1809-1811* (Sucre: Universidad Mayor de San Francisco Xavier de Chuquisaca), Serie Historiográfica, IV: Documentos para la historia de la independencia de Bolivia.
O'PHELAN GODOY, Scarlett.
  1988   "Por el Rey, la religión y la patria. Las juntas de gobierno de 1809 en La Paz y Quito", en *Boletín del Instituto Francés de Estudios Andinos*, vol 17, n.º 2, pp. 61-80.
PORTUGAL ORTIZ, Max.
  1977   *La esclavitud negra en las épocas colonial y nacional de Bolivia* (La Paz: Instituto Boliviano de Cultura).

RENÉ-MORENO, Gabriel.

1977   *Últimos días coloniales en el Alto Perú* [1896] (La Paz: Juventud).

1970   *La Audiencia de Charcas* [1900] (La Paz: Ministerio de Educación y Cultura).

1905   *Bolivia y Perú* (Santiago de Chile: s.e.).

ROCA, José Luis.

2007   *Ni con Lima ni con Buenos Aires. La formación de un Estado nacional en Charcas* (La Paz: IFEA, Plural).

RUDÉ, George.

1972   *The Crowd in the French Revolution* (Oxford: Oxford University Press).

SANTOS TABORGA, Miguel de los.

1908   *Santos estudios históricos. Capítulos de la historia de Bolivia*, compilados y ordenados de sus papeles inéditos y precedidos de un prólogo por Luis Paz (Sucre: Imprenta Bolívar de M. Pizarro).

TANDETER, Enrique.

1992   *Coacción y mercado. La minería de la plata en el Potosí colonial, 1629-1826* (Cusco: CERA, Bartolomé de las Casas).

1991   "La crisis de 1800-1805 en el Alto Perú", en *Data*, n.º 1, pp. 9-49.

VÁZQUEZ MACHICADO, Humberto.

1987   "El alzamiento de los esclavos de Santa Cruz en agosto de 1809", en Humberto Vázquez-Machicado y José Vázquez-Machicado, *Obras completas* (La Paz: Don Bosco), VII, pp. 618-620.

VIETMA, Francisco de.

1969   *Descripción de la provincia de Santa Cruz de la Sierra, 1783* (La Paz: Los Amigos del Libro).

CAPÍTULO 13

ANDREWS, George Reid.

2004   *Afro-Latin America, 1800-2000* (Oxford: Oxford University Press).

1980   *The Afro-Argentines of Buenos Aires, 1800-1900* (Madison: University of Wisconsin Press).

BLANCHARD, Peter.

2008   *Under the Flags of Freedom. Slave Soldiers & the Wars of Independence in Spanish South America* (Pittsburgh, PA: University of Pittsburgh Press).

1992   *Slavery and Abolition in Early Republican Peru* (Wilmington: DESR Books).

BURKHOLDER, Mark y D.S. CHANDLER.

1977   *From Impotence to Authority: The Spanish Crown and the American Audiencias, 1687-1808* (Columbia: University of Missouri Press).

CAMPBELL, Leon G.

1975   "The Changing Racial and Administrative Structure of the Peruvian Military under the Late Bourbons", en *The Americas*, vol. 32, n.º 1, julio, pp.117-133.

CANIZARES-ESGUERRA, Jorge y Erik R. SEEMAN (eds.).

2007   *The Atlantic in Global History* (Upper Saddle River NJ: Pearson Prentice Hall).

DÍAZ, María Elena.

2000   *The Virgin, the King and the Royal Slaves of El Cobre: Negotiating Freedom in Colonial Cuba, 1670-1780* (Stanford: Stanford University Press).

GARCÍA-BRYCE, Inigo.

2004   *Crafting the Republic: Lima's Artisans and Nation-building in Peru, 1821-1879* (Albuquerque: University of New Mexico Press).

GASCON, Margarita.

1993   "The Military in Santo Domingo, 1720-1764", en *Hispanic American Historical Review,* vol. 73, n.º 3.

GRADEN, Dale T.

1990   "La voz de los de abajo: la abolición de la esclavitud africana en Bahía, Brasil", en Roger Zapata (ed.), *Imágenes de la resistencia indígena y esclava* (Lima: Editorial Wari).

HELG, Aline.
   2004   *Liberty and Equality in Caribbean Colombia, 1770-1835* (Chapel Hill: North Carolina Press).
HENINGE, David P.
   1970   *Colonial Governors: From the Fifteenth Century to the Present* (Madison: University of Wisconsin Press).
KEN-RITCHIE, Jeffrey K.
   2007   *Rites of August First: Emancipation Day in the Black Atlantic World* (Baton Rouge: Louisiana University).
KUETHE, Allan J.
   1957   *Cuba, 1753-1815, Crown, Military, and Society* (Gainesville: University of Florida Press).
LANDERS, Jane G. y Barry M. ROBINSON (eds.).
   2006   *Slaves, Subjects, y Subversives: Blacks in Colonial Latin America* (University of New Mexico)
MARCHENA FERNÁNDEZ, Juan.
   1992   *Ejército y milicias en el mundo colonial americano* (Madrid: Mapfre).
   1983   *Oficiales y soldados en el ejército de América* (Sevilla: Escuela de Estudios Hispano-Americanos de Sevilla).
MARICHAL, Carlos y Matilde SOUTO MANTECON.
   1994   "Silver and Situados: Spain and the Financing of the Spanish Empire in the Caribbean in the Eighteenth Century", en *Hispanic American Historical Review,* n.º 74, noviembre, pp. 587-613.
MARTÍNEZ, Maria Elena.
   2004   "The Blood of New Spain, Racial Violence, and Gendered Power in Eary Colonial Mexico", en *The William and Mary Quarterly*, vol. 61, n.º 3, julio.
McALISTER, Lyle N.
   1957   *The Fuero Militar in New Spain, 1764-1800* (Gainesville: University of Florida Press).
MORRONE, Francisco C.
   1995   *Los negros en el ejército: declinación demográfica y disolución* (Buenos Aires: Centro Editor de América Latina).
NARO, Nancy P. (ed.).
   2003   *Blacks, Coloureds and National Identity in Nineteenth-century Latin America* (Londres: University of London, ILAS).
PESCATELLO, Ann M. (ed.).
   1975   *African in Latin America* (Nueva York: University Press of America).
RESTALL, Mathew (ed.).
   2005   *Beyond Black and Red: African-Native Relations in Colonial Latin America* (Albuquerque: University of New Mexico Press).
RIVAS, Christine.
   2003   "The Spanish Colonial Military: Santo Domingo 1701-1779", en *The Americas,* vol. 60, n.º 2, pp. 249-272.
RODRÍGUEZ, Pablo.
   2007   "La efímera utopía de los esclavos de Nueva Granada. El caso del palenque de Cartago", en Pilar Gonzalbo Aizpuru y Milada Bazant (coords.), *Tradiciones y conflictos. Historia de la vida cotidiana en México e Hispanoamérica* (México: El Colegio de México).
SALAS LÓPEZ, Fernando de.
   1992   *Ordenanzas militares en España e Hispanoamérica* (Madrid: Mapfre).
SALES DE BOHIGAS, Nuria.
   1974   *Sobre esclavos, reclutas y mercaderes de quintos* (Barcelona: Editorial Ariel).
SCHWARTZ, Stuart.
   1987   "Foreword", en Katia M. de Queiros Matos, *To Be a Slave in Brazil, 1550-1888* (Rutgers University Press).

VISON II, Ben.
   2001   *Bearing Arms for His Majesty: The Free-Colored Militia in Colonial Mexico*. (Stanford: Stanford
           University Press).
VOELZ, Peter.
   1993   *Slaves and Soldier: the Military Impact of Blacks in the Colonial America* (Nueva York: Garland).
ZAPATA, Roger (ed.).
   1990   *Imágenes de la resistencia indígena y esclava* (Lima: Editorial Wari).

CAPÍTULO 14

ARZE, René.
   1971   *Participación popular en la guerra de la independencia* (La Paz: Don Bosco).
BONILLA, Heraclio.
   2001   *Metáfora y realidad de la Independencia en el Perú* (Lima: Instituto de Estudios Peruanos).
BUSTOS, Guillermo.
   2004   "La producción historiográfica contemporánea sobre la Independencia ecuatoriana (1980-2001):
           una aproximación", en *Procesos,* n.º 20, Quito.
CHAUNÚ, Pierre.
   1964   *L'Amérique et les Amériques* (París: Armand Colin).
HÜNEFELDT, Christine.
   1981   *Lucha por la tierra y protesta indígena: La comunidad indígena entre Colonia y República* (Bonn:
           BAS).
LANDÁZURI, Carlos.
   1982   "La independencia del Ecuador, 1808-1822", en Enrique Ayala (ed.), *Nueva historia del Ecuador*
           (Quito: Corporación Editora Nacional), vol. 6.
LEWIN, Boleslao.
   1943   *La rebelión de Tupac Amaru* (Buenos Aires: s.e.).
MENDES, Cecilia.
   1996   *Rebellion without Resistance: Huanta's Monarchist Peasants in the Making of the Peruvian State*.
           Ayacucho, 1825-1850. Ph. D. Dissertation. State University of New York at Stony Brook.
O'PHELAN, Scarlett (ed.).
   2001   *La independencia del Perú. De los Borbones a Bolívar* (Lima: Pontificia Universidad Católica
           del Perú).
SALA I VILA, Nuria.
   1996   *Y se armó el tole tole. Tributo indígena y movimientos sociales en el Virreinato del Perú, 1724-
           1814* (Huamanga: IER José María Arguedas).
VAN YOUNG, Eric.
   2001   *The Other Rebellion. Popular Violence, Ideology, and the Mexican Struggle for Independence,
           1810-1821* (Stanford: Stanford University Press).
VARALLANOS, José.
   1959   *Historia de Huánuco* (Buenos Aires: Imprenta López).
WALKER, Charles F.
   1999   *Smoldering Ashes. Cusco and the Creation of Republican Peru, 1780-1840* (Durham: Duke
           University Press).

RELATORÍA GENERAL
GEORGES LOMNÉ

BONILLA, Heraclio.
   2007   *Metáfora y realidad en la independencia del Perú* (Lima: Fondo Editorial del Pedagógico San
           Marcos).

HÜNEFELDT, Christine.
   2008   *Esclavitud, percepciones raciales y lo político: la población negra en la era independentista en Hispanoamérica*. Ponencia presentada en el seminario internacional Etnia, Color y Clase en los Procesos de Independencia de los Países Andinos, Bogotá, 27 al 29 de agosto.
MORSE, R.
   1964   "The Heritage of Latin America", en Louis Hartz, *The Founding of New Societies* (Nueva York).
PHELAN, John.
   1967   *The Kingdom of Quito in the XVII Century: Bureaucratic Politics in the Spanish Empire* (Madison: University of Wisconsin).
PIETSCHMANN, Horst.
   1989   *El Estado y su evolución al principio de la colonización española de América* (México: FCE).
STOETZER, Carlos.
   1982   *Las raíces escolásticas de la emancipación de la América española* (Madrid: Centro de Estudios Constitucionales).

España
Av. Diagonal, 662-664
08034 Barcelona (España)
Tel. (34) 93 492 80 00
Fax (34) 93 492 85 65
Mail: info@planetaint.com
www.planeta.es

Paseo Recoletos, 4, 3.ª planta
28001 Madrid (España)
Tel. (34) 91 423 03 00
Fax (34) 91 423 03 25
Mail: info@planetaint.com
www.planeta.es

Argentina
Av. Independencia, 1668
C1100 Buenos Aires
(Argentina)
Tel. (5411) 4124 91 00
Fax (5411) 4124 91 90
Mail: info@eplaneta.com.ar
www.editorialplaneta.com.ar

Brasil
Av. Francisco Matarazzo,
1500, 3.º andar, Conj. 32
Edificio New York
05001-100 São Paulo (Brasil)
Tel. (5511) 3087 88 88
Fax (5511) 3087 88 90
Mail: ventas@editoraplaneta.com.br
www.editoriaplaneta.com.br

Chile
Av. 11 de Septiembre, 2353, piso 16
Torre San Ramón, Providencia
Santiago (Chile)
Tel. Gerencia (562) 652 29 43
Fax (562) 652 29 12
www.planeta.cl

Colombia
Calle 73, 7-60, pisos 7 al 11
Bogotá, D.C. (Colombia)
Tel. (571) 607 99 97
Fax (571) 607 99 76
Mail: info@planeta.com.co
www.editorialplaneta.com.co

Ecuador
Whymper, N27-166,
y Francisco de Orellana
Quito (Ecuador)
Tel. (5932) 290 89 99
Fax (5932) 250 72 34
Mail: planeta@access.net.ec

México
Masaryk 111, piso 2.º
Colonia Chapultepec Morales
Delegación Miguel Hidalgo 11560
México, D.F. (México)
Tel. (52) 55 3000 62 00
Fax (52) 55 5002 91 54
Mail: info@planeta.com.mx
www.editorialplaneta.com.mx
www.planeta.com.mx

Perú
Av. Santa Cruz, 244
San Isidro, Lima (Perú)
Tel. (511) 440 98 98
Fax (511) 422 46 50
Mail: rrosales@eplaneta.com.pe

Portugal
Planeta Manuscrito
Rua do Loreto, 16-1.º Frte.
1200-242 Lisboa (Portugal)
Tel. (351) 21 370 43061
Fax (351) 21 370 43061

Uruguay
Cuareim, 1647
11100 Montevideo (Uruguay)
Tel. (5982) 901 40 26
Fax (5982) 902 25 50
Mail: info@planeta.com.uy
www.editorialplaneta.com.uy

Venezuela
Final Av. Libertador con calle Alameda,
Edificio Exa, piso 3.º, of. 301
El Rosal Chacao, Caracas (Venezuela)
Tel. (58212) 952 35 33
Fax (58212) 953 05 29
Mail: info@planeta.com.ve
www.editorialplaneta.com.ve

 Planeta es un sello editorial del Grupo Planeta   www.planeta.es